K-water
한국수자원 공사

직업기초능력평가 + 직무능력평가

한국수자원공사
필기시험(직업기초능력평가 + 직무능력평가)

개정 1판 발행	2023년 9월 8일
개정 2판 발행	2024년 1월 15일

편 저 자	취업적성연구소
발 행 처	㈜서원각
등록번호	1999-1A-107호
주　　소	경기도 고양시 일산서구 덕산로 88-45(가좌동)
교재주문	031-923-2051
팩　　스	031-923-3815
교재문의	카카오톡 플러스 친구[서원각]
홈페이지	goseowon.com

우리나라 기업들은 1960년대 이후 현재까지 비약적인 발전을 이루었다. 이렇게 급속한 성장을 이룰 수 있었던 배경에는 우리나라 국민들의 근면성 및 도전정신이 있었다. 그러나 빠르게 변화하는 세계 경제의 환경에 적응하기 위해서는 근면성과 도전정신 이외에 또 다른 성장 요인이 필요하다.

최근 많은 공사 · 공단에서는 기존의 직무 관련성에 대한 고려 없이 인 · 적성, 지식 중심으로 치러지던 필기전형을 탈피하고, 산업현장에서 직무를 수행하기 위해 요구되는 능력을 산업부문별 · 수준별로 체계화 및 표준화한 NCS를 기반으로 하여 채용공고 단계에서 제시되는 '직무 설명자료' 상의 직업기초능력과 직무수행능력을 측정하기 위한 직업기초능력평가, 직무수행능력평가 등을 도입하고 있다.

한국수자원공사에서도 업무에 필요한 역량 및 책임감과 적응력 등을 구비한 인재를 선발하기 위하여 고유의 직업기초능력평가를 치르고 있다. 본서는 한국수자원공사 채용대비를 위한 필독서로 한국수자원공사 직업기초능력평가의 출제경향을 철저히 분석하여 응시자들이 보다 쉽게 시험유형을 파악하고 효율적으로 대비할 수 있도록 구성하였다.

신념을 가지고 도전하는 사람은 반드시 그 꿈을 이룰 수 있습니다. 처음에 품은 신념과 열정이 취업 성공의 그 날까지 빛바래지 않도록 서원각이 수험생 여러분을 응원합니다.

STRUCTURE

NCS 핵심이론정리

필기시험에서 실시하는 NCS 직업기초능력평가(문제해결능력, 의사소통능력, 수리능력, 자원관리능력)와 직무능력평가(법학, 행정학, 경영학, 경제학)의 각 영역에 대한 핵심이론을 요약정리하여 수록하였습니다.

NCS 출제예상문제

NCS 직업기초능력평가 및 직무능력평가 각 영역에 대한 다양한 유형의 출제예상문제를 상세하고 꼼꼼한 해설과 함께 수록하여 학습효율을 확실하게 높였습니다.

직업성격검사 및 면접

조직 적응역량·부적응적 역량 등을 검사하는 직업성격검사파트와 직무PT면접, 경험역량면접을 평가하는 면접파트를 수록하여 취업의 마무리까지 확실하게 책임지도록 하였습니다.

CONTENTS

임무

연혁

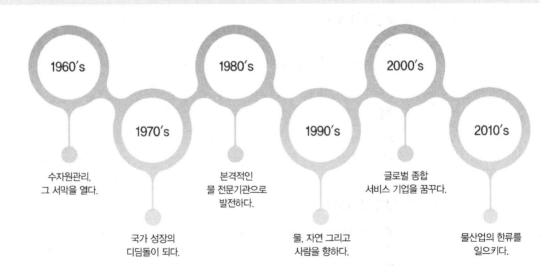

경영전략

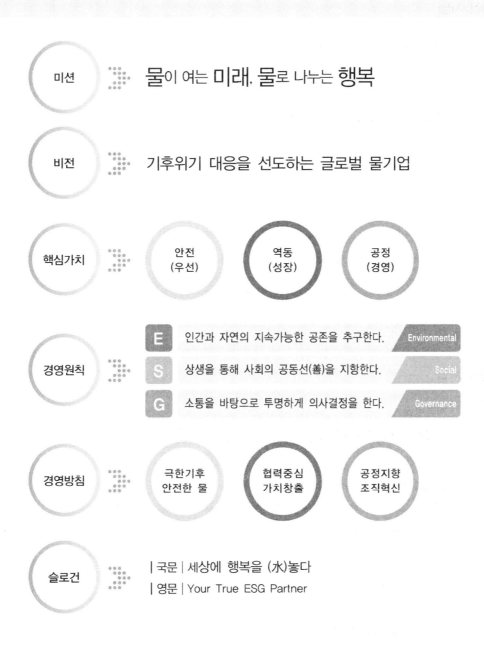

| 미션 | 물이 여는 **미래**, 물로 나누는 **행복** |

| 비전 | 기후위기 대응을 선도하는 글로벌 물기업 |

| 핵심가치 | 안전 (우선) · 역동 (성장) · 공정 (경영) |

| 경영원칙 |
E 인간과 자연의 지속가능한 공존을 추구한다.	Environmental
S 상생을 통해 사회의 공동선(善)을 지향한다.	Social
G 소통을 바탕으로 투명하게 의사결정을 한다.	Governance

| 경영방침 | 극한기후 안전한 물 · 협력중심 가치창출 · 공정지향 조직혁신 |

| 슬로건 |
| | 국문 | 세상에 행복을 (水)놓다 |
| | 영문 | Your True ESG Partner |

물안전 사업

전략방향_
극한기후에 안전한 물관리 시스템 구축

전략과제 및 성과목표(2028년)_

1 신규 댐 건설 및 기존댐 리모델링

2 댐 운영 목표 달성률

홍수조절 대응 및 용수공급 실적

3 디지털 기반 댐 관리체계 구축

댐 · 보 디지털트윈 플랫폼 구축
스마트 댐 안전관리체계 구축

4 기존 수자원 최적 활용

댐 간 연계 및 댐-하천 연계 추진

5 수질목표 I 등급 달성률

오염원 집중관리, 수질개선, 녹조관리

물공급 사업

전략방향_
고객 수요를 충족하는 고품질 물공급 실현

전략과제 및 성과목표(2028년)_

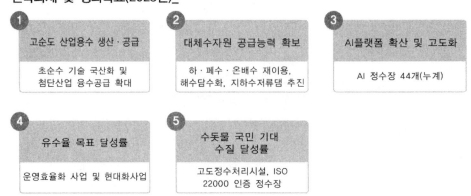

1 고순도 산업용수 생산 · 공급

초순수 기술 국산화 및
첨단산업 용수공급 확대

2 대체수자원 공급능력 확보

하 · 폐수 · 온배수 재이용,
해수담수화, 지하수저류댐 추진

3 AI플랫폼 확산 및 고도화

AI 정수장 44개(누계)

4 유수율 목표 달성률

운영효율화 사업 및 현대화사업

5 수돗물 국민 기대 수질 달성률

고도정수처리시설, ISO
22000 인증 정수장

물특화 사업

전략방향_

지방시대를 여는 특화도시 조성과 물에너지 확대

전략과제 및 성과목표(2028년)_

① 수출기업 재생에너지 직접 공급
물에너지 활용 수출기업 대상 재생에너지 직접 공급

② 재생에너지 온실가스 감축량
1,232 천톤CO_2eq 감축

③ 지자체 협력 융복합도시 조성
물순환, 환경회복, 에너지자립 기출 결합

④ 도시 물특화 및 스마트기술 적용

⑤ 탄소중립도시 지정 지원

물협력 사업

전략방향_

민관 · 글로벌 협력 중심 물가치 창출

전략과제 및 성과목표(2028년)_

① 민간기업 해외시장 수출 지원
중소기업 동반 해외진출, 수출 홍보 마케팅 지원 강화

② AWC회원기관 확대
180개

③ 해외사업 수주
녹색산업 수출확대 정책과 연계한 글로벌 사업 추진

④ 기후 · 환경 분야 예비유니콘 배출
기후테크 분야 물산업 지원체계 활용

⑤ 디지털 솔루션 생태계 활성화
① wateRound 플랫폼 참여기업 160개(누계)
② 디지털 솔루션 개발 · 탑재 90개(누계)

인재상

K-water는 인재상을 강화하여 세계 최상의 물종합서비스 기업을 만들고 물로 더 행복한 세상을 실현하겠습니다.

내실 人
선택과 집중을 통해 핵심역량을 강화하고 효율적이며 생산적인 업무방식을 지향하는 인재

혁신 人
창의적 사고와 한계를 뛰어넘는 과감한 도전의식을 지닌 미래 지향적 인재

신뢰 人
청렴과 공익정신을 기반으로 국민 물복지 실현에 굳은 책임감을 지닌 인재

인사관리제도

직군분류_

일반직	운영직	전문직	특정직
행정/기술	사무/시설운영	R&D/전문직무	방호안전/업무지원

직군체계_

6~8급 사원 > 5급 사원 > 4급 대리/과장 > 3급 차장 > 2급 부장 > 1급 처·실·단장 > 임원

보직관리_

- 전환배치 : 3~5년 주기로 이동(본인희망, 경력개발)
- 근무지 : 본사(대전) 및 전국 사무소
- 승진관리(최저소요년수)

8급 사원	7급 사원	6급 사원	5급 사원	4급 대리/과장	3급 차장	2급 부장	1급 처 실 단장
2년	2년	2년	2년	3년	2년 6개월	2년 6개월	

인사개발제도

기본방향 — 조직과 개인의 조화로운 발전 추구 / 평생교육기반 경력개발모델 제시

K-water 인재역량개발 프로세스

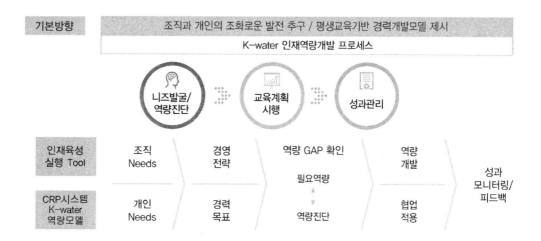

니즈발굴/역량진단 ⋯ 교육계획 시행 ⋯ 성과관리

인재육성 실행 Tool	조직 Needs	경영 전략	역량 GAP 확인 필요역량 ↕ 역량진단	역량 개발	성과 모니터링/ 피드백
CRP시스템 K-water 역량모델	개인 Needs	경력 목표		협업 적용	

PART I

핵심이론정리

01 문제해결능력

1 문제와 문제해결

(1) 문제의 정의와 분류

① 정의 : 문제란 업무를 수행함에 있어서 답을 요구하는 질문이나 의논하여 해결해야 되는 사항이다.

② 문제의 분류

구분	창의적 문제	분석적 문제
문제제시 방법	현재 문제가 없더라도 보다 나은 방법을 찾기 위한 문제 탐구 → 문제 자체가 명확하지 않음	현재의 문제점이나 미래의 문제로 예견될 것에 대한 문제 탐구 → 문제 자체가 명확함
해결방법	창의력에 의한 많은 아이디어의 작성을 통해 해결	분석, 논리, 귀납과 같은 논리적 방법을 통해 해결
해답 수	해답의 수가 많으며, 많은 답 가운데 보다 나은 것을 선택	답의 수가 적으며 한정되어 있음
주요특징	주관적, 직관적, 감각적, 정성적, 개별적, 특수성	객관적, 논리적, 정량적, 이성적, 일반적, 공통성

(2) 업무수행과정에서 발생하는 문제 유형

① 발생형 문제(보이는 문제) : 현재 직면하여 해결하기 위해 고민하는 문제이다. 원인이 내재되어 있기 때문에 원인지향적인 문제라고도 한다.

   ㉠ 일탈문제 : 어떤 기준을 일탈함으로써 생기는 문제

   ㉡ 미달문제 : 어떤 기준에 미달하여 생기는 문제

② 탐색형 문제(찾는 문제) : 현재의 상황을 개선하거나 효율을 높이기 위한 문제이다. 방치할 경우 큰 손실이 따르거나 해결할 수 없는 문제로 나타나게 된다.

   ㉠ 잠재문제 : 문제가 잠재되어 있어 인식하지 못하다가 확대되어 해결이 어려운 문제

   ㉡ 예측문제 : 현재로는 문제가 없으나 현 상태의 진행 상황을 예측하여 찾아야 앞으로 일어날 수 있는 문제가 보이는 문제

   ㉢ 발견문제 : 현재로서는 담당 업무에 문제가 없으나 선진기업의 업무 방법 등 보다 좋은 제도나 기법을 발견하여 개선시킬 수 있는 문제

③ 설정형 문제(미래 문제) : 장래의 경영전략을 생각하는 것으로 앞으로 어떻게 할 것인가 하는 문제이다. 문제해결에 창조적인 노력이 요구되어 창조적 문제라고도 한다.

예제 1

D회사 신입사원으로 입사한 귀하는 신입사원 교육에서 업무수행과정에서 발생하는 문제 유형 중 설정형 문제를 하나씩 찾아오라는 지시를 받았다. 이에 대해 귀하는 교육받은 내용을 다시 복습하려고 한다. 설정형 문제에 해당하는 것은?

① 현재 직면하여 해결하기 위해 고민하는 문제
② 현재의 상황을 개선하거나 효율을 높이기 위한 문제
③ 앞으로 어떻게 할 것인가 하는 문제
④ 원인이 내재되어 있는 원인지향적인 문제

출제의도

업무수행 중 문제가 발생하였을 때 문제 유형을 구분하는 능력을 측정하는 문항이다.

해 설

업무수행과정에서 발생하는 문제 유형으로는 발생형 문제, 탐색형 문제, 설정형 문제가 있으며 ①④는 발생형 문제이며 ②는 탐색형 문제, ③이 설정형 문제이다.

답 ③

---

(3) 문제해결

① 정의 : 목표와 현상을 분석하고 이 결과를 토대로 과제를 도출하여 최적의 해결책을 찾아 실행·평가해 가는 활동이다.

② 문제해결에 필요한 기본적 사고

　㉠ 전략적 사고 : 문제와 해결방안이 상위 시스템과 어떻게 연결되어 있는지를 생각한다.

　㉡ 분석적 사고 : 전체를 각각의 요소로 나누어 그 의미를 도출하고 우선순위를 부여하여 구체적인 문제해결방법을 실행한다.

　㉢ 발상의 전환 : 인식의 틀을 전환하여 새로운 관점으로 바라보는 사고를 지향한다.

　㉣ 내·외부자원의 활용 : 기술, 재료, 사람 등 필요한 자원을 효과적으로 활용한다.

③ 문제해결의 장애요소

　㉠ 문제를 철저하게 분석하지 않는 경우

　㉡ 고정관념에 얽매이는 경우

　㉢ 쉽게 떠오르는 단순한 정보에 의지하는 경우

　㉣ 너무 많은 자료를 수집하려고 노력하는 경우

④ 문제해결방법

㉠ 소프트 어프로치 : 문제해결을 위해서 직접적인 표현보다는 무언가를 시사하거나 암시를 통하여 의사를 전달하여 문제해결을 도모하고자 한다.

㉡ 하드 어프로치 : 상이한 문화적 토양을 가지고 있는 구성원을 가정하고, 서로의 생각을 직설적으로 주장하고 논쟁이나 협상을 통해 서로의 의견을 조정해 가는 방법이다.

㉢ 퍼실리테이션(facilitation) : 촉진을 의미하며 어떤 그룹이나 집단이 의사결정을 잘 하도록 도와주는 일을 의미한다.

❷ 문제해결능력을 구성하는 하위능력

(1) 사고력

① 창의적 사고 : 개인이 가지고 있는 경험과 지식을 통해 새로운 가치 있는 아이디어를 산출하는 사고능력이다.

㉠ 창의적 사고의 특징
- 정보와 정보의 조합
- 사회나 개인에게 새로운 가치 창출
- 창조적인 가능성

예제 2

M사 홍보팀에서 근무하고 있는 귀하는 입사 5년차로 창의적인 기획안을 제출하기로 유명하다. S부장은 이번 신입사원 교육 때 귀하에게 창의적인 사고란 무엇인지 교육을 맡아달라고 부탁하였다. 창의적인 사고에 대한 귀하의 설명으로 옳지 않은 것은?

① 창의적인 사고는 새롭고 유용한 아이디어를 생산해 내는 정신적인 과정이다.
② 창의적인 사고는 특별한 사람들만이 할 수 있는 대단한 능력이다.
③ 창의적인 사고는 기존의 정보들을 특정한 요구조건에 맞거나 유용하도록 새롭게 조합시킨 것이다.
④ 창의적인 사고는 통상적인 것이 아니라 기발하거나, 신기하며 독창적인 것이다.

출제의도

창의적 사고에 대한 개념을 정확히 파악하고 있는지를 묻는 문항이다.

해 설

흔히 사람들은 창의적 사고에 대해 특별한 사람들만이 할 수 있는 대단한 능력이라고 생각하지만 그리 대단한 능력이 아니며 이미 알고 있는 경험과 지식을 해체하여 다시 새로운 정보로 결합하여 가치 있는 아이디어를 산출하는 사고라고 할 수 있다.

답 ②

ⓛ 발산적 사고 : 창의적 사고를 위해 필요한 것으로 자유연상법, 강제연상법, 비교발상법 등을 통해 개발할 수 있다.

구분	내용
자유연상법	생각나는 대로 자유롭게 발상 ex) 브레인스토밍
강제연상법	각종 힌트에 강제적으로 연결 지어 발상 ex) 체크리스트
비교발상법	주제의 본질과 닮은 것을 힌트로 발상 ex) NM법, Synectics

POINT 브레인스토밍
  ㉠ 진행방법
   • 주제를 구체적이고 명확하게 정한다.
   • 구성원의 얼굴을 볼 수 있는 좌석 배치와 큰 용지를 준비한다.
   • 구성원들의 다양한 의견을 도출할 수 있는 사람을 리더로 선출한다.
   • 구성원은 다양한 분야의 사람들로 5~8명 정도로 구성한다.
   • 발언은 누구나 자유롭게 할 수 있도록 하며, 모든 발언 내용을 기록한다.
   • 아이디어에 대한 평가는 비판해서는 안 된다.
  ㉡ 4대 원칙
   • 비판엄금(Support) : 평가 단계 이전에 결코 비판이나 판단을 해서는 안 되며 평가는 나중까지 유보한다.
   • 자유분방(Silly) : 무엇이든 자유롭게 말하고 이런 바보 같은 소리를 해서는 안 된다는 등의 생각은 하지 않아야 한다.
   • 질보다 양(Speed) : 질에는 관계없이 가능한 많은 아이디어들을 생성해내도록 격려한다.
   • 결합과 개선(Synergy) : 다른 사람의 아이디어에 자극되어 보다 좋은 생각이 떠오르고, 서로 조합하면 재미있는 아이디어가 될 것 같은 생각이 들면 즉시 조합시킨다.

② 논리적 사고 : 사고의 전개에 있어 전후의 관계가 일치하고 있는가를 살피고 아이디어를 평가하는 사고능력이다.

  ㉠ 논리적 사고를 위한 5가지 요소 : 생각하는 습관, 상대 논리의 구조화, 구체적인 생각, 타인에 대한 이해, 설득

  ㉡ 논리적 사고 개발 방법

   • 피라미드 구조 : 하위의 사실이나 현상부터 사고하여 상위의 주장을 만들어가는 방법

   • so what기법 : '그래서 무엇이지?'하고 자문자답하여 주어진 정보로부터 가치 있는 정보를 이끌어 내는 사고 기법

③ 비판적 사고 : 어떤 주제나 주장에 대해서 적극적으로 분석하고 종합하며 평가하는 능동적인 사고이다.

  ㉠ 비판적 사고 개발 태도 : 비판적 사고를 개발하기 위해서는 지적 호기심, 객관성, 개방성, 융통성, 지적 회의성, 지적 정직성, 체계성, 지속성, 결단성, 다른 관점에 대한 존중과 같은 태도가 요구된다.

  ㉡ 비판적 사고를 위한 태도

   • 문제의식 : 비판적인 사고를 위해서 가장 먼저 필요한 것은 바로 문제의식이다. 자신이 지니고 있는 문제와 목적을 확실하고 정확하게 파악하는 것이 비판적인 사고의 시작이다.

   • 고정관념 타파 : 지각의 폭을 넓히는 일은 정보에 대한 개방성을 가지고 편견을 갖지 않는 것으로 고정관념을 타파하는 일이 중요하다.

(2) 문제처리능력과 문제해결절차

① 문제처리능력 : 목표와 현상을 분석하고 이를 토대로 문제를 도출하여 최적의 해결책을 찾아 실행·평가하는 능력이다.

② 문제해결절차 : 문제 인식 → 문제 도출 → 원인 분석 → 해결안 개발 → 실행 및 평가

　　㉠ 문제 인식 : 문제해결과정 중 'waht'을 결정하는 단계로 환경 분석 → 주요 과제 도출 → 과제 선정의 절차를 통해 수행된다.

　　　• 3C 분석 : 환경 분석 방법의 하나로 사업환경을 구성하고 있는 요소인 자사(Company), 경쟁사(Competitor), 고객(Customer)을 분석하는 것이다.

예제 3

L사에서 주력 상품으로 밀고 있는 TV의 판매 이익이 감소하고 있는 상황에서 귀하는 B부장으로부터 3C분석을 통해 해결방안을 강구해 오라는 지시를 받았다. 다음 중 3C에 해당하지 않는 것은?

① Customer
② Company
③ Competitor
④ Content

　　　• SWOT 분석 : 기업내부의 강점과 약점, 외부환경의 기회와 위협요인을 분석·평가하여 문제해결 방안을 개발하는 방법이다.

		내부환경요인	
		강점(Strengths)	약점(Weaknesses)
외부환경요인	기회 (Opportunities)	SO 내부강점과 외부기회 요인을 극대화	WO 외부기회를 이용하여 내부약점을 강점으로 전환
	위협 (Threat)	ST 외부위협을 최소화하기 위해 내부강점을 극대화	WT 내부약점과 외부위협을 최소화

ⓛ 문제 도출 : 선정된 문제를 분석하여 해결해야 할 것이 무엇인지를 명확히 하는 단계로, 문제 구조 파악 → 핵심 문제 선정 단계를 거쳐 수행된다.

• Logic Tree : 문제의 원인을 파고들거나 해결책을 구체화할 때 제한된 시간 안에서 넓이와 깊이를 추구하는데 도움이 되는 기술로 주요 과제를 나무모양으로 분해 · 정리하는 기술이다.

ⓒ 원인 분석 : 문제 도출 후 파악된 핵심 문제에 대한 분석을 통해 근본 원인을 찾는 단계로 Issue 분석 → Data 분석 → 원인 파악의 절차로 진행된다.

ⓔ 해결안 개발 : 원인이 밝혀지면 이를 효과적으로 해결할 수 있는 다양한 해결안을 개발하고 최선의 해결안을 선택하는 것이 필요하다.

ⓜ 실행 및 평가 : 해결안 개발을 통해 만들어진 실행계획을 실제 상황에 적용하는 활동으로 실행계획 수립 → 실행 → Follow-up의 절차로 진행된다.

예제 4

C사는 최근 국내 매출이 지속적으로 하락하고 있어 사내 분위기가 심상치 않다. 이에 대해 Y부장은 이 문제를 극복하고자 문제처리 팀을 구성하여 해결방안을 모색하도록 지시하였다. 문제처리 팀의 문제해결 절차를 올바른 순서로 나열한 것은?

① 문제 인식 → 원인 분석 → 해결안 개발 → 문제 도출 → 실행 및 평가
② 문제 도출 → 문제 인식 → 해결안 개발 → 원인 분석 → 실행 및 평가
③ 문제 인식 → 원인 분석 → 문제 도출 → 해결안 개발 → 실행 및 평가
④ 문제 인식 → 문제 도출 → 원인 분석 → 해결안 개발 → 실행 및 평가

출제의도

실제 업무 상황에서 문제가 일어났을 때 해결 절차를 알고 있는지를 측정하는 문항이다.

해 설

일반적인 문제해결절차는 '문제 인식 → 문제 도출 → 원인 분석 → 해결안 개발 → 실행 및 평가로 이루어진다.

답 ④

02 의사소통능력

1 의사소통과 의사소통능력

(1) 의사소통

① 개념 : 사람들 간에 생각이나 감정, 정보, 의견 등을 교환하는 총체적인 행위로, 직장생활에서의 의사소통은 조직과 팀의 효율성과 효과성을 성취할 목적으로 이루어지는 구성원 간의 정보와 지식 전달 과정이라고 할 수 있다.

② 기능 : 공동의 목표를 추구해 나가는 집단 내의 기본적 존재 기반이며 성과를 결정하는 핵심 기능이다.

③ 의사소통의 종류

  ㉠ 언어적인 것 : 대화, 전화통화, 토론 등

  ㉡ 문서적인 것 : 메모, 편지, 기획안 등

  ㉢ 비언어적인 것 : 몸짓, 표정 등

④ 의사소통을 저해하는 요인 : 정보의 과다, 메시지의 복잡성 및 메시지 간의 경쟁, 상이한 직위와 과업지향형, 신뢰의 부족, 의사소통을 위한 구조상의 권한, 잘못된 매체의 선택, 폐쇄적인 의사소통 분위기 등

(2) 의사소통능력

① 개념 : 직장생활에서 문서나 상대방이 하는 말의 의미를 파악하는 능력, 자신의 의사를 정확하게 표현하는 능력, 간단한 외국어 자료를 읽거나 외국인의 의사표시를 이해하는 능력을 포함한다.

② 의사소통능력 개발을 위한 방법

  ㉠ 사후검토와 피드백을 활용한다.

  ㉡ 명확한 의미를 가진 이해하기 쉬운 단어를 선택하여 이해도를 높인다.

  ㉢ 적극적으로 경청한다.

  ㉣ 메시지를 감정적으로 곡해하지 않는다.

❷ 의사소통능력을 구성하는 하위능력

(1) 문서이해능력

① 문서와 문서이해능력

    ㉠ 문서 : 제안서, 보고서, 기획서, 이메일, 팩스 등 문자로 구성된 것으로 상대방에게 의사를 전달하여 설득하는 것을 목적으로 한다.

    ㉡ 문서이해능력 : 직업현장에서 자신의 업무와 관련된 문서를 읽고, 내용을 이해하고 요점을 파악할 수 있는 능력을 말한다.

예제 1

다음은 신용카드 약관의 주요내용이다. 규정 약관을 제대로 이해하지 못한 사람은?

> [부가서비스]
> 카드사는 법령에서 정한 경우를 제외하고 상품을 새로 출시한 후 1년 이내에 부가서비스를 줄이거나 없앨 수가 없다. 또한 부가서비스를 줄이거나 없앨 경우에는 그 세부내용을 변경일 6개월 이전에 회원에게 알려주어야 한다.
> [중도 해지 시 연회비 반환]
> 연회비 부과기간이 끝나기 이전에 카드를 중도해지하는 경우 남은 기간에 해당하는 연회비를 계산하여 10 영업일 이내에 돌려줘야 한다. 다만, 카드 발급 및 부가서비스 제공에 이미 지출된 비용은 제외된다.
> [카드 이용한도]
> 카드 이용한도는 카드 발급을 신청할 때에 회원이 신청한 금액과 카드사의 심사 기준을 종합적으로 반영하여 회원이 신청한 금액 범위 이내에서 책정되며 회원의 신용도가 변동되었을 때에는 카드사는 회원의 이용한도를 조정할 수 있다.
> [부정사용 책임]
> 카드 위조 및 변조로 인하여 발생된 부정사용 금액에 대해서는 카드사가 책임을 진다. 다만, 회원이 비밀번호를 다른 사람에게 알려주거나 카드를 다른 사람에게 빌려주는 등의 중대한 과실로 인해 부정사용이 발생하는 경우에는 회원이 그 책임의 전부 또는 일부를 부담할 수 있다.

① 혜수 : 카드사는 법령에서 정한 경우를 제외하고는 1년 이내에 부가서비스를 줄일 수 없어

② 진성 : 카드 위조 및 변조로 인하여 발생된 부정사용 금액은 일괄 카드사가 책임을 지게 돼

③ 영훈 : 회원의 신용도가 변경되었을 때 카드사가 이용한도를 조정할 수 있어

④ 영호 : 연회비 부과기간이 끝나기 이전에 카드를 중도해지하는 경우에는 남은 기간에 해당하는 연회비를 카드사는 돌려줘야 해

② 문서의 종류

　㉠ 공문서 : 정부기관에서 공무를 집행하기 위해 작성하는 문서로, 단체 또는 일반회사에서 정부기관을 상대로 사업을 진행할 때 작성하는 문서도 포함된다. 엄격한 규격과 양식이 특징이다.

　㉡ 기획서 : 아이디어를 바탕으로 기획한 프로젝트에 대해 상대방에게 전달하여 시행하도록 설득하는 문서이다.

　㉢ 기안서 : 업무에 대한 협조를 구하거나 의견을 전달할 때 작성하는 사내 공문서이다.

　㉣ 보고서 : 특정한 업무에 관한 현황이나 진행 상황, 연구·검토 결과 등을 보고하고자 할 때 작성하는 문서이다.

　㉤ 설명서 : 상품의 특성이나 작동 방법 등을 소비자에게 설명하기 위해 작성하는 문서이다.

　㉥ 보도자료 : 정부기관이나 기업체 등이 언론을 상대로 자신들의 정보를 기사화 되도록 하기 위해 보내는 자료이다.

　㉦ 자기소개서 : 개인이 자신의 성장과정이나, 입사 동기, 포부 등에 대해 구체적으로 기술하여 자신을 소개하는 문서이다.

　㉧ 비즈니스 레터(E-mail) : 사업상의 이유로 고객에게 보내는 편지다.

　㉨ 비즈니스 메모 : 업무상 확인해야 할 일을 메모형식으로 작성하여 전달하는 글이다.

③ 문서이해의 절차 : 문서의 목적 이해→문서 작성 배경·주제 파악→정보 확인 및 현안문제 파악→문서 작성자의 의도 파악 및 자신에게 요구되는 행동 분석→목적 달성을 위해 취해야 할 행동 고려→문서 작성자의 의도를 도표나 그림 등으로 요약·정리

(2) 문서작성능력

① 작성되는 문서에는 대상과 목적, 시기, 기대효과 등이 포함되어야 한다.

② 문서작성의 구성요소

　㉠ 짜임새 있는 골격, 이해하기 쉬운 구조

　㉡ 객관적이고 논리적인 내용

　㉢ 명료하고 설득력 있는 문장

　㉣ 세련되고 인상적인 레이아웃

예제 2

다음은 들은 내용을 구조적으로 정리하는 방법이다. 순서에 맞게 배열하면?

> ㉠ 관련 있는 내용끼리 묶는다.
> ㉡ 묶은 내용에 적절한 이름을 붙인다.
> ㉢ 전체 내용을 이해하기 쉽게 구조화한다.
> ㉣ 중복된 내용이나 덜 중요한 내용을 삭제한다.

① ㉠㉡㉢㉣
② ㉠㉡㉣㉢
③ ㉡㉠㉢㉣
④ ㉡㉠㉣㉢

출제의도

음성정보는 문자정보와는 달리 쉽게 잊혀지기 때문에 음성정보를 구조화시키는 방법을 묻는 문항이다.

해 설

내용을 구조적으로 정리하는 방법은 '㉠ 관련 있는 내용끼리 묶는다. → ㉡ 묶은 내용에 적절한 이름을 붙인다. → ㉣ 중복된 내용이나 덜 중요한 내용을 삭제한다. → ㉢ 전체 내용을 이해하기 쉽게 구조화 한다.'가 적절하다.

답 ②

③ 문서의 종류에 따른 작성방법

㉠ 공문서
- 육하원칙이 드러나도록 써야 한다.
- 날짜는 반드시 연도와 월, 일을 함께 언급하며, 날짜 다음에 괄호를 사용할 때는 마침표를 찍지 않는다.
- 대외문서이며, 장기간 보관되기 때문에 정확하게 기술해야 한다.
- 내용이 복잡할 경우 '-다음-', '-아래-'와 같은 항목을 만들어 구분한다.
- 한 장에 담아내는 것을 원칙으로 하며, 마지막엔 반드시 '끝'자로 마무리 한다.

㉡ 설명서
- 정확하고 간결하게 작성한다.
- 이해하기 어려운 전문용어의 사용은 삼가고, 복잡한 내용은 도표화 한다.
- 명령문보다는 평서문을 사용하고, 동어 반복보다는 다양한 표현을 구사하는 것이 바람직하다.

㉢ 기획서
- 상대를 설득하여 기획서가 채택되는 것이 목적이므로 상대가 요구하는 것이 무엇인지 고려하여 작성하며, 기획의 핵심을 잘 전달하였는지 확인한다.
- 분량이 많을 경우 전체 내용을 한눈에 파악할 수 있도록 목차구성을 신중히 한다.
- 효과적인 내용 전달을 위한 표나 그래프를 적절히 활용하고 산뜻한 느낌을 줄 수 있도록 한다.
- 인용한 자료의 출처 및 내용이 정확해야 하며 제출 전 충분히 검토한다.

㉣ 보고서
- 도출하고자 하는 핵심내용을 구체적이고 간결하게 작성한다.
- 내용이 복잡할 경우 도표나 그림을 활용하고, 참고자료는 정확하게 제시한다.
- 제출하기 전에 최종점검을 하며 질의를 받을 것에 대비한다.

다음 중 공문서 작성에 대한 설명으로 가장 적절하지 못한 것은?

① 공문서나 유가증권 등에 금액을 표시할 때에는 한글로 기재하고 그 옆에 괄호를 넣어 숫자로 표기한다.

② 날짜는 숫자로 표기하되 년, 월, 일의 글자는 생략하고 그 자리에 온점(.)을 찍어 표시한다.

③ 첨부물이 있는 경우에는 붙임 표시문 끝에 1자 띄우고 "끝."이라고 표시한다.

④ 공문서의 본문이 끝났을 경우에는 1자를 띄우고 "끝."이라고 표시한다.

출제의도

업무를 할 때 필요한 공문서 작성법을 잘 알고 있는지를 측정하는 문항이다.

해 설

공문서 금액 표시

아라비아 숫자로 쓰고, 숫자 다음에 괄호를 하여 한글로 기재한다.

예) 123,456원의 표시 : 금 123,456 (금 일십이만삼천사백오십육원)

답 ①

④ 문서작성의 원칙

　　㉠ 문장은 짧고 간결하게 작성한다.(간결체 사용)

　　㉡ 상대방이 이해하기 쉽게 쓴다.

　　㉢ 불필요한 한자의 사용을 자제한다.

　　㉣ 문장은 긍정문의 형식을 사용한다.

　　㉤ 간단한 표제를 붙인다.

　　㉥ 문서의 핵심내용을 먼저 쓰도록 한다.(두괄식 구성)

⑤ 문서작성 시 주의사항

　　㉠ 육하원칙에 의해 작성한다.

　　㉡ 문서 작성시기가 중요하다.

　　㉢ 한 사안은 한 장의 용지에 작성한다.

　　㉣ 반드시 필요한 자료만 첨부한다.

　　㉤ 금액, 수량, 일자 등은 기재에 정확성을 기한다.

　　㉥ 경어나 단어사용 등 표현에 신경 쓴다.

　　㉦ 문서작성 후 반드시 최종적으로 검토한다.

⑥ 효과적인 문서작성 요령

    ㉠ 내용이해 : 전달하고자 하는 내용과 핵심을 정확하게 이해해야 한다.

    ㉡ 목표설정 : 전달하고자 하는 목표를 분명하게 설정한다.

    ㉢ 구성 : 내용 전달 및 설득에 효과적인 구성과 형식을 고려한다.

    ㉣ 자료수집 : 목표를 뒷받침할 자료를 수집한다.

    ㉤ 핵심전달 : 단락별 핵심을 하위목차로 요약한다.

    ㉥ 대상파악 : 대상에 대한 이해와 분석을 통해 철저히 파악한다.

    ㉦ 보충설명 : 예상되는 질문을 정리하여 구체적인 답변을 준비한다.

    ㉧ 문서표현의 시각화 : 그래프, 그림, 사진 등을 적절히 사용하여 이해를 돕는다.

(3) 경청능력

① 경청의 중요성 : 경청은 다른 사람의 말을 주의 깊게 들으며 공감하는 능력으로 경청을 통해 상대방을 한 개인으로 존중하고 성실한 마음으로 대하게 되며, 상대방의 입장에 공감하고 이해하게 된다.

② 경청을 방해하는 습관 : 짐작하기, 대답할 말 준비하기, 걸러내기, 판단하기, 다른 생각하기, 조언하기, 언쟁하기, 옳아야만 하기, 슬쩍 넘어가기, 비위 맞추기 등

③ 효과적인 경청방법

    ㉠ 준비하기 : 강연이나 프레젠테이션 이전에 나누어주는 자료를 읽어 미리 주제를 파악하고 등장하는 용어를 익혀둔다.

    ㉡ 주의 집중 : 말하는 사람의 모든 것에 집중해서 적극적으로 듣는다.

    ㉢ 예측하기 : 다음에 무엇을 말할 것인가를 추측하려고 노력한다.

    ㉣ 나와 관련짓기 : 상대방이 전달하고자 하는 메시지를 나의 경험과 관련지어 생각해 본다.

    ㉤ 질문하기 : 질문은 듣는 행위를 적극적으로 하게 만들고 집중력을 높인다.

    ㉥ 요약하기 : 주기적으로 상대방이 전달하려는 내용을 요약한다.

    ㉦ 반응하기 : 피드백을 통해 의사소통을 점검한다.

다음은 면접스터디 중 일어난 대화이다. 민아의 고민을 해소하기 위한 조언으로 가장 적절한 것은?

> 지섭 : 민아씨, 어디 아파요? 표정이 안 좋아 보여요.
>
> 민아 : 제가 원서 넣은 공단이 내일 면접이어서요. 그동안 스터디를 통해서 면접 연습을 많이 했는데도 벌써부터 긴장이 되네요.
>
> 지섭 : 민아씨는 자기 의견도 명확히 피력할 줄 알고 조리 있게 설명을 잘 하시니 걱정 안하셔도 될 것 같아요. 아, 손에 꽉 쥐고 계신 건 뭔가요?
>
> 민아 : 아, 제가 예상 답변을 정리해서 모아둔거에요. 내용은 거의 외웠는데 이렇게 쥐고 있지 않으면 불안해서..
>
> 지섭 : 그 정도로 준비를 철저히 하셨으면 걱정할 이유 없을 것 같아요.
>
> 민아 : 그래도 압박면접이거나 예상치 못한 질문이 들어오면 어떻게 하죠?
>
> 지섭 : _____

① 시선을 적절히 처리하면서 부드러운 어투로 말하는 연습을 해보는 건 어때요?
② 공식적인 자리인 만큼 옷차림을 신경 쓰는 게 좋을 것 같아요.
③ 당황하지 말고 질문자의 의도를 잘 파악해서 침착하게 대답하면 되지 않을까요?
④ 예상 질문에 대한 답변을 좀 더 정확하게 외워보는 건 어떨까요?

상대방이 하는 말을 듣고 질문 의도에 따라 올바르게 답하는 능력을 측정하는 문항이다.

민아는 압박질문이나 예상치 못한 질문에 대해 걱정을 하고 있으므로 침착하게 대응하라고 조언을 해주는 것이 좋다.

답 ③

(4) 의사표현능력

① 의사표현의 개념과 종류

　㉠ 개념 : 화자가 자신의 생각과 감정을 청자에게 음성언어나 신체언어로 표현하는 행위이다.

　㉡ 종류

　　• 공식적 말하기 : 사전에 준비된 내용을 대중을 대상으로 말하는 것으로 연설, 토의, 토론 등이 있다.
　　• 의례적 말하기 : 사회·문화적 행사에서와 같이 절차에 따라 하는 말하기로 식사, 주례, 회의 등이 있다.
　　• 친교적 말하기 : 친근한 사람들 사이에서 자연스럽게 주고받는 대화 등을 말한다.

② 의사표현의 방해요인

　㉠ 연단공포증 : 연단에 섰을 때 가슴이 두근거리거나 땀이 나고 얼굴이 달아오르는 등의 현상으로 충분한 분석과 준비, 더 많은 말하기 기회 등을 통해 극복할 수 있다.

　㉡ 말 : 말의 장단, 고저, 발음, 속도, 쉼 등을 포함한다.

　㉢ 음성 : 목소리와 관련된 것으로 음색, 고저, 명료도, 완급 등을 의미한다.

　㉣ 몸짓 : 비언어적 요소로 화자의 외모, 표정, 동작 등이다.

　㉤ 유머 : 말하기 상황에 따른 적절한 유머를 구사할 수 있어야 한다.

③ 상황과 대상에 따른 의사표현법

　　㉠ 잘못을 지적할 때 : 모호한 표현을 삼가고 확실하게 지적하며, 당장 꾸짖고 있는 내용에만 한정한다.

　　㉡ 칭찬할 때 : 자칫 아부로 여겨질 수 있으므로 센스 있는 칭찬이 필요하다.

　　㉢ 부탁할 때 : 먼저 상대방의 사정을 듣고 응하기 쉽게 구체적으로 부탁하며 거절을 당해도 싫은 내색을 하지 않는다.

　　㉣ 요구를 거절할 때 : 먼저 사과하고 응해줄 수 없는 이유를 설명한다.

　　㉤ 명령할 때 : 강압적인 말투보다는 'ㅇㅇ을 이렇게 해주는 것이 어떻겠습니까?'와 같은 식으로 부드럽게 표현하는 것이 효과적이다.

　　㉥ 설득할 때 : 일방적으로 강요하기보다는 먼저 양보해서 이익을 공유하겠다는 의지를 보여주는 것이 좋다.

　　㉦ 충고할 때 : 충고는 가장 최후의 방법이다. 반드시 충고가 필요한 상황이라면 예화를 들어 비유적으로 깨우쳐주는 것이 바람직하다.

　　㉧ 질책할 때 : 샌드위치 화법(칭찬의 말 + 질책의 말 + 격려의 말)을 사용하여 청자의 반발을 최소화 한다.

예제 5

당신은 팀장님께 업무 지시내용을 수행하고 결과물을 보고 드렸다. 하지만 팀장님께서는 "최대리 업무를 이렇게 처리하면 어떡하나? 누락된 부분이 있지 않은가." 라고 말하였다. 이에 대해 당신이 행할 수 있는 가장 부적절한 대처 자세는?

① "죄송합니다. 제가 잘 모르는 부분이라 이수혁 과장님께 부탁을 했는데 과장님께서 실수를 하신 것 같습니다."
② "주의를 기울이지 못해 죄송합니다. 어느 부분을 수정보완하면 될까요?"
③ "지시하신 내용을 제가 충분히 이해하지 못하였습니다. 내용을 다시 한 번 여쭤보아도 되겠습니까?"
④ "부족한 내용을 보완하는 자료를 취합하기 위해서 하루정도가 더 소요될 것 같습니다. 언제까지 재작성하여 드리면 될까요?"

출제의도

상사가 잘못을 지적하는 상황에서 어떻게 대처해야 하는지를 묻는 문항이다.

해 설

상사가 부탁한 지시사항을 다른 사람에게 부탁하는 것은 옳지 못하며 설사 그렇다고 해도 그 일의 과오에 대해 책임을 전가하는 것은 지양해야 할 자세이다.

답 ①

---

④ 원활한 의사표현을 위한 지침

　　㉠ 올바른 화법을 위해 독서를 하라.

　　㉡ 좋은 청중이 되라.

　　㉢ 칭찬을 아끼지 마라.

　　㉣ 공감하고, 긍정적으로 보이게 하라.

　　㉤ 겸손은 최고의 미덕임을 잊지 마라.

　　㉥ 과감하게 공개하라.

　　㉦ 뒷말을 숨기지 마라.

ⓞ 첫마디 말을 준비하라.

ⓩ 이성과 감성의 조화를 꾀하라.

ⓩ 대화의 룰을 지켜라.

ⓩ 문장을 완전하게 말하라.

⑤ 설득력 있는 의사표현을 위한 지침

㉠ 'Yes'를 유도하여 미리 설득 분위기를 조성하라.

㉡ 대비 효과로 분발심을 불러 일으켜라.

㉢ 침묵을 지키는 사람의 참여도를 높여라.

㉣ 여운을 남기는 말로 상대방의 감정을 누그러뜨려라.

㉤ 하던 말을 갑자기 멈춤으로써 상대방의 주의를 끌어라.

㉥ 호칭을 바꿔서 심리적 간격을 좁혀라.

㉦ 끄집어 말하여 자존심을 건드려라.

㉧ 정보전달 공식을 이용하여 설득하라.

㉨ 상대방의 불평이 가져올 결과를 강조하라.

㉩ 권위 있는 사람의 말이나 작품을 인용하라.

㉪ 약점을 보여 주어 심리적 거리를 좁혀라.

㉫ 이상과 현실의 구체적 차이를 확인시켜라.

㉬ 자신의 잘못도 솔직하게 인정하라.

㉭ 집단의 요구를 거절하려면 개개인의 의견을 물어라.

ⓐ 동조 심리를 이용하여 설득하라.

ⓑ 지금까지의 노고를 치하한 뒤 새로운 요구를 하라.

ⓒ 담당자가 대변자 역할을 하도록 하여 윗사람을 설득하게 하라.

ⓓ 겉치레 양보로 기선을 제압하라.

ⓔ 변명의 여지를 만들어 주고 설득하라.

ⓕ 혼자 말하는 척하면서 상대의 잘못을 지적하라.

(5) 기초외국어능력

① 기초외국어능력의 개념과 필요성

  ㉠ 개념 : 외국어로 된 간단한 자료를 이해하거나, 외국인과의 전화응대와 간단한 대화 등 외국인의 의사표현을 이해하고, 자신의 의사를 기초외국어로 표현할 수 있는 능력이다.

  ㉡ 필요성 : 국제화·세계화 시대에 다른 나라와의 무역을 위해 우리의 언어가 아닌 국제적인 통용어를 사용하거나 그들의 언어로 의사소통을 해야 하는 경우가 생길 수 있다.

② 외국인과의 의사소통에서 피해야 할 행동

  ㉠ 상대를 볼 때 흘겨보거나, 노려보거나, 아예 보지 않는 행동

  ㉡ 팔이나 다리를 꼬는 행동

  ㉢ 표정이 없는 것

  ㉣ 다리를 흔들거나 펜을 돌리는 행동

  ㉤ 맞장구를 치지 않거나 고개를 끄덕이지 않는 행동

  ㉥ 생각 없이 메모하는 행동

  ㉦ 자료만 들여다보는 행동

  ㉧ 바르지 못한 자세로 앉는 행동

  ㉨ 한숨, 하품, 신음소리를 내는 행동

  ㉩ 다른 일을 하며 듣는 행동

  ㉪ 상대방에게 이름이나 호칭을 어떻게 부를지 묻지 않고 마음대로 부르는 행동

③ 기초외국어능력 향상을 위한 공부법

  ㉠ 외국어공부의 목적부터 정하라.

  ㉡ 매일 30분씩 눈과 손과 입에 밸 정도로 반복하라.

  ㉢ 실수를 두려워하지 말고 기회가 있을 때마다 외국어로 말하라.

  ㉣ 외국어 잡지나 원서와 친해져라.

  ㉤ 소홀해지지 않도록 라이벌을 정하고 공부하라.

  ㉥ 업무와 관련된 주요 용어의 외국어는 꼭 알아두자.

  ㉦ 출퇴근 시간에 외국어 방송을 보거나, 듣는 것만으로도 귀가 트인다.

  ㉧ 어린이가 단어를 배우듯 외국어 단어를 암기할 때 그림카드를 사용해 보라.

  ㉨ 가능하면 외국인 친구를 사귀고 대화를 자주 나눠 보라.

03 수리능력

1 직장생활과 수리능력

(1) 기초직업능력으로서의 수리능력

① 개념 : 직장생활에서 요구되는 사칙연산과 기초적인 통계를 이해하고 도표의 의미를 파악하거나 도표를 이용해서 결과를 효과적으로 제시하는 능력을 말한다.

② 수리능력은 크게 기초연산능력, 기초통계능력, 도표분석능력, 도표작성능력으로 구성된다.

    ㉠ 기초연산능력 : 직장생활에서 필요한 기초적인 사칙연산과 계산방법을 이해하고 활용할 수 있는 능력

    ㉡ 기초통계능력 : 평균, 합계, 빈도 등 직장생활에서 자주 사용되는 기초적인 통계기법을 활용하여 자료의 특성과 경향성을 파악하는 능력

    ㉢ 도표분석능력 : 그래프, 그림 등 도표의 의미를 파악하고 필요한 정보를 해석하는 능력

    ㉣ 도표작성능력 : 도표를 이용하여 결과를 효과적으로 제시하는 능력

(2) 업무수행에서 수리능력이 활용되는 경우

① 업무상 계산을 수행하고 결과를 정리하는 경우

② 업무비용을 측정하는 경우

③ 고객과 소비자의 정보를 조사하고 결과를 종합하는 경우

④ 조직의 예산안을 작성하는 경우

⑤ 업무수행 경비를 제시해야 하는 경우

⑥ 다른 상품과 가격비교를 하는 경우

⑦ 연간 상품 판매실적을 제시하는 경우

⑧ 업무비용을 다른 조직과 비교해야 하는 경우

⑨ 상품판매를 위한 지역조사를 실시해야 하는 경우

⑩ 업무수행과정에서 도표로 주어진 자료를 해석하는 경우

⑪ 도표로 제시된 업무비용을 측정하는 경우

예제 1

다음 자료를 보고 주어진 상황에 대한 물음에 답하시오.

〈근로소득에 대한 간이 세액표〉

월 급여액(천 원) [비과세 및 학자금 제외]		공제대상 가족 수				
이상	미만	1	2	3	4	5
2,500	2,520	38,960	29,280	16,940	13,570	10,190
2,520	2,540	40,670	29,960	17,360	13,990	10,610
2,540	2,560	42,380	30,640	17,790	14,410	11,040
2,560	2,580	44,090	31,330	18,210	14,840	11,460
2,580	2,600	45,800	32,680	18,640	15,260	11,890
2,600	2,620	47,520	34,390	19,240	15,680	12,310
2,620	2,640	49,230	36,100	19,900	16,110	12,730
2,640	2,660	50,940	37,810	20,560	16,530	13,160
2,660	2,680	52,650	39,530	21,220	16,960	13,580
2,680	2,700	54,360	41,240	21,880	17,380	14,010
2,700	2,720	56,070	42,950	22,540	17,800	14,430
2,720	2,740	57,780	44,660	23,200	18,230	14,850
2,740	2,760	59,500	46,370	23,860	18,650	15,280

※ 갑근세는 제시되어 있는 간이 세액표에 따름
※ 주민세＝갑근세의 10%
※ 국민연금＝급여액의 4.50%
※ 고용보험＝국민연금의 10%
※ 건강보험＝급여액의 2.90%
※ 교육지원＝분기별 100,000원(매 분기별 첫 달에 지급)

박○○ 사원의 5월 급여내역이 다음과 같고 전월과 동일하게 근무하였으나, 특별수당은 없고 차량지원금으로 100,000원을 받게 된다면, 6월에 받게 되는 급여는 얼마인가? (단, 원 단위 절삭)

(주) 서원플랜테크 5월 급여내역			
성명	박○○	지급일	5월 12일
기본급여	2,240,000	갑근세	39,530
직무수당	400,000	주민세	3,950
명절 상여금		고용보험	11,970
특별수당	20,000	국민연금	119,700
차량지원금		건강보험	77,140
교육지원		기타	
급여계	2,660,000	공제합계	252,290
		지급총액	2,407,710

① 2,443,910
② 2,453,910
③ 2,463,910
④ 2,473,910

해 설

기본급여	2,240,000	갑근세	46,370
직무수당	400,000	주민세	4,630
명절 상여금		고용보험	12,330
특별수당		국민연금	123,300
차량지원금	100,000	건강보험	79,460
교육지원		기타	
급여계	2,740,000	공제합계	266,090
		지급총액	2,473,910

답 ④

(3) 수리능력의 중요성

① 수학적 사고를 통한 문제해결

② 직업세계의 변화에의 적응

③ 실용적 가치의 구현

(4) 단위환산표

구분	단위환산
길이	$1cm = 10mm$, $1m = 100cm$, $1km = 1,000m$
넓이	$1cm^2 = 100mm^2$, $1m^2 = 10,000cm^2$, $1km^2 = 1,000,000m^2$
부피	$1cm^3 = 1,000mm^3$, $1m^3 = 1,000,000cm^3$, $1km^3 = 1,000,000,000m^3$
들이	$1m\ell = 1cm^3$, $1d\ell = 100cm^3$, $1L = 1,000cm^3 = 10d\ell$
무게	$1kg = 1,000g$, $1t = 1,000kg = 1,000,000g$
시간	1분 = 60초, 1시간 = 60분 = 3,600초
할푼리	1푼 = 0.1할, 1리 = 0.01할, 1모 = 0.001할

예제 2

둘레의 길이가 4.4km인 정사각형 모양의 공원이 있다. 이 공원의 넓이는 몇 a인가?

① 12,100a

② 1,210a

③ 121a

④ 12.1a

출제의도

길이, 넓이, 부피, 들이, 무게, 시간, 속도 등 단위에 대한 기본적인 환산 능력을 평가하는 문제로서, 소수점 계산이 필요하며, 자릿수를 읽고 구분할 줄 알아야 한다.

해 설

공원의 한 변의 길이는
$4.4 \div 4 = 1.1 (km)$이고
$1km^2 = 10000a$이므로
공원의 넓이는
$1.1km \times 1.1km = 1.21km^2 = 12100a$

 답 ①

② 수리능력을 구성하는 하위능력

(1) 기초연산능력

① 사칙연산 : 수에 관한 덧셈, 뺄셈, 곱셈, 나눗셈의 네 종류의 계산법으로 업무를 원활하게 수행하기 위해 서는 기본적인 사칙연산뿐만 아니라 다단계의 복잡한 사칙연산까지도 수행할 수 있어야 한다.

② 검산 : 연산의 결과를 확인하는 과정으로 대표적인 검산방법으로 역연산과 구거법이 있다.

    ㉠ 역연산 : 덧셈은 뺄셈으로, 뺄셈은 덧셈으로, 곱셈은 나눗셈으로, 나눗셈은 곱셈으로 확인하는 방법이다.

    ㉡ 구거법 : 원래의 수와 각 자리 수의 합이 9로 나눈 나머지가 같다는 원리를 이용한 것으로 9를 버리 고 남은 수로 계산하는 것이다.

예제 3

다음 식을 바르게 계산한 것은?

$$1 + \frac{2}{3} + \frac{1}{2} - \frac{3}{4}$$

① $\frac{13}{12}$　　　　　② $\frac{15}{12}$

③ $\frac{17}{12}$　　　　　④ $\frac{19}{12}$

출제의도

직장생활에서 필요한 기초적인 사칙연산과 계산방법을 이해하고 활용할 수 있는 능력을 평가하는 문제로서, 분수의 계산과 통분에 대한 기본적인 이해가 필요하다.

해 설

$$\frac{12}{12} + \frac{8}{12} + \frac{6}{12} - \frac{9}{12} = \frac{17}{12}$$

답 ③

---

(2) 기초통계능력

① 업무수행과 통계

    ㉠ 통계의 의미 : 통계란 집단현상에 대한 구체적인 양적 기술을 반영하는 숫자이다.

    ㉡ 업무수행에 통계를 활용함으로써 얻을 수 있는 이점

      • 많은 수량적 자료를 처리가능하고 쉽게 이해할 수 있는 형태로 축소

      • 표본을 통해 연구대상 집단의 특성을 유추

      • 의사결정의 보조수단

      • 관찰 가능한 자료를 통해 논리적으로 결론을 추줄·검증

ⓒ 기본적인 통계치
- 빈도와 빈도분포 : 빈도란 어떤 사건이 일어나거나 증상이 나타나는 정도를 의미하며, 빈도분포란 빈도를 표나 그래프로 종합적으로 표시하는 것이다.
- 평균 : 모든 사례의 수치를 합한 후 총 사례 수로 나눈 값이다.
- 백분율 : 전체의 수량을 100으로 하여 생각하는 수량이 그중 몇이 되는가를 퍼센트로 나타낸 것이다.

② 통계기법
ⓐ 범위와 평균
- 범위 : 분포의 흩어진 정도를 가장 간단히 알아보는 방법으로 최곳값에서 최젓값을 뺀 값을 의미한다.
- 평균 : 집단의 특성을 요약하기 위해 가장 자주 활용하는 값으로 모든 사례의 수치를 합한 후 총 사례 수로 나눈 값이다.
- 관찰값이 1, 3, 5, 7, 9일 경우 범위는 $9 - 1 = 8$이 되고, 평균은 $\dfrac{1+3+5+7+9}{5} = 5$가 된다.

ⓑ 분산과 표준편차
- 분산 : 관찰값의 흩어진 정도로, 각 관찰값과 평균값의 차의 제곱의 평균이다.
- 표준편차 : 평균으로부터 얼마나 떨어져 있는가를 나타내는 개념으로 분산값의 제곱근 값이다.
- 관찰값이 1, 2, 3이고 평균이 2인 집단의 분산은 $\dfrac{(1-2)^2 + (2-2)^2 + (3-2)^2}{3} = \dfrac{2}{3}$이고 표준편차는 분산값의 제곱근 값인 $\sqrt{\dfrac{2}{3}}$이다.

③ 통계자료의 해석
ⓐ 다섯숫자요약
- 최솟값 : 원자료 중 값의 크기가 가장 작은 값
- 최댓값 : 원자료 중 값의 크기가 가장 큰 값
- 중앙값 : 최솟값부터 최댓값까지 크기에 의하여 배열했을 때 중앙에 위치하는 사례의 값
- 하위 25%값 · 상위 25%값 : 원자료를 크기 순으로 배열하여 4등분한 값
ⓑ 평균값과 중앙값 : 평균값과 중앙값은 그 개념이 다르기 때문에 명확하게 제시해야 한다.

인터넷 쇼핑몰에서 회원가입을 하고 디지털캠코더를 구매하려고 한다. 다음은 구입하고자 하는 모델에 대하여 인터넷 쇼핑몰 세 곳의 가격과 조건을 제시한 표이다. 표에 있는 모든 혜택을 적용하였을 때 디지털캠코더의 배송비를 포함한 실제 구매가격을 바르게 비교한 것은?

구분	A 쇼핑몰	B 쇼핑몰	C 쇼핑몰
정상가격	129,000원	131,000원	130,000원
회원혜택	7,000원 할인	3,500원 할인	7% 할인
할인쿠폰	5% 쿠폰	3% 쿠폰	5,000원
중복할인여부	불가	가능	불가
배송비	2,000원	무료	2,500원

① A<B<C
② B<C<A
③ C<A<B
④ C<B<A

출제의도

직장생활에서 자주 사용되는 기초적인 통계기법을 활용하여 자료의 특성과 경향성을 파악하는 능력이 요구되는 문제이다.

해 설

㉠ A 쇼핑몰
- 회원혜택을 선택한 경우:
  $129,000 - 7,000 + 2,000 = 124,000$(원)
- 5% 할인쿠폰을 선택한 경우:
  $129,000 \times 0.95 + 2,000 = 124,550$
㉡ B 쇼핑몰:
  $131,000 \times 0.97 - 3,500 = 123,570$
㉢ C 쇼핑몰
- 회원혜택을 선택한 경우:
  $130,000 \times 0.93 + 2,500 = 123,400$
- 5,000원 할인쿠폰을 선택한 경우: $130,000 - 5,000 + 2,500 = 127,500$
∴ C<B<A

답 ④

(3) 도표분석능력

① 도표의 종류

　ㄱ 목적별 : 관리(계획 및 통제), 해설(분석), 보고

　ㄴ 용도별 : 경과 그래프, 내역 그래프, 비교 그래프, 분포 그래프, 상관 그래프, 계산 그래프

　ㄷ 형상별 : 선 그래프, 막대 그래프, 원 그래프, 점 그래프, 층별 그래프, 레이더 차트

② 도표의 활용

　ㄱ 선 그래프
- 주로 시간의 경과에 따라 수량에 의한 변화 상황(시계열 변화)을 절선의 기울기로 나타내는 그래프이다.
- 경과, 비교, 분포를 비롯하여 상관관계 등을 나타낼 때 쓰인다.

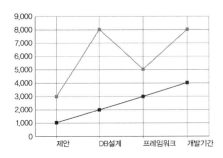

　ㄴ 막대 그래프
- 비교하고자 하는 수량을 막대 길이로 표시하고 그 길이를 통해 수량 간의 대소관계를 나타내는 그래프이다.
- 내역, 비교, 경과, 도수 등을 표시하는 용도로 쓰인다.

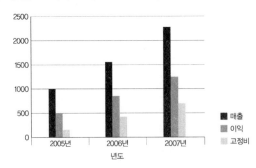

ⓒ 원 그래프
- 내역이나 내용의 구성비를 원을 분할하여 나타낸 그래프이다.
- 전체에 대해 부분이 차지하는 비율을 표시하는 용도로 쓰인다.

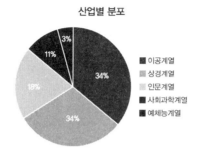

ⓔ 점 그래프
- 종축과 횡축에 2요소를 두고 보고자 하는 것이 어떤 위치에 있는가를 나타내는 그래프이다.
- 지역분포를 비롯하여 도시, 기방, 기업, 상품 등의 평가나 위치·성격을 표시하는데 쓰인다.

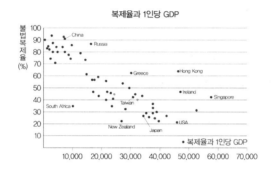

ⓜ 층별 그래프
- 선 그래프의 변형으로 연속내역 봉 그래프라고 할 수 있다. 선과 선 사이의 크기로 데이터 변화를 나타낸다.
- 합계와 부분의 크기를 백분율로 나타내고 시간적 변화를 보고자 할 때나 합계와 각 부분의 크기를 실수로 나타내고 시간적 변화를 보고자 할 때 쓰인다.

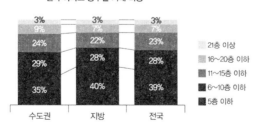

ⓗ 레이더 차트(거미줄 그래프)
- 원 그래프의 일종으로 비교하는 수량을 직경, 또는 반경으로 나누어 원의 중심에서의 거리에 따라 각 수량의 관계를 나타내는 그래프이다.
- 비교하거나 경과를 나타내는 용도로 쓰인다.

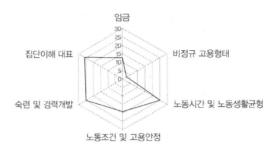

③ 도표 해석상의 유의사항
ⓐ 요구되는 지식의 수준을 넓힌다.
ⓑ 도표에 제시된 자료의 의미를 정확히 숙지한다.
ⓒ 도표로부터 알 수 있는 것과 없는 것을 구별한다.
ⓓ 총량의 증가와 비율의 증가를 구분한다.
ⓔ 백분위수와 사분위수를 정확히 이해하고 있어야 한다.

다음 표는 2009 ~ 2010년 지역별 직장인들의 자기개발에 관해 조사한 내용을 정리한 것이다. 이에 대한 분석으로 옳은 것은?

(단위 : %)

연도 구분 지역	2009				2010			
	자기개발 하고 있음	자기개발 비용 부담 주체			자기개발 하고 있음	자기개발 비용 부담 주체		
		직장 100%	본인 100%	직장50% + 본인50%		직장 100%	본인 100%	직장50% + 본인50%
충청도	36.8	8.5	88.5	3.1	45.9	9.0	65.5	24.5
제주도	57.4	8.3	89.1	2.9	68.5	7.9	68.3	23.8
경기도	58.2	12	86.3	2.6	71.0	7.5	74.0	18.5
서울시	60.6	13.4	84.2	2.4	72.7	11.0	73.7	15.3
경상도	40.5	10.7	86.1	3.2	51.0	13.6	74.9	11.6

① 2009년과 2010년 모두 자기개발 비용을 본인이 100% 부담하는 사람의 수는 응답자의 절반 이상이다.
② 자기개발을 하고 있다고 응답한 사람의 수는 2009년과 2010년 모두 서울시가 가장 많다.
③ 자기개발 비용을 직장과 본인이 각각 절반씩 부담하는 사람의 비율은 2009년과 2010년 모두 서울시가 가장 높다.
④ 2009년과 2010년 모두 자기개발을 하고 있다고 응답한 비율이 가장 높은 지역에서 자기개발비용을 직장이 100% 부담한다고 응답한 사람의 비율이 가장 높다.

출제의도

그래프, 그림, 도표 등 주어진 자료를 이해하고 의미를 파악하여 필요한 정보를 해석하는 능력을 평가하는 문제이다.

해 설

② 지역별 인원수가 제시되어 있지 않으므로, 각 지역별 응답자 수는 알 수 없다.
③ 2009년에는 경상도에서, 2010년에는 충청도에서 가장 높은 비율을 보인다.
④ 2009년과 2010년 모두 '자기 개발을 하고 있다'고 응답한 비율이 가장 높은 지역은 서울시이며, 2010년의 경우 자기개발 비용을 직장이 100% 부담한다고 응답한 사람의 비율이 가장 높은 지역은 경상도이다.

답 ①

(4) 도표작성능력

① 도표작성 절차

    ㉠ 어떠한 도표로 작성할 것인지를 결정

    ㉡ 가로축과 세로축에 나타낼 것을 결정

    ㉢ 한 눈금의 크기를 결정

    ㉣ 자료의 내용을 가로축과 세로축이 만나는 곳에 표현

    ㉤ 표현한 점들을 선분으로 연결

    ㉥ 도표의 제목을 표기

② 도표작성 시 유의사항

    ㉠ 선 그래프 작성 시 유의점

- 세로축에 수량, 가로축에 명칭구분을 제시한다.
- 선의 높이에 따라 수치를 파악하는 경우가 많으므로 세로축의 눈금을 가로축보다 크게 하는 것이 효과적이다.
- 선이 두 종류 이상일 경우 반드시 그 명칭을 기입한다.

    ㉡ 막대 그래프 작성 시 유의점

- 막대 수가 많을 경우에는 눈금선을 기입하는 것이 알아보기 쉽다.
- 막대의 폭은 모두 같게 하여야 한다.

    ㉢ 원 그래프 작성 시 유의점

- 정각 12시의 선을 기점으로 오른쪽으로 그리는 것이 보통이다.
- 분할선은 구성비율이 큰 순서로 그린다.

    ㉣ 층별 그래프 작성 시 유의점

- 눈금은 선 그래프나 막대 그래프보다 적게 하고 눈금선은 넣지 않는다.
- 층별로 색이나 모양이 완전히 다른 것이어야 한다.
- 같은 항목은 옆에 있는 층과 선으로 연결하여 보기 쉽도록 한다.

04 자원관리능력

1 자원과 자원관리

(1) 자원

① 자원의 종류 : 시간, 돈, 물적자원, 인적자원

② 자원의 낭비요인 : 비계획적 행동, 편리성 추구, 자원에 대한 인식 부재, 노하우 부족

(2) 자원관리 기본 과정

① 필요한 자원의 종류와 양 확인

② 이용 가능한 자원 수집하기

③ 자원 활용 계획 세우기

④ 계획대로 수행하기

예제 1

당신은 A출판사 교육훈련 담당자이다. 조직의 효율성을 높이기 위해 전사적인 시간관리에 대한 교육을 실시하기로 하였지만 바쁜 일정 상 직원들을 집합교육에 동원할 수 있는 시간은 제한적이다. 다음 중 귀하가 최우선의 교육 대상으로 삼아야 하는 것은 어느 부분인가?

구분	긴급한 일	긴급하지 않은 일
중요한 일	제1사분면	제2사분면
중요하지 않은 일	제3사분면	제4사분면

출제의도

주어진 일들을 중요도와 긴급도에 따른 시간관리 매트릭스에서 우선순위를 구분할 수 있는가를 측정하는 문항이다.

① 중요하고 긴급한 일로 위기사항이나 급박한 문제, 기간이 정해진 프로젝트 등이 해당되는 제1사분면
② 긴급하지는 않지만 중요한 일로 인간관계구축이나 새로운 기회의 발굴, 중장기 계획 등이 포함되는 제2사분면
③ 긴급하지만 중요하지 않은 일로 잠깐의 급한 질문, 일부 보고서, 눈 앞의 급박한 사항이 해당되는 제3사분면
④ 중요하지 않고 긴급하지 않은 일로 하찮은 일이나 시간낭비거리, 즐거운 활동 등이 포함되는 제4사분면

② 자원관리능력을 구성하는 하위능력

(1) 시간관리능력

① 시간의 특성

 ㉠ 시간은 매일 주어지는 기적이다.

 ㉡ 시간은 똑같은 속도로 흐른다.

 ㉢ 시간의 흐름은 멈추게 할 수 없다.

 ㉣ 시간은 꾸거나 저축할 수 없다.

 ㉤ 시간은 사용하기에 따라 가치가 달라진다.

② 시간관리의 효과

 ㉠ 생산성 향상

 ㉡ 가격 인상

 ㉢ 위험 감소

 ㉣ 시장 점유율 증가

③ 시간계획

    ㉠ 개념 : 시간 자원을 최대한 활용하기 위하여 가장 많이 반복되는 일에 가장 많은 시간을 분배하고, 최단시간에 최선의 목표를 달성하는 것을 의미한다.

    ㉡ 60 : 40의 Rule

계획된 행동 (60%)	계획 외의 행동 (20%)	자발적 행동 (20%)
총 시간		

예제 2

유아용품 홍보팀의 사원 은이씨는 일산 킨텍스에서 열리는 유아용품박람회에 참여하고자 한다. 당일 회의 후 출발해야 하며 회의 종료 시간은 오후 3시이다.

장소	일시
일산 킨텍스 제2전시장	2016. 1. 20(금) PM 15:00~19:00 * 입장가능시간은 종료 2시간 전 까지

오시는 길
지하철 : 4호선 대화역(도보 30분 거리)
버스 : 8109번, 8407번(도보 5분 거리)

• 회사에서 버스정류장 및 지하철역까지 소요시간

출발지	도착지	소요시간	
회사	×× 정류장	도보	15분
		택시	5분
	지하철역	도보	30분
		택시	10분

• 일산 킨텍스 가는 길

교통편	출발지	도착지	소요시간
지하철	강남역	대화역	1시간 25분
버스	×× 정류장	일산 킨텍스 정류장	1시간 45분

위의 제시 상황을 보고 은이씨가 선택할 교통편으로 가장 적절한 것은?

① 도보 – 지하철
② 도보 – 버스
③ 택시 – 지하철
④ 택시 – 버스

출제의도

주어진 여러 시간정보를 수집하여 실제 업무 상황에서 시간자원을 어떻게 활용할 것인지 계획하고 할당하는 능력을 측정하는 문항이다.

해 설

④ 택시로 버스정류장까지 이동해서 버스를 타고 가게 되면 택시(5분), 버스(1시간 45분), 도보(5분)으로 1시간 55분이 걸린다.

① 도보–지하철 : 도보(30분), 지하철(1시간 25분), 도보(30분)이므로 총 2시간 25분이 걸린다.

② 도보–버스 : 도보(15분), 버스(1시간 45분), 도보(5분)이므로 총 2시간 5분이 걸린다.

③ 택시–지하철 : 택시(10분), 지하철(1시간 25분), 도보(30분)이므로 총 2시간 5분이 걸린다.

답 ④

(2) 예산관리능력

① 예산과 예산관리

　　㉠ 예산 : 필요한 비용을 미리 헤아려 계산하는 것이나 그 비용을 말한다.

　　㉡ 예산관리 : 활동이나 사업에 소요되는 비용을 산정하고, 예산을 편성하는 것뿐만 아니라 예산을 통제
하는 것 모두를 포함한다.

② 예산의 구성요소

비용	직접비용	재료비, 원료와 장비, 시설비, 여행(출장) 및 잡비, 인건비 등
	간접비용	보험료, 건물관리비, 광고비, 통신비, 사무비품비, 각종 공과금 등

③ 예산수립 과정 : 필요한 과업 및 활동 구명 → 우선순위 결정 → 예산 배정

예제 3

당신은 가을 체육대회에서 총무를 맡으라는 지시를 받았다. 다음과 같은 계획에
따라 예산을 진행하였으나 확보된 예산이 생각보다 적게 되어 불가피하게 비용항
목을 줄여야 한다. 다음 중 귀하가 비용 항목을 없애기에 가장 적절한 것은 무엇
인가?

〈○○산업공단 춘계 1차 워크숍〉

1. 해당부서 : 인사관리팀, 영업팀, 재무팀
2. 일　　　정 : 2016년 4월 21일~23일(2박 3일)
3. 장　　　소 : 강원도 속초 ○○연수원
4. 행사내용 : 바다열차탑승, 체육대회, 친교의 밤 행사, 기타

① 숙박비　　　　　　　　　　　　② 식비
③ 교통비　　　　　　　　　　　　④ 기념품비

출제의도

업무에 소요되는 예산 중 꼭 필요
한 것과 예산을 감축해야할 때 삭
제 또는 감축이 가능한 것을 구분
해내는 능력을 묻는 문항이다.

해 설

한정된 예산을 가지고 과업을 수행
할 때에는 중요도를 기준으로 예산
을 사용한다. 위와 같이 불가피하
게 비용 항목을 줄여야 한다면 기
본적인 항목인 숙박비, 식비, 교통
비는 유지되어야 하기에 항목을 없
애기 가장 적절한 정답은 ④번이
된다.

답 ④

---

(3) 물적관리능력

① 물적자원의 종류

    ㉠ 자연자원 : 자연상태 그대로의 자원 ex) 석탄, 석유 등

    ㉡ 인공자원 : 인위적으로 가공한 자원 ex) 시설, 장비 등

② 물적자원관리 : 물적자원을 효과적으로 관리할 경우 경쟁력 향상이 향상되어 과제 및 사업의 성공으로 이어지며, 관리가 부족할 경우 경제적 손실로 인해 과제 및 사업의 실패 가능성이 커진다.

③ 물적자원 활용의 방해요인

    ㉠ 보관 장소의 파악 문제

    ㉡ 훼손

    ㉢ 분실

④ 물적자원관리 과정

과정	내용
사용 물품과 보관 물품의 구분	• 반복 작업 방지 • 물품활용의 편리성
동일 및 유사 물품으로의 분류	• 동일성의 원칙 • 유사성의 원칙
물품 특성에 맞는 보관 장소 선정	• 물품의 형상 • 물품의 소재

S호텔의 외식사업부 소속인 K씨는 예약일정 관리를 담당하고 있다. 아래의 예약 일정과 정보를 보고 K씨의 판단으로 옳지 않은 것은?

출제의도

주어진 정보와 일정표를 토대로 이용 가능한 물적자원을 확보하여 이를 정확하게 안내할 수 있는 능력을 측정하는 문항이다. 고객이 제공한 정보를 정확하게 파악하고 그 조건 안에서 가능한 자원을 제공할 수 있어야 한다.

〈S호텔 일식 뷔페 1월 ROOM 예약 일정〉

* 예약 : ROOM 이름(시작시간)

SUN	MON	TUE	WED	THU	FRI	SAT
					1	2
					백합(16)	장미(11) 백합(15)
3	4	5	6	7	8	9
라일락(15)		백향목(10) 백합(15)	장미(10) 백향목(17)	백합(11) 라일락(18)	백향목(15)	장미(10) 라일락(15)

ROOM 구분	수용가능인원	최소투입인력	연회장 이용시간
백합	20	3	2시간
장미	30	5	3시간
라일락	25	4	2시간
백향목	40	8	3시간

- 오후 9시에 모든 업무를 종료함
- 한 타임 끝난 후 1시간씩 세팅 및 정리
- 동 시간 대 서빙 투입인력은 총 10명을 넘을 수 없음

해 설

③ 조건을 고려했을 때 5일 장미 ROOM과 7일 장미ROOM이 예약 가능하다.
① 참석 인원이 27명이므로 30명 수용 가능한 장미ROOM과 40명 수용 가능한 백향목ROOM 두 곳이 적합하다.
② 만약 2명이 안 온다면 총 참석인원 25명이므로 라일락ROOM, 장미ROOM, 백향목ROOM이 예약 가능하다.
④ 오후 8시에 마무리하려고 계획하고 있으므로 적절하다.

안녕하세요. 1월 첫째 주 또는 둘째 주에 신년회 행사를 위해 ROOM을 예약하려고 하는데요, 저희 동호회의 총 인원은 27명이고 오후 8시쯤 마무리하려고 합니다. 신정과 주말, 월요일은 피하고 싶습니다. 예약이 가능할까요?

① 인원을 고려했을 때 장미ROOM과 백향목ROOM이 적합하겠군
② 만약 2명이 안 온다면 예약 가능한 ROOM이 늘어나겠구나
③ 조건을 고려했을 때 예약 가능한 ROOM은 5일 장미ROOM뿐이겠구나
④ 오후 5시부터 8시까지 가능한 ROOM을 찾아야해

답 ③

(4) 인적자원관리능력

① 인맥 : 가족, 친구, 직장동료 등 자신과 직접적인 관계에 있는 사람들인 핵심인맥과 핵심인맥들로부터 알게 된 파생인맥이 존재한다.

② 인적자원의 특성 : 능동성, 개발가능성, 전략적 자원

③ 인력배치의 원칙

    ㉠ 적재적소주의 : 팀의 효율성을 높이기 위해 팀원의 능력이나 성격 등과 가장 적합한 위치에 배치하여 팀원 개개인의 능력을 최대로 발휘해 줄 것을 기대하는 것

    ㉡ 능력주의 : 개인에게 능력을 발휘할 수 있는 기회와 장소를 부여하고 그 성과를 바르게 평가하며 평가된 능력과 실적에 대해 그에 상응하는 보상을 주는 원칙

    ㉢ 균형주의 : 모든 팀원에 대한 적재적소를 고려

④ 인력배치의 유형

    ㉠ 양적 배치 : 부문의 작업량과 조업도, 여유 또는 부족 인원을 감안하여 소요인원을 결정하여 배치하는 것

    ㉡ 질적 배치 : 적재적소의 배치

    ㉢ 적성 배치 : 팀원의 적성 및 흥미에 따라 배치하는 것

예제 5

최근 조직개편 및 연봉협상 과정에서 직원들의 불만이 높아지고 있다. 온갖 루머가 난무한 가운데 인사팀원인 당신에게 사내 게시판의 직원 불만사항에 대한 진위여부를 파악하고 대안을 세우라는 팀장의 지시를 받았다. 다음 중 당신이 조치를 취해야 하는 직원은 누구인가?

① 사원 A는 팀장으로부터 업무 성과가 탁월하다는 평가를 받았는데도 조직개편으로 인한 부서 통합으로 인해 승진을 못한 것이 불만이다.

② 사원 B는 회사가 예년에 비해 높은 영업 이익을 얻었는데도 불구하고 연봉 인상에 인색한 것이 불만이다.

③ 사원 C는 회사가 급여 정책을 변경해서 고정급 비율을 낮추고 기본급과 인센티브를 지급하는 제도로 바꾼 것이 불만이다.

④ 사원 D는 입사 동기인 동료가 자신보다 업무 실적이 좋지 않고 불성실한 근무태도를 가지고 있는데, 팀장과의 친분으로 인해 자신보다 높은 평가를 받은 것이 불만이다.

출제의도

주어진 직원들의 정보를 통해 시급하게 진위여부를 가리고 조치하여 인력배치를 해야 하는 사항을 확인하는 문제이다.

해 설

사원 A, B, C는 각각 조직 정책에 대한 불만이기에 논의를 통해 조직적으로 대처하는 것이 옳지만, 사원 D는 팀장의 독단적인 전횡에 대한 불만이기 때문에 조사하여 시급히 조치할 필요가 있다. 따라서 가장 적절한 답은 ④번이 된다.

답 ④

PART II

출제예상문제

1 다음 제시된 전제에 따라 결론을 바르게 추론한 것은?

> • 국어를 좋아하는 학생은 영어를 좋아한다.
> • 사회를 좋아하는 학생은 국어를 좋아한다.
> • 국사를 싫어하는 학생은 사회를 좋아한다.
> • 과학을 좋아하는 학생은 국사를 싫어한다.
> • 그러므로 _____

① 국어를 싫어하는 학생은 과학을 좋아한다.
② 사회를 좋아하는 학생은 국사를 좋아한다.
③ 영어를 싫어하는 학생은 과학을 싫어한다.
④ 국사를 좋아하는 학생은 국어를 싫어한다.

2 다음 제시된 전제에 따라 결론을 바르게 추론한 것은?

> • A와 C는 B의 부모이다.
> • E는 D의 남편이다.
> • C는 D의 딸이다.
> • 그러므로 _____

① C는 E의 손녀이다.
② A는 D의 남편이다.
③ C는 외동딸이다.
④ D는 B의 외할머니이다.

3   다음 제시된 전제에 따라 결론을 바르게 추론한 것은?

- 지민이는 산하보다 더 많은 돈을 갖고 있었다.
- 쇼핑 후 남은 돈을 계산해 보니 산하의 돈이 더 많았다.
- 그러므로 _____

---

① 산하가 지민이보다 계획적이다.
② 지민이와 산하는 같은 액수의 물건을 샀다.
③ 산하가 더 많은 돈을 쇼핑에 사용했다.
④ 지민이가 더 많은 돈을 쇼핑에 사용했다.

4   다음 제시된 전제에 따라 결론을 바르게 추론한 것은?

- 오전에 반드시 눈이 오거나 비가 올 것이다.
- 오전에 비가 오지 않았다.
- 그러므로 _____

---

① 오전에 날씨가 개었다.
② 오전에 비가 왔다.
③ 오전에 눈이 왔다.
④ 날씨를 알 수 없다.

5 취업을 준비하고 있는 A, B, C, D, E 5명이 지원한 회사는 각각 수자원공사, 전력공사, 서원각, 회계법인, 가스공사 중 한 곳이다. 5명이 모두 서류전형에 합격하여 NCS 직업기초능력평가를 보러 가는데, 이때 지하철, 버스, 택시 중 한 가지를 타고 가려고 한다. 다음 중 옳지 않은 것은? (단, 한 가지 교통수단은 최대 2명만 이용할 수 있고, 한 사람도 이용하지 않는 교통수단은 없다)

㉠ 버스는 수자원공사, 전력공사, 서원각, 가스공사를 지원한 사람의 회사를 갈 수 있다.
㉡ A는 서원각을 지원했다.
㉢ E는 어떤 교통수단을 이용해도 지원한 회사에 갈 수 있다.
㉣ 지하철에는 D를 포함한 두 사람이 탄다.
㉤ B가 탈 수 있는 교통수단은 지하철뿐이다.
㉥ 버스와 택시가 지나가는 회사는 수자원공사를 제외하고 중복되지 않는다.

---

① B와 D는 같이 지하철을 이용한다.
② E는 택시를 이용한다.
③ A는 버스를 이용한다.
④ E는 회계법인을 지원했다.

6 K사에 다니는 甲은 학술지에 실린 국가별 수돗물 음용률 관련 자료가 훼손된 것을 발견하였다. ㉠ ~ ㉦까지가 명확하지 않은 상황에서 〈보기〉의 내용만을 가지고 그 내용을 추론한다고 할 때, 바르게 나열된 것은?

㉠	㉡	㉢	㉣	㉤	㉥	㉦	평균
68%	47%	46%	37%	28%	27%	25%	39.7%

〈보기〉

㈎ 스웨덴, 미국, 한국은 평균보다 높은 수돗물 음용률을 보인다.

㈏ 수돗물 음용률이 가장 높은 국가의 절반에 못 미치는 수돗물 음용률을 보인 나라는 칠레, 멕시코, 독일이다.

㈐ 한국과 멕시코의 수돗물 음용률의 합은 스웨덴과 칠레의 수돗물 음용률의 합보다 20%p 많다.

㈑ 일본보다 수돗물 음용률이 높은 국가의 수와 낮은 국가의 수는 동일하다.

① 미국 – 한국 – 스웨덴 – 일본 – 멕시코 – 독일 – 칠레
② 스웨덴 – 미국 – 한국 – 일본 – 칠레 – 멕시코 – 독일
③ 한국 – 미국 – 스웨덴 – 일본 – 독일 – 칠레 – 멕시코
④ 한국 – 스웨덴 – 미국 – 일본 – 독일 – 멕시코 – 칠레

7 다음은 한국수자원공사의 직원 채용 공고문의 일부 내용이다. 다음 내용을 읽고 문의사항에 대하여 담당 직원과 질의응답을 한 내용 중 공고문의 내용과 일치한다고 볼 수 없는 것은?

전형일정

구분	일정	장소	비고
서류전형	8/14	–	
필기전형	8/25	서울	세부사항 별도 공지
면접전형	9/5	인재개발원	대전시 대덕구
합격자 발표	9/12	–	채용 홈페이지
입사 예정일	10/1	–	별도 안내

본인 확인을 위한 추가사항 입력 안내

• 목적 : 필기시험 및 종합면접 시 본인 확인용
• 대상 : 1차 전형(서류전형) 합격자
• 입력사항 : 주민등록상 생년월일, 본인 증명사진
• 입력방법 : 채용홈페이지 1차 전형(서류전형) 합격자 발표 화면에서 입력
• 입력기간 : 서류전형 합격 발표시점 ~ 8. 21. 까지

블라인드 채용안내

• 입사지원서 상 사진등록란, 학교명, 학점, 생년월일 등 기재란 없음
• e-메일 기재 시 학교명, 특정 단체명이 드러나는 메일 주소 기재 금지
• 지원서 및 자기소개서 작성 시 개인 인적사항(출신학교, 가족관계 등) 관련 내용 일체 기재 금지
• 입사지원서에 기재한 성명, 연락처 및 서류전형 합격자 발표 화면에서 등록한 생년월일 등은 면접전형 시 블라인드 처리됨

기타사항

• 채용 관련 세부일정 및 장소는 당사 채용홈페이지를 통해 공지함
• 지원인원 미달 또는 전형 결과 적격자가 없는 경우 선발하지 않을 수 있음
• 지원서 및 관련 서류를 허위로 작성·제출하는 경우, 시험 부정행위자 등은 불합격 처리하고, 향후 5년간 우리 회사 입사 지원이 제한됨
• 지원서 작성 시 기재 착오 등으로 인한 불합격이나 손해에 대한 모든 책임은 지원자 본인에게 있으므로 유의하여 작성

- 각 전형 시 신분증(주민등록증, 여권, 운전면허증 중 1개)과 수험표를 반드시 지참하여야 하며, 신분증 미지참 시 응시불가
    ※ 신분증을 분실한 경우 거주지 관할 주민센터에서 발급받은 '주민등록증 발급신청 확인서' 지참
- 자의 또는 타의에 의한 부정청탁으로 인해 합격된 사실이 확인될 경우 당해 합격을 취소할 수 있으며, 향후 5년간 공공기관 채용시험 응시자격을 제한할 수 있음

Q : 합격자 발표는 지원서 란에 적은 전화번호로 문자나 전화 등으로 알려주시게 되나요?

A : ① 아닙니다. 합격자 발표는 본인이 직접 확인해야 하며, 저희 회사 홈페이지에서 채용 관련 안내에 따라 확인하실 수 있습니다.

Q : 이번 채용 방식은 블라인드 채용으로 알고 있는데 생년월일 등을 추가로 입력해야 하는 이유는 뭐죠?

A : ② 블라인드 채용 시 입사지원서에 개인 인적사항을 적을 수 없습니다. 전형 과정에서 본인 확인용으로 필요한 경우 생년월일을 기재하도록 요청할 수 있습니다.

Q : e-메일 주소를 적는 칸이 있던데요, e-메일 주소 정도에는 저희 학교 이름이 들어가도 별 상관없겠지요?

A : ③ 아닙니다. 그런 경우, 다른 개인 e-메일 주소를 적으셔야 하며, 학교 이름을 인식할 수 있는 어떤 사항도 기재하셔서는 안 됩니다.

Q : 전형 과정의 필요상 일부 인적사항을 적게 되면, 그건 면접관분들에게 공개될 수밖에 없겠지요?

A : ④ 본인 확인용으로 면접 시 필요하여 요청 드린 사항이므로 사진과 생년월일 등 본인 확인에 필요한 최소 사항만 공개됩니다.

8 K사에 근무하는 정 대리는 이번 달에 중국 출장 일정이 잡혀 있다. 다음 조건을 바탕으로 할 때, 정 대리가 이번 달 중국 출장 출발일로 정하기에 가장 적절한 날은 언제인가? (단, 전체 일정은 모두 이번 달 안에 속해 있다)

- 이번 달은 1일이 월요일인 달이다.
- 3박 4일 일정이며 출발일과 도착일이 모두 휴일이 아니어야 한다.
- 현지에서 복귀하는 비행편은 매주 화, 목요일에만 있다.
- 이번 달 셋째 주 화요일에 있을 부서의 중요한 회의에 반드시 참석해야 하며, 회의 후에 출장을 가려 한다.

---

① 12일   ② 15일
③ 17일   ④ 22일

┃9~10┃ 인접해 있는 A ~ D 네 개 마을은 모두 낙후된 지역이며 행정구역 상수도요금이 다음과 같이 모두 다르다. 각 마을은 용수 부족 현상이 발생한 어느 시점에 아래 표와 같이 상호 물을 공급해 주었다. 다음 자료를 보고 이어지는 물음에 답하시오.

(단위 : m³)

공급 \ 수요	A마을	B마을	C마을	D마을
A마을	–	15	18	12
B마을	17	–	10	10
C마을	14	12	–	14
D마을	13	18	10	–

	A마을	B마을	C마을	D마을
수도요금	650원/m³	660원/m³	670원/m³	660원/m³

9 C마을이 각 마을로 공급해 준 물의 금액과 C마을이 각 마을에서 공급받은 물의 금액의 차이는? (물의 금액은 공급지의 요금을 기준으로 한다)

① 1,750원 ② 1,900원
③ 1,950원 ④ 2,000원

10 A마을과 D마을은 상호 연결된 수도관이 노후 되어 공급한 물의 양방향 누수율이 5%이다. 이 경우, 각 마을에서 공급한 물의 공급지 기준 금액이 큰 순서대로 올바르게 나열된 것은? (단, 물의 공급 금액은 누수율을 감안한 실 공급량을 기준으로 산정한다)

① A마을 – C마을 – D마을 – B마을
② C마을 – A마을 – D마을 – B마을
③ A마을 – C마을 – B마을 – D마을
④ A마을 – D마을 – C마을 – B마을

다음 주어진 표를 보고 단기계약을 체결한 은영이네가 납부해야 할 수도요금으로 옳은 것은?

〈요금단가〉

(단위 : 원/m³)

구분	계	기본요금	사용요금
원수	233.7	70.0	163.7
정수	432.8	130.0	302.8
침전수	328.0	98.0	230.0

〈단기계약〉

구분		내용
계약기간		1년 이내, 계약량 변경(6회/년) 가능
요금		기본요금 + 사용요금
계산방법	기본요금	계약량×기본요금단가 ※ 사용량이 계약량을 초과하는 경우 기본요금은 월간사용량의 120% 한도액으로 적용
	사용요금	사용량×사용요금단가 ※ 월간계약량의 120%를 초과하여 사용한 경우 다음을 가산 사용요금단가×월간계약량의 120% 초과사용량

〈은영이네 수도사용량〉

- 원수 사용
- 월간계약량 100m³
- 월간사용량 125m³

① 22,552원   ② 26,876원

③ 29,681원   ④ 31,990원

12 다음 내용과 전투능력을 가진 생존자 현황을 근거로 판단할 경우 생존자들이 탈출할 수 있는 경우로 옳은 것은? (단, 다른 조건은 고려하지 않는다)

- 좀비 바이러스에 의해 라쿤 시티에 거주하던 많은 사람들이 좀비가 되었다. 건물에 갇힌 생존자들은 동, 서, 남, 북 4개의 통로를 이용해 5명씩 탈출을 시도한다. 탈출은 통로를 통해서만 가능하며, 한 쪽 통로를 선택하면 되돌아올 수 없다.
- 동쪽 통로에 11마리, 서쪽 통로에 7마리, 남쪽 통로에 11마리, 북쪽 통로에 9마리의 좀비들이 있다. 선택한 통로의 좀비를 모두 제거해야만 탈출할 수 있다.
- 남쪽 통로의 경우, 통로 끝이 막혀 탈출을 할 수 없지만 팀에 폭파전문가가 있다면 다이너마이트를 사용하여 막힌 통로를 뚫고 탈출할 수 있다.
- 전투란 생존자가 좀비를 제거하는 것을 의미하며 선택한 통로에서 일시에 이루어진다.
- 전투능력은 정상인 건강상태에서 해당 생존자가 전투에서 제거하는 좀비의 수를 의미하며, 질병이나 부상상태인 사람은 그 능력이 50%로 줄어든다.
- 전투력 강화제는 건강상태가 정상인 생존자들 중 1명에게만 사용할 수 있으며, 전투능력을 50% 향상시킨다. 사용 가능한 대상은 의사 혹은 의사의 팀 내 구성원이다.
- 생존자의 직업은 다양하며, 아이와 노인은 전투능력과 보유품목이 없고 건강상태는 정상이다.

〈전투능력을 가진 생존자 현황〉

직업	인원	전투능력	건강상태	보유품목
경찰	1명	6	질병	−
헌터	1명	4	정상	−
의사	1명	2	정상	전투력 강화제 1개
사무라이	1명	8	정상	−
폭파전문가	1명	4	부상	다이너마이트

	탈출 통로	팀 구성 인원
①	동쪽 통로	폭파전문가 − 사무라이 − 노인 3명
②	서쪽 통로	헌터 − 경찰 − 아이 2명 − 노인
③	남쪽 통로	헌터 − 폭파전문가 − 아이 − 노인 2명
④	남쪽 통로	폭파전문가 − 헌터 − 의사 − 아이 2명

13 다음은 항공위험물 중 일부 위험성이 적은 위험물에 대해서 소량에 한하여 여행객이 휴대 또는 위탁수하물로 운반할 수 있도록 예외적으로 허용하고 있는 사항에 대한 안내문이다. 다음 중 위탁수하물로 운반할 수 없는 것은?

■ 소비재

물품 또는 물건	위탁수하물	기내휴대	몸에 소지
• 리튬배터리가 장착된 전자장비(카메라, 휴대전화, 노트북 등) – 리튬메탈배터리 : 리튬 함량 2그램 이하 – 리튬이온배터리 : 100와트시(Wh) 이하	○	○	○
• 전자담배 – 리튬메탈배터리 : 리튬 함량 2그램 이하 – 리튬이온배터리 : 100와트시(Wh) 이하	×	○	○
• 드라이아이스 – 1인당 2.5kg까지 – 상하기 쉬운 물품을 포장·운송하기 위해서 사용되는 것에 한함	○	○	×
• 스포츠용 또는 가정용 에어로졸 – 개당 0.5리터 이하(총 4캔까지 허용)	○	×	×
• 소형라이터 – 1인당 1개	×	×	○

■ 의료용품

물품 또는 물건	위탁수하물	기내휴대	몸에 소지
• 의료용 산소 실린더 또는 공기 실린더 – 실린더 당 총 질량이 5kg 이하 ※ 항공사 승인 필요	○	○	○
액체산소가 들어있는 장치	×	×	×
• 리튬배터리가 장착된 휴대용 의료 전자장비 – 리튬메탈배터리 : 리튬 함량 2그램 이하 – 리튬이온배터리 : 100와트시(Wh) 이하	○	○	○
• 전동 휠체어 등 이동보조장비(습식 배터리) ※ 항공사 승인 필요	○	×	×
• 휴대용 의료전자장비용 여분(보조) 배터리 – 리튬메탈배터리 : 리튬 함량 2그램 이하 – 리튬이온배터리 : 100와트시(Wh) 이하	×	○	○

① 100와트시(Wh) 이하 리튬이온배터리 전자담배

② 개당 0.5리터 이하의 스포츠용 에어로졸 2캔

③ 냉동식품을 포장·운송하기 위해 사용된 드라이아이스 2kg

④ 항공사 승인을 받은 실린더 당 총 질량이 5kg 이하인 의료인 공기 실린더

14 다음 〈쓰레기 분리배출 규정〉을 준수한 것은?

- 배출 시간 : 수거 전날 저녁 7시~수거 당일 새벽 3시까지(월요일~토요일에만 수거함)
- 배출 장소 : 내 집 앞, 내 점포 앞
- 쓰레기별 분리배출 방법
  - 일반 쓰레기 : 쓰레기 종량제 봉투에 담아 배출
  - 음식물 쓰레기 : 단독주택의 경우 수분 제거 후 음식물 쓰레기 종량제 봉투에 담아서, 공동주택의 경우 음식물 전용용기에 담아서 배출
  - 재활용 쓰레기 : 종류별로 분리하여 투명 비닐봉투에 담아 묶어서 배출
    ① 1종(병류)
    ② 2종(캔, 플라스틱, 페트병 등)
    ③ 3종(폐비닐류, 과자 봉지, 1회용 봉투 등)
       ※ 1종과 2종의 경우 뚜껑을 제거하고 내용물을 비운 후 배출
       ※ 종이류 / 박스 / 스티로폼은 각각 별도로 묶어서 배출
  - 폐가전·폐가구 : 폐기물 스티커를 부착하여 배출
- 종량제 봉투 및 폐기물 스티커 구입 : 봉투판매소

---

① 甲은 토요일 저녁 8시에 일반 쓰레기를 쓰레기 종량제 봉투에 담아 자신의 집 앞에 배출하였다.

② 공동주택에 사는 乙은 먹다 남은 찌개를 그대로 음식물 쓰레기 종량제 봉투에 담아 주택 앞에 배출하였다.

③ 丙은 투명 비닐봉투에 캔과 스티로폼을 함께 담아 자신의 집 앞에 배출하였다.

④ 戊는 집에서 쓰던 냉장고를 버리기 위해 폐기물 스티커를 구입 후 부착하여 월요일 저녁 9시에 자신의 집 앞에 배출하였다.

15 김 대리는 지난 여름 휴가 때 선박을 이용하여 '포항 → 울릉도 → 독도 → 울릉도 → 포항' 순으로 여행을 다녀왔다. 다음에 제시된 내용을 바탕으로 김 대리가 휴가를 냈던 기간을 추론하면?

- '포항 → 울릉도' 선박은 매일 오전 10시, '울릉도 → 포항' 선박은 매일 오후 3시에 출발하며, 편도 운항에 3시간이 소요된다.
- 울릉도에서 출발해 독도를 돌아보는 선박은 매주 화요일과 목요일 오전 8시에 출발하여 당일 오전 11시에 돌아온다.
- 최대 파고가 3m 이상인 날은 모든 노선의 선박이 운항되지 않는다.
- 김 대리는 매주 금요일에 술을 마시는데, 술을 마신 다음날은 멀미가 심해서 선박을 탈 수 없다.
- 이번 여행 중 김 대리는 울릉도에서 호박엿 만들기 체험을 했는데, 호박엿 만들기 체험은 매주 월·금요일 오후 6시에만 할 수 있다.

〈20XX년 7월 최대 파고〉

🌊 : 최대 파고(단위 : m)

일	월	화	수	목	금	토
16 🌊 1.0	17 🌊 1.4	18 🌊 3.2	19 🌊 2.7	20 🌊 2.8	21 🌊 3.7	22 🌊 2.0
23 🌊 0.7	24 🌊 3.8	25 🌊 2.8	26 🌊 2.7	27 🌊 0.5	28 🌊 3.7	29 🌊 3.3

① 7월 16일(일)~19일(수)

② 7월 19일(수)~22일(토)

③ 7월 20일(목)~23일(일)

④ 7월 23일(일)~26일(수)

16 다음 〈상황〉과 〈조건〉을 근거로 판단할 때 옳은 것은?

〈상황〉

　A대학교 보건소에서는 4월 1일(월)부터 한 달 동안 재학생을 대상으로 금연교육 4회, 금주교육 3회, 성교육 2회를 실시하려는 계획을 가지고 있다.

〈조건〉
- 금연교육은 정해진 같은 요일에만 주 1회 실시하고, 화, 수, 목요일 중에 해야 한다.
- 금주교육은 월요일과 금요일을 제외한 다른 요일에 시행하며, 주 2회 이상은 실시하지 않는다.
- 성교육은 4월 10일 이전, 같은 주에 이틀 연속으로 실시한다.
- 4월 22일부터 26일까지 중간고사 기간이고, 이 기간에 보건소는 어떠한 교육도 실시할 수 없다.
- 보건소의 교육은 하루에 하나만 실시할 수 있고, 토요일과 일요일에는 교육을 실시할 수 없다.
- 보건소는 계획한 모든 교육을 반드시 4월에 완료하여야 한다.

---

① 금연교육이 가능한 요일은 화요일과 수요일이다.
② 4월 30일에도 교육이 있다.
③ 금주교육은 4월 마지막 주에도 실시된다.
④ 성교육이 가능한 일정 조합은 두 가지 이상이다.

｜17~18｜ 다음 상황과 자료를 보고 물음에 답하시오.

> 도서출판 서원각에 근무하는 K씨는 고객으로부터 9급 건축직 공무원 추천도서를 요청받았다. K씨는 도서를 추천하기 위해 다음과 같은 9급 건축직 발행도서의 종류와 특성을 참고하였다.

K씨 : 감사합니다. 도서출판 서원각입니다.

고객 : 9급 공무원 건축직 관련 도서 추천을 좀 받고 싶습니다.

K씨 : 네, 어떤 종류의 도서를 원하십니까?

고객 : 저는 기본적으로 이론은 대학에서 전공을 했습니다. 그래서 많은 예상문제를 풀 수 있는 것이 좋습니다.

K씨 : 아. 문제가 많은 것이라면 딱 잘라서 말씀드리기가 어렵습니다.

고객 : 알아요. 그래도 적당히 가격도 그리 높지 않고 예상문제가 많이 들어 있는 것이면 됩니다.

K씨 : 네. 알겠습니다. 많은 예상문제풀이가 가능한 것 외에는 다른 필요한 사항은 없으십니까?

고객 : 가급적이면 20,000원 이하가 좋을 듯 합니다.

도서명	예상문제 문항 수	기출문제 수	이론 유무	가격
실력평가모의고사	400	120	무	18,000
전공문제집	500	160	유	25,000
문제완성	600	40	무	20,000
합격선언	300	200	유	24,000

17 다음 중 K씨가 고객의 요구에 맞는 도서를 추천해 주기 위해 가장 우선적으로 고려해야 하는 특성은 무엇인가?

① 기출문제 수　　　　　　　② 이론 유무

③ 가격　　　　　　　　　　④ 예상문제 문항 수

18 고객의 요구를 종합적으로 반영하였을 때 많은 문제와 가격을 맞춘 가장 적당한 도서는?

① 실력평가모의고사　　　　② 전공문제집

③ 문제완성　　　　　　　　④ 합격선언

▌19~20 ▌ 다음은 K사에서 실시하고 있는 탄력근무제에 대한 사내 규정의 일부이다. 다음을 읽고 이어지는 물음에 답하시오.

제17조(탄력근무 유형 등)

① 탄력근무의 유형은 시차출퇴근제와 시간선택제로 구분한다.

② 시차출퇴근제는 근무시간을 기준으로 다음 각 호와 같이 구분한다. 이 경우 시차출퇴근 C형은 12세 이하이거나 초등학교에 재학 중인 자녀를 양육하는 직원만 사용할 수 있다.

    1. 시차출퇴근 A형 : 8:00~17:00

    2. 시차출퇴근 B형 : 10:00~19:00

    3. 시차출퇴근 C형 : 9:30~18:30

③ 시간선택제는 다음 각 호의 어느 하나에 해당하는 직원이 근무시간을 1시간부터 3시간까지 단축하는 근무형태로서 그 근무유형 및 근무시간은 별도로 정한 바와 같다.

    1. 「임금피크제 운영규정」 제4조에 따라 임금피크제의 적용을 받는 직원

    2. 「인사규정 시행규칙」 제34조의2 제1항 제1호 또는 제2호에 해당되는 근무 직원

    3. 일·가정 양립, 자기계발 등 업무 내·외적으로 조화로운 직장생활을 위하여 월 2회의 범위 안에서 조기퇴근을 하려는 직원

제18조(시간선택제 근무시간 정산)

① 시간선택제 근무 직원은 그 단축근무로 통상근무에 비해 부족해진 근무시간을 시간선택제 근무를 실시한 날이 속하는 달이 끝나기 전까지 정산하여야 한다.

② 제1항에 따른 정산은 다음 각 호에 따른 방법으로 실시한다. 이 경우 정산근무시간은 10분 단위로 인정한다.

    1. 조기퇴근을 제외한 시간선택제 근무시간 정산 : 해당 시간선택제 근무로 근무시간이 단축되는 날을 포함하여 08:00부터 09:00까지 또는 18:00부터 21:00까지 사이에 근무

    2. 조기퇴근 근무시간 정산 : 다음 각 목의 방법으로 실시. 이 경우 사전에 미리 근무시간 정산을 할 것을 신청하여야 한다.

        가. 근무시작시간 전에 정산하는 경우 : 각 근무유형별 근무시작시간 전까지 근무

        나. 근무시간 이후에 정산하는 경우 : 각 근무유형별 근무종료시간부터 22:00까지 근무

③ 시간선택제 근무 직원은 휴가·교육 등으로 제1항에 따른 정산을 실시하지 못함에 따른 임금손실을 방지하기 위하여 사전에 정산근무를 실시하는 등 적정한 조치를 하여야 한다.

제19조(신청 및 승인)

① 탄력근무를 하려는 직원은 그 근무시작 예정일의 5일 전까지 별지 제4호 서식의 탄력근무 신청서를 그 소속 부서의 장에게 제출하여야 한다.

② 제20조 제2항에 따라 탄력근무가 직권해지된 날부터 6개월이 지나지 아니한 경우에는 탄력근무를 신청할 수 없다.

③ 다음 각 호의 직원은 제17조 제3항 제3호의 조기퇴근을 신청할 수 없다.

    1. 임신부

    2. 제17조 제3항 제1호 및 제2호에 해당하여 시간선택제를 이용하고 있는 직원

    3. 제8조 및 제9조의 단시간근무자

    4. 육아 및 모성보호 시간 이용 직원

④ 부서의 장은 제1항에 따라 신청서를 제출받으면 다음 각 호의 어느 하나에 해당하는 경우 외에는 그 신청에 대하여 승인하여야 한다.

    1. 업무공백 최소화 등 원활한 업무진행을 위하여 승인인원의 조정이 필요한 경우

    2. 민원인에게 불편을 초래하는 등 정상적인 사업운영이 어렵다고 판단되는 경우

⑤ 탄력근무는 매월 1일을 근무 시작일로 하여 1개월 단위로 승인한다.

⑥ 제17조 제3항 제3호에 따른 조기퇴근의 신청, 취소 및 조기퇴근일의 변경은 별지 제4호의2 서식에 따라 개인이 신청한다. 이 경우 조기퇴근 신청에 관하여 승인권자는 월 2회의 범위에서 승인한다.

19 다음 중 위의 탄력근무제에 대한 올바른 설명이 아닌 것은 어느 것인가?

    ① 조기퇴근은 매월 2회까지만 실시할 수 있다.

    ② 시간선택제 근무제를 사용하려는 직원은 신청 전에 정산근무를 먼저 해 둘 수 있다.

    ③ 규정에 맞는 경우라 하더라도 탄력근무제를 신청하여 승인이 되지 않을 수도 있다.

    ④ 시차출퇴근제와 시간선택제의 다른 점 중 하나는 해당 월의 총 근무시간의 차이이다.

20 탄력근무제를 실시하였거나 실시하려고 계획하는 평가원 직원의 다음과 같은 판단 중, 규정에 어긋나는 것은 어느 것인가?

    ① 놀이방에 7살짜리 아이를 맡겨 둔 K씨는 시차출퇴근 C형을 신청하려고 한다.

    ② 7월 2일 조기퇴근을 실시한 H씨는 7월 말일 이전 근무일에 저녁 9시경까지 정산근무를 하려고 한다.

    ③ 6월 3일에 조기퇴근을 실시하고 한 달 후인 7월 3일에 재차 사용한 M씨는 7월 4일부터 8월 4일까지의 기간 동안 2회의 조기퇴근을 신청하려고 한다.

    ④ 7월 15일에 탄력근무제를 사용하고자 하는 R씨는 7월 7일에 팀장에게 신청서를 제출하였다.

21 다음은 주식회사 서원각의 팀별 성과급 지급 기준이다. Y팀의 성과평가결과가 다음과 같다면 지급되는 성과급의 1년 총액은?

〈성과급 지급 방법〉

(가) 성과급 지급은 성과평가 결과와 연계함.

(나) 성과평가는 유용성, 안전성, 서비스 만족도의 총합으로 평가함. 단, 유용성, 안전성, 서비스 만족도의 가중치를 각각 0.4, 0.4, 0.2로 부여함.

(다) 성과평가 결과를 활용한 성과급 지급 기준

성과평가 점수	성과평가 등급	분기별 성과급 지급액	비고
9.0 이상	A	100만 원	성과평가 등급이 A이면 직전분기 차감액의 50%를 가산하여 지급
8.0 이상 9.0 미만	B	90만 원 (10만 원 차감)	
7.0 이상 8.0 미만	C	80만 원 (20만 원 차감)	
7.0 미만	D	40만 원 (60만 원 차감)	

구분	1/4 분기	2/4 분기	3/4 분기	4/4 분기
유용성	8	8	10	8
안전성	8	6	8	8
서비스 만족도	6	8	10	8

① 350만 원 ② 360만 원

③ 370만 원 ④ 380만 원

22 다음은 이○○씨가 A지점에서 B지점을 거쳐 C지점으로 출근을 할 때 각 경로의 거리와 주행속도를 나타낸 것이다. 이○○씨가 오전 8시 정각에 A지점을 출발해서 B지점을 거쳐 C지점으로 갈 때, 이에 대한 설명 중 옳은 것을 고르면?

구간	경로	주행속도(km/h)		거리(km)
		출근 시간대	기타 시간대	
A→B	경로 1	30	45	30
	경로 2	60	90	
B→C	경로 3	40	60	40
	경로 4	80	120	

※ 출근 시간대는 오전 8시부터 오전 9시까지이며, 그 이외의 시간은 기타 시간대임.

① C지점에 가장 빨리 도착하는 시각은 오전 9시 10분이다.

② C지점에 가장 늦게 도착하는 시각은 오전 9시 20분이다.

③ B지점에 가장 빨리 도착하는 시각은 오전 8시 40분이다.

④ 경로 2와 경로 3을 이용하는 경우와, 경로 1과 경로 4를 이용하는 경우 C지점에 도착하는 시각은 동일하다.

23 수자원공사 가, 나, 다, 라 직원 4명은 둥그런 탁자에 둘러앉아 인턴사원 교육을 진행하고 있다. 직원들은 각자 인턴 A, B, C, D를 한 명씩 맡아 교육하고 있다. 아래에 제시된 조건에 따라, 직원과 인턴이 알맞게 짝지어진 한 쌍은?

- B 인턴을 맡고 있는 직원은 다 직원의 왼편에 앉아 있다.
- A 인턴을 맡고 있는 직원 맞은편에는 B 인턴을 맡고 있는 직원이 앉아 있다.
- 라 직원은 다 직원 옆에 앉아 있지 않으나, A 인턴을 맡고 있는 직원 옆에 앉아 있다.
- 나 직원은 가 직원 맞은편에 앉아 있으며, 나 직원의 오른편에는 라 직원이 앉아 있다.
- 시계 6시 방향에는 다 직원이 앉아있으며, 맞은편에는 D 인턴을 맡고 있는 사원이 있다.

① 가 직원 – A 인턴

② 나 직원 – D 인턴

③ 다 직원 – C 인턴

④ 라 직원 – A 인턴

24 다음 글을 통해서 볼 때, 그림을 그린 사람(들)은 누구인가?

> 　송화, 진수, 경주, 상민, 정란은 대학교 회화학과에 입학하기 위해 △△미술학원에서 그림을 그린다. 이들은 특이한 버릇을 가지고 있다. 송화, 경주, 정란은 항상 그림이 마무리되면 자신의 작품 밑에 거짓을 쓰고, 진수와 상민은 자신의 그림에 언제나 참말을 써넣는다. 우연히 다음과 같은 글귀가 적힌 그림이 발견되었다.
> "이 그림은 진수가 그린 것이 아님"

① 진수 　　　　　　　　　　　　② 상민
③ 송화, 경주 　　　　　　　　　　④ 경주, 정란

25 A, B, C, D, E는 4시에 만나서 영화를 보기로 약속했다. 이들이 도착한 것이 다음과 같다면 옳은 것은?

> - A 다음으로 바로 B가 도착했다.
> - B는 D보다 늦게 도착했다.
> - B보다 늦게 온 사람은 한 명뿐이다.
> - D는 가장 먼저 도착하지 못했다.
> - 동시에 도착한 사람은 없다.
> - E는 C보다 일찍 도착했다.

① D는 두 번째로 약속장소에 도착했다.
② C는 약속시간에 늦었다.
③ A는 가장 먼저 약속장소에 도착했다.
④ E는 제일 먼저 도착하지 못했다.

26 제시된 자료는 복리후생 제도 중 직원의 교육비 지원에 대한 내용이다. 다음 중 ㈎ ~ ㈑ 직원 4명의 총 교육비 지원 금액은 얼마인가?

〈교육비 지원 기준〉

• 임직원 본인의 대학 및 대학원 학비 : 100% 지원
• 임직원 가족의 대학 및 대학원 학비
– 임직원의 직계 존비속 : 80% 지원
– 임직원의 형제 및 자매 : 50% 지원 (단, 직계 존비속 지원이 우선되며, 해당 신청이 없을 경우에 한하여 지급함)
– 교육비 지원 신청은 본인 포함 최대 2인에 한한다.

〈교육비 신청내용〉

㈎ 직원 – 본인 대학원 학비 3백만 원, 동생 대학 학비 2백만 원
㈏ 직원 – 딸 대학 학비 2백만 원
㈐ 직원 – 본인 대학 학비 3백만 원, 아들 대학 학비 4백만 원, 동생 대학원 학비 2백만 원
㈑ 직원 – 본인 대학원 학비 2백만 원, 딸 대학 학비 2백만 원, 아들 대학원 학비 2백만 원, 동생 대학원 학비 3백만 원

---

① 14,400,000원　　　　　　② 15,400,000원
③ 16,400,000원　　　　　　④ 17,400,000원

27 다음 상황에서 진실을 얘기하고 있는 사람이 한 명 뿐일 때 총을 쏜 범인과 진실을 이야기 한 사람으로 바르게 짝지어진 것은?

> 어느 아파트 옥상에서 한 남자가 총에 맞아 죽은 채 발견됐다. 그의 죽음을 조사하기 위해 형사는 죽은 남자와 관련이 있는 용의자 A, B, C, D 네 남자를 연행하여 심문하였는데 이들은 다음과 같이 진술하였다.
> A : B가 총을 쐈습니다. 내가 봤어요.
> B : C와 D는 거짓말쟁이입니다. 그들의 말은 믿을 수 없어요!
> C : A가 한 짓이 틀림없어요. A와 그 남자는 사이가 아주 안 좋았단 말입니다.
> D : 내가 한 짓이 아니에요. 나는 D를 죽일 이유가 없습니다.

① 범인 : A, 진실 : C
② 범인 : B, 진실 : A
③ 범인 : C, 진실 : D
④ 범인 : D, 진실 : B

28 지훈이와 영철이는 다음의 조건대로 농구를 하였다. 다음 중 둘의 최종점수가 될 수 있는 것은?

> 〈조건〉
> ㉠ 득점은 외각 라인에서 슛을 성공하면 3점, 그 외의 슛은 1점, 슛에 실패하면 0점으로 기록된다.
> ㉡ 지훈이는 총 10번의 슛을 시도했고, 영철이는 총 8번의 슛을 시도했다.
> ㉢ 지훈이는 총 2번 슛을 실패하였고, 영철이는 총 1번 슛에 실패하였다.
> ㉣ 둘은 3점슛을 시도하여 동일한 개수만큼 성공했다.
> ㉤ 최종 점수는 성공한 득점의 합으로 한다.

	지훈	영철
①	11	10
②	13	12
③	14	15
④	15	17

29 다음의 상황에서 옳은 것은?

> 다음은 자동차 외판원 A, B, C, D, E, F의 판매실적에 대한 진술이다.
> • A는 B에게 실적에서 앞서 있다.
> • C는 D에게 실적에서 뒤졌다.
> • E는 F에게 실적에서 뒤졌지만, A에게는 실적에서 앞서 있다.
> • B는 D에게 실적에서 앞서 있지만, E에게는 실적에서 뒤졌다.

① 외판원 C의 실적은 꼴찌가 아니다.
② B의 실적보다 안 좋은 외판원은 3명이다.
③ 두 번째로 실적이 좋은 외판원은 B이다.
④ 실적이 가장 좋은 외판원은 F이다.

30 A, B, C, D, E 5명의 입사성적을 비교하여 높은 순서로 순번을 매겼더니 다음과 같은 사항을 알게 되었다. 입사성적이 두 번째로 높은 사람은?

> • 순번 상 E의 앞에는 2명 이상의 사람이 있고 C보다는 앞이었다.
> • D의 순번 바로 앞에는 B가 있다.
> • A의 순번 뒤에는 2명이 있다.

① A

② B

③ C

④ D

1 다음 글을 읽고 유추할 수 있는 것은?

> 어떤 식물이나 동물, 미생물이 한 종류씩만 있다고 할 경우, 즉 종이 다양하지 않을 때는 바로 문제가 발생한다. 생산하는 생물, 소비하는 생물, 판매하는 생물이 한 가지씩만 있다고 생각해보자. 혹시 사고라도 생겨 생산하는 생물이 멸종한다면 그것을 소비하는 생물이 먹을 것이 없어지게 된다. 즉, 생태계 내에서 일어나는 역할 분담에 문제가 생기는 것이다. 박테리아는 여러 종류가 있기 때문에 어느 한 종류가 없어져도 다른 종류가 곧 그 역할을 대체한다. 그래서 분해 작용은 계속되는 것이다. 즉, 여러 종류가 있으면 어느 한 종이 없어지더라도 전체 계에서는 이 종이 맡았던 역할이 없어지지 않도록 균형을 이루게 된다.

① 생물 종의 다양성이 유지되어야 생태계가 안정된다.
② 생태계는 생물과 환경으로 이루어진 인위적 단위이다.
③ 생태계의 규모가 커질수록 희귀종의 중요성도 커진다.
④ 생산하는 생물과 분해하는 생물은 서로를 대체할 수 있다.

2 다음 글에서 추론할 수 있는 진술로 가장 옳지 않은 것은?

> 태풍의 반경은 수백 킬로미터에 달하고, 중심 주위에 나선 모양의 구름 띠가 줄지어 있다. 태풍의 등압선은 거의 원을 그리며, 중심으로 갈수록 기압은 하강한다. 바람은 태풍 중심으로부터 일반적으로 반경 40 ~ 100 킬로미터 부근에서 가장 강하게 분다. 그러나 중심부는 맑게 개어 있는데, 여기가 바로 태풍의 눈이다.
>
> 같은 높이에서 기온은 중심 부분이 높고 주위로 갈수록 낮아진다. 기온이 가장 높은 곳은 태풍의 눈이다. 태풍이 강할수록 태풍의 눈과 주변의 온도차가 크게 나타난다.

① 태풍의 눈에서는 주변부보다 바람이 약하다.
② 태풍의 중심부로 갈수록 풍속이 빨라진다.
③ 태풍의 눈 속은 주변부보다 온도가 높다.
④ 태풍의 중심부는 기압이 가장 낮다.

3 다음 강연자의 의도로 가장 적절한 것은?

> '공감뉴런'에 대해 들어 보셨습니까? 최근 뇌 과학 분야의 한 연구팀이 '거울신경세포'를 발견하여 학계에 큰 충격을 주었는데요. '공감뉴런'이라고도 불리는 이 '거울신경세포'는 상대방의 생각이나 행동을 마치 자신의 것인 양 이해할 수 있도록 돕습니다. 이 세포의 발견은 인간이 근본적으로 공감하는 능력을 지닌 존재라는 것을 보여 줍니다.
>
> 이때의 공감은 단순히 '나는 너의 고통을 이해한다.'는 개념적 추리가 아니라 직접적인 시뮬레이션을 통해 느낌으로 이해하는 것을 말합니다. 예를 들어, 무릎에 상처가 나 울고 있는 아이의 사진을 보고 있다고 가정해 볼까요? 관찰자는 자신이 다친 것이 아닌데도 마치 자신이 그 따갑고 쓰라린 고통을 느끼는 것처럼 얼굴 표정을 찡그리거나 불편한 기분을 느낍니다. 이는 뇌의 '공감뉴런'이 아이가 받았을 신체적 고통을 시뮬레이션하기 때문입니다. 관찰자는 아이가 느끼는 것을 거울처럼 그대로 느껴 그 기분을 알 수 있게 됩니다.
>
> 공감능력은 감수성이 예민하고 동정심이 많은 일부 사람들에게 국한된 것이 아닙니다. 우리 모두에게 내재된 능력입니다. 사회에 적응하기 위해 필요하니까 어쩔 수 없이 공감해야 한다는 태도가 아니라 공감능력을 타고난 존재로 자신을 새롭게 인식할 필요가 있습니다.

① 공감능력을 인간의 본성으로 인식할 필요가 있다.

② 공감능력을 학습하기 위해서 개념적 추리가 필요하다.

③ 뇌 과학 분야의 새로운 발견은 사실로 검증될 필요가 있다.

④ 자신의 고통보다 타인의 고통을 더 감각적으로 느껴야 한다.

4 다음 글의 내용 전개 방식에 대한 설명으로 옳은 것은?

> 혈액은 고형 성분인 혈구와 액체 성분인 혈장으로 구성되어 있다. 혈구에는 적혈구, 백혈구, 혈소판 등이 있다. 적혈구는 둥근 원반 모양이며, 핵이 없고 가운데가 움푹 들어가 있다. 적혈구에는 산소를 운반하는 역할을 하는 붉은 색의 헤모글로빈이 있는데, 혈액의 색이 붉은 것이 바로 이 헤모글로빈 때문이다.   …중략…   백혈구는 일반적으로 적혈구보다 크며, 핵을 가지고 있어 모양이 불규칙하다. 백혈구는 아메바처럼 스스로 운동을 하는 세포로서, 몸속으로 침입한 세균 등을 잡아먹어서 우리의 건강을 지키는 매우 중요한 역할을 한다. 혈소판은 적혈구가 파괴되면서 생긴 작은 세포 조각들로서 모양이 일정하지 않고 핵이 없다. 혈소판은 상처가 났을 때 피를 굳게 해서 더 이상의 출혈을 막고, 세균의 침입을 방지할 수 있도록 한다. 혈장은 소장에서 흡수한 영양소와 폐에서 흡수한 산소를 이를 필요로 하는 조직까지 운반하고, 혈구가 혈관을 따라 잘 흘러가도록 하는 역할을 한다.

① 대상의 움직임과 변화에 주목하고 있다.

② 예를 들면서 쉽게 이해되도록 설명하였다.

③ 대상의 모습과 특징을 눈에 보이듯 설명하고 있다.

④ 대상을 구성하고 있는 요소로 나누어 자세히 설명하고 있다.

5 다음 글의 전개 방식에 대한 설명으로 가장 적절한 것은?

우리나라 금속 공예 역사의 시작은 청동기가 사용되기 시작한 기원전 약 10세기 즈음으로 보고 있다. 그 후 철기 시대를 거쳐 삼국 시대로 들어오면서 기술이 절정에 이르게 되는데, 특히 금으로 된 신라의 장신구들은 문양이 정밀하게 새겨져 예술적 가치를 지닌 것으로 평가된다.

'일본서기'에는 신라를 '눈부신 황금의 나라'로 표현하고 있다. 이 표현에 딱 맞는 유물이 바로 금으로 만든 허리띠이다. 이 허리띠는 금관보다도 두세 배나 많은 금을 들여 만들었는데, 풀잎무늬를 새겨 넣고 그 아래로 여러 줄의 드리개*를 길게 늘어뜨렸다. 드리개 끝에는 약통이나 물고기, 숫돌, 족집게, 굽은옥, 손칼, 살포** 등의 도안이 사실적으로 표현되어 있다.

원래 허리띠에 물건을 주렁주렁 매달고 생활하는 방식은 북방 유목 민족의 풍습이었다. 그들은 손칼이나 약통 등 평소 즐겨 사용하던 물건을 매달고 다녔는데, 중국의 남북조 시대부터 우리나라에 전래되었다. 그 후 원래 가지고 있던 실용성은 사라지고 비실용품으로 전환되면서 여러 가지 상징적인 의미를 지닌 장식품들이 부착된다. 이 장식품들 가운데 약통은 질병의 치료를, 굽은옥은 생명의 존귀함을, 물고기는 식량을, 살포는 농사를 나타내며, 숫돌과 족집게는 칠기를 만들 때 사용하는 도구를 나타낸다. 허리띠의 주인공들이 당시의 왕이나 제사장들이었다는 사실을 감안한다면, 이들 장식품들에는 그들이 관장했던 많은 일들이 상징적으로 나타나 있음을 알 수 있다.

많은 장식품들이 부착된 허리띠는 평소에 사용할 수 없을 정도로 구조적으로 약하다. 이들 허리띠를 의식용이나 장례용품으로 간주하는 이유도 여기에 있다. 실제로 금으로 만든 허리띠의 경우 신라 고분에서 발견될 때는 왕이나 왕비의 허리춤에서 마치 황금빛 스커트를 입은 것처럼 화려하게 착장된 채 출토된다. 이 금제 허리띠는 얇게 금판을 오리고, 좌우 대칭으로 문양을 꾸미거나 풀잎 무늬를 뚫어 장식하여 매우 정교하고 화려하다. 이는 현세의 삶이 내세까지 이어진다는 사실을 굳게 믿고 사후의 안식처인 무덤 속으로 자신의 권세와 부를 그대로 가져가려 한 신라인들의 모습을 잘 보여준다.

'삼국사기'에 따르면 신라인들은 신분에 따라 각기 다른 재질의 허리띠를 착용했다고 한다. 주로 가죽이나 천으로 만들었는데, 고분에서 출토될 때에는 천과 가죽 부분은 모두 썩어 없어지고, 표면에 부착하였던 금속품인 허리띠 장식들만 출토된다. 허리띠 장식을 금속으로 꾸며 사용한 시기는 내물왕 때부터인데, 북쪽의 고구려나 선비족의 영향을 받은 것으로 알려져 있다. 처음 시작은 고구려나 선비족의 디자인을 모방하는 수준이었지만 차츰 신라화 되어 매우 화려해진다. 5세기에는 주로 인동초를 간략화한 풀잎 무늬를 표현하였고, 이 장식은 약 100여 년간 널리 유행하다가 6세기 초 신라의 사회 변화와 함께 점차 소멸되어 간다. 율령 반포를 계기로, 국가 제도와 관리들의 의복 제도가 정비되면서 복잡하고 호려한 장식이 대거 생략되고, 실용적이면서 간소한 구조의 허리띠 장식만 남게 된다. 그 후, 허리띠 장식은 왕족의 전유물로만 쓰이지 않고, 관리들까지로 그 범위가 확대되는 경향을 보인다.

이렇듯 금제 허리띠 하나에서도 신라인들의 화려한 문화를 읽을 수 있다. 따라서 금제 허리띠는 신라 고분군에서 출토되는 다른 황금 유물들과 함께 신라의 찬란한 문화의 실상을 유감없이 보여주는 사료라고 할 수 있다.

*드리개 : 매달아서 길게 늘이는 물건
**살포 : 논에 물꼬를 트거나 막을 때 쓰는 삽 모양의 농기구

① 대상의 특성을 분석하여 대상의 장단점을 설명하고 있다.
② 통시적 방법을 사용하면서 대상의 범위를 확장하고 있다.
③ 구체적인 사례를 통하여 대상의 원리를 이끌어내고 있다.
④ 대상의 특징을 서술하면서 대상이 지닌 가치를 드러내고 있다.

6 다음 제시된 개요의 결론으로 알맞은 것은?

제목 : 유전자 조작
Ⅰ. 서론 : 유전 공학의 발달과 최근의 유전자 조작 사례

Ⅱ. 본론
㉠ 유전자 조작의 긍정적인 측면
• 자원 부족 문제를 해결
• 난치병 치료를 위한 단서 마련
• 기형아 출산 예방
㉡ 유전자 조작의 부정적인 측면
• 생태계의 파괴의 우려
• 유전자 조작 생명체의 정체성 문제
• 인간의 유전자 조작으로 윤리·사회 체계의 혼란 초래

Ⅲ. 결론
(   )

① 유전자 조작의 불가피성 역설
② 유전 공학자의 윤리 의식과 사명감 강조
③ 유전자 조작을 통한 난치병의 치료 효과
④ 유전자 조작 금지 법안의 필요성 강조

7 다음 글의 논지 전개 방식으로 적절한 것은?

전통적 의미에서 영화적 재현과 만화적 재현의 큰 차이점 중 하나는 움직임의 유무일 것이다. 영화는 사진에 결여되었던 사물의 운동, 즉 시간을 재현한 예술 장르이다. 반면 만화는 공간이라는 차원만을 알고 있다. 정지된 그림이 의도된 순서에 따라 공간적으로 나열된 것이 만화이기 때문이다. 만일 만화에도 시간이 존재한다면 그것은 읽기의 과정에서 독자에 의해 사후에 생성된 것이다. 독자는 정지된 이미지에서 상상을 통해 움직임을 끌어낸다. 그리고 인물이나 물체의 주변에 그어져 속도감을 암시하는 효과선은 독자의 상상을 더욱 부추긴다.

만화는 물리적 시간의 부재를 공간의 유연함으로 극복한다. 영화 화면의 테두리인 프레임과 달리, 만화의 칸은 그 크기와 모양이 다양하다. 또한 만화에는 한 칸 내부에 그림뿐 아니라, 말풍선과 인물의 심리나 작중 상황을 드러내는 언어적·비언어적 정보를 모두 담을 수 있는 자유로움이 있다. 그리고 그것이 독자의 읽기 시간에 변화를 주게 된다. 하지만 영화에서는 이미지를 영사하는 속도가 일정하여 감상의 속도가 강제된다.

영화와 만화는 그 이미지의 성격에서도 대조적이다. 영화가 촬영된 이미지라면 만화는 수작업으로 만들어진 이미지이다. 빛이 렌즈를 통과하여 필름에 착상되는 사진적 원리에 따른 영화의 이미지 생산 과정은 기술적으로 자동화되어 있다. 그렇기에 영화 이미지 내에서 감독의 체취를 발견하기란 쉽지 않다. 그에 비해 만화는 수작업의 과정에서 자연스럽게 세계에 대한 작가의 개인적인 해석을 드러내게 된다. 이것은 그림의 스타일과 터치 등으로 나타난다. 그래서 만화 이미지는 '서명된 이미지'이다.

촬영된 이미지와 수작업에 따른 이미지는 영화와 만화가 현실과 맺는 관계를 다르게 규정한다. 영화는 실제 대상과 이미지가 인과 관계로 맺어져 있어 본질적으로 사물에 대한 사실적인 기록이 된다. 이 기록의 과정에는 촬영자의 상황이나 촬영건과 같은 제약이 따른다. 그러나 최근에는 촬영된 이미지들을 컴퓨터상에서 합성하거나 그래픽 이미지를 활용하는 디지털 특수 효과의 도움을 받는 사례가 늘고 있는데, 이를 통해 만화에서와 마찬가지로 실재하지 않는 대상이나 장소도 만들어 낼 수 있게 되었다.

만화의 경우는 구상을 실행으로 옮기는 단계가 현실을 매개로 하지 않는다. 따라서 만화 이미지는 그 제작 단계가 작가의 통제에 포섭되어 있는 이미지이다. 이 점은 만화적 상상력의 동력으로 작용한다. 현실과 직접적으로 대면하지 않기에 작가의 상상력에 이끌려 만화적 현실로 향할 수 있는 것이다.

① 두 대상을 비교하고 어떤 것이 현실을 더 잘 나타내는지에 대하여 결론을 내리고 있다.

② 두 대상의 가장 큰 차이점에 초점을 맞추어 상세히 설명하고 있다.

③ 하나의 대상에 초점을 두고 다른 대상과의 공통점과 차이점을 설명하고 있다.

④ 두 대상의 차이점을 여러 부분에서 비교하여 설명하고 있다.

8 다음은 K공사의 신입사원 채용에 관한 안내문의 일부 내용이다. 다음 내용을 근거로 할 때, K공사가 안내문의 내용에 부합되게 취할 수 있는 행동이라고 볼 수 없는 것은?

○ 모든 응시자는 1인 1개 분야만 지원할 수 있습니다.

○ 응시희망자는 지역제한 등 응시자격을 미리 확인하고 응시원서를 접수하여야 하며, 응시원서의 기재사항 착오·누락, 공인어학능력시험 점수·자격증·장애인·취업지원대상자 가산점수 가산비율 기재 착오, 연락불능 등으로 발생되는 불이익은 일체 응시자의 책임으로 합니다.

○ 입사지원서 작성내용은 추후 증빙서류 제출 및 관계기관에 조회할 예정이며 내용을 허위로 입력한 경우에는 합격이 취소됩니다.

○ 응시자는 시험장소 공고문, 답안지 등에서 안내하는 응시자 주의사항에 유의하여야 하며, 이를 준수하지 않을 경우에 본인에게 불이익이 될 수 있습니다.

○ 원서접수결과 지원자가 채용예정인원 수와 같거나 미달하더라도 적격자가 없는 경우 선발하지 않을 수 있습니다.

○ 시험일정은 사정에 의하여 변경될 수 있으며 변경내용은 7일 전까지 공사 채용홈페이지를 통해 공고할 계획입니다.

○ 제출된 서류는 본 채용목적 이외에는 사용하지 않으며, 채용절차의 공정화에 관한 법령에 따라 최종합격자 발표일 이후 180일 이내에 반환청구를 할 수 있습니다.

○ 최종합격자 중에서 신규임용후보자 등록을 하지 않거나 관계법령에 의한 신체검사에 불합격한 자 또는 공사 인사규정 제21조에 의한 응시자격 미달자는 신규임용후보자 자격을 상실하고 차순위자를 추가합격자로 선발할 수 있습니다.

○ 임용은 교육성적을 포함한 채용시험 성적순으로 순차적으로 임용하되, 장애인 또는 경력자의 경우 성적순위에도 불구하고 우선 임용될 수 있습니다.

※ 공사 인사규정 제22조제2항에 의거 신규임용후보자의 자격은 임용후보자 등록일로부터 1년으로 하며, 필요에 따라 1년의 범위 안에서 연장될 수 있습니다.

---

① 동일한 응시자가 기계직과 운영직에 동시 응시를 한 사실이 뒤늦게 발견되어 임의로 기계직 응시 관련 사항 일체를 무효처리하였다.

② 대학 졸업예정자로 채용된 A씨는 마지막 학기 학점이 부족하여 졸업이 미뤄지는 바람에 채용이 취소되었다.

③ 50명 선발이 계획되어 있었고, 45명이 지원을 하였으나 42명만 선발하였다.

④ 최종합격자 중 신규임용후보자 자격을 상실한 자가 있어 불합격자 중 임의의 인원을 추가 선발하였다.

9 다음은 ○○기관 디자인팀의 주간회의록이다. 자료에 대한 내용으로 옳은 것은?

<table>
<tr><td colspan="7" align="center">〈주간회의록〉</td></tr>
<tr><td>회의일시</td><td colspan="2">20XX-07-03(월)</td><td>부서</td><td>디자인팀</td><td>작성자</td><td>D 사원</td></tr>
<tr><td>참석자</td><td colspan="6">김 과장, 박 주임, 최 사원, 이 사원</td></tr>
<tr><td>회의안건</td><td colspan="6">1. 개인 주간 스케줄 및 업무 점검
2. 20XX년 회사 홍보 브로슈어 기획</td></tr>
<tr><td rowspan="2">회의
내용</td><td colspan="4" align="center">내용</td><td colspan="2" align="center">비고</td></tr>
<tr><td colspan="4">1. 개인 스케줄 및 업무 점검
• 김 과장 : 브로슈어 기획 관련 홍보팀 미팅,
　　　　　　외부 디자이너 미팅
• 박 주임 : 신제품 SNS 홍보이미지 작업,
　　　　　　회사 영문 서브페이지 2차 리뉴얼 작업 진행
• 최 사원 : 20XX년도 홈페이지 개편 작업 진행
• 이 사원 : 7월 사보 편집 작업

2. 20XX년도 회사 홍보 브로슈어 기획
• 브로슈어 주제 : '신뢰'
-창립 ○○주년을 맞아 고객의 신뢰로 회사가 성장했음을 강조
-한결같은 모습으로 고객들의 지지를 받아왔음을 기업 이미지로 표현
• 20페이지 이내로 구성 예정</td><td colspan="2">• 7월 8일 AM 10:00
디자인팀 전시회 관람

• 7월 5일까지 홍보팀에서
20XX년 브로슈어 최종원고 전달 예정</td></tr>
<tr><td rowspan="3">결정사항</td><td colspan="3" align="center">내용</td><td align="center">작업자</td><td colspan="2" align="center">진행일정</td></tr>
<tr><td colspan="3">브로슈어 표지 이미지 샘플 조사</td><td>최 사원, 이 사원</td><td colspan="2">20XX-07-03 ~ 20XX-07-04</td></tr>
<tr><td colspan="3">브로슈어 표지 시안 작업 및 제출</td><td>박 주임</td><td colspan="2">20XX-07-03 ~ 20XX-07-07</td></tr>
<tr><td>특이사항</td><td colspan="6">다음 회의 일정 : 7월 10일
• 브로슈어 표지 결정, 내지 1차 시안 논의</td></tr>
</table>

① ○○기관은 외부 디자이너에게 브로슈어 표지 이미지 샘플을 요청하였다.
② 디자인팀은 이번 주 금요일에 전시회를 관람할 예정이다.
③ 김 과장은 이번 주에 내부 미팅, 외부 미팅이 모두 예정되어 있다.
④ 이 사원은 이번 주에 7월 사보 편집 작업만 하면 된다.

10 다음은 은행을 사칭한 대출 주의 안내문이다. 이에 대한 설명으로 옳지 않은 것은?

항상 ○○은행을 이용해 주시는 고객님께 감사드립니다.

최근 ○○은행을 사칭하면서 대출 협조문이 Fax로 불특정 다수에게 발송되고 있어 각별한 주의가 요망됩니다. ○○은행은 절대로 Fax를 통해 대출 모집을 하지 않으니 아래의 Fax 발견시 즉시 폐기하시기 바랍니다.

아래 내용을 검토하시어 자금문제로 고민하는 대표이하 직원 여러분들에게 저의 은행의 금융정보를 공유할 수 있도록 업무협조 부탁드립니다.

수신 : 직장인 및 사업자

발신 : ○○은행 여신부

여신상담전화번호 : 070-xxxx-xxxx

대상	직장인 및 개인/법인 사업자
금리	개인신용등급적용 (최저 4.8~)
연령	만 20세~만 60세
상환 방식	1년만기일시상환, 원리금균등분할상환
대출 한도	100만 원~1억 원
대출 기간	12개월~최장 60개월까지 설정가능
서류 안내	공통서류 – 신분증 직장인 – 재직, 소득서류 사업자 – 사업자 등록증, 소득서류

※ 기타사항
• 본 안내장의 내용은 법률 및 관련 규정 변경시 일부 변경될 수 있습니다.
• 용도에 맞지 않을 시, 연락 주시면 수신거부 처리 해드리겠습니다.

현재 ○○은행을 사칭하여 문자를 보내는 불법업체가 기승입니다. ○○은행에서는 본 안내장 외엔 문자를 발송치 않으니 이점 유의하시어 대처 바랍니다.

① Fax 수신문에 의하면 최대 대출한도는 1억 원까지이다.
② Fax로 수신되는 대출 협조문은 ○○은행에서 보낸 것이 아니다.
③ Fax로 수신되는 대출 협조문은 즉시 폐기하여야 한다.
④ ○○은행에서는 대출 협조문을 문자로 발송한다.

11 다음은 산업현장 안전규칙이다. 선임 J씨가 신입으로 들어온 K씨에게 전달할 사항으로 옳지 않은 것은?

산업현장 안전규칙

- 작업 전 안전점검, 작업 중 정리정돈은 사용하게 될 기계·기구 등에 대한 이상 유무 등 유해·위험요인을 사전에 확인하여 예방대책을 강구하는 것으로 현장 안전관리의 출발점이다.
- 작업장 안전통로 확보는 작업장 내 통행 시 위험기계·기구들로부터 근로자를 보호하며 원활한 작업진행에도 기여한다.
- 개인보호구(헬멧 등) 지급착용은 근로자의 생명이나 신체를 보호하고 재해의 정도를 경감시키는 등 재해예방을 위한 최후 수단이다.
- 전기활선 작업 중 절연용 방호기구 사용으로 불가피한 활선작업에서 오는 단락·지락에 의한 아크화상 및 충전부 접촉에 의한 전격재해와 감전사고가 감소한다.
- 기계·설비 정비 시 잠금장치 및 표지판 부착으로 정비 작업 중에 다른 작업자가 정비 중인 기계·설비를 기동함으로써 발생하는 재해를 예방한다.
- 유해·위험 화학물질 경고표지 부착으로 위험성을 사전에 인식시킴으로써 사용 취급시의 재해를 예방한다.
- 프레스, 전단기, 압력용기, 둥근톱에 방호장치 설치는 신체부위가 기계·기구의 위험부분에 들어가는 것을 방지하고 오작동에 의한 위험을 사전 차단 해준다.
- 고소작업 시 안전 난간, 개구부 덮개 설치로 추락재해를 예방할 수 있다.
- 추락방지용 안전방망 설치는 추락·낙하에 의한 재해를 감소할 수 있다(성능검정에 합격한 안전방망 사용).
- 용접 시 인화성·폭발성 물질을 격리하여 용접작업 시 발생하는 불꽃, 용접불똥 등에 의한 대형화재 또는 폭발위험성을 사전에 예방한다.

---

① 작업장 안전통로에 통로의 진입을 막는 물건이 있으면 안 됩니다.
② 전기활선 작업 중에는 단락·지락이 절대 생겨서는 안 됩니다.
③ 어떤 상황에서도 작업장에서는 개인보호구를 착용하십시오.
④ 프레스, 전단기 등의 기계는 꼭 방호장치가 설치되어 있는지 확인하고 사용하십시오.

▌12~13 ▌ 다음은 어느 회사의 송·배전용 전기설비 이용규정의 일부이다. 다음을 보고 물음에 답하시오.

제00조 이용신청 시기
고객의 송·배전용 전기설비 이용신청은 이용 희망일부터 행정소요일수와 표본 공정(접속설비의 설계·공사계약체결·공사시공기간 등)소요일수를 합산한 기간 이전에 하는 것을 원칙으로 한다. 다만, 필요시 고객과 협의하여 이용신청시기를 조정할 수 있다.

제00조 이용신청시 기술검토용 제출자료
고객은 이용신청시 회사가 접속방안을 검토할 수 있도록 송·배전 기본계획자료를 제출하여야 한다. 고객은 자료가 확정되지 않은 경우에는 잠정 자료를 제출할 수 있으며, 자료가 확정되는 즉시 확정된 자료를 제출하여야 한다.

제00조 접속제의의 수락
고객은 접속제의서 접수 후 송전용 전기설비는 2개월, 배전용 전기설비는 1개월 이내에 접속제의에 대한 수락의사를 서면으로 통지하여야 하며, 이 기간까지 수락의사의 통지가 없을 경우 이용신청은 효력을 상실한다. 다만, 고객과의 협의를 통해 수락의사 통지기간을 1회에 한하여 송전용 전기설비는 2개월, 배전용 전기설비는 1개월 이내에서 연장할 수 있다. 접속제의에 이의가 있거나 새로운 접속방안의 검토를 희망하는 경우, 고객은 2회에 한하여 접속제의의 재검토를 요청할 수 있으며, 재검토 기간은 송전용 전기설비는 3개월, 배전용 전기설비는 1개월을 초과할 수 없다.

제00조 끝자리 수의 처리
이 규정에서 송·배전 이용요금 등의 계산에 사용하는 단위는 다음 표와 같으며 계산단위 미만의 끝자리 수는 계산단위 이하 첫째자리에서 반올림한다.

구분	계산단위
부하설비 용량	1kw
변압기설비 용량	1kVA
발전기 정격출력	1kw
계약전력	1kw
최대이용전력	1kw
요금적용전력	1kw
사용전력량	1k조
무효전력량	1kvarh
역률	1%

송·배전 이용요금 등의 청구금액(부가세 포함)에 10원 미만의 끝자리 수가 있을 경우에는 국고금관리법에 정한 바에 따라 그 끝자리 수를 버린다.

12 乙은 이용규정을 바탕으로 회사 홈페이지에 올라온 고객의 질의에 답변하려고 한다. 답변 내용 중 옳지 않은 것은?

① Q : 송·배전용 전기설비 이용신청은 언제 하여야 하나요?

A : 이용신청은 이용 희망일부터 행정소요일수와 표본 공정소요일수를 합산한 기간 이전에 하여야 합니다.

② Q : 송·배전 기본계획자료가 아직 확정되지 않은 상태인데 어떻게 해야 하나요?

A : 잠정 자료를 제출할 수 있으며, 자료가 확정되는 즉시 확정된 자료를 제출하면 됩니다.

③ Q : 수락의사 통지기간을 연장하고 싶은데 그 기간은 어느 정도인가요?

A : 회사와 고객 간의 협의를 통해 송전용 전기설비는 1개월, 배전용 전기설비는 2개월 이내에서 연장할 수 있습니다.

④ Q : 송·배전 이용요금 등의 청구금액에 10원 미만의 끝자리 수가 있을 경우는 어떻게 되나요?

A : 끝자리 수가 있을 경우에는 국고금관리법에 정한 바에 따라 그 끝자리 수를 버리게 됩니다.

13 접속제의에 이의가 있거나 새로운 접속방안의 검토를 희망하는 경우, 고객은 몇 회에 한하여 재검토를 요청할 수 있는가?

① 1회   ② 2회

③ 3회   ④ 4회

14 다음은 SNS 회사에 함께 인턴으로 채용된 두 친구의 대화이다. 두 사람이 제출했을 토론 주제로 적합한 것은?

여 : 대리님께서 말씀하신 토론 주제는 정했어? 난 인터넷에서 '저무는 육필의 시대'라는 기사를 찾았는데 토론 주제로 괜찮을 것 같아서 그걸 정리해 가려고 하는데.

남 : 난 아직 마땅한 게 없어서 찾는 중이야. 그런데 육필이 뭐야?

여 : SNS 회사에 입사했다는 애가 그것도 모르는 거야? 컴퓨터로 글을 쓰는 게 디지털 글쓰기라면 손으로 글을 쓰는 걸 육필이라고 하잖아.

남 : 아! 그런 거야? 그럼 우리는 디지털 글쓰기 세대겠네?

여 : 그런 셈이지. 요즘 다들 컴퓨터로 글을 쓰니까. 그나저나 너는 디지털 글쓰기의 장점이 뭐라고 생각해?

남 : 음, 우선 떠오르는 대로 빨리 쓸 수 있다는 점 아닐까? 또 쉽게 고칠 수도 있고. 그래서 누구나 쉽게 글을 쓸 수 있다는 점이 디지털 글쓰기의 최대 장점이라고 생각하는데.

여 : 맞아. 기존의 글쓰기가 소수의 전유물이었다면, 디지털 글쓰기 덕분에 누구나 쉽게 글을 쓰고 의사소통을 할 수 있게 되었다는 게 내가 본 기사의 핵심이었어. 한마디로 글쓰기의 민주화가 이루어진 거지.

남 : 글쓰기의 민주화……. 멋있어 보이기는 하는데, 디지털 글쓰기가 꼭 장점만 있는 것 같지는 않아. 누구나 쉽게 글을 쓸 수 있게 됐다는 건, 그만큼 글이 가벼워졌다는 거 아냐? 우리 주변에서도 그런 글들은 엄청나잖아.

여 : 하긴, 디지털 글쓰기 때문에 과거보다 진지하게 글을 쓰는 사람이 적어진 건 사실이야. 남의 글을 베끼거나 근거 없는 내용을 담은 글들도 많아지고.

남 : 우리 이 주제로 토론을 해 보는 게 어때?

---

① 세대 간 정보화 격차
② 디지털 글쓰기와 정보화
③ 디지털 글쓰기의 장단점
④ 디지털 글쓰기와 의사소통의 관계

15 다음 글의 밑줄 친 부분을 고쳐 쓰기 위한 방안으로 옳지 않은 것은?

그동안 발행이 ㉠중단되어졌던 회사 내 월간지 'ㅇㅇ소식'에 대해 말씀드리려 합니다. 'ㅇㅇ소식'은 소수의 편집부원이 발행하다 보니, 발행하기도 어렵고 다양한 이야기를 담지도 못했습니다. ㉡그래서 저는 종이 신문을 웹 신문으로 전환하는 것이 좋다고 생각합니다. ㉢저는 최선을 다해서 월간지를 만들었습니다. 그러면 구성원 모두가 협업으로 월간지를 만들 수 있고, 그때그때 새로운 정보를 ㉣독점하게 될 것입니다. 이렇게 만들어진 'ㅇㅇ소식'을 통해 우리는 앞으로 '언제나, 누구나' 올린 의견을 실시간으로 만나게 될 것입니다.

① ㉠은 어법에 맞지 않으므로 '중단되었던'으로 고쳐야 한다.
② ㉡은 연결이 자연스럽지 않으므로 '그러나'로 고쳐야 한다.
③ ㉢은 주제에 어긋난 내용이므로 삭제해야 한다.
④ ㉣은 문맥에 맞지 않는 단어이므로 '공유'로 고쳐야 한다.

16 다음은 ○○은행이 자사 홈페이지에 게시한 입찰 관련 안내문의 일부이다. 다음 입찰 안내문을 보고 알 수 있는 내용으로 적절하지 않은 것은?

가. 용역명 : 「○○은행 을지로 제13지구 도시환경정비사업 건축설계 및 인허가」 용역

나. 용역목적

　(1) 건축물 노후화에 따른 업무 환경개선과 시설 기능 개선 및 향상을 도모하고 미래 환경에 대한 최적의 지원 환경 구축과 효율적인 보유 자산 활용을 위해 을지로 제13지구 기존 건축물을 재건축하고자 함.

　(2) 을지로 제13지구 도시환경정비사업 건축설계 및 인허가 용역은 건축, 정비계획, 지하철 출입구, 관리처분 계획 등을 위한 설계에 대한 축적된 지식과 노하우를 보유한 최적의 설계회사를 선정하는데 목적이 있음.

다. 용역내용

구분		설계개요	
발주자		○○은행	
토지 등 소유자		○○은행, ㈜○○홀딩스	
위치		서울특별시 중구 을지로 xxx	
설계 규모	기간	건축물사용승인 완료 후 1개월까지(계약일로부터 약 67개월)	
	추정 공사비	약 430억 원(VAT 포함) ※ 건축공사비 408억 원, 지하철연결 22억 원(변동가능)	
	사업 시행면적	2,169.7㎡(656평) ※ 당행(1,494.2㎡) + ㈜○○홀딩스(191.1㎡) + 기부채납(공원)부지(207.4㎡) + 서쪽 보행자도로 조성(271.9㎡) + 도로 xxx번지 일부 5.1㎡ 편입	
	대지면적	1,685.3㎡(509.8평) ※ 당행(1,494.2㎡ : 452평), ㈜○○홀딩스(191.1㎡ : 57.8평)	
	연면적	21,165㎡(6,402평) 내외	
	건물규모	지하 5층, 지상 18층 내외	
	주요시설	업무시설 및 부대시설	
	설계내용	설계	건축계획·기본·실시설계, 지하철출입구·공공보행통로 설계 등 정비사업 시행에 필요한 설계
		인허가	건축허가, 정비계획 변경, 도시계획시설(철도) 변경, 실시계획인가, 사업시행인가, 관리처분계획인가 등 정비사업 시행에 필요한 인허가
		기타	서울교통공사 업무협약, 사후설계 관리업무, 설계 및 인허가를 위한 발주자 또는 인허가청 요청업무 등

① 건축 및 사업 시행에 필요한 인가, 허가 사항은 모두 낙찰업체의 이행 과제이다.

② 지상, 지하 총 23층 내외의 건축물 설계에 관한 입찰이며, 업무시설 이외의 시설도 포함된다.

③ 응찰 업체는 추정가격 430억 원을 기준으로 가장 근접한 합리적인 가격을 제시하여야 한다.

④ 입찰의 가장 근본적인 목적은 해당 건축물의 노후화에 있다.

17 IT분야에 근무하고 있는 K는 상사로부터 보고서를 검토해달라는 요청을 받고 보고서를 검토 중이다. 보고서의 교정 방향으로 적절하지 않은 것은?

국가경제 성장의 핵심 역할을 하는 IT산업은 정보통신서비스, 정보통신기기, 소프트웨어 부문으로 구분된다. 2010년 IT산업의 생산규모는 전년대비 15% 이상 증가한 385.4조 원을 기록하였다. 한편, 소프트웨어 산업은 경기위축에 선행하고 경기회복에 후행하는 산업적 특성 때문에 전년대비 2% 이하의 성장에 머물렀다.

2010년 정보통신서비스 생산규모는 IPTV 등 신규 정보통신서비스 확대로 전년대비 4.6% 증가한 63.4조 원을 기록하였다. 2010년 융합서비스는 전년대비 생산규모 ㉠증가률이 정보통신서비스 중 가장 높았고, 정보통신서비스에서 차지하는 생산규모 비중도 가장 컸다. ㉡또한 R&D 투자액이 매년 증가하여 GDP 대비 R&D 투자액 비중이 증가하였다.

IT산업 전체의 생산을 견인하고 있는 정보통신기기 생산규모는 통신기기를 제외한 다른 품목의 생산 호조에 따라 2010년 전년대비 25.6% 증가하였다. ㉢한편, 2006~2010년 동안 정보통신기기 생산규모에서 통신기기, 정보기기, 음향기기, 전자부품, 응용기기가 차지하는 비중의 순위는 매년 변화가 없었다. 2010년 전자부품 생산규모는 174.4조 원으로 정보통신기기 전체 생산규모의 59.0%를 차지한다. 전자부품 중 반도체와 디스플레이 패널의 생산규모는 전년대비 각각 48.6%, 47.4% 증가하여 전자부품 생산을 ㉣유도하였다. 2005년~2010년 동안 정보통신기기 부문에서 전자부품과 응용기기 각각의 생산규모는 매년 증가하였다.

① ㉠은 맞춤법에 맞지 않는 표현으로 '증가율'로 수정해야 합니다.

② ㉡은 문맥에 맞지 않는 문장으로 삭제하는 것이 좋습니다.

③ ㉢은 앞뒤 문장이 인과구조이므로 '따라서'로 수정해야 합니다.

④ ㉣ '유도'라는 어휘 대신 문맥상 적합한 '주도'라는 단어로 대체해야 합니다.

18 다음 부고장의 용어를 한자로 바르게 표시하지 못한 것은?

부　고

상공주식회사의 최◇◇ 사장님의 부친이신 최○○께서 그동안 병환으로 요양 중이시던 중 20XX년 1월 5일 오전 7시에 별세하였기에 이를 고합니다. 생전의 후의에 깊이 감사드리며, 다음과 같이 영결식을 거행하게 되었음을 알려드립니다. 대단히 송구하오나 조화와 부의는 간곡히 사양하오니 협조 있으시기 바랍니다.

다　음

1. 발인일시 : 20XX년 1월 7일 오전 8시
2. 장　　소 : 고려대학교 부속 구로병원 영안실 3호
3. 장　　지 : 경기도 이천시 ○○군 ○○면
4. 연 락 처 : 빈소 (02) 2675-0000
　　　　　　　회사 (02) 6542-0000

첨부 : 영결식 장소(고대구로병원) 약도 1부.
　　　　미망인　　　조 ○ ○
　　　　장　남　　　최 ○ ○
　　　　차　남　　　최 ○ ○
　　　　장례위원장　홍 두 깨

※ 조화 및 부의 사절

---

① 영결식 – 永訣式
② 조화 – 弔花
③ 부의 – 訃告
④ 발인 – 發靷

▌19~20 ▌ 다음은 ○○보험 정책연구원 M대리가 '제×차 건강과 의료 고위자 과정 모집안내'에 대한 안내 문서를 작성한 것이다. 이를 읽고 이어지는 물음에 답하시오.

〈모집요강〉

수업기간	20XX. 4. 1~7. 15(14주)
수업일시	매주 금요일 18시 30분~21시(석식제공)
모집인원	45명
지원자격	• 의료기관의 원장 및 관리책임자 • 정부, 국회 및 정부투자기관의 고위관리자 • 전문기자 및 보건의료계 종사자
접수기간	20XX. 3. 8~3. 22(15일간)
접수장소	○○보험 정책연구소(우편, 이메일 접수 가능)
제출서류	• 입학지원서 1부 • 사진 2매(입학지원서 부착 및 별도 1매), 여권사본 1부(해외워크숍 참가 시) ※ 입학지원서 양식은 홈페이지에서 다운로드 가능
합격자 발표	20XX. 3. 22(금) 개별통보
수료기준	과정 60% 이상 출석 시 수료증 수여
교육장소	• ○○보험 본사 대회의실(6층) • ○○보험 정책연구소 세미나실(4층)
수강료	• 등록금 : 100만 원 -합격자에 한하여 아래의 계좌로 입금하여 주십시오. -계좌번호: △△은행 527-000116-0000 ○○보험 정책연구소 ※ 해외연수 비용은 별도(추후 공지)

19 M대리가 작성한 문서를 검토한 선배 S는 문서의 형식과 내용상의 일부 수정사항을 다음과 같이 지적하였다. 다음 중 S의 지적으로 적절하지 않은 것은?

① "날짜를 표기할 때에는 연월일 숫자 다음에 반드시 온점(.)을 찍는 것이 기본 원칙이야."

② "개인정보 수집 및 이용 동의서 작성이 필요한지를 반드시 알려줘야 해."

③ "공문서에 시간을 적을 때에는 24시각제로 표기하되, '시', '분' 등의 말은 빼고 쌍점(:)을 찍어 '18:30'처럼 표기해야 되는 것 잊지 말게."

④ "대외적으로 배포할 안내문을 작성할 때에는 항상 '문의 및 연락처'를 함께 적어야 불편함을 줄일 수 있어."

20 위의 모집요강을 보고 건강과 의료 고위자 과정에 지원하고자 하는 A~D 중 모집요강을 잘못 이해하고 있는 사람은?

① A : 매주 금요일 저녁 저 시간에 수업을 하려면 저녁 시간이 애매한데, 석식을 제공한다니 괜찮네.

② B : 매우 유용한 과정이 될 것 같은데, 후배 중 의학전문기자가 있으니 수강해 보라고 알려줘야겠군.

③ C : 오늘이 접수 마감일인데 방문할 시간이 없으니 이메일로라도 신청해 봐야겠네.

④ D : 나는 수업기간 중 출장 때문에 2주 정도 출석을 못 하니 수료가 어렵겠네.

┃ 21~22 ┃ 다음은 가스안전사용요령이다. 이를 보고 물음에 답하시오.

사용 전 주의사항 : 환기

- 가스를 사용하기 전에는 연소기 주변을 비롯한 실내에서 특히 냄새를 맡아 가스가 새지 않았는가를 확인하고 창문을 열어 환기시키는 안전수칙을 생활화 합니다.
- 연소기 부근에는 가연성 물질을 두지 말아야 합니다.
- 콕, 호스 등 연결부에서 가스가 누출되는 경우가 많기 때문에 호스 밴드로 확실하게 조이고, 호스가 낡거나 손상되었을 때에는 즉시 새것으로 교체합니다.
- 연소 기구는 자주 청소하여 불꽃구멍 등에 음식찌꺼기 등이 끼어있지 않도록 유의합니다.

사용 중 주의사항 : 불꽃확인

- 사용 중 가스의 불꽃 색깔이 황색이나 적색인 경우는 불완전 연소되는 것으로, 연소 효율이 좋지 않을 뿐 아니라 일산화탄소가 발생되므로 공기조절장치를 움직여서 파란불꽃 상태가 되도록 조절해야 합니다.
- 바람이 불거나 국물이 넘쳐 불이 꺼지면 가스가 그대로 누출되므로 사용 중에는 불이 꺼지지 않았는지 자주 살펴봅니다. 구조는 버너, 삼발이, 국물받이로 간단히 분해할 수 있게 되어 있으며, 주로 가정용으로 사용되고 있다.
- 불이 꺼질 경우 소화 안전장치가 없는 연소기는 가스가 계속 누출되고 있으므로 가스를 잠근 다음 샌 가스가 완전히 실외로 배출된 것을 확인한 후에 재점화 해야 합니다. 폭발범위 안의 농도로 공기와 혼합된 가스는 아주 작은 불꽃에 의해서도 인화 폭발되므로 배출시킬 때에는 환풍기나 선풍기 같은 전기제품을 절대로 사용하지 말고 방석이나 빗자루를 이용함으로써 전기스파크에 의한 폭발을 막아야 합니다.
- 사용 중에 가스가 떨어져 불이 꺼졌을 경우에도 반드시 연소기의 콕과 중간밸브를 잠그도록 해야 합니다.

사용 후 주의사항 : 밸브잠금

- 가스를 사용하고 난 후에는 연소기에 부착된 콕은 물론 중간밸브도 확실하게 잠그는 습관을 갖도록 해야 합니다.
- 장기간 외출시에는 중간밸브와 함께 용기밸브(LPG)도 잠그고, 도시가스를 사용하는 곳에서는 가스계량기 옆에 설치되어 있는 메인밸브까지 잠가 두어야 밀폐된 빈집에서 가스가 새어나와 냉장고 작동시 생기는 전기불꽃에 의해 폭발하는 등의 불의의 사고를 예방할 수 있습니다.
- 가스를 다 사용하고 난 빈 용기라도 용기 안에 약간의 가스가 남아 있는 경우가 많으므로 빈용기라고 해서 용기밸브를 열어놓은 채 방치하면 남아있는 가스가 새어나올 수 있으므로 용기밸브를 반드시 잠근 후에 화기가 없는 곳에 보관하여야 합니다.

21 가스안전사용요령을 읽은 甲의 행동으로 옳지 않은 것은?

① 甲은 호스가 낡아서 즉시 새것으로 교체를 하였다.

② 甲은 가스의 불꽃이 적색인 것을 보고 정상적인 것으로 생각해 그냥 내버려 두었다.

③ 甲은 장기간 집을 비우게 되어 중간밸브와 함께 용기밸브(LPG)도 잠그고 메인벨브까지 잠가 두고 집을 나갔다.

④ 甲은 연소 기구를 자주 청소하여 음식물 등이 끼지 않도록 하였다.

22 가스 사용 중에 가스가 떨어져 불이 꺼졌을 경우에는 어떻게 해야 하는가?

① 창문을 열어 환기시킨다.

② 연소기구를 청소한다.

③ 용기밸브를 열어 놓는다.

④ 연소기의 콕과 중간밸브를 잠그도록 해야 한다.

▌23~24 ▌ 다음은 어느 쇼핑몰 업체의 자주 묻는 질문을 모아놓은 것이다. 다음을 보고 물음에 답하시오.

Q1. 주문한 상품은 언제 배송되나요?

Q2. 본인인증에 자꾸 오류가 나는데 어떻게 해야 하나요?

Q3. 비회원으로는 주문을 할 수가 없나요?

Q4. 교환하려는 상품은 어디로 보내면 되나요?

Q5. 배송 날짜와 시간을 지정할 수 있나요?

Q6. 반품 기준을 알고 싶어요.

Q7. 탈퇴하면 개인정보는 모두 삭제되나요?

Q8. 메일을 수신거부 했는데 광고 메일이 오고 있어요.

Q9. 휴대폰 결제시 인증번호가 발송되지 않습니다.

Q10. 취소했는데 언제 환불되나요?

Q11. 택배사에서 상품을 분실했다고 하는데 어떻게 해야 하나요?

Q12. 휴대폰 소액결제시 현금영수증을 발급 받을 수 있나요?

Q13. 교환을 신청하면 언제쯤 새 상품을 받아볼 수 있나요?

Q14. 배송비는 얼마인가요?

---

23 쇼핑몰 사원 L씨는 고객들이 보기 쉽게 질문들을 분류하여 정리하려고 한다. ㉠~㉣에 들어갈 질문으로 연결된 것 중에 적절하지 않은 것은?

자주 묻는 질문			
배송 문의	회원 서비스	주문 및 결제	환불/반품/교환
㉠	㉡	㉢	㉣

① ㉠ : Q1, Q5, Q11

② ㉡ : Q2, Q7, Q8

③ ㉢ : Q3, Q9, Q12

④ ㉣ : Q4, Q6, Q10, Q13, Q14

24 쇼핑몰 사원 L씨는 상사의 조언에 따라 메뉴를 변경하려고 한다. [메뉴]−[키워드]−질문의 연결로 옳지 않은 것은?

> 〈상사의 조언〉
> 고객들이 보다 손쉽게 정보를 찾을 수 있도록 질문을 키워드 중심으로 정리해 놓으세요.

① [배송 문의]−[배송 비용]−Q14
② [주문 및 결제]−[휴대폰 결제]−Q9
③ [환불/반품/교환]−[환불시기]−Q10
④ [환불/반품/교환]−[교환시기]−Q4

25 다음은 거래처의 바이어가 건넨 명함이다. 이를 보고 알 수 없는 것은?

> International Motor
>
> Dr. Yi Ching CHONG
> Vice President
>
> 8 Temasek Boulevard, #32-03 Suntec Tower 5
> Singapore 038988, Singapore
> T. 65 6232 8788, F. 65 6232 8789

① 호칭은 Dr. CHONG이라고 표현해야 한다.
② 싱가포르에서 온 것을 알 수 있다.
③ 호칭 사용시 Vice President, Mr. Yi라고 불러도 무방하다.
④ 싱가포르에서 왔으므로 그에 맞는 식사를 대접한다.

26 다음 일정표에 대해 잘못 이해한 것을 고르면?

Albert Denton : Tuesday, September 24

8:30 a.m.	Meeting with S.S. Kim in Metropolitan Hotel lobby Taxi to Extec Factory
9:30–11:30 a.m.	Factory Tour
12:00–12:45 p.m.	Lunch in factory cafeteria with quality control supervisors
1:00–2:00 p.m.	Meeting with factory manager
2:00 p.m.	Car to warehouse
2:30–4:00 p.m.	Warehouse tour
4:00 p.m.	Refreshments
5:00 p.m.	Taxi to hotel (approx. 45 min)
7:30 p.m.	Meeting with C.W. Park in lobby
8:00 p.m.	Dinner with senior managers

① They are having lunch at the factory.

② The warehouse tour takes 90 minutes.

③ The factory tour is in the afternoon.

④ Mr. Denton has some spare time before in the afternoon.

27 다음은 A 그룹 정기총회의 식순이다. 정기총회 준비와 관련하여 대표이사 甲과 비서 乙의 업무 처리 과정에서 가장 옳지 않은 것은?

2021년도 ㈜A 그룹 정기총회

주관 : 대표이사 甲

▌ 식순 ▌
1. 성원 보고
2. 개회선언
3. 개회사
4. 위원회 보고
5. 미결안건 처리
6. 안건심의
[제1호 의안] 2020년도 회계 결산 보고 및 승인의 건
[제2호 의안] 2021년도 사업 계획 및 예산 승인의 건
[제3호 의안] 이사 선임 및 변경에 대한 추인 건
7. 폐회

---

① 비서 乙은 성원 보고와 관련하여 정관의 내용을 확인하고 甲에게 정기총회 요건이 충족되었다고 보고하였다.

② 비서 乙은 2020년도 정기총회의 개회사를 참고하여 2021년도 정기총회 개회사 초안을 작성하여 甲에게 보고하고 검토를 요청하였다.

③ 대표이사 甲은 지난 주주총회에서 미결된 안건이 없었는지 다시 확인해보라고 지시하였고, 비서 乙은 이에 대한 정관을 찾아서 확인 내용을 보고하였다.

④ 주주총회를 위한 회의 준비를 점검하는 과정에서 비서 乙은 빠진 자료가 없는지 매번 확인하였다.

〈일반 요건〉

발전의 국내외 모든 공급자들은 국내법과 국제법 그리고 인권, 노동, 환경, 반부패와 관련하여 제정된 UN 글로벌 컴팩트 10대 원칙을 준수하여야 한다.

〈세부 요건〉

윤리적 기준

1. 공급자는 투명하고 깨끗한 경영을 위하여 최선의 노력을 다하여야 하며, 부당취득, 뇌물수수 등 비도덕적 행위를 하여서는 안 된다. 특히 당사 직원에게 금품, 향응 등의 뇌물을 어떠한 형태로든 제공해서는 안 된다.

2. 공급자는 공정거래를 저해하는 담합 행위를 하여서는 안 되며, 또한 제3자와 불법하도급 거래를 하여서도 안 된다.

3. 공급자는 본인 또는 타인의 이익을 위하여 당사 직원에게 공정한 직무수행이나 의사결정에 영향을 미칠 수 있는 부당한 청탁을 하여서는 안 된다.

4. 공급자는 뇌물 공여 및 요구를 거절하는 깨끗한 기업문화를 조성하기 위해 소속 직원을 교육하여야 하며, 계약 이행시 부패 관련 사항을 발견할 경우 발전 신문고 또는 레드휘슬(www.kom.co.kr)에 신고하여야 한다.

사회적 기준

1. 공급자는 사업권 내의 조세 및 노동 관련 법규를 준수하며, 그러한 법규의 규정 및 정신에 따라 행동하기 위해 최선의 노력을 기울여야 한다.

2. 공급자는 국내법 및 국제법을 위반하여 근로를 제공받아서는 안 된다.

3. 공급자는 어떠한 경우에도 아동노동을 활용해서는 안 되고 이를 통한 이익을 취해서도 안 된다.

4. 공급자는 인종, 종교, 성별, 신체능력 등을 이유로 근로자의 고용 또는 채용시 차별하여서는 안 되며, 법률에 의하여 금지되어 있지 않는 이상 근로자에게 집회결사의 자유와 단체교섭권을 부여하여야 한다.

환경적 기준

1. 공급자는 사업권 내의 환경과 안전 관련 법규를 준수하며, 그러한 법규의 규정 및 정신에 따라 행동하기 위해 최선의 노력을 기울여야 한다.

2. 공급자는 기업의 환경보호 성과를 지속적으로 향상시키기 위하여 환경 관련 절차를 준수하고 환경 친화적 기술의 확산을 위하여 노력을 기울여야 한다.

3. 공급자는 근로자들에게 필수 안전 장비를 제공하는 등 안전하고 건강한 작업 및 근무여건을 제공해야 한다.

4. 공급자는 사업권 내의 관련 국가 및 지역의 환경에 대한 피해를 최소화하기 위하여 노력하는 등 환경을 중시하는 경영활동을 하여야 한다.

28 다음 사례에서 甲의 행동은 행동강령의 어느 기준을 위반한 것인가?

> 인사를 담당하고 있는 甲은 인턴 지원자인 乙이 키가 작고 못생겼다는 이유로 면접에서 탈락시켰다.

① 일반 요건 　　　　　　　　② 윤리적 기준
③ 사회적 기준 　　　　　　　　④ 환경적 기준

29 행동강령에 따를 경우 계약 이행시 부패가 발견된다면 어떻게 해야 하는가?

① 경찰에 신고한다.
② 발전 신문고에 신고한다.
③ 국민권익위원회에 신고한다.
④ 사장님께 바로 보고한다.

30 다음은 수자원공사의 서비스이행표준 중 물 공급 서비스에 대한 내용이다. 이를 통해 알 수 없는 것은?

물 공급 서비스 공통

1. 수질정보 제공

① 수돗물 및 댐 용수 수질에 대한 신뢰도를 높이기 위하여 K-water가 운영하는 생활 및 공업용수 정수장과 댐에 대한 주요 수질정보(탁도, pH(수소이온농도), 잔류염소 등)를 실시간으로 홈페이지에 공개하겠습니다.

② 수돗물의 수질검사 결과는 매월 요금고지서, 홈페이지, 지역 언론 등 2가지 매체 이상을 통해 안내하고, 정수장별 품질에 대한 자세한 내용을 담은 수돗물 품질보고서를 연 1회 이상 발간하여 홈페이지에 게시하겠습니다.

2. 수질변화 예고

K-water가 관리하는 댐 저수지의 조류 및 탁수발생, 광역상수도 정수장의 이취미 발생 등 수질에 커다란 변화가 있을 경우 고객에게 전화, E-mail, SMS 등을 통해 현황, 대책, 주의사항 등에 대한 내용으로 즉시 알려드리겠습니다.

3. 검침 및 요금 사전정보 제공

고객이 요청할 경우 검침 후 전화, E-mail, SMS 등을 통해 사용량과 예상요금을 3일 이내에 통보해 드리겠습니다.

4. 단수안내 및 복구

① 계획단수가 필요한 경우 7일 전까지 공문, 방송, 신문 등을 통해 안내하고 단수예고시간을 준수하겠습니다.

② 수도시설 개/대체, 점검, 돌발사고 등으로 단수된 경우 단수시간, 지역 등을 사고발생 1시간 이내에 방송, SMS, 전화 등을 통해 알려드리고, 천재지변 등 불가항력적인 경우를 제외하고는 사고발생 24시간 이내에 복구를 완료하겠습니다.

③ 단수 후 통수 시 흐린 물 등 수질이상 현상이 발생할 우려가 있는 경우 탁도, 잔류염소 등의 수질검사를 강화하겠습니다.

5. 시설물 기술진단 및 안전점검

K-water에서 관리중인 수도시설의 기술진단과 수도 및 댐 시설물의 안전점검을 정기적으로 실시하고, 물 생산 및 공급시설을 정상적으로 운영하여 양질의 물을 안정적으로 공급하겠습니다.

진단(점검)주기
- 정기점검 : 1회/6월
- 정밀점검 : 1회/1 ~ 3년
- 정밀안전진단 : 1회/4 ~ 6년
- 기술진단(수도시설) : 1회/5년

① 사용량과 예상요금에 대하여 궁금한 고객이 요청할 경우 검침 후 전화, E-mail, SMS 등을 통해 3일 이내에 통보받을 수 있다.

② 계획단수의 경우 7일 전까지 방송, 신문 등을 통해 단수계획과 단수예고시간을 안내한다.

③ 수돗물의 수질검사 결과는 매월 요금고지서를 통해 안내받을 수 있다.

④ 수도시설의 기술진단과 수도 및 댐 시설물의 정기점검은 1회/1 ~ 3년에 한하여 실시한다.

|1~2| 다음 숫자들의 배열 규칙을 찾아 ( ) 안에 들어갈 알맞은 숫자를 고르시오

1

1	5	2	10	7	35	( )

① 32
② 37
③ 42
④ 47

2

( )	12	36	6	18	3

① 100
② 86
③ 72
④ 64

3 다음 색칠된 곳의 숫자에서부터 시계방향으로 진행하면서 숫자와의 관계를 고려하여 ? 표시된 곳에 들어갈 알맞은 수를 고르면?

?	3	5
18		10
20	10	8

① 16
② 18
③ 20
④ 22

4 다음 ? 표시된 부분에 들어갈 알맞은 수는?

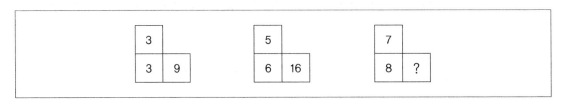

① 22   ② 25

③ 28   ④ 31

5 다음 ? 표시된 부분에 들어갈 숫자로 알맞은 것은?

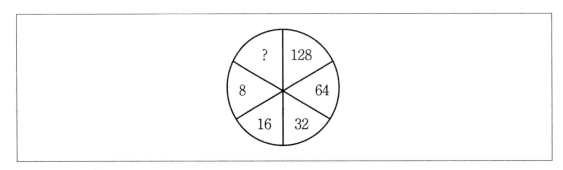

① 10   ② 6

③ 4   ④ 2

▌6~7▐ 다음 톱니바퀴의 규칙을 찾아 빈칸에 들어갈 알맞은 수를 고르시오.

6

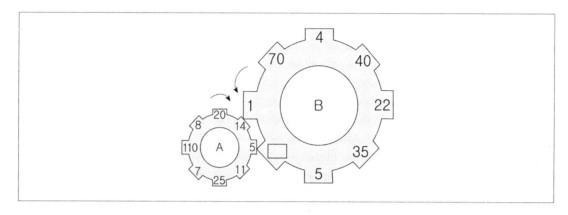

① 50

② 55

③ 60

④ 65

7

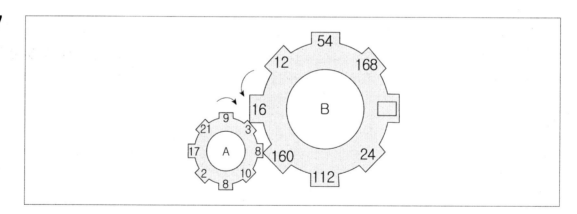

① 148

② 154

③ 162

④ 170

8 다음 그림처럼 화살표에서 시작해서 시계방향으로 수와 사칙연산기호가 배열되어 있다. (?)에서 시작한 값이 마지막에 등호(=)로 연결되어 식을 완성한다. (?) 안에 알맞은 수로 옳은 것은? (단, 사칙연산기호의 연산순서는 무시하고, 그림에 있는 순서대로 계산한다)

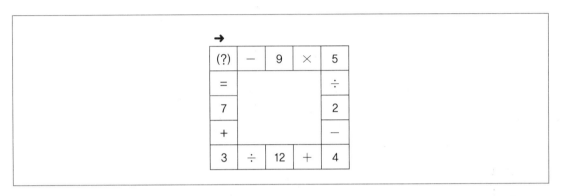

① 11   ② 12

③ 13   ④ 14

9 다음에 제시되는 'x'를 포함하는 수'들은 일정한 규칙을 가지고 나열되어 있다. 규칙에 의할 경우, 마지막 빈칸 A에 들어갈 수 있는 'x'를 포함하는 수'는 다음 중 무엇인가?

$(x^2+3) \div 4$	$2x \div 2$	$(6+x) \div 3$	$(x+x+x) \div 3$	(A)

① $3x - 10$ ② $x + x - 2$

③ $10 - 2x$ ④ $4 \times x^2 - 100$

10 한 회사의 직원이 800명이 있다. 불경기라서 남자사원을 25% 감원하고, 여자사원을 20% 증원했더니 110명이 줄었다. 현재 남자사원의 수는 몇 명인가?

① 150명
② 240명
③ 320명
④ 450명

11 두 기업 A, B의 작년 상반기 매출액의 합계는 91억 원이었다. 올해 상반기 두 기업 A, B의 매출액은 작년 상반기에 비해 각각 10%, 20% 증가하였고, 두 기업 A, B의 매출액 증가량의 비는 2 : 3이라고 한다. 올해 상반기 두 기업 A, B의 매출액의 합계는?

① 96
② 100
③ 104
④ 108

12 파란 공 3개와 빨간 공 5개가 든 주머니가 있다. 동시에 2개를 꺼낼 때 파란 공과 빨간 공이 한 개씩 나올 확률은?

① $\dfrac{15}{56}$
② $\dfrac{15}{28}$
③ $\dfrac{5}{56}$
④ $\dfrac{5}{28}$

13 서로 맞물려 도는 톱니바퀴가 있다. 반지름이 32cm인 톱니바퀴 A가 2바퀴를 돌 때, 반지름이 8cm인 톱니바퀴 B는 몇 바퀴를 회전하는가?

① 6바퀴

② 7바퀴

③ 8바퀴

④ 9바퀴

14 바구니에 4개의 당첨 제비를 포함한 10개의 제비가 들어있다. 이 중에서 갑이 먼저 한 개를 뽑고, 다음에 을이 한 개의 제비를 뽑는다고 할 때, 을이 당첨 제비를 뽑을 확률은? (단, 한 번 뽑은 제비는 바구니에 다시 넣지 않는다.)

① 0.2

② 0.3

③ 0.4

④ 0.5

15 열차가 출발하기 전까지 1시간의 여유가 있어서 그 사이에 상점에 들러 물건을 사려고 한다. 걷는 속력이 시속 3km이고, 상점에서 물건을 사는 데 10분이 걸린다고 할 때, 역에서 몇 km 이내의 상점을 이용해야 하는가?

① 1km

② 1.25km

③ 1.5km

④ 2km

16 다음은 우리나라의 시·군 중 20XX년 경지 면적, 논 면적, 밭 면적 상위 5개 시·군에 대한 자료이다. 이에 대한 설명 중 옳은 것을 모두 고르면?

(단위 : ha)

구분	순위	시·군	면적
경지 면적	1	해남군	35,369
	2	제주시	31,585
	3	서귀포시	31,271
	4	김제시	28,501
	5	서산시	27,285
논 면적	1	김제시	23,415
	2	해남군	23,042
	3	서산시	21,730
	4	당진시	21,726
	5	익산시	19,067
밭 면적	1	제주시	31,577
	2	서귀포시	31,246
	3	안동시	13,231
	4	해남군	12,327
	5	상주시	11,047

※ 경지 면적 = 논 면적 + 밭 면적

㉠ 해남군의 논 면적은 해남군 밭 면적의 2배 이상이다.
㉡ 서귀포시의 논 면적은 제주시 논 면적보다 크다.
㉢ 서산시의 밭 면적은 김제시 밭 면적보다 크다.
㉣ 상주시의 밭 면적은 익산시 논 면적의 90% 이하이다.

① ㉡, ㉢
② ㉡, ㉣
③ ㉠, ㉢, ㉣
④ ㉡, ㉢, ㉣

17 다음은 사원 6명의 A~E항목 평가 자료의 일부이다. 이에 대한 설명 중 옳은 것은?

(단위 : 점)

사원 \ 과목	A	B	C	D	E	평균
김영희	( )	14	13	15	( )	( )
이민수	12	14	( )	10	14	13.0
박수민	10	12	9	( )	18	11.8
최은경	14	14	( )	17	( )	( )
정철민	( )	20	19	17	19	18.6
신상욱	10	( )	16	( )	16	( )
계	80	( )	( )	84	( )	( )
평균	( )	14.5	14.5	( )	( )	( )

※ 항목별 평가 점수 범위는 0~20점이고, 모든 항목 평가에서 누락자는 없음.

※ 사원의 성취수준은 5개 항목 평가 점수의 산술평균으로 결정함.

－평가 점수 평균이 18점 이상 20점 이하 : 수월수준

－평가 점수 평균이 15점 이상 18점 미만 : 우수수준

－평가 점수 평균이 12점 이상 15점 미만 : 보통수준

－평가 점수 평균이 12점 미만 : 기초수준

① 김영희 사원의 성취수준은 E항목 평가 점수가 17점 이상이면 '우수수준'이 될 수 있다.

② 최은경 사원의 성취수준은 E항목 평가 점수에 따라 '기초수준'이 될 수 있다.

③ 신상욱 사원의 평가 점수는 B항목은 13점, D항목은 15점으로 성취수준은 '우수수준'이다.

④ 이민수 사원의 C항목 평가 점수는 정철민 사원의 A항목 평가 점수보다 높다.

18 한국수자원공사는 직원들의 창의력을 증진시키기 위하여 '창의 테마파크'를 운영하고자 한다. 다음의 프로그램들을 대상으로 전문가와 사원들이 평가를 실시하여 가장 높은 점수를 받은 프로그램을 최종 선정하여 운영한다고 할 때, '창의 테마파크'에서 운영할 프로그램은?

분야	프로그램명	전문가 점수	사원 점수
미술	내 손으로 만드는 댐	26	32
인문	세상을 바꾼 생각들	31	18
무용	스스로 창작	37	25
인문	역사랑 놀자	36	28
음악	연주하는 사무실	34	34
연극	연출노트	32	30
미술	예술캠프	40	25

※ 전문가와 사원은 후보로 선정된 프로그램을 각각 40점 만점제로 우선 평가하였다.

※ 전문가 점수와 사원 점수의 반영 비율을 3 : 2로 적용하여 합산한 후, 하나밖에 없는 분야에 속한 프로그램에는 취득점수의 30%를 가산점으로 부여한다.

① 연주하는 사무실   ② 스스로 창작

③ 연출노트   ④ 예술캠프

19 다음은 차량 A, B, C의 연료 및 경제속도 연비, 연료별 리터당 가격에 대한 자료이다. 제시된 〈조건〉을 적용하였을 때, 두 번째로 높은 연료비가 소요되는 차량과 해당 차량의 연료비를 바르게 나열한 것은?

〈A, B, C 차량의 연료 및 경제속도 연비〉

차량＼구분	연료	경제속도 연비(km/L)
A	LPG	10
B	휘발유	16
C	경유	20

※ 차량 경제속도는 60km/h 이상 90km/h 미안임

〈연료별 리터당 가격〉

연료	LPG	휘발유	경유
리터당 가격(원/L)	1,000	2,000	1,600

〈조건〉

1. A, B, C 차량은 모두 아래와 같이 각 구간을 한 번씩 주행하고, 각 구간별 주행속도 범위 내에서만 주행한다.

구간	1구간	2구간	3구간
주행거리(km)	100	40	60
주행속도(km/h)	30 이상 60 미만	60 이상 90 미만	90 이상 120 미만

2. A, B, C 차량의 주행속도별 연비적용률은 다음과 같다.

차량	주행속도(km/h)	연비적용률(%)
A	30 이상 60 미만	50.0
	60 이상 90 미만	100.0
	90 이상 120 미만	80.0
B	30 이상 60 미만	62.5
	60 이상 90 미만	100.0
	90 이상 120 미만	75.0
C	30 이상 60 미만	50.0
	60 이상 90 미만	100.0
	90 이상 120 미만	75.0

※ 연비적용률이란 경제속도 연비 대비 주행속도 연비를 백분율로 나타낸 것임

① A, 31,500원

② B, 24,500원

③ B, 35,000원

④ C, 25,600원

20 다음은 A백화점의 판매비율 증가를 나타낸 것으로 전체 평균 판매증가비율과 할인기간의 판매증가비율을 구분하여 표시한 것이다. 주어진 조건을 고려할 때 A~F에 해당하는 순서대로 차례로 나열한 것은?

구분 월별	A 전체	A 할인 판매	B 전체	B 할인 판매	C 전체	C 할인 판매	D 전체	D 할인 판매	E 전체	E 할인 판매	F 전체	F 할인 판매
1	20.5	30.9	15.1	21.3	32.1	45.3	25.6	48.6	33.2	22.5	31.7	22.5
2	19.3	30.2	17.2	22.1	31.5	41.2	23.2	33.8	34.5	27.5	30.5	22.9
3	17.2	28.7	17.5	12.5	29.7	39.7	21.3	32.9	35.6	29.7	30.2	27.5
4	16.9	27.8	18.3	18.9	26.5	38.6	20.5	31.7	36.2	30.5	29.8	28.3
5	15.3	27.7	19.7	21.3	23.2	36.5	20.3	30.5	37.3	31.3	27.5	27.2
6	14.7	26.5	20.5	23.5	20.5	33.2	19.5	30.2	38.1	39.5	26.5	25.5

ㄱ 의류, 냉장고, 보석, 핸드백, TV, 가구에 대한 표이다.

ㄴ 가구는 1월에 비해 6월에 전체 평균 판매증가비율이 높아졌다.

ㄷ 냉장고는 3월을 제외하고는 할인기간의 판매증가비율이 전체 평균 판매증가비율보다 크다.

ㄹ 핸드백은 할인기간의 판매증가비율보다 전체 평균 판매증가비율이 더 크다.

ㅁ 1월과 6월을 비교할 때 의류는 전체 평균 판매증가비율의 감소가 가장 크다.

ㅂ 보석은 1월에 전체 평균 판매증가비율과 할인기간의 판매증가비율의 차이가 가장 크다.

① TV – 의류 – 보석 – 핸드백 – 가구 – 냉장고

② TV – 냉장고 – 의류 – 보석 – 가구 – 핸드백

③ 의류 – 보석 – 가구 – 냉장고 – 핸드백 – TV

④ 의류 – 냉장고 – 보석 – 가구 – 핸드백 – TV

21 다음은 X공기업의 팀별 성과급 지급 기준이다. Y팀의 성과평가결과가 아래와 같다면 지급되는 성과급의 1년 총액은?

〈성과급 지급 방법〉

㈎ 성과급 지급은 성과평가 결과와 연계함

㈏ 성과평가는 유용성, 안전성, 서비스 만족도의 총합으로 평가함. 단, 유용성, 안전성, 서비스 만족도의 가중치를 각각 0.4, 0.4, 0.2로 부여함

㈐ 성과평가 결과를 활용한 성과급 지급 기준

성과평가 점수	성과평가 등급	분기별 성과급 지급액	비고
9.0 이상	A	100만 원	성과평가 등급이 A 이면 직전분기 차감 액의 50%를 가산하 여 지급
8.0 이상 9.0 미만	B	90만 원 (10만 원 차감)	
7.0 이상 8.0 미만	C	80만 원 (20만 원 차감)	
7.0 미만	D	40만 원 (60만 원 차감)	

구분	1/4 분기	2/4 분기	3/4 분기	4/4 분기
유용성	8	8	10	8
안전성	8	6	8	8
서비스 만족도	6	8	10	8

---

① 350만 원

② 360만 원

③ 370만 원

④ 380만 원

22 다음은 줄기세포 치료제 시장 현황에 관한 자료이다. 이에 대한 설명으로 옳지 않은 것은?

구분 치료분야	환자 수(명)	투여율(%)	시장규모(백만 달러)
자가면역	5,000	1	125
암	8,000	1	200
심장혈관	15,000	1	375
당뇨	15,000	5	1,875
유전자	500	20	250
간	400	90	900
신경	5,000	10	1,250
전체	48,900	-	4,975

(1) 투여율(%) = $\dfrac{\text{줄기세포 치료제를 투여한 환자 수}}{\text{환자 수}} \times 100$

(2) 시장규모 = 줄기세포 치료제를 투여한 한자 수 × 환자 1명당 투여비용

(3) 모든 치료분야에서 줄기세포 치료제를 투여한 환자 1명당 투여비용은 동일함

① 투여율에 변화가 없다고 할 때, 각 치료분야의 환자 수가 10% 증가하면, 줄기세포 치료제를 투여한 전체 환자 수도 10% 증가한다.

② 줄기세포 치료제를 투여한 환자 1명당 투여비용은 250만 달러이다.

③ 투여율에 변화가 없다고 할 때, 각 치료분야의 환자 수가 10% 증가하면 전체 줄기세포 치료제 시장규모는 55억 달러 이상이 된다.

④ 다른 치료분야에서는 환자 수와 투여율의 변화가 없다고 할 때, 유전자 분야와 신경 분야의 환자 수가 각각 2,000명씩 증가하고 이 두 분야의 투여율이 각각 절반으로 감소하면, 전체 줄기세포 치료제 시장규모는 변화가 없다.

23 다음은 1999~2007년 서울시 거주 외국인의 국적별 인구 분포 자료이다. 이에 대한 설명 중 옳지 않은 것을 고르면?

(단위 : 명)

국적＼연도	1999	2000	2001	2002	2003	2004	2005	2006	2007
대만	3,011	2,318	1,371	2,975	8,908	8,899	8,923	8,974	8,953
독일	1,003	984	937	997	696	681	753	805	790
러시아	825	1,019	1,302	1,449	1,073	927	948	979	939
미국	18,763	16,658	15,814	16,342	11,484	10,959	11,487	11,890	11,810
베트남	841	1,083	1,109	1,072	2,052	2,216	2,385	3,011	3,213
영국	836	854	977	1,057	828	848	1,001	1,133	1,160
인도	491	574	574	630	836	828	975	1,136	1,173
일본	6,332	6,703	7,793	7,559	6,139	6,271	6,710	6,864	6,732
중국	12,283	17,432	21,259	22,535	52,572	64,762	77,881	119,300	124,597
캐나다	1,809	1,795	1,909	2,262	1,723	1,893	2,084	2,300	2,374
프랑스	1,180	1,223	1,257	1,360	1,076	1,015	1,001	1,002	984
필리핀	2,005	2,432	2,665	2,741	3,894	3,740	3,646	4,038	4,055
호주	838	837	868	997	716	656	674	709	737
서울시 전체	57,189	61,920	67,908	73,228	102,882	114,685	129,660	175,036	180,857

※ 2개 이상 국적을 보유한 자는 없는 것으로 가정함

① 서울시 거주 인도 국적 외국인 수는 2004~2007년 사이에 매년 증가하였다.

② 2006년 서울시 거주 전체 외국인 중 중국 국적 외국인이 차지하는 비중은 60% 이상이다.

③ 제시된 국적 중 2000~2007년 사이에 서울시 거주 외국인 수가 매년 증가한 국적은 3개이다.

④ 1999년 서울시 거주 전체 외국인 중 일본 국적 외국인과 캐나다 국적 외국인의 합이 차지하는 비중은 2006년 서울시 거주 전체 외국인 중 대만 국적 외국인과 미국 국적 외국인의 합이 차지하는 비중보다 크다.

24 다음 표는 ㈎, ㈏, ㈐ 세 기업의 남자 사원 400명에 대해 현재의 노동 조건에 만족하는가에 관한 설문 조사를 실시한 결과이다. ㉠ ~ ㉣ 중에서 옳은 것은 어느 것인가?

구분	불만	어느 쪽도 아니다	만족	계
㈎회사	34	38	50	122
㈏회사	73	11	58	142
㈐회사	71	41	24	136
계	178	90	132	400

㉠ 이 설문 조사에서는 현재의 노동 조건에 대해 불만을 나타낸 사람은 과반수를 넘지 않는다.

㉡ 가장 불만 비율이 높은 기업은 ㈐회사이다.

㉢ "어느 쪽도 아니다"라고 회답한 사람이 가장 적은 ㈏회사는 가장 노동조건이 좋은 기업이다.

㉣ 만족이라고 답변한 사람이 가장 많은 ㈏회사가 가장 노동조건이 좋은 회사이다.

① ㉠, ㉡ ② ㉠, ㉢

③ ㉡, ㉢ ④ ㉢, ㉣

25 다음 그래프와 표는 2005년 초에 조사한 한국의 애니메이션 산업에 대한 자료이다. 자료를 바탕으로 도출된 결론 중 옳은 것과 이를 도출하는 데 필요한 자료가 바르게 연결된 것은?

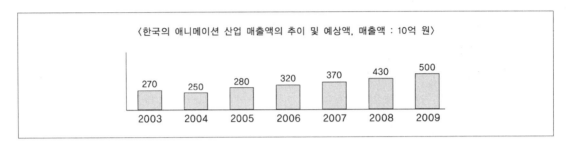

〈한국의 애니메이션 산업 매출액의 추이 및 예상액, 매출액 : 10억 원〉

270 2003
250 2004
280 2005
320 2006
370 2007
430 2008
500 2009

〈표 1〉 부문별 한국의 애니메이션 산업 매출액

(단위 : 10억 원)

부문	2003년	2004년
애니메이션 제작	257	234
애니메이션 상영	12	14
애니메이션 수출	1	2
합계	270	250

〈표 2〉 분야별 한국의 애니메이션 제작부문 매출액

(단위 : 10억 원)

분야	2003년	2004년
창작 및 판권	80	70
투자수입	1	2
제작 서비스	4	6
단순 복제	150	125
유통 및 배급	18	9
마케팅 및 홍보	4	22
합계	257	234

〈결론〉

㉠ 2005년부터 2009년까지 한국의 애니메이션 산업 매출액은 매년 동일한 폭으로 증가하는 추세를 보일 것이다.

㉡ 2006년 한국의 애니메이션 산업 매출액 규모는 3,000억 원을 넘어서고, 2009년에는 5,000억 원 규모로 성장할 전망이다.

㉢ 2004년 한국의 애니메이션 산업 매출액은 2,500억 원으로 나타났으며, 2003년의 2,700억 원과 비교하면 7% 이상 감소하였다.

㉣ 한국의 애니메이션 제작부문 중 2003년에 비해 2004년에 매출액이 감소한 분야는 4개이다.

	결론	자료
①	㉠	그래프
②	㉡	〈표 1〉
③	㉢	〈표 1〉
④	㉣	〈표 2〉

발신인	(주)XXXX 권○○ 대리
수신인	갑, 을, 병, 정
내용	안녕하세요! (주)XXXX 권○○ 대리입니다. 올해 상반기 업계 매출 1위 달성을 기념하여 현재 특별 프로모션이 진행되고 있습니다. 이번 기회가 기업용 안마의자를 합리적인 가격으로 구입하실 수 있는 가장 좋은 시기라고 여겨집니다. 아래에 첨부한 설명서와 견적서를 꼼꼼히 살펴보시고 궁금한 사항에 대해서 언제든 문의하시기 바랍니다.
첨부파일	구매 관련 설명서 #1, #2, 견적서 #3, #4, #5

구매 관련 설명서 #1

구분	리스	현금구입(할부)
기기명의	리스회사	구입자
실 운영자	리스이용자(임대인)	구입자
중도 해약	가능	‒
부가가치세	면세 거래	‒
기간 만료	반납/매입/재 리스	‒

구매 관련 설명서 #2

‒ 절세 효과 : 개인 사업자 및 법인 사업자는 매년 소득에 대한 세금을 납부합니다. 이때, 신고, 소득에 대한 과세대상금액에서 리스료(리스회사에 매월 불입하는 불입금)전액을 임차료 성격으로서 제외시킬 수 있습니다. (법인세법상 리스료의 비용인정 ‒ 법인세법 제18조에 의거 사업용 자산에 대한 임차료로 보아 필요경비로 인정함.)

적용세율(주민세 포함)			
법인 사업자		개인 사업자	
과세표준구간	적용세율	과세표준구간	적용세율
2억 이하	11.2%	1,200만 원 이하	8.8%
2억 초과	22.4%	1,200만 원 초과 ~ 4,600만 원 이하	18.7%
		4,600만 원 초과 ~ 8,800만 원 이하	28.6%
		8,800만 원 초과	38.5%

– 법인 사업자 절세 예시

예를 들어, ○○법인의 작년 매출액이 5억 원이고 비용이 2억8천만 원이라면 ○○법인은 수익 2억 2천만 원을 과세표준으로 계산시 2,688만 원의 법인세가 부가됩니다.

> 과세표준 : 2억 이하 ⇒ 2억 원×11.2%＝2,240만 원
> 과세표준 : 2억 초과 ⇒ 2천만 원×22.4%＝448만 원
> 법인세 총액＝2,688만 원

만약 ○○법인이 안마의자 리스를 이용하고 1년간 납부한 총 임대료가 2천만 원이었다면, 수익은 2억 원(⇒2억2천만 원－2천만 원)이 되고, 비용은 3억 원(2억8천만 원＋2천만 원)이 됩니다.

이에 따라 수익 2억 원을 과세표준으로 하면 법인세 2,240만 원만 부과되어 448만 원(2,688만 원－2,240만 원＝448만 원)의 절세효과를 얻으실 수 있습니다.

이를 통상 리스 약정기간인 3년으로 설정하는 경우 448만 원×3년＝1,344만 원의 절세 효과를 얻으실 수 있습니다.

물론 리스 이용료가 크면 클수록 절세효과는 더욱 더 크게 누리실 수 있습니다.

견적서 #3

안마의자	모델명	Body Buddy Royal-7	
	선택사양	STMC-5400	색상

가격/원가 구성

가격 사항	기본가격	25,000,000	리스종류(기간)	운용리스(39개월)	
	프로모션	3,000,000	등록명의	리스사	
	탁송료		약정	39개월	
	안마의자 가격(리스 이용금액)	22,000,000	만기처리	반납/구매/재 리스	
초기부담금		2,500,000	월 납입금(리스료)	39회	690,000
메모	리스 이용 프로모션 3,000,000 리스 이용시 연이율 8% 적용 설치일로부터 18개월 미만 해지시 위약금 – 남은 약정금액의 20% 설치일로부터 18개월 이후 해지시 위약금 – 남은 약정금액의 10%				

견적서 #4

안마의자	모델명	Body Buddy Royal-7		
	선택사양	STMC-5400	색상	

가격/원가 구성

가격사항	기본가격	25,000,000	할부 기간	39개월	
	프로모션	2,400,000	등록명의	개인	
	탁송료				
	안마의자 가격(할부 이용금액)	22,600,000			
	초기부담금	2,500,000	월 납입금(할부금)	39회	590,000
메모	할부 이용 프로모션 2,400,000 할부 이용시 연이율 3% 적용, 선수금 10% 오를 시 할부 연이율 0.5% 하락				

견적서 #5

안마의자	모델명	Body Buddy Royal-7	
	선택사양	STMC-5400	색상

가격/원가 구성

가격 사항	기본가격	25,000,000
	프로모션	1,800,000
	탁송료	
	안마의자 가격	23,200,000
메모	일시불 프로모션 1,800,000	

26 개인이 할부로 안마의자를 구입하는 경우 500만 원의 초기비용을 지불하면 연이율은 몇 %가 적용되는가?

① 2.5%

② 3.0%

③ 3.5%

④ 4.0%

27 법인사업자가 안마의자를 리스로 이용하다가 20개월이 된 시점에서 약정을 해지한다면 위약금은 얼마인가?

① 1,291,000원

② 1,301,000원

③ 1,311,000원

④ 1,321,000원

28 다음은 (A), (B), (C), (D)사의 연간 매출액에 관한 자료이다. 각 회사의 연간 이익률이 매년 일정하며 (B), (C), (D)사의 연간 이익률은 각각 3%, 3%, 2%이다. (A) ~ (D)사의 연간 순이익 총합이 전년에 비해 감소되지 않게 하는 (A)사의 최소 연간 이익률은?

[회사별 연간 매출액]

(단위 : 백억 원)

연도 회사	2017년	2018년	2019년	2020년	2021년	2022년
(A)	300	350	400	450	500	550
(B)	200	250	300	250	200	150
(C)	300	250	200	150	200	250
(D)	350	300	250	200	150	100

① 5%

② 8%

③ 7%

④ 10%

29 주요 전기 요금 제도에 관한 다음 자료를 보고 물음에 답하시오.

▶ 주택용 전력(저압)

주거용 고객(아파트 고객 포함), 계약전력 3kW 이하의 고객

독신자 합숙소(기숙사 포함) 또는 집단거주용 사회복지시설로서 고객이 주택용 전력의 적용을 희망하는 경우 적용

주거용 오피스텔(주택은 아니지만 실제 주거용도로 이용되는 오피스텔) 고객

기본요금(원/호)		전력량 요금(원/kWh)	
100kWh 이하 사용	400	처음 100kWh까지	60
101~200kWh 사용	900	다음 100kWh까지	120
201~300kWh 사용	1,500	다음 100kWh까지	200
301~400kWh 사용	3,600	다음 100kWh까지	300
401~500kWh 사용	7,000	다음 100kWh까지	450
500kWh 초과 사용	12,000	500kWh 초과	700

▶ 주택용 전력(고압)

고압으로 공급받는 가정용 고객에게 적용

기본요금(원/호)		전력량 요금(원/kWh)	
100kWh 이하 사용	400	처음 100kWh까지	55
101~200kWh 사용	700	다음 100kWh까지	100
201~300kWh 사용	1,200	다음 100kWh까지	150
301~400kWh 사용	3,000	다음 100kWh까지	215
401~500kWh 사용	6,000	다음 100kWh까지	320
500kWh 초과 사용	10,000	500kWh 초과	600

▶ 가로등

일반 공중의 편익을 위하여 도로·교량·공원 등에 조명용으로 설치한 전등이나 교통신호등·도로표시등·해공로(海空路) 표시등 및 기타 이에 준하는 전등(소형기기를 포함)에 적용

구분	기본요금(원/kW)	전력량 요금(원/kWh)
갑(정액등)	W당 35(월 최저요금 1,000원)	
을(종량등)	6,000	80

* 가로등은 공급조건에 따라 가로등(갑), (을)로 구분한다.
가로등(갑)은 사용설비용량이 1kW 미만이거나 현장여건상 전기계기의 설치가 곤란한 교통신호등, 도로표시등, 공원산책로용, 조명용 전등에 한하여 적용하고 정액제로 요금을 계산하며 가로등(을)은 가로등(갑) 이외의 고객에게 적용하며 전기계기를 설치하여 사용전력량에 따라 요금을 계산한다.

〈별첨〉
제5조(설치기준) 가로등·보안등의 설치는 다음 각 호의 기준에 따른다.
1. 설치공사는 「전기공사업법」 및 본 규정이 정하는 바에 따라야 한다.
2. 시공업체는 반드시 전기공사업 면허 1·2종 업체로 한다.
3. 소요자재는 K.S표시품, 규격품, 승인품을 사용하여야 한다.
4. "등"은 절전형을 사용하여야 하며 지상 5미터 이상에 적합 용량의 것을 사용하며, 광전식이나 자동점멸기를 설치하여야 한다. 단, 부득이한 장소에는 수동스위치를 사용할 수 있다.
6. 가로등의 설치간격은 60미터 이상, 보안등의 설치간격은 4미터 이상으로 한다. 단, 곡선부에는 예외로 한다.

▶ 전기요금 청구액 계산방법
① 기본요금(원 단위 미만 절사)
② 사용량요금(원 단위 미만 절사)
③ 전기요금계＝①+②－복지할인
④ 부가가치세(원 단위 미만 4사5입)＝③×10%
⑤ 전력산업기반기금(10원 미만 절사)＝③×3.7%
⑥ 청구요금 합계(10원 미만 절사)＝③+④+⑤

동네에 공원이 만들어지면서 산책로에 가로등을 설치하기로 하였다. 공원의 산책로는 총 1.2km의 직선코스이고, 가로등 하나의 소비전력은 150W이며 하루에 14시간 점등한다고 한다. 산책로 양쪽에 가로등을 최소간격으로 설치한다고 할 때, 하루 전력사용비용은 얼마인가? (단, 산책로의 양끝에는 가로등을 반드시 설치한다)

① 3,086,000원 ② 3,087,000원
③ 3,088,000원 ④ 3,089,000원

30 주어진 자료를 보고 물음에 답하시오.

▶ 타이어 치수 및 호칭 표기법

205	55	R	16	91	V
단면폭	편평비	레이디얼	림내경	하중지수	속도계수

① **단면폭** : 타이어가 지면에 닿는 부분(mm)
② **편평비** : 타이어 단면의 폭에 대한 높이의 비율로서 시리즈라고도 한다. 과거에는 주로 100 (높이와 폭이 같음)이었으나 점차 70, 60, 50, 40 등으로 낮아지고 있다. 고성능 타이어일수록 단면높이가 낮아진다. 편평비가 낮으면 고속주행시 안정감이 높고, 편평비가 높을수록 승차감이 좋지만 안정감이 떨어진다.

$$편평비(\%) = \frac{단면높이(H)}{단면폭(W)} \times 100$$

③ 레이디얼구조
　　Z : 방향성 및 고속 주행 타이어
　　R : 레이디얼 타이어
④ **림내경** : 타이어 내경(인치)

⑤ 하중지수 : 타이어 1개가 최대로 지탱할 수 있는 무게

하중지수	kg	하중지수	kg	하중지수	kg	하중지수	kg
62	265	72	355	82	475	92	630
63	272	73	365	83	487	93	650
64	280	74	375	84	500	94	670
65	290	75	387	85	515	95	690
66	300	76	400	86	530	96	710
67	307	77	412	87	545	97	730
68	315	78	425	88	560	98	750
69	325	79	437	89	580	99	775
70	335	80	450	90	600	100	800
71	345	81	462	91	615	101	825

⑥ 속도기호 : 타이어의 최대속도를 표시하는 기호를 말하며 속도기호에 상응하는 속도는 아래 표와 같다.

속도기호	Q	S	H	V	W	Y
속도(km/h)	160	180	210	240	270	300

다음과 같은 차량의 제원을 고려하여 타이어를 구매하려고 할 때, 구매해야 될 타이어 규격으로 적당한 것은?

차량 최대 속도	250km/h
휠 사이즈	20inch
최적 편평비	50
공차중량	2,320kg

① 225/55/ZR 20 88 Y

② 245/50/ZR 20 94 W

③ 235/55/R 19 91 W

④ 단면폭이 230mm이고, 단면높이가 138mm인 타이어

1 (주)서원각에서 근무하는 김 대리는 제도 개선 연구를 위해 영국 런던에서 관계자와 미팅을 하려고 한다. 8월 10일 오전 10시 미팅에 참석할 수 있도록 해외출장 계획을 수립하려고 한다. 김 대리는 현지 공항에서 입국 수속을 하는데 1시간, 예약된 호텔까지 이동하여 체크인을 하는데 2시간, 호텔에서 출발하여 행사장까지 이동하는데 1시간 이내의 시간이 소요된다는 사실을 파악하였다. 또한 서울 시각이 오후 8시 45분일 때 런던 현지 시각을 알아보니 오후 12시 45분이었다. 비행운임 및 스케줄이 다음과 같을 때, 김 대리가 선택할 수 있는 가장 저렴한 항공편은 무엇인가?

항공편	출발시각	경유시간	총 비행시간	운임
0001	8월 9일 19 : 30	7시간	12시간	60만 원
0002	8월 9일 20 : 30	5시간	13시간	70만 원
0003	8월 9일 23 : 30	3시간	12시간	80만 원
0004	8월 10일 02 : 30	직항	11시간	100만 원
0005	8월 10일 05 : 30	직항	9시간	120만 원

① 0001
② 0002
③ 0003
④ 0004

2 다음은 영업사원인 윤석씨가 오늘 미팅해야 할 거래처 직원들과 방문해야 할 업체에 관한 정보이다. 다음의 정보를 모두 반영하여 하루의 일정을 짠다고 할 때 순서가 올바르게 배열된 것은? (단, 장소 간 이동 시간은 없는 것으로 가정한다)

〈거래처 직원들의 요구 사항〉
- A거래처 과장 : 회사 내부 일정으로 인해 미팅은 10시~12시 또는 16~18시까지 2시간 정도 가능합니다.
- B거래처 대리 : 12시부터 점심식사를 하거나, 18시부터 저녁식사를 하시죠. 시간은 2시간이면 될 것 같습니다.
- C거래처 사원 : 외근이 잡혀서 오전 9시부터 10시까지 1시간만 가능합니다.
- D거래처 부장 : 외부일정으로 18시부터 저녁식사만 가능합니다.

〈방문해야 할 장소와 가능시간〉
- E서점 : 14~18시, 소요시간은 2시간
- F은행 : 12~16시, 소요시간은 1시간
- G미술관 관람 : 하루 3회(10시, 13시, 15시), 소요시간은 1시간

① C거래처 사원 – A거래처 과장 – B거래처 대리 – E서점 – G미술관 – F은행 – D거래처 부장
② C거래처 사원 – A거래처 과장 – F은행 – B거래처 대리 – G미술관 – E서점 – D거래처 부장
③ C거래처 사원 – G미술관 – F은행 – B거래처 대리 – E서점 – A거래처 과장 – D거래처 부장
④ C거래처 사원 – A거래처 과장 – B거래처 대리 – F은행 – G미술관 – E서점 – D거래처 부장

3 경비 집행을 담당하는 오 대리의 다음과 같은 의견에 대하여, 효율적인 예산 관리를 위하여 팀장이 들려줄 수 있는 말로 가장 적절한 것은?

> "팀장님, 지난 번 산행 시 총 비용이 당초 예상보다 훨씬 많이 들었어요. 이번엔 어떻게든 정해진 비용 한도 내에서 써보려고 했는데 꼭 이런 외부활동만 하면 왜 이렇게 돈이 늘 모자라게 되는지 참 알 수가 없어 답답합니다. 어느 활동에 얼마를 써야할지 미리 계획을 안 했던 것도 아니었고, 특별한 돌발 상황도 없었는데 말이죠."

① "그건 오 대리가 산행 경험이 많지 않아서 그랬던 걸세."
② "미리 예산 지출 활동의 우선순위를 정해 두지 않아서 그런 것 같군."
③ "아마 오 대리가 실제보다 매우 보수적으로 계획을 짜서 그랬을 거야."
④ "계획 수립 시 필요한 활동들을 모두 뽑아내지 못했나 보군."

4 표준 업무시간이 80시간인 업무를 각 부서에 할당하여 본 결과, 아래와 같은 결과를 얻었다. 다음 중 어느 부서의 업무효율이 가장 높은가? (단, 총 투입시간은 개인별 투입시간의 합이며, 부서원은 동시에 업무를 분담하여 수행할 수 있다. 투입된 인원의 개인별 업무능력과 인원당 소요시간은 동일하다고 가정한다)

부서명	투입인원 수	개인별 업무시간	회의시간	
			횟수	소요시간
A	2명	41시간	3회	1회에 1시간
B	3명	30시간	2회	1회에 2시간
C	4명	22시간	1회	1회에 4시간
D	3명	27시간	2회	1회에 1시간

① A
② B
③ C
④ D

5 다음은 총무팀 오 과장이 팀장으로부터 지시받은 이번 주 업무 내역이다. 팀장은 오 과장에게 가급적 급한 일보다 중요한 일을 먼저 처리해 줄 것을 당부하며 아래의 일들에 대한 시간 분배를 잘 해 줄 것을 지시하였는데, 팀장의 지시사항을 참고로 오 과장이 처리해야 할 업무를 순서대로 알맞게 나열한 것은?

Ⅰ 긴급하면서 중요한 일	Ⅱ 긴급하지 않지만 중요한 일
– 부서 손익실적 정리(A)	– 월별 총무용품 사용현황 정리(D)
– 개인정보 유출 방지책 마련(B)	– 부산 출장계획서 작성(E)
– 다음 주 부서 야유회 계획 수립(C)	– 내방 고객 명단 작성(F)
Ⅲ 긴급하지만 중요하지 않은 일	Ⅳ 긴급하지 않고 중요하지 않은 일
– 민원 자료 취합 정리(G)	– 신입사원 신규 출입증 배부(J)
– 영업부 파티션 교체 작업 지원(H)	– 프린터기 수리 업체 수배(K)
– 출입증 교체 인원 파악(I)	– 정수기 업체 배상 청구 자료 정리(L)

① (D) – (A) – (G) – (K)

② (B) – (E) – (J) – (H)

③ (A) – (G) – (E) – (K)

④ (B) – (F) – (G) – (L)

6 김대리는 모스크바 현지 영업소로 출장을 갈 계획이다. 4일 오후 2시 모스크바에서 회의가 예정되어 있어 모스크바 공항에 적어도 오전 11시 이전에는 도착하고자 한다. 인천에서 모스크바까지 8시간이 걸리며, 시차는 인천이 모스크바보다 6시간이 더 빠르다. 김대리는 인천에서 늦어도 몇 시에 출발하는 비행기를 예약하여야 하는가?

① 3일 09 : 00   ② 3일 19 : 00

③ 4일 09 : 00   ④ 5일 02 : 00

| 7~8 | 甲과 乙은 산양우유를 생산하여 판매하는 ○○목장에서 일한다. 다음을 바탕으로 물음에 답하시오.

- ○○목장은 A ~ D의 4개 구역으로 이루어져 있으며 산양들은 자유롭게 다른 구역을 넘나들 수 있지만 목장을 벗어나지 않는다.
- 甲과 乙은 산양을 잘 관리하기 위해 구역별 산양의 수를 파악하고 있어야 하는데, 산양들이 계속 구역을 넘나들기 때문에 산양의 수를 정확히 헤아리는 데 어려움을 겪고 있다.
- 고민 끝에 甲과 乙은 시간별로 산양의 수를 기록하되, 甲은 특정 시간 특정 구역의 산양의 수만을 기록하고, 乙은 산양이 구역을 넘나들 때마다 그 시간과 그때 이동한 산양의 수를 기록하기로 하였다.
- 甲과 乙이 같은 날 오전 9시부터 오전 10시 15분까지 작성한 기록표는 다음과 같으며, ㉠~㉣을 제외한 모든 기록은 정확하다.

甲의 기록표			乙의 기록표		
시간	구역	산양 수	시간	구역 이동	산양 수
09:10	A	17마리	09:08	B → A	3마리
09:22	D	21마리	09:15	B → D	2마리
09:30	B	8마리	09:18	C → A	5마리
09:45	C	11마리	09:32	D → C	1마리
09:58	D	㉠ 21마리	09:48	A → C	4마리
10:04	A	㉡ 18마리	09:50	D → B	1마리
10:10	B	㉢ 12마리	09:52	C → D	3마리
10:15	C	㉣ 10마리	10:05	C → B	2마리

- 구역 이동 외의 산양의 수 변화는 고려하지 않는다.

7 ㉠ ~ ㉣ 중 옳게 기록된 것만을 고른 것은?

① ㉠, ㉡   ② ㉠, ㉢

③ ㉡, ㉢   ④ ㉡, ㉣

8 ○○목장에서 키우는 산양의 총 마리 수는?

① 58마리   ② 59마리

③ 60마리   ④ 61마리

▌9~10▐ D회사에서는 1년에 1명을 선발하여 해외연수를 보내주는 제도가 있다. 김부장, 최과장, 오과장, 홍대리 4명이 지원한 가운데 〈선발 기준〉과 〈지원자 현황〉은 다음과 같다. 다음을 보고 물음에 답하시오.

〈선발 기준〉

구분	점수	비고
외국어 성적	50점	
근무 경력	20점	15년 이상이 만점 대비 100%, 10년 이상 15년 미만이 70%, 10년 미만이 50%이다. 단, 근무경력이 최소 5년 이상인 자만 선발 자격이 있다.
근무 성적	10점	
포상	20점	3회 이상이 만점 대비 100%, 1~2회가 50%, 0회가 0%이다.
계	100점	

〈지원자 현황〉

구분	김부장	최과장	오과장	홍대리
근무경력	30년	20년	10년	3년
포상	2회	4회	0회	5회

※ 외국어 성적은 김부장과 최과장이 만점 대비 50%이고, 오과장이 80%, 홍대리가 100%이다.

※ 근무 성적은 최과장이 만점이고, 김부장, 오과장, 홍대리는 만점 대비 90%이다.

9 위의 선발기준과 지원자 현황에 따를 때 가장 높은 점수를 받은 사람이 선발된다면 선발되는 사람은?

① 김부장   ② 최과장

③ 오과장   ④ 홍대리

10 회사 규정의 변경으로 인해 선발기준이 다음과 같이 변경되었다면, 새로운 선발기준 하에서 선발되는 사람은? (단, 가장 높은 점수를 받은 사람이 선발된다)

구분	점수	비고
외국어 성적	40점	
근무 경력	40점	30년 이상이 만점 대비 100%, 20년 이상 30년 미만이 70%, 20년 미만이 50%이다. 단, 근무경력이 최소 5년 이상인 자만 선발 자격이 있다.
근무 성적	10점	
포상	10점	3회 이상이 만점 대비 100%, 1~2회가 50%, 0회가 0%이다.
계	100점	

① 김부장   ② 최과장

③ 오과장   ④ 홍대리

11 G회사에서 근무하는 S씨는 직원들의 출장비를 관리하고 있다. 이 회사의 규정이 다음과 같을 때 S씨가 甲 부장에게 지급해야 하는 총일비와 총숙박비는 각각 얼마인가? (단, 국가 간 이동은 모두 항공편으로 한다고 가정한다)

여행일수의 계산
여행일수는 여행에 실제로 소요되는 일수에 의한다. 국외여행의 경우에는 국내 출발일은 목적지를, 국내 도착일은 출발지를 여행하는 것으로 본다.

여비의 구분계산
• 여비 각 항목은 구분하여 계산한다.
• 같은 날에 여비액을 달리하여야 할 경우에는 많은 액을 기준으로 지급한다.

일비 · 숙박비의 지급
• 국외여행자의 경우는 〈국외여비정액표〉에 따라 지급한다.
• 일비는 여행일수에 따라 지급한다.
• 숙박비는 숙박하는 밤의 수에 따라 지급한다. 다만 항공편 이동 중에는 따로 숙박비를 지급하지 아니한다.

〈국외여비정액표〉

(단위 : 달러)

구분	여행국가	일비	숙박비
부장	A국	80	233
	B국	70	164

〈甲의 여행일정〉

1일째	(06:00) 출국
2일째	(07:00) A국 도착
	(18:00) 만찬
3일째	(09:00) 회의
	(15:00) A국 출국
	(17:00) B국 도착
4일째	(09:00) 회의
	(18:00) 만찬
5일째	(22:00) B국 출국
6일째	(20:00) 귀국

	총일비(달러)	총숙박비(달러)
①	450	561
②	450	610
③	460	610
④	460	561

공장 주변지역의 농경수 오염에 책임이 있는 기업이 총 70억 원의 예산을 가지고 피해 현황 심사와 보상을 진행한다고 한다. 다음 글을 읽고 물음에 답하시오.

총 500건의 피해가 발생했고, 기업 측에서는 실제 피해 현황을 심사하여 보상하기로 하였다. 심사에 소요되는 비용은 보상 예산에서 사용한다. 심사를 통해 좀 더 정확한 피해 규모를 파악할 수 있지만, 그에 따라 소요되는 비용 또한 증가하게 된다.

	1일째	2일째	3일째	4일째
일별 심사 비용(억 원)	0.5	0.7	0.9	1.1
일별 보상대상 제외 건수	50	45	40	35

- 보상금 총액 = 예산 − 심사 비용
- 표는 누적 수치가 아닌, 하루에 소요되는 비용을 말함
- 일별 심사 비용은 매일 0.2억씩 증가하고 제외 건수는 매일 5건씩 감소함
- 제외 건수가 0이 되는 날, 심사를 중지하고 보상금을 지급함

---

12 기업 측이 심사를 중지하는 날까지 소요되는 일별 심사 비용은 총 얼마인가?

① 15억 원 ② 15.5억 원

③ 16억 원 ④ 16.5억 원

13 심사를 중지하고 총 500건에 대해서 보상을 한다고 할 때, 보상대상자가 받는 건당 평균 보상금은 대략 얼마인가?

① 약 1천만 원 ② 약 2천만 원

③ 약 3천만 원 ④ 약 4천만 원

14 Z회사는 6대(A~F)의 자동차 생산을 주문받았다. 오늘을 포함하여 30일 이내에 자동차를 생산할 계획이며 Z회사의 하루 최대 투입가능 근로자 수는 100명이다. 다음 〈공정표〉에 근거할 때 Z회사가 벌어들일 수 있는 최대 수익은 얼마인가? (단, 작업은 오늘부터 개시되며 각 근로자는 자신이 투입된 자동차의 생산이 끝나야만 다른 자동차의 생산에 투입될 수 있고 1일 필요 근로자 수 이상의 근로자가 투입되더라도 자동차당 생산 소요기간은 변하지 않는다)

〈공정표〉

자동차	소요기간	1일 필요 근로자 수	수익
A	5일	20명	15억 원
B	10일	30명	20억 원
C	10일	50명	40억 원
D	15일	40명	35억 원
E	15일	60명	45억 원
F	20일	70명	85억 원

① 150억 원　　　　　　　② 155억 원

③ 160억 원　　　　　　　④ 165억 원

15 J회사 관리부에서 근무하는 L씨는 소모품 구매를 담당하고 있다. 2019년 5월 중에 다음 조건 하에서 A4용지와 토너를 살 때, 총 비용이 가장 적게 드는 경우는? (단, 2019년 5월 1일에는 A4용지와 토너는 남아 있다고 가정하며, 다 썼다는 말이 없으면 그 소모품들은 남아있다고 가정한다)

- A4용지 100장 한 묶음의 정가는 1만 원, 토너는 2만 원이다. (A4용지는 100장 단위로 구매함)
- J회사와 거래하는 ◇◇오피스는 매달 15일에 전 품목 20% 할인 행사를 한다.
- ◇◇오피스에서는 5월 5일에 A사 카드를 사용하면 정가의 10%를 할인해 준다.
- 총 비용이란 소모품 구매가격과 체감비용(소모품을 다 써서 느끼는 불편)을 합한 것이다.
- 체감비용은 A4용지와 토너 모두 하루에 500원이다.
- 체감비용을 계산할 때, 소모품을 다 쓴 당일은 포함하고 구매한 날은 포함하지 않는다.
- 소모품을 다 쓴 당일에 구매하면 체감비용은 없으며, 소모품이 남은 상태에서 새 제품을 구입할 때도 체감비용은 없다.

---

① 3일에 A4용지만 다 써서, 5일에 A사 카드로 A4용지와 토너를 살 경우

② 13일에 토너만 다 써서 당일 토너를 사고, 15일에 A4용지를 살 경우

③ 10일에 A4용지와 토너를 다 써서 15일에 A4용지와 토너를 같이 살 경우

④ 3일에 A4용지만 다 써서 당일 A4용지를 사고, 13일에 토너를 다 써서 15일에 토너만 살 경우

16 다음에서 설명하는 예산제도는 무엇인가?

> 이것은 정부 예산이 여성과 남성에게 미치는 영향을 평가하고 이를 반영함으로써 예산에 뒷받침되는 정책과 프로그램이 성별 형평성을 담보하고, 편견과 고정관념을 배제하며, 남녀 차이를 고려하여 의도하지 않은 예산의 불평등한 배분효과를 파악하고, 이에 대한 개선안을 제시함으로써 궁극적으로 예산의 배분규칙을 재정립할 수 있도록 하는 제도이다. 또한 정책의 공정성을 높일 수 있으며, 남녀의 차이를 고려하므로 정책이 더 효율적이고 양성 평등한 결과를 기대할 수 있다. 그리하여 남성과 여성이 동등한 수준의 삶의 질을 향유할 수 있다는 장점이 있다.

① 품목별 예산제도
② 성인지 예산제도
③ 영기준 예산제도
④ 성과주의 예산제도

17 다음은 철수가 운영하는 회사에서 작성한 3월 지출내역이다. 여기에서 알 수 있는 판매비와 일반관리비의 총 합계 금액으로 옳은 것은?

3월 지출내역

광고선전비	320,000원	직원들의 급여	3,600,000원
통신비	280,000원	접대비	1,100,000원
조세공과금	300,000원	대출이자	2,000,000원

① 5,600,000원
② 4,500,000원
③ 6,500,000원
④ 7,600,000원

18 어느 회사에서 영업부, 편집부, 홍보부, 전산부, 영상부, 사무부에 대한 직무조사 순서를 정할 때 다음과 같은 조건을 충족시켜야 한다면 순서로 가능한 것은?

> - 편집부에 대한 조사는 전산부 또는 영상부 중 어느 한 부서에 대한 조사보다 먼저 시작되어야 한다.
> - 사무부에 대한 조사는 홍보부나 전산부에 대한 조사보다 늦게 시작될 수는 있으나, 영상부에 대한 조사보다 나중에 시작될 수 없다.
> - 영업부에 대한 조사는 아무리 늦어도 홍보부 또는 전산부 중 적어도 어느 한 부서에 대한 조사보다는 먼저 시작되어야 한다.

① 홍보부 – 편집부 – 사무부 – 영상부 – 전산부 – 영업부
② 영상부 – 홍보부 – 편집부 – 영업부 – 사무부 – 전산부
③ 전산부 – 영업부 – 편집부 – 영상부 – 사무부 – 홍보부
④ 편집부 – 홍보부 – 영업부 – 사무부 – 영상부 – 전산부

19 다음 사례에 대한 분석으로 옳은 것은?

> 자택근무로 일하고 있는 지수는 컴퓨터로 그림 작업을 하고 있다. 수입은 시간당 7천 원이고 작업하는 시간에 따라 '피로도'라는 비용이 든다. 지수가 하루에 작업하는 시간과 그에 따른 수입(편익) 및 피로도(비용)의 정도를 각각 금액으로 환산하면 다음과 같다.
>
> (단위 : 원)
>
> | 시간 | 3 | 4 | 5 | 6 | 7 |
> |------|------|------|------|------|------|
> | 총편익 | 21,000 | 28,000 | 35,000 | 42,000 | 49,000 |
> | 총비용 | 11,000 | 15,000 | 22,000 | 28,000 | 36,000 |
>
> * 순편익＝총편익－총비용

① 지수는 하루에 6시간 일하는 것이 가장 합리적이다.
② 지수가 1시간 더 일할 때마다 추가로 발생하는 비용은 일정하다.
③ 지수는 자택근무로 하루에 최대로 얻을 수 있는 순편익이 15,000원이다.
④ 지수가 1시간 더 일할 때마다 추가로 발생하는 편익은 계속 증가한다.

20 물적 자원 활용의 방해요인 중 다음 사례에 해당되는 것끼리 바르게 묶인 것은?

> 건설회사에 다니는 박과장은 하나의 물건을 오랫동안 사용하지 못하고 수시로 바꾸는 것으로 동료들에게 유명하다. 며칠 전에도 사무실에서 작업공구를 사용하고 아무 곳에 놓았다가 잊어버려 새로 구입하였고 오늘은 며칠 전에 구입했던 핸드폰을 만지다 떨어뜨려 A/S센터에 수리를 맡기기도 했다. 박과장은 이렇게 물건을 사용하고 제자리에 두기만 하면 오랫동안 잃어버리지 않고 사용할 수 있는데도 평소 아무 생각 없이 물건을 방치하여 새로 구입한 적이 허다하고 조금만 조심해서 사용하면 굳이 비싼 돈을 들여 다시 수리를 맡기지 않아도 될 것을 함부로 다루다가 망가뜨려 수리를 맡긴 적이 한두 번이 아니다. 박과장은 이러한 일로 매달 월급의 3분의 1을 소비하며 매일 자기 자신의 행동에 대해 후회하고 있다.

① 구입하지 않은 경우, 훼손 및 파손된 경우
② 보관 장소를 파악하지 못한 경우, 훼손 및 파손된 경우
③ 구입하지 않은 경우, 분실한 경우
④ 보관 장소를 파악하지 못한 경우, 분실한 경우

21 다음은 ☆☆ 기업의 직원별 과제 수행 결과에 대한 평가표이다. 가장 나쁜 평가를 받은 사람은 누구인가?

〈직원별 과제 수행 결과 평가표〉

성명	과제 수행 결과	점수
정은	정해진 기한 내에서 작업 완료	
석준	주어진 예산 한도 내에서 작업 완료	
환욱	계획보다 적은 인원을 투입하여 작업 완료	
영재	예상보다 더 많은 양의 부품을 사용하여 작업 완료	

① 정은
② 석준
③ 환욱
④ 영재

22 A씨와 B씨는 내일 있을 시장동향 설명회에 발표할 준비를 함께 하게 되었다. 우선 오전 동안 자료를 수집하고 오후 1시에 함께 회의하여 PPT 작업과 도표로 작성해야 할 자료 등을 정리하고 각자 다음과 같은 업무를 나눠서 하려고 한다. 회의를 제외한 모든 업무는 혼자서 할 수 있는 일이고, 발표원고 작성은 PPT가 모두 작성되어야 시작할 수 있다. 각 영역당 소요시간이 다음과 같을 때 옳지 않은 것은? (단, 두 사람은 가장 빨리 작업을 끝낼 수 있는 방법을 선택한다)

업무	소요시간
회의	1시간
PPT 작성	2시간
PPT 검토	2시간
발표원고 작성	3시간
도표 작성	3시간

① 7시까지 발표 준비를 마칠 수 있다.
② 두 사람은 같은 시간에 준비를 마칠 수 있다.
③ A가 도표작성 능력이 떨어지고 두 사람의 PPT 활용 능력이 비슷하다면 발표원고는 A가 작성하게 된다.
④ 도표를 작성한 사람이 발표원고를 작성한다.

23 다음은 여행사를 통해 구입한 전자항공권 내용의 일부이다. 항공권의 내용에 대한 설명 중 가장 옳지 않는 것은?

Passenger Name	Jang/Hyo-Mi	Booking Reference	810-1850
Ticket Number	1803841764936-937		
서울(ICN)-파리(CDG)	D901 (예약번호:EN2BD4)	14:00/18:00	17FEB16
파리(CDG)-Kishasa(FIH)	A898 (예약번호:3DGM20)	10:50/18:40	18FEB16
Kishasa(FIH)- 아디스아바바(ADD)	E831 (예약번호:3DGM20)	13:45/20:05	21FEB16
아디스아바바(ADD)- 두바이(DXB)	E724 (예약번호:ES66X3)	19:35/00:35	24FEB16
두바이(DXB)-서울(ICN)	D5952 (예약번호:EN2BD4)	03:00/16:00	25FEB16

① 전체 여정의 예약번호는 810-1850이다.

② 각 항공 일정의 개별 변경이 필요한 경우에는 개별 예약번호를 통해 변경해야 한다.

③ 두바이에서 출발하여 서울에 도착하는 날짜는 2월 26일이 될 것이다.

④ 서울에서 파리에 가는 항공편과 두바이에서 서울로 돌아오는 항공편은 같은 항공회사이다.

| 24~25 | 다음은 W기업의 신입사원 채용 공고이다. 매뉴얼을 보고 물음에 답하시오.

신입사원 채용 공고

• 부서별 인원 TO

기획팀	HR팀	재무팀	총무팀	해외사업팀	영업팀
0	1	2	2	3	1

• 공통 요건
  1. 지원자의 지원부서 외 타 부서에서의 채용 불가
  2. 학점 3.8 이상 / TOEIC 890 이상 우대
  3. 4년제 수도권 대학 졸업 우대
• 부서별 요건
  1. 해외사업팀 – 3개 국어 가능자
  2. 영업팀 – 운전가능자

---

24 다음 신입사원 채용 매뉴얼로 보아 입사가능성이 가장 높은 사람은?

	이름	지원부서	학점	TOEIC	외국어 회화	운전면허
①	정재형	기획팀	4.3	910	프랑스어	무
②	이적	영업팀	3.9	830	영어, 이탈리아어	무
③	김동률	해외사업팀	4.1	900	독일어	유
④	유희열	총무팀	4.0	890	일본어, 중국어	무

25 다음 보기의 내용 중 적절하지 않은 것을 고르면?

① W기업은 올해 총 9명의 신입사원을 채용할 계획이다.
② TOEIC 890 이하인 지원자는 입사가 불가하다.
③ 가장 TO가 많은 부서는 해외사업팀이다.
④ 공통요건에 해당하더라도 지원부서의 요건에 맞지 아니하면 합격이 불가하다.

26 다음 중 간접비는 모두 몇 개인가?

• 재료비	• 인건비
• 광고비	• 공과금
• 보험료	• 건물관리비

① 1개   ② 2개

③ 3개   ④ 4개

27 다음은 N사 판매관리비의 2분기 집행 내역과 3분기 배정 내역이다. 자료를 참고하여 판매관리비 집행과 배정 내역을 올바르게 파악하지 못한 것은 어느 것인가?

〈판매관리비 집행 및 배정 내역〉

(단위 : 원)

항목	2분기	3분기
판매비와 관리비	236,820,000	226,370,000
직원급여	200,850,000	195,000,000
상여금	6,700,000	5,700,000
보험료	1,850,000	1,850,000
세금과 공과금	1,500,000	1,350,000
수도광열비	750,000	800,000
잡비	1,000,000	1,250,000
사무용품비	230,000	180,000
여비교통비	7,650,000	5,350,000
퇴직급여충당금	15,300,000	13,500,000
통신비	460,000	620,000
광고선전비	530,000	770,000

① 직접비와 간접비를 합산한 3분기의 예산 배정액은 전 분기보다 10% 이내로 감소하였다.

② 간접비는 전 분기의 5%에 조금 못 미치는 금액이 증가하였다.

③ 2분기와 3분기 모두 간접비에서 가장 큰 비중을 차지하는 항목은 보험료이다.

④ 3분기에는 직접비와 간접비가 모두 2분기 집행 내역보다 더 많이 배정되었다.

28 '국외부문 통화와 국제수지'에 대한 다음 설명을 참고할 때, 〈보기〉와 같은 네 개의 대외거래가 발생하였을 경우에 대한 설명으로 올바른 것은?

> 모든 대외거래를 복식부기의 원리에 따라 체계적으로 기록한 국제수지표상의 경상수지 및 자본수지는 거래의 형태에 따라 직·간접적으로 국외부문 통화에 영향을 미치게 된다. 수출입 등의 경상적인 무역수지 및 서비스 수지 등의 거래는 외국환은행과의 외화 교환과정에서 국외부문 통화에 영향을 미치게 된다. 경상 및 자본수지 상의 민간, 정부의 수지가 흑자일 경우에는 민간 및 정부부문의 외화 총수입액이 총지급액을 초과한다는 것을 의미하므로 민간 및 정부부문은 이 초과 수입분을 외국환은행에 원화를 대가로 매각한다. 이 과정에서 외국환은행은 외화자산을 늘리면서 이에 상응한 원화를 공급한다. 즉 외국환은행은 국외순자산을 늘리고 이에 상응한 원화를 비은행 부문으로 공급하게 된다. 반대로 적자일 경우 외국환은행은 외화자산을 줄이면서 원화를 환수하게 된다.

〈보기〉

- 상품 A를 100달러에 수출
- 상품 B를 50달러에 수입
- C 기업이 외화단기차입금 20달러를 상환
- D 외국환은행이 뱅크 론으로 50달러를 도입

---

① 경상수지는 120달러 흑자, 자본수지가 100달러 흑자로 나타나 총 대외수지는 220달러 흑자가 된다.
② 경상수지는 50달러 흑자, 자본수지가 70달러 적자로 나타나 총 대외수지는 20달러 적자가 된다.
③ 경상수지는 70달러 흑자, 자본수지가 150달러 적자로 나타나 총 대외수지는 80달러 적자가 된다.
④ 경상수지는 50달러 흑자, 자본수지가 30달러 흑자로 나타나 총 대외수지는 80달러 흑자가 된다.

| 29~30 | 다음 자료를 보고 이어지는 물음에 답하시오.

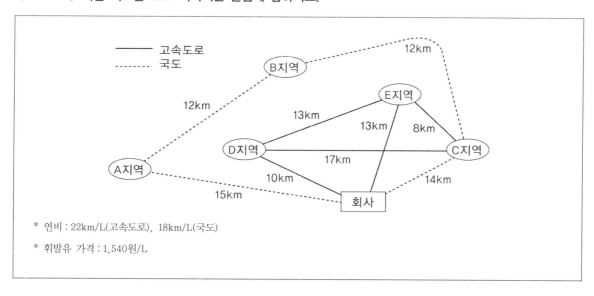

29 K대리는 '회사'에서 출발하여 A ~ E지역을 모두 다녀와야 한다. 같은 곳을 두 번 지나지 않고 회
    사로부터 5개 지역을 모두 거쳐 다시 회사까지 돌아오는 경로는 모두 몇 가지인가?

① 2가지   ② 3가지
③ 4가지   ④ 5가지

30 K대리가 선택할 수 있는 최단 경로를 통해 차량(휘발유 사용)으로 방문을 하고 돌아올 경우, K
    대리가 사용한 연료비의 총 금액은 모두 얼마인가? (단, 원 단위 이하는 절삭한다)

① 5,230원   ② 5,505원
③ 5,700원   ④ 5,704원

PART III

직무능력평가

01 법학

1 법의 일반

1. 법의 기초이론

(1) 법의 이념과 본질

① 법과 사회생활
  - ㉠ 사회규범 : 사회성원이 지켜야 할 준칙, 당위의 법칙이며 관습, 도덕, 종교규범, 법 등이 이에 속한다.
    - 관습 : 일상생활 중에서 오랜 기간 동안 반복되면서 형성된 준칙을 의미한다.
    - 도덕 : 인간의 양심을 기본으로 하여 사회 존속을 위해 필요한 가치를 의미한다.
    - 종교규범 : 종교규율이 사회적으로 행위기준이 될 경우를 말한다.
    - 법 : 내용, 제재방식 등을 제도화한 준칙을 의미한다.
  - ㉡ 사회규범으로서의 법 : 국가권력에 의하여 강제력이 뒷받침된다(강제규범).

② 법의 이념
  - ㉠ 합목적성 : 법이 따라야 할 가치 또는 기준으로 국가와 사회가 처해 있는 상황과 이데올로기에 따라 달라진다.
  - ㉡ 법적 안정성 : 법에 의해 보호 또는 보장되는 사회생활의 안정성을 의미하며, 법이 자주 변경되면 사회안정을 해치게 되므로 법의 제정은 신중하게 이루어져야 한다.

③ 법 이념의 상호관계
  - ㉠ 법의 목적 : 합목적성과 법적 안정성을 통하여 사회정의를 실현하는 것이다.
  - ㉡ 헌법 규정 : 헌법은 법 이념이 충돌하는 경우 법적 안정성 위에서 정의의 원칙인 인간의 자유와 권리가 우선하도록 함으로써 법 이념의 상호관계를 조절한다.

④ 자연법과 실정법
  - ㉠ 자연법 : 실정법이 지향하는 보편적인 기준이 되는 것으로 시대와 민족, 국가와 사회를 초월하여 보편타당하게 적용될 수 있는 객관적 질서이다.
  - ㉡ 실정법 : 경험적·역사적 사실에 의해 성립되며 현실적인 제도로서 시행되고 있는 법이다.
    - 성문법 : 입법절차에 따라 문서형식으로 제정된 법으로 헌법, 법률, 명령 등이 있다.
    - 불문법 : 성문법이 아닌 법으로 관습법, 판례법, 조리 등이 있다.
  - ㉢ 관계 : 자연법은 실정법을 통해서 구체화되고, 실정법은 자연법에 근거하여야 그 타당성이 인정된다.

⑤ 법의 제정과 실현

　　㉠ 법의 제정 : 정당한 국가기관에 의하여 규정된 절차에 따라 올바르게 제정되어야 한다.
　　　• 헌법 : 법 중에서도 최고의 법으로 국민에 의해 제정된다.
　　　• 법률 : 국민의 대표기관인 국회에 의해 제정된다.
　　　• 명령 : 행정기관에 의해 제정된다.
　　　• 자치법규(조례와 규칙) : 지방자치단체의 기관에 의해 제정된다.
　　㉡ 법의 실현 : 시간적, 장소적, 대인적으로 한정된 범위 안에서 효력이 발생하며 현실적으로 적용된다.
　　　• 시간적 : 성문법은 시행일로부터 폐지일까지 효력을 지니며, 공포한 날로부터 20일이 경과하면 효력을 지닌다.
　　　• 장소적 : 영토고권을 존중하여 나라 영역 내의 모든 사람과 사물에 평등하게 적용되나 외교관이나 치외법권자는 예외이다.
　　　• 대인적 : 대체적으로 속지주의를 원칙으로 하고 있다.
　　㉢ 법의 해석 : 법의 의미를 명확히 밝히는 해석을 통하여 구체적인 사실에 올바로 적용, 실현된다.
　　　• 유권해석 : 국가나 국가기관에 의한 해석으로 공적 구속력을 가지며, 기관의 성격에 따라 입법 · 행정 · 사법해석으로 나뉜다.
　　　• 학리해석 : 학자들에 의한 해석으로 공적 구속력을 가지지 못하며, 문리해석과 논리해석으로 나뉜다.

(2) 법의 이념과 현실

① 법 이념의 갈등

　　㉠ 정의 : 정의라는 이름으로 세력을 과시하거나 자신의 이익만을 충족하고자 하면 각종 범죄와 부정부패가 발생하게 된다.
　　㉡ 합목적성 : 정치의 변화에 따라 법이 바뀌게 되면 정권획득이나 집권의 연장을 위해 헌법을 개정하거나 권위주의적인 법을 제정하게 된다.
　　㉢ 법적 안정성 : 잘못된 법을 고치지 않고 묵인하면 법의 권위가 약화되고 법 준수의지도 약화된다.

② 법치주의의 실현

　　㉠ 법치주의 : 법에 의한 지배로, 그 자체가 목적이 아니라 인간의 존엄성과 자유를 존중하고 정의를 실현하기 위한 수단이다.
　　㉡ 형식적 법치주의 : 형식적인 실정법 규정에 의한 지배이며, 통치의 합법성을 특징으로 한다.
　　㉢ 실질적 법치주의 : 법적 안정성의 유지뿐 아니라, 정의의 실천을 내용으로 하는 통치원리이다.

(3) 법의 분류

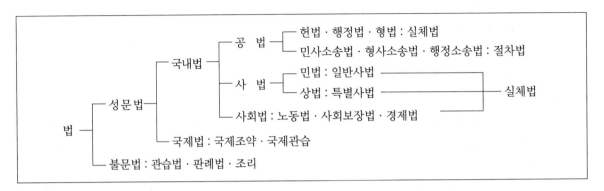

(4) 법의 효력

① 법의 시간적 효력

    ㉠ 법의 시행기간 : 성문법은 그 시행일로부터 폐지일까지 효력을 가진다.

    ㉡ 법의 효력에 관한 일반원칙

- 법률불소급의 원칙 : 법은 효력 발생 이전의 사안에 대해서는 과거로 거슬러 올라가 적용되지 않는다(법률생활의 안정, 기득권의 보장).
- 신법 우선의 원칙 : 신법이 구법에 우선한다.
- 특별법 우선의 원칙 : 특별법이 일반법에 우선한다.
- 성문법 우선의 원칙 : 성문법이 불문법에 우선한다.

② 법의 장소적 효력

    ㉠ 원칙 : 일반적으로 한 나라의 법은 그 나라의 전영역에 있는 모든 사람과 물건에 적용된다(영토고권).

    ㉡ 예외 : 치외법권을 누리는 자나, 섭외사법에 의하여 본국법의 적용을 받도록 되어 있는 자에 한해서는 예외이다.

③ 법의 인적 효력

    ㉠ 속지주의 : 한 나라의 법은 내국인은 물론 외국인까지 포함하여 그 영역 내에 있는 모든 사람에게 적용된다.

    ㉡ 속인주의 : 한 나라의 법은 국적을 기준으로 하여 국내외 어느 곳에 있든지 그 있는 곳을 불문하고 모든 자국의 국민에게 적용된다.

2. 법 생활과 권리 · 의무

(1) 법률관계

① **의미** … 법에 의하여 규율되는 생활관계로, 사회생활의 대부분이 법률관계로 되어 있다.

② **구성과 내용**

    ㉠ 사람과 사람의 관계 ┐
                    ├─ 권리의무의 관계
    ㉡ 사람과 물건의 관계 ┘

(2) 실정법의 분류

① **공 · 사법과 사회법**(규율하는 생활의 실체에 따른 분류)

    ㉠ **공법** : 공적인 국가생활관계를 규율하는 법으로 헌법, 형법, 행정법 등이 있으며, 상하수직관계가 성립된다.

    • 헌법 : 국가의 조직과 그 작용을 규정한 법이다.

    • 형법 : 범죄와 그에 해당하는 형벌을 규정한 법이다.

    • 행정법 : 행정의 조직과 그 작용, 구제를 규정한 법이다.

    ㉡ **사법** : 사적인 사회생활관계를 규율하는 법으로 민법과 상법이 있으며 대등한 수평관계가 형성된다.

    • 민법 : 개인 간의 재산적 · 신분적 관계를 규정한 법이다.

    • 상법 : 기업의 경제적 관계를 규정한 법이다.

    ㉢ **사회법** : 사법이 공법화되어 가는 과정에서 발생한 중간적인 법의 영역으로 노동법, 경제법, 사회보장법이 있다.

    • 노동법 : 근로조건을 개선하고 자주적인 노동운동을 보장하여 근로자의 생활수준을 향상시키기 위한 법으로 근로기준법, 노동조합 및 노동관계조정법과 근로자참여 및 협력증진에 관한 법률 등이 있다.

    • 경제법 : 모든 국민에게 생활의 기본적 수요를 충족시키는 정의사회의 실현과 국민경제의 발전을 위한 법으로 독점규제 및 공정거래에 관한 법률과 소비자기본법 등이 있다.

    • 사회보장법 : 모든 국민의 최소한의 인간다운 삶을 보장하기 위한 법으로 국민기초생활 보장법, 아동복지법, 장애인복지법 등이 있다.

② **실체법과 절차법**(규율하는 내용에 따른 분류)

    ㉠ **실체법** : 민법과 형법처럼 권리와 의무의 발생, 변경 등 그 자체의 내용을 규정한 법이다.

    ㉡ **절차법** : 민사소송법과 형사소송법처럼 실체법상의 권리와 의무를 실현하는 절차를 규정한 법이다.

③ 일반법과 특수법(효력이 미치는 범위에 따른 분류)

  ㉠ 일반법 : 민법과 형법처럼 일반적으로 적용되는 법이다.

  ㉡ 특별법 : 상법과 군형법처럼 특정 장소, 사람, 사물에만 적용되는 법이다.

(3) 권리와 의무

① 권리

  ㉠ 의미 : 일정한 이익을 누리기 위하여 그의 의사를 관철시킬 수 있는 법률상의 힘을 말한다. → 사권(私權)

  ㉡ 분류

    • 공권
    - 국가적 공권 : 입법권, 행정권, 사법권, 형벌권, 징병권, 징세권
    - 개인적 공권 : 자유권, 참정권, 청구권적 기본권
    • 사권
    - 재산권 : 물권, 채권, 무체재산권(특허권 · 저작권 등)
    - 비재산권 : 인격권, 신분권 등
    • 사회권 : 단결권, 단체교섭권, 단체행동권, 생존권

② 의무

  ㉠ 의미 : 본인의 의사와는 관계없이 일정한 행위를 하거나 하지 말아야 할 법률상의 구속을 말한다.

  ㉡ 분류

    • 공법상 의무 : 납세 · 국방 · 교육 · 근로 · 재산권행사 · 환경보전의 의무 등
    • 사법상의 의무 : 호주와 가족 간의 상호 부양의무, 채무(재산법상의 의무) 등

2 헌법(憲法)

1. 헌법의 분류

(1) 헌법전의 존재형식에 따른 분류

① 성문헌법(成文憲法) … '헌법전'이라는 성문형식을 취하는 헌법으로 대부분의 대륙법계 국가들이 해당된다.

② 불문헌법(不文憲法) … '헌법전'이라는 형식을 취하지 아니하고 역사적인 다수의 문서나 관습으로 헌법이 존재하는 형태로 영미법계 국가들(영국 · 이스라엘 등)이 이에 해당된다.

(2) 제정주체에 따른 분류

① 협약헌법(協約憲法)
  ㉠ 군주와 국민 또는 군주와 국민대표 간의 타협에 의해 제정된 헌법
  ㉡ 1215년의 대헌장, 1689년 권리장전, 1830년의 프랑스 헌법

② 국약헌법(國約憲法)
  ㉠ 연방국가에서 연방정부와 지방정부 사이 합의에 의하여 제정된 헌법
  ㉡ 미합중국, 스위스, 서독의 헌법

③ 흠정헌법(欽定憲法)
  ㉠ 군주국가에서 군주가 일방적으로 제정한 헌법
  ㉡ 1814년 프랑스 헌법, 제2차 세계대전 이전의 일본 헌법

④ 민정헌법(民定憲法)
  ㉠ 국민주권사상에 입각, 국민 또는 국민의 대표자에 의하여 제정된 헌법
  ㉡ 오늘날 대다수 민주국가의 헌법

(3) 개정절차의 난이에 따른 분류

① 경성헌법(硬性憲法) … 개정절차가 일반법률보다 까다로운 헌법으로 대부분의 성문법이 해당한다.

② 연성헌법(軟性憲法) … 일반법률의 개정절차에 의해서도 개정할 수 있는 헌법으로 대부분의 불문법이 해당한다(1848년 이탈리아 헌법).

2. 우리나라 헌법의 기본성격

(1) 기본성질

① 국민주권주의
  ㉠ 국민주권원리의 선언 : 헌법 제1조 제2항에 의하면 "대한민국의 주권은 국민에게 있고, 모든 권력은 국민으로부터 나온다."하여 국민주권원리를 선언하고 있다.
  ㉡ 국민주권원리의 구현형태
    • 대의정치제도 : 복수정당제와 민주적 선거제도가 바탕
    • 직접민주제의 가미 : 국민투표제 채택
    • 언론 · 출판 및 집회 · 결사의 자유 보장 : 정치적 의사표현의 수단 보장
    • 지방자치제 : 국민자치의 구체화

② 자유민주주의

  ㉠ 의미 : 자유주의와 민주주의가 결합된 정치원리를 가리키는 말로서, 공산주의자들이 말하는 인민민주주의와는 구별된다.

  ㉡ 구체적 내용
  - 기본적 인권 보장 : 인간의 존엄과 가치 존중
  - 국민자치 : 상향식 의사형성과정의 보장
  - 권력의 분립 : 적극국가의 원리에 따라 약간 병용
  - 복수정당제 : 다당제 지향, 자유로운 정당활동 보장
  - 법치주의 : 법률에 의한 행정

③ 복지국가 원리

  ㉠ 복지국가의 지향 : 우리나라 헌법 전문은 '안으로는 국민생활의 균등한 형성을 기하고'라고 함으로써, 복지국가를 지향한다는 것을 선언하고 있다.

  ㉡ 구체적 내용
  - 모든 국민이 인간다운 생활을 할 권리
  - 법률이 정하는 바에 의한 최저임금제 실시
  - 사회보장 · 사회복지의 증진에 노력할 국가의 의무
  - 균형있는 국민경제의 성장 · 안정과 적정한 소득의 분배, 시장지배와 경제력 남용의 방지, 경제주체간의 조화를 통한 경제의 민주화를 위한 규제와 조정

④ 국제평화주의

  ㉠ 국제평화주의의 선언 : 헌법 전문에서 '밖으로는 항구적인 세계평화와 인류공영에 이바지함으로써 …', 또한 헌법 제5조 제1항에서 "국제평화 유지에 노력하고 침략적 전쟁을 부인한다."라고 명시하고 있다.

  ㉡ 구체적 내용
  - 헌법에 의하여 체결 · 공포된 조약과 일반적으로 승인된 국제법규는 국내법과 같은 효력을 가진다.
  - 외국인에 대해서는 국제법과 조약에 정한 바에 의하여 그 지위를 보장한다.

⑤ 조국의 평화적 통일의 지향

  ㉠ 평화적 통일의 역사적 사명 선언 : 헌법은 전문에서 조국의 평화적 통일은 민주개혁과 함께 역사적 사명으로 선언하고, 총강에서 "대한민국은 통일을 지향하며, 자유민주적 기본질서에 입각한 평화적 통일정책을 수립하고 이를 추진한다."고 규정하고 있다.

  ㉡ 평화적 통일에 관한 헌법상의 규정
  - 대통령에게 조국의 평화적 통일을 위한 성실한 의무 부과
  - 민주평화통일자문회의의 설치

(2) 헌법의 개정절차

절차	내용
제안	• 대통령 발의 • 국회재적의원 과반수
공고	• 대통령이 공고 • 20일 이상
국회의결	• 공고된 날로부터 60일 이내 • 재적의원 3분의 2 이상 찬성
국민투표	• 국회의결 후 30일 이내 국민투표로 확정 • 국회의원 선거권자 과반수의 투표와 투표자 과반수의 찬성
공포	• 대통령의 공포 • 즉시 공포(거부권 없음)

(3) 헌법의 개정과정

시기	주요 내용	공화국
제1차(1952)	대통령직선제, 국회양원제	제1공화국 (대통령제)
제2차(1954)	초대대통령 중임제한 철폐, 국민투표제 채택	
제3차(1960)	내각책임제, 대법원장 · 대법관선거제	제2공화국 (의원내각제)
제4차(1960)	반민주행위자 · 부정축재자 · 부정선거관련자 처벌을 위한 소급입법의 근거인 헌법 부칙 마련	
제5차(1962)	대통령제, 단원제, 법원에 위헌법률심사권 부여	제3공화국(대통령제)
제6차(1969)	대통령 3선 취임 허용, 대통령 탄핵소추요건 강화	
제7차(1972)	통일주체국민회의 설치, 대통령간선제, 긴급조치권, 헌법위원회 설치	제4공화국 (영도적 대통령제)
제8차(1980)	대통령 7년 단임제, 선거인단의 간선제, 비례대표제	제5공화국(대통령제)
제9차(1987)	대통령직선제, 대통령 5년 단임제, 국회권한 강화, 대통령권한 약화, 기본적 인권신장	제6공화국 (대통령제)

3. 기본권이론

우리 헌법은 천부인권사상을 표현한 헌법 제10조와 실정법사상을 표현한 헌법 제37조 제2항을 두어 둘 간의 조화를 이루고 있다.

(1) 기본권의 내용

① 일반적이고 원칙적 규정〈헌법 제10조〉
　㉠ 인간으로서의 존엄과 가치 존중
　㉡ 행복추구권

② **평등의 권리** … 본질적으로 기본권으로 "모든 국민은 법 앞에서 평등하다〈헌법 제11조 제1항〉."의 평등은 누구든지 성별, 종교, 사회적 신분 등에 의해 차별받지 않는 상대적 · 비례적 · 실질적 평등을 의미한다.

③ **자유권적 기본권** … 평등권과 더불어 본질적인 기본권으로 국가권력으로부터의 개인의 자유를 보장하며, 핵심적이고 소극적이며 포괄적인 권리이다. 종류로는 신체의 자유, 거주 · 이전의 자유, 직업선택의 자유, 주거의 자유, 사생활 비밀과 자유의 불가침, 통신의 자유, 양심의 자유, 종교의 자유, 언론 · 출판 · 집회 · 결사의 자유, 학문과 예술의 자유, 재산권 보장 등이 있다.

④ **참정권** … 민주국가에 있어서 국민이 국가의 정치에 참여할 수 있는 능동적 권리로 공무원선거권, 공무담임권, 국민 투표권 등이 있다.

⑤ **사회적 기본권** … 인간다운 생활을 위해 국가에 대하여 어떤 보호나 생활수단의 제공을 요구할 수 있는 적극적 권리이며 열거적 권리(개별적 권리)로 인간다운 생활을 할 권리, 교육을 받을 권리, 근로의 권리, 근로자의 노동 3권, 환경권, 혼인 · 가족 · 모성 · 보건에 관한 권리 등이 있다.

⑥ **청구권적 기본권** … 국민의 침해당한 기본권의 구제를 국가에 대해 청구하는 적극적 권리이며 기본권을 보장하기 위한 수단적 기본권으로 청원권, 재판청구권, 형사보상청구권, 국가배상청구권, 범죄피해자의 국가구조청구권 등이 있다.

(2) 기본권의 제한

① 기본권 제한의 기준과 한계
　㉠ 기본권 제한의 기준 : 법률로써 제한하는 경우에도 국가안전보장, 질서유지, 공공복리를 위하여 필요한 경우에 한한다.
　㉡ 기본권 제한의 한계 : 법률로써 제한하는 경우에도 자유와 권리의 본질적인 내용은 침해할 수 없다.

ⓒ 헌법에 위배되는 경우 : 법률에 의하지 않았거나 법률에 의했을지라도 필요 이상으로 기본권을 제한하는 것은 헌법에 위배되며, 어떤 경우에도 자유와 권리의 본질적 내용을 침해하는 것은 금지된다.

② 기본권 제한의 예외
    ㉠ 국가긴급권의 발동과 명령·처분에 의한 제한
    ㉡ 비상조치에 의한 기본권 정지
    ㉢ 비상계엄하의 특별조치

3 행정법(行政法)

1. 행정법 일반

(1) 행정법의 의의

행정법이란 '행정의 조직과 작용 및 구제에 관한 국내 공법'을 말한다.

① 행정법은 '행정'에 관한 법이다. … 행정법은 행정을 대상으로 하는 점에서 국가의 기본조직과 작용에 관한 법인 헌법과 구별된다. 또한 입법권의 조직과 작용에 관한 법인 입법법(국회법 등)과, 사법권의 조직과 작용에 관한 법인 사법법(법원조직법, 민사소송법 등)과 구별된다.

② 행정법은 행정에 관한 '공법'이다. … 행정법은 행정에 관한 모든 법 가운데 행정에 고유한 공법만을 의미한다. 따라서 행정법은 권력행정·관리행정·국고행정 중 공법상의 법률관계라 할 수 있는 권력행정을 규율대상으로 한다. 관리행정과 국고행정은 원칙상 사법이 적용되나 공적 목적을 추구하는 범위 내에서는 공법이 적용되며 이러한 한도 내에서 행정법의 연구대상이 된다.

③ 행정법은 행정에 관한 '국내법'이다. … 행정법은 행정에 관한 공법 중 국제법을 제외한 국내법을 말한다. 다만, 헌법에 의하여 체결·공포된 조약과 일반적으로 승인된 국제법규는 국내법과 동일한 효력을 가지므로 그 한도 내에서는 국내 행정법의 일부가 된다〈헌법 제6조 제1항〉.

(2) 행정법의 특수성

① 형식상의 특수성
  ㉠ 성문성 : 행정작용은 획일적이고 강행적인 규율이 대부분이고 국민생활의 법적안정성과 예측가능성
    이 중요하므로 성문법주의를 원칙으로 한다. 다만, 불문법도 보충적인 법원이 될 수 있다.
  ㉡ 다양성 : 행정은 그 규율대상이 복잡·다양하고 수시로 변화하므로 행정법을 구성하는 법의 형식도 단
    일의 행정법전이 존재함이 없이 헌법, 법률, 명령, 자치법규(조례·규칙), 국제법규 등 다양하다.

② 성질상의 특수성
  ㉠ 재량성 : 행정법은 구체적인 상황에 적절히 대처하도록 행정청에 재량을 부여하는 경우가 많다. 그
    러나 이러한 재량도 일탈·남용의 경우 위법하여 사법심사의 대상이 된다.
  ㉡ 수단·기술성 : 헌법 등에 비해 목적달성을 위한 수단적·기술적 성격을 가진다.
  ㉢ 획일성 : 행정법은 전체 국민에 적용되는 경우가 많으므로 획일적으로 강행적인 성질을 지닌다.
  ㉣ 외관성 : 행정법은 일반 국민의 신뢰보호를 위해 외형상 나타나는 모습을 기준으로 판단하는 것이
    원칙이다.
  ㉤ 명령성 : 행정법은 국민에게 의무를 명하는 명령규정(단속법규)으로 이루어져 있는 것이 일반적이다.

③ 내용상의 특수성
  ㉠ 행정주체의 우월성 : 행정주체와 국민 간의 관계를 규율하는 행정법은 행정주체에게 우월한 법적 힘
    을 인정하는 것이 일반적이다. 이러한 우월성으로 인해 행정주체의 명령권과 형성권, 행정행위의
    공정력, 행정상 자력집행력 등이 인정된다.
  ㉡ 공익추구성 : 행정법은 공익달성을 위해 일반사법과는 다른 특별한 규율을 하는 경우가 있다. 이것은
    사익을 무시하는 것이 아니고, 공익과 사익의 조화를 도모하여 전체로서 공익목적의 실현을 기하고
    있는 것인데, 이 점에서도 행정법의 특수성을 발견할 수 있다.
  ㉢ 집단·평등성 : 행정법은 불특정 다수인을 대상으로 획일적으로 규율함이 보통이므로 집단적 성격을
    띠며 평등성을 내용으로 한다.

(3) 행정법의 법원

① 개념 … 행정법의 법원이란 행정법의 인식근거 또는 존재형식을 말한다. 법원은 크게 성문법과 불문법
  원이 있는데 우리나라는 원칙적으로 성문법주의를 채택하고 보충적으로 불문법을 적용하고 있다.

② 성문법원
  ㉠ 헌법 : 국가의 기본조직과 작용에 관한 기본법인 헌법이 행정법의 최고법원이 된다.
  ㉡ 법률 : 국회가 입법절차에 따라 제정하는 형식적 의미의 법률을 말한다.
  ㉢ 명령

- **법규명령** : 국민의 권리와 의무를 규정하는, 즉 법규의 성질을 가지는 명령을 말한다.
- **행정규칙** : 법규성이 없는 명령으로서 행정기관 내부에서만 효력을 가질 뿐 국민에 대해 구속력을 가지지 않는다. 우리나라 다수설은 행정규칙도 법원성을 인정한다.

ⓔ **자치법규** : 지방자치단체가 자치입법권에 의하여 법령범위 내에서 제정하는 것으로, 지방의회가 제정하는 조례와 지방자치단체의 장이 제정하는 규칙이 있다. 당해 지방자치단체의 구역 내에서만 효력을 가진다.

ⓜ **조약·국제법규** : 헌법에 의하여 체결·공포된 조약과 일반적으로 승인된 국제법규는 국내법과 같은 효력을 갖는다〈헌법 제6조 제1항〉. 이러한 조약과 국제법규는 법률과 동위의 효력을 가지는 것도 있고 명령과 같은 효력을 가지는 것도 있으며, 이들 조약은 별도의 시행법률이 없어도 국내법에서 효력을 가진다. 국내법과 충돌하는 경우에는 신법우선의 원리, 특별법우선의 원리가 적용된다.

③ **불문법원**

㉠ **관습법** : 오랫동안 동일한 사실이 관행으로 반복되고 이러한 관행이 국민의 법적 확신을 얻어 법규범으로 인정받는 것을 말한다. 행정선례법과 민중관습법이 있다.

㉡ **판례법** : 행정사건에 대한 법원의 판결이 행정법의 해석·적용과 관련하여 추상적인 행정법규를 구체화하고 명백히 하여, 일정한 법원리 내지 기준을 설정하는 경우를 말한다.

㉢ **조리법(행정법의 일반원리)** : 조리란 사물의 본질적 법칙 또는 일반 사회의 정의 관념에 비추어 반드시 그러하여야 할 것이라고 인정되는 것을 말한다.

(4) 행정법의 일반원리

① **의의** … 행정법의 일반원리란 관습법과 판례법에 속하지 않는 모든 행정법의 불문법원리를 말한다. 이는 그 종류와 연원, 효력 등이 모두 다른 각각의 원리들을 포괄적으로 규정한 관념이다.

② **종류**

㉠ **평등의 원칙** : 정당한 사유가 없는 한 다른 자에게 행한 처분보다 불리한 처분을 하여서는 안된다는 원칙을 말한다.

㉡ **행정의 자기구속의 원칙** : 평등의 원칙에서 도출되는 원리로서 동종의 사안에 대하여 제3자에게 한 것과 동일한 기준의 결정을 상대방에게도 하여야 한다는 원칙이다.

㉢ **비례의 원칙(과잉금지의 원칙)** : 행정작용에 있어 목적과 수단 사이에는 합리적인 비례관계가 있어야 한다는 원리이다.

㉣ **신뢰보호의 원칙** : 행정기관의 일정한 명시적·묵시적 언동으로 인한 개인의 보호가치 있는 신뢰를 보호해야 한다는 원칙을 말한다. 영미법상의 '금반언의 법리(Estoppel)'와 같은 의미이다.

㉤ **부당결부금지의 원칙** : 행정작용을 함에 있어서 그와 실체적 관련이 없는 상대방의 반대 급부를 조건으로 해서는 안된다는 원칙이다(백화점 건축허가에 있어 인근 공원의 미화사업을 조건으로 하는 경우 등).

    ㉠ **민주행정의 원리** : 국민주권주의와 자유민주적 기본질서는 헌법상 최고원리의 하나인 바, 이에 따라 행정의 조직과 작용도 민주주의 원칙에 입각하여야 한다. 이를 위해 우리나라는 행정조직 법정주의, 직업공무원제, 행정과정에의 국민참여 등을 채택하고 있다.

    ㉡ **실질적 법치주의의 원리** : 국민의 기본권 보호를 위해 행정권의 발동은 법률에 근거하여야 한다. 우리나라는 위헌법률심사제도, 행정구제제도 등을 통해 실질적인 법치주의를 보장하고 있다.

    ㉢ **사회국가의 원리(복지국가주의)** : 19세기의 자유방임주의를 지양하고 국민의 자유와 평등을 실질적으로 보장하기 위해 행정부가 적극 개입하여 국민의 사회적 기본권을 보장하는 원리이다.

    ㉣ **자치행정의 원리** : 현행 헌법은 각 지방의 독자성의 보장과 활성화를 위해 지방자치제도를 규정하고 있으며 〈헌법 제117조, 제118조〉, 그 기본법으로서 지방자치법 등이 제정되어 있다.

    ㉤ **사법국가의 원리** : 우리나라는 영·미식의 사법국가주의를 채택하고 있다. 그러나 공·사법 이원적 체제를 취하고 있으므로 행정소송에 있어 민사소송에 대한 특례가 다수 인정되고 있다.

2. 행정법 관계

(1) 행정법 관계의 종류

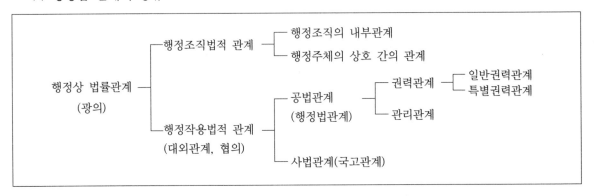

(2) 행정법 관계의 특징

① **법적합성** … 법치행정의 원칙상 당연한 결과로서 행정은 법에 적합해야 한다. 그러나 비권력 행정에 대하여도 이 원칙이 타당할 것인가에 대하여는 법률유보의 범위에 따라 달라진다.

② **공정력(예선적 효력)** … 행정행위에 있어 그 성립에 흠이 있는 경우에도 그 흠이 중대·명백하여 당연무효로 되는 경우를 제외하고는 일단 유효한 행위로 통용되어 권한있는 기관 또는 일정한 쟁송수단에 의하여 취소되기 전까지는 그 효력을 부인할 수 없는 힘을 말한다.

③ **구성요건적 효력** … 행정청의 행위를 다른 국가기관이 존중하여 스스로의 처분의 기초 내지 구성요건으로 삼아야 한다는 것을 말한다. 이는 효력의 근거, 효력이 미치는 범위 등에서 공정력과 구별된다.

④ **확정력(존속력)** … 하자있는 행정행위라도 일정 기간의 도과로 인해 또는 그 성질상 취소할 수 없는 경우를 말한다.

- ⊙ 불가쟁력(형식적 확정력) : 하자있는 행정행위라 할지라도 그에 대한 불복기간이 도과하거나 쟁송절차가 모두 경료된 경우에는 더 이상 그 효력을 다툴 수 없게 된다. 다만, 처분청은 직권으로 당해 행위를 취소할 수 있고 상대방은 효력을 다툴 수는 없으나 행정상 손해배상을 청구할 수는 있다. 불가쟁력은 모든 행정행위에 인정되는 절차법적 구속력이며, 국민에 대한 구속력이다.
- ⓛ 불가변력(실질적 확정력) : 일정한 행정행위는 그 성질상 행정청도 이를 취소·철회하지 못하는 효력을 갖는다. 그러나 상대방 또는 제3자는 행정쟁송절차에 의해 당해 행위의 효력을 다툴 수 있다. 행정심판의 재결, 소청심사위원회·토지수용위원회의 재결, 국가시험합격자의 결정, 당선인 결정, 발명특허 등의 확인행위들이 이에 해당한다. 준사법적 행정행위 등에만 인정되는 실체법적 구속력이며, 행정청에 대한 구속력이라 할 수 있다.

⑤ **강제력(자력집행력)** … 상대방이 행정상의 의무를 이행하지 않는 경우 행정청은 스스로 실력을 행사하여 그 이행을 확보하거나 일정한 제재(행정형벌·행정질서벌)를 가하여 간접적으로 그 의무이행을 담보할 수 있다.

⑥ **권리·의무의 특수성** … 개인의 권리가 공익적 사항과 관계될 경우 그 권리가 동시에 의무의 성격을 가지는 경우가 있다. 이 경우 그 이전·포기가 제한되고 특별한 보호와 강제가 과하여지는 경우가 있다.

⑦ **권리구제수단의 특수성**
- ⊙ **행정상 손해전보** : 행정작용으로 인한 손해의 전보는 행정상 손해배상과 손실보상이 있다. 손해전보는 성질상 행정소송(당사자소송)에 의해야 할 것이나 소송실무상으로는 민사소송으로 다루어지고 있다. 손해배상을 학설은 공법관계로, 판례는 사법관계로 보고 있다.
- ⓛ **행정쟁송** : 우리나라는 영미식의 사법국가에 해당하나 행정사건의 특수성에 비추어 일정한 특칙을 두고 있다. 임의적 행정심판전치주의, 행정법원 제1심 관할주의, 단기제소기간, 집행부정지원칙, 사정판결 등이 그 예이다.

(3) 행정법관계의 당사자

① **행정주체** … 행정법관계에 있어 행정권의 담당자인 당사자를 행정주체라 한다.
- ⊙ **국가** : 시원적으로 행정권을 가지고 있는 행정주체이다.
- ⓛ **공공단체**
  - 지방자치단체 : 국가 영토의 일부 지역을 그 구성단위로 하여 그 지역 안의 주민을 통치하는 포괄적 자치권을 가진 공공단체이다. 지방자치단체에는 보통지방자치단체와 특별지방자치단체가 있는 바, 보통지방자치단체에는 광역자치단체(특별시·광역시·특별자치시·도·특별자치도)와 기초자치단체(시·군·자치구)가 있고 특별지방자치단체에는 지방자치단체조합이 있다.

- 공공조합(공법상의 사단법인) : 특정한 행정목적을 위해 일정한 자격을 가진 사람으로 구성된 사단법인을 말한다. 상공회의소, 변호사회, 의사회, 약사회, 국민건강보험공단, 농협 등이 이에 해당한다.
- 영조물법인 : 일정한 행정목적 달성을 위해 설립된 인적 · 물적 결합체(영조물)에 공법상의 법인격을 부여한 경우를 말한다. 한국은행, 한국방송공사, 한국전력공사, 한국도로공사, 한국토지주택공사, 서울대학교 병원, 적십자병원, 한국과학기술원 등이 이에 속한다. 단, 국립대학 · 도서관 · 극장 · 박물관 · 의료원 등은 영조물이지만 법인격을 취득하지 않았기 때문에 행정주체가 될 수 없다.
- 공법상 재단 : 국가나 지방자치단체가 출연한 재산을 관리하기 위해 설립된 재단법인을 말한다. 한국학중앙연구원, 한국연구재단 등이 있다.
ⓒ **공무수탁사인(공권이 부여된 사인)**
- 사인은 일반적으로 행정객체가 되지만, 예외적으로 특정 행정의 수행을 위해 법규상 공권력이 부여되어 자신의 명의로 공행정작용을 수행하는 사인 또는 사기업을 말한다.
- 종업원의 조세를 원천징수하는 사기업, 공익사업을 위한 토지 등의 취득 및 보상에 관한 법률에 따라 개인의 토지를 수용하는 사업시행자(기업자), 일정한 경찰사무 또는 호적사무를 수행하는 상선의 선장, 별정우체국장, 학위를 수여하는 사립대학장 등이 이에 해당한다.
- 학설은 조세의 원천징수자를 공무수탁사인으로 인정하나 판례는 조세원천징수행위를 행정처분이 아니라 하여 간접적으로 부정하고 있다.

② **행정객체** … 행정주체의 상대방으로서 행정권 발동의 대상이 되는 자를 행정객체라 한다. 공공단체(지방자치단체, 공공조합, 영조물법인, 공법상 재단)와 사인(내국인, 외국인, 자연인, 법인 모두 포함)은 모두 행정객체가 될 수 있으나 국가는 시원적 권리주체로서 행정객체가 될 수 없다. 행정청은 국가 등의 기관일 뿐 권리 · 의무의 주체가 아니므로 역시 행정객체가 될 수 없다.

3. 행정행위

(1) 법률행위적 행정행위

① **명령적 행정행위** … 상대방에게 일정한 의무를 과하거나 해제함을 내용으로 하는 행정행위를 말한다.
  ㉠ **하명** : 일정한 작위 · 부작위 · 수인 · 급부를 명하는 행정행위를 말한다. 이 중에서 작위 · 수인 · 급부의무를 과하는 것을 명령이라 하고 부작위의무를 과하는 것을 금지라 한다.
  ㉡ **허가** : 법령에 의한 일반적 · 상대적 금지, 즉 부작위의무를 특정한 경우에 해제하여 자연적 자유를 회복시켜 주는 명령적 행정행위를 말한다. 실정법상 허가 · 면허 · 인가 · 특허 · 승인 등의 용어가 사용되었더라도 학문상의 허가와는 다르므로 그 실질에 따라 판단해야 한다. 허가는 상대적 금지(건축허가)의 경우에만 인정되고 절대적 금지(미성년자 음주)를 해제하는 것은 인정되지 않는다.
  ㉢ **면제** : 법령에 의하여 일반적으로 부과되어 있는 작위 · 수인 · 급부의무를 특정한 경우에 해제하는 행정행위를 말한다(예방접종 면제, 조세면제 등). 의무를 해제한다는 점에서 허가와 동일하나 허가가 부작위의무의 해제인 데 비해 면제는 작위 · 수인 · 급부의무의 해제이다.

② **형성적 행정행위** … 국민에게 새로운 권리·능력 기타 법적 지위를 발생·변경·소멸시키는 행정행위를 말한다. 직접 상대방을 위하여 권리·능력 기타 법적 지위를 발생·변경·소멸시키는 특허, 타인을 위하여 그 행위의 효력을 보충하는 인가, 그리고 타인을 대신하여 행하는 대리로 나뉘어진다.

   ㉠ **특허**
- 특정 상대방을 위하여 새로이 권리를 설정하는 행위(공기업특허, 공물사용권의 특허, 광업허가, 어업면허 등)
- 능력을 설정하는 행위(공법인의 설립행위 등)
- 포괄적 법적 지위를 설정하는 행위(공무원 임명, 귀화허가 등)

   ㉡ **인가** : 제3자의 법률행위를 보충하여 그 법률적 효력을 완성시키는 행정행위를 말한다(사업양도의 인가, 비영리법인 설립인가, 공공조합 설립인가, 사립대설립인가, 지방채기채승인, 토지거래계약허가, 하천사용권양도인가, 특허기업요금인가 등).

   ㉢ **공법상 대리** : 타자가 하여야 할 행위를 행정주체가 대신하여 행하고 그 행위의 효과는 본인이 행한 것과 같은 법적 효과를 발생하는 행정행위를 말한다. 이는 본인의 의사에 의한 대리행위가 아니라 법령의 규정에 의한 법정대리이다. 행정행위로서의 대리를 의미하므로 행정조직 내부에서 행해지는 행정청의 대리는 포함되지 않는다.

(2) 준법률행위적 행정행위

① **확인** … 특정 사실 또는 법률관계에 관하여 의문이 있거나 다툼이 있는 경우에 공권적으로 그 존부 또는 정부를 판단·선언하는 행위이다.

② **공증** … 특정 사실 또는 법률관계의 존부를 공적으로 증명하여 공적 증거력을 부여하는 행정행위로 의문 또는 다툼이 없는 사항을 대상으로 한다.

③ **통지** … 특정인 또는 불특정 다수인에게 특정 사실을 알리는 행정행위를 말한다.

④ **수리** … 타인의 행위를 유효한 행위로 받아들이는 행위를 말한다.

4. 행정절차

(1) 행정절차의 개념

① **광의** … 행정의 결정과 집행에 관한 일체의 과정을 말한다. 이에는 행정입법, 행정계획, 행정처분, 행정계약 및 행정지도에 관한 절차와 행정심판절차, 행정상의 의무이행확보절차까지 모두 포함된다.

② **협의** … 행정청이 공권력을 행사하여 행정에 관한 결정을 함에 있어 요구되는 일련의 교섭과정, 즉 종국적 행정처분의 형성과정에서 이루어지는 제1차적 행정절차만을 의미한다(통설).

③ **최협의** … 행정처분(행정행위)의 사전절차만을 의미한다.

(2) 행정절차의 필요성

① **행정의 민주화** … 행정과정에 이해관계인의 참여기회를 보장함으로써 행정작용의 민주화에 기여한다.

② **행정작용의 적정화** … 이해관계인에게 자신의 의견 등을 진술할 기회를 부여함으로써 사실인정 및 법령의 해석·적용을 올바르게 하여 행정의 적법·타당성(적정화)을 확보할 수 있게 한다.

③ **행정의 능률화** … 복잡한 행정작용에 관한 절차를 행정절차를 통해서 법으로 명확히 하는 것은 행정작용을 원활하게 수행하게 하여 행정능률을 높인다. 다만, 지나치게 번잡한 사전절차는 행정의 신속성을 해하는 요인으로 작용할 수 있음에 유의한다.

④ **국민의 참여 확대** … 적절한 행정절차에 따라 상대방의 능동적인 참여하에 행정작용이 이루어지는 경우에 상대방의 신뢰감에 따른 협력을 기대할 수 있다.

⑤ **사전적 권익 구제** … 행정작용으로 인한 권익 침해를 미연에 방지하고 사후구제로 인한 시간과 비용을 절약하는 효과가 있다.

⑥ **사법기능의 보완** … 종국적 처분에 앞서 상대방에게 의견진술·자료제출 등의 기회를 부여하여 행정의 적법·타당성을 보장하는 기능을 수행한다.

(3) 행정절차법

① **구조** … 행정절차에 관한 일반법으로서 총칙, 처분, 신고, 행정상 입법예고, 행정예고, 행정지도, 국민참여의 확대, 보칙의 총 8장으로 이루어져 있다.

② **특징**
　　㉠ 원칙적으로 절차규정만으로 구성되어 있다. 예외적으로 처분의 정정과 행정지도에 관한 일부 규정은 실체적 규정에 해당한다.
　　㉡ 규율범위가 사전절차에 한정되어 있다.
　　㉢ 행정계획 및 행정조사절차가 제외되어 있다.

5. 행정의 실효성 확보수단

행정은 공익의 실현을 목적으로 하는 국가작용이므로 국민에 대하여 일정한 의무를 부과하거나 일정한 행위를 금지하는 경우가 많으며 이를 실효성 있게 확보하기 위해 여러가지 수단이 인정되고 있다. 이를 행정의 실효성확보수단 또는 행정의 의무이행확보수단이라 한다.

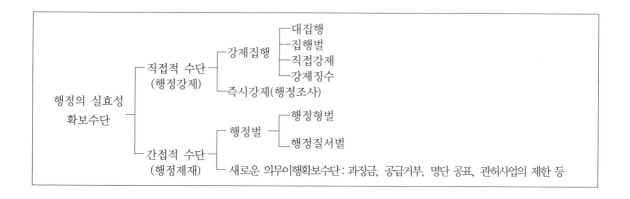

6. 행정구제

(1) 행정구제

행정작용으로 인해 자기의 권리·이익이 침해되었거나 침해될 것으로 주장하는 자가 행정기관이나 법원에 손해전보·원상회복 또는 당해 행정작용의 취소·변경 기타 피해구제 및 예방을 청구하고 이에 대해 행정기관 또는 법원이 심리하여 권리·이익 보호에 관한 판정을 내리는 것을 말한다.

(2) 종류

① **사전구제제도** … 행정절차법과 행정정보공개제도, 개인정보보호제도, 행정규제기본법, 청원제도, 옴부즈만제도, 민원사무처리제도 등이 있다.

② **사후구제제도**
    ㉠ 행정상 손해전보제도 : 손해배상제도, 손실보상제도가 있다.
    ㉡ 행정쟁송제도 : 행정심판, 행정소송이 있다.

(3) 손해전보제도

① **손실보상제도** … 공공필요에 의한 적법한 공권력 행사에 의하여 개인의 재산에 가하여진 특별한 손해에 대하여 전체적인 평등부담의 견지에서 행하여지는 재산적 보상을 말한다. 손실보상은 공공필요에 의한 국민의 재산권에 대한 공권적 침해, 즉 공용수용시에 발생한다. 공용수용에는 수용, 사용, 제한이 있다.

② **손해배상제도** … 국가 또는 공공단체의 위법한 행정작용으로 인하여 발생한 개인의 손해를 국가 등의 행정기관이 배상하여 주는 제도를 말한다. 손해배상청구권을 보장함으로써 법치국가원리를 최종적으로 담보하는 수단으로서의 의미를 갖는다.

③ 행정쟁송제도 … 현행법상 행정쟁송은 행정심판과 행정소송으로 나눌 수 있다. 행정심판은 취소심판, 무효등확인심판, 의무이행심판으로 나뉜다. 행정소송은 주관적 소송과 객관적 소송으로 나뉘고 주관적 소송은 다시 항고소송과 당사자소송, 객관적 소송은 민중소송과 기관소송으로 나뉜다.
  ㉠ 행정심판 : 행정기관이 행정법상의 분쟁에 대하여 심리 · 판정하는 절차를 말한다.
  ㉡ 행정소송 : 법원이 행정법상의 분쟁에 대하여 심리 · 판정하는 절차를 말한다. 행정소송법상 행정심판은 원칙적으로 임의절차이지만 예외적으로 공무원관계법률, 도로교통법, 조세관계법률은 행정심판전치주의를 취한다.

(4) 행정쟁송제도

구분	행정심판	행정소송
공통점	소송대상의 개괄주의, 불고불리의 원칙, 불이익변경금지의 원칙, 직권증거조사주의, 단기제소기간, 집행부정지원칙, 사정재결 · 사정판결	
본질	행정통제적 성격	행정구제적 성격
대상	위법 · 부당한 처분, 부작위	위법한 처분, 부작위
판정기관	행정심판위원회	법원
절차	약식쟁송	정식쟁송
심리	구술 또는 서면심리주의원칙	구두변론
공개	비공개원칙	공개원칙
내용	적극적 변경 가능	소극적 변경(일부 취소)만 가능
종류	취소심판, 무효등확인심판, 의무이행심판	취소소송, 무효등확인소송, 부작위위법확인소송, 당사자소송, 민중소송, 기관소송

4　민법(民法)

1. 민법총칙

(1) 민법의 의의

① 민법의 뜻 … 민법은 개인 상호 간의 사적 생활관계를 규율하는 법이다.
  ㉠ 재산법 : 개인의 재산권을 보호하기 위하여 재산관계를 규율하는 것으로 물권법, 채권법이 있다.
  ㉡ 신분법 : 가계(家系)의 보존을 위하여 신분관계를 규율하는 것으로 친족법, 상속법이 있다.

② 민법의 법원(法源) … 민법전, 관습법, 조리이다.

③ 민법의 지도원리

근대 민법의 기본원칙	현대 민법의 기본원리
사적자치의 원칙(계약자유의 원칙)	계약공정의 원칙(신의성실의 원칙)
사유재산보장의 원칙(소유권 절대의 원칙)	소유권 공공의 원칙(공공복리)
과실책임의 원칙(자기책임의 원칙)	무과실책임의 원칙

(2) 총칙

① 권리의 주체 … 권리를 가지는 자로 자연인과 법인이 있다.

② 권리의 객체

    ㉠ 물권의 객체 : 물건(부동산, 동산)

    ㉡ 채권의 객체 : 급여(금전의 지급, 물건의 인도, 노무의 제공)

    ㉢ 신분권의 객체 : 일정한 친족관계에 있는 사람

(3) 법률행위

① 의미 … 재산권적 · 신분적 법률적 효과의 발생을 목적으로 하는 행위이다.

② 효력발생요건

    ㉠ 당사자의 행위능력

    ㉡ 적법성 및 타당성

    ㉢ 의사표시에 하자가 없어야 함

    ㉣ 이상의 요건을 갖추지 못한 행위는 무효로 되거나 취소할 수 있음

2. 물권(物權)

(1) 물권일반

① 의미 … 물권이란 동산, 부동산 등 물건을 직접 지배하여 이익을 얻는 권리이다.

② 종류

    ㉠ 소유권 : 동산 · 부동산의 물건을 직접적 · 배타적으로 사용 · 수익 · 처분하거나 그밖의 방법으로 지배할 수 있는 포괄적 권리이다.

    ㉡ 제한물권 : 물권의 한정된 면만을 지배할 수 있는 권리이다.

- 용익물권 : 일정한 목적을 위하여 타인의 물건을 사용·수익할 수 있는 권리
  - 지상권 : 타인의 토지 위에 건물, 기타 공작물이나 수목을 소유하기 위하여 타인의 토지를 이용할 수 있는 권리(부동산)
  - 지역권 : 일정한 목적을 위하여 타인의 토지를 자기 토지의 편익에 이용할 수 있는 권리(부동산)
  - 전세권 : 전세금을 지급하고 타인의 부동산을 그 용도에 따라서 사용·수익할 수 있는 권리(부동산)
- 담보물권 : 자기의 채권확보를 위해 다른 사람의 소유인 물건에 제한을 가하는 권리
  - 유치권 : 타인의 물건을 점유한 자가 그 물건 때문에 생긴 채권을 변제받을 때까지 그 물건을 유치할 수 있는 권리(동산)
  - 질권 : 채권의 확보를 위하여 타인의 동산을 담보로 할 수 있는 권리(동산·권리)
  - 저당권 : 채권의 확보를 위하여 타인의 부동산을 담보로 할 수 있는 권리(부동산)
  © **점유권** : 점유자가 그 물건을 지배할 권리가 있는지의 여부를 묻지 않고 점유라는 사실상태를 보호하는 권리이다.

(2) 물권의 변동

① **물권변동의 뜻** … 물권의 소유권이 이전되거나 저당권이 설정되는 등 끊임없이 취득(발생)·변경·상실되는 현상을 말한다.

② **공시의 원칙** … 물권에 변동이 있을 때에는 거래의 안전을 위하여 당사자는 물론 제3자도 쉽게 그 변동관계를 알 수 있도록 밖으로 나타낼 필요가 있는데, 이를 공시(公示)의 원칙이라 한다.

3. 채권

(1) 채권일반

① **채권과 채무의 뜻**
  ㉠ **채권** : 특정인(채권자)이 다른 특정인(채무자)에 대하여 일정한 행위(급여)를 청구할 수 있는 권리이다.
  ㉡ **채무** : 채무자가 채권자에 대하여 급여를 해야 할 의무이다.

② **채권의 목적** … 채권의 내용인 채무자의 행위, 즉 급여를 채권의 목적이라고 하는데 채권의 목적인 급여는 실현가능성, 적법성, 사회타당성, 확정성이 있는 것이어야 한다.

(2) 채무불이행과 강제집행

① **채무불이행** … 채무를 이행하여야 할 시기가 되었는데도 채무를 이행하지 않는 것을 말한다.

② **강제집행과 손해배상의 청구** … 채권자는 채무자를 상대로 법원에 소송을 제기하여 법원이 판결로 급여이행을 명령하고 강제집행할 수 있으며, 채권자가 손해를 입었을 때에는 그 손해의 배상도 청구할 수 있다.

(3) 채권의 발생과 소멸

① 채권의 발생원인 … 채권발생의 가장 대표적인 원인은 계약으로 그 외에 사무관리, 부당이득, 불법행위 등이 있다.

② 채권의 소멸원인 … 채무의 내용을 이행하는 채무자의 행위를 변제라고 하는데, 변제로써 채권과 채무는 소멸하게 된다. 그 외에 대물변제, 공탁, 상계, 경개, 면제, 혼동 등이 있다.

POINT 물권과 채권의 비교

구분	물권	채권
권리관계	사람과 물건과의 관계	사람과 사람과의 관계
주장하는 대상	모든 사람(배타성)	채무자(비배타성)
내용	물권법정주의	계약자유의 원칙에 따라 결정
공시여부	물권변동에는 공시 필요(등기·인도)	채권의 성립과 내용은 공시 불필요

5 상법(商法)

1. 총칙

(1) 상법

① 의의 … 기업을 중심으로 한 생활관계를 규율하는 특별사법이다.

② 이념 … 기업의 유지 강화, 거래의 안전보호이다.

(2) 상인

① 당연상인 … 자기 명의로 상행위를 하는 자이다.

② 의제상인 … 당연상인과 유사한 설비와 방식으로 영업행위를 하는 자이다.

(3) 상업사용인

① 의의 … 특정한 상인에 종속하여 경영상의 노무에 종사하는 자이다.

POINT 지배인 … 영업주에 갈음하여 그 영업에 관한 재판상 또는 재판 이외의 모든 행위를 할 수 있는 대리권을 가진 자이다.
⊙ 지배권의 내용: 포괄성, 정형성, 불가제한성
ⓛ 지배권의 범위: 영업주의 영업권에 관한 것으로 상호 또는 영업(소)에 의해 개별화된 특정 영업이다.

② 의무
- ㉠ 겸업금지의무 : 영업주의 허락없이 자기 또는 제3자의 계산으로 영업주의 영업부류에 속한 거래의 금지의무이다. 위법시 계약의 해지권, 손해배상청구권, 개입권의 효과가 있다.
- ㉡ 겸직금지의무 : 영업주의 허락없이 타 회사의 무한책임사원, 이사 또는 다른 상인이 사용인이 되는 것을 금지한 것이다. 위반시 계약의 해지권, 손해배상청구권의 효과가 있다.

(4) 상업등기

① 의의 … 일정 사항을 공시할 목적으로 상법의 규정에 의해 등기할 사항을 법원의 상업등기부에 하는 등기이다.

② 효력
- ㉠ 등기 전의 효력 : 등기의무자는 선의의 제3자에 대항하지 못한다.
- ㉡ 등기 후의 효력 : 등기사항에 관하여 등기가 있으면 제3자에게 대항이 가능하다. 다만, 제3자가 정당한 사유로 인하여 알지 못한 때에는 대항할 수 없다.

(5) 영업양도

① 의의 … 영업의 동일성을 유지하면서 영업용 재산과 재산적 가치가 있는 사실관계가 합하여 이루어진 조직적 · 기능적 재산으로서의 영업재산의 일체의 이전을 목적으로 한 채권계약을 말한다.

② 효과
- ㉠ 양도인의 겸업금지의무(대내적 관계)
  - 당사자 사이에 약정이 있는 경우 : 20년을 초과하지 않는 범위 내에서 동일한 시 · 군과 인접 시 · 군에서 동종영업금지
  - 당사자 사이에 약정이 없는 경우 : 10년간 동일 시 · 군과 인접 시 · 군에서 동종영업금지
  - 위법한 경우 : 양도인의 비용으로 위반한 것을 제거하고 장래에 대한 처분을 법원에 청구 가능
- ㉡ 대외관계
  - **영업상의 채권자 보호**
  - –양수인이 상호를 속용하는 경우 : 양도인의 영업으로 인한 제3자의 채권에 대하여 양수인도 변제할 책임이 있다. 다만, 양수인이 영업양도를 받은 후 지체없이 양도인의 채무에 대한 책임이 없음을 등기한 때에는 적용하지 아니한다.
  - –양수인이 상호를 속용하지 않은 경우 : 양수인은 원칙적으로 영업이전의 외관이 뚜렷하므로 양도인의 영업으로 인한 채무를 변제할 책임이 없다. 그러나 예외적으로 양수인이 양도인의 채무를 인수할 것을 광고한 때에는 양수인도 변제할 책임이 있다.
  - **영업상의 채무자보호**

－양수인이 상호를 속용하는 경우 : 원칙적으로 채무자가 선의·무중과실로 양수인에 변제시 유효하나, 증권채권의 경우 적용하지 않는다.

－양수인이 상호를 속용하지 않는 경우 : 원칙적으로 채권양도가 없는 한, 채무자의 양수인에 대한 변제는 면책불가하다. 예외적으로 채권양도가 있었던 것처럼 양도인의 동의(묵인)하에 광고, 양도인과 함께 통지한 경우 채무자는 면책가능하다.

2. 회사

(1) 의의

① 개념 … 영리를 목적으로 하는 사단법인을 말한다.

② 회사의 종류

   ㄱ 합명회사 : 2인 이상의 사원이 공동으로 정관을 작성하여야 한다.

   ㄴ 합자회사 : 무한책임사원과 유한책임사원으로 조직한다.

   ㄷ 유한책임회사 : 설립할 때에 사원은 정관을 작성하여야 한다.

   ㄹ 주식회사 : 설립할 때에 발기인이 정관을 작성하여야 한다.

   ㅁ 유한회사 : 설립할 때에 사원이 정관을 작성하여야 한다.

(2) 회사의 설립

① 회사설립에 대한 입법주의

   ㄱ 영리성, 상인성, 사단성, 법인성, 준칙성의 성격을 가진다.

   ㄴ 일정한 규칙에 따르기만 하면 자유로이 설립할 수 있다는 준칙주의를 채택하고 있다.

② 설립절차 … 회사는 사단결성→정관작성→주식인수 등의 설립행위→설립등기를 함으로써 이루어진다.

(3) 주식회사

① 의의 … 주주의 출자에 의한 자본으로 주주는 그가 인수한 주식의 인수가액을 한도로 회사에 대해서 책임을 지는 유한책임회사이다.

② 설립절차 … 정관작성→주식회사절차→출자이행절차→기관구성절차→설립경과조사절차→설립등기의 절차를 거친다.

③ 기관
　㉠ 주주총회 : 주주로 구성된 회사의 기본적 사항에 대해 회사의 의사를 결정하는 상설기관으로 상법 또는 정관에서 정하는 사항에 한하여만 결의할 권한을 가진다.
　㉡ 이사회 : 회사의 업무집행에 관한 의사결정과 이사의 직무집행을 감독할 권한을 가진 이사 전원으로 구성되는 상설기관이다.
　㉢ 대표이사 : 대내적으로 회사의 업무집행, 대외적으로 회사를 대표하는 권한을 가진 주식회사의 상설 독립기관이다.
　㉣ 감사기관

3. 보험과 유가증권

(1) 보험

① 의의 … 우발적인 사고로 인해 생기는 경제생활의 불안정을 제거 또는 경감하는 기능을 한다.

② 보험의 종류
　㉠ 손해보험 : 피보험자의 재산상의 손해를 보상(화재 · 운송 · 해상 · 책임보험)
　㉡ 인보험 : 사람의 생명이나 신체에 대한 사고로 인하여 생기는 손해를 보험금으로 지급(생명 · 상해 보험)

(2) 유가증권

① 유가증권의 뜻 … 재산적 가치가 있는 사권(私權)을 표시하는 증권이다.

② 유가증권의 종류
　㉠ 어음 : 주로 신용거래에 사용
　　• 약속어음 : 일정한 금액을 약속한 기일에 채권자에게 지급할 것을 명시하는 어음
　　• 환어음 : 발행인이 제3자에게 지급을 위탁하는 형태의 어음
　㉡ 수표 : 소지인에게 기재된 금액을 지급할 것을 위탁하는 형식의 유가증권이며, 현금 대신에 사용

6 형법(刑法)

1. 죄형법정주의

(1) 죄형법정주의의 의의와 근거

① 개념
- ㉠ 어떤 행위가 범죄로 되고 그 범죄에 대하여 어떤 형벌을 과할 것인가를 미리 성문의 법률로 규정해 놓아야 한다는 원칙으로 형법의 최고원리이다. 보통 "법률이 없으면, 범죄도 없고 형벌도 없다(Nullum crimen, nulla poena sine lege)."라는 명제로 표현되기도 한다.
- ㉡ 국가형벌권의 확장과 자의적 행사로부터 시민의 자유를 보장하기 위한 최고원리이며, 형법의 보장적 기능도 이에 의하여 효과를 달성할 수 있다.

② 실정법적 근거 … 헌법 제12조 제1항, 제13조 제1항, 형법 제1조 제1항, 형사소송법 제323조 제1항을 근거로 한다.

(2) 죄형법정주의의 내용(파생원칙)

① 관습법금지의 원칙(성문법주의) … 범죄와 형벌은 성문의 법률에 규정되어야 하고, 관습법에 의하여 가벌성을 인정하거나 형을 가중하여서는 안된다는 원칙으로 관습법이 형법의 법원(法源)이 될 수 없음을 의미한다. 그러나 관습법을 통하여 형을 완화하거나 제거하는 것은 인정된다.

② 소급효금지의 원칙(행위시법주의) … 형벌법규는 그 시행 이후에 이루어진 행위에 대하여만 적용되고, 시행 이전의 행위에까지 소급하여 적용될 수 없다는 원칙이다.
- ㉠ 행위자에게 유리한 경우에는 허용된다.
- ㉡ 법에 대한 국민의 신뢰와 예측가능성을 담보로 행동의 자유를 보장한다.

③ 명확성의 원칙(절대적 부정기형 금지의 원칙) … 입법자는 무엇이 범죄이고 그에 대한 형벌은 어떤 것인가를 명확하게 규정해야 한다는 원칙이다.
- ㉠ 구성요건의 명확성·제재의 명확성·부정기형의 금지가 있다.
- ㉡ 절대적 부정기형은 허용되지 않지만 상대적 부정기형은 허용한다.

④ 유추해석금지의 원칙 … 법률에 규정이 없는 사항에 대하여 그것과 유사한 성질을 가지는 사항에 관한 법률을 적용하는 것을 금지하는 원칙이다.
- ㉠ 형벌의 감경 등 피고인에게 유리한 유추해석은 허용되지만 피고인에게 불리한 경우에는 적용이 금지된다.
- ㉡ 법률상 근거가 있고, 어의의 가능한 범위 내의 해석은 확장해석이라 하여 허용한다(통설).

⑤ **적정성의 원칙(실질적 의미의 죄형법정주의)** … 범죄와 형벌을 규정하는 법률의 내용은 기본적 인권을 실질적으로 보장할 수 있도록 적정해야 한다는 원칙이다.

　㉠ 형벌법규 적용의 필요성과 죄형의 균형을 내용으로 한다.

　㉡ 입법자의 자의에 의한 형벌권의 남용을 방지하기 위한 원칙으로 죄형법정주의의 현대적 원칙에 해당한다.

　㉢ 실질적 법치국가사상에 근거한다.

2. 범죄

(1) 범죄의 성립조건 · 처벌조건 · 소추조건

① **범죄의 성립조건** … 범죄가 성립하기 위해서는 구성요건해당성과 위법성 및 책임성이 있어야 한다. 이를 범죄의 성립요건이라 하며, 이 가운데 어느 하나라도 갖추지 못한 때에는 범죄가 성립하지 않는다.

　㉠ **구성요건해당성** : 구체적인 사실이 범죄의 구성요건에 해당하는 성질로 형벌을 부과할 행위를 유형적 · 추상적으로 파악하여 법률에 기술해 놓은 것이다. 즉, 형법 각 본조가 규정하는 추상적 구성요건이다.

　㉡ **위법성** : 구성요건에 해당하는 행위가 법률상 허용되지 않는 성질로 구성요건에 해당하는 성질은 원칙적으로 위법이다.

　㉢ **책임** : 위법행위를 한 행위자 개인에 대한 비난가능성이다.

② **범죄의 처벌조건** … 이미 성립된 범죄에 대하여 국가형벌권이 발동되기 위해서 필요한 조건을 말한다. 대부분의 범죄는 성립조건이 갖춰지면 곧바로 국가형벌권이 발동될 수 있지만, 어떤 범죄는 범죄가 성립한 후 처벌조건을 갖추어야 국가형벌권이 발동될 수 있다.

　㉠ **객관적 처벌조건** : 범죄의 성부와 관계없이 성립한 범죄에 대한 형벌권의 발생을 좌우하는 외부적 객관적 사유를 말하는 것으로, 예컨대 파산범죄에 있어서 파산의 선고가 확정된 때, 또는 사전수뢰죄에 있어서 공무원 또는 중재인이 된 사실이 여기에 해당한다.

　㉡ **인적 처벌조각사유** : 이미 성립한 범죄에 대하여 행위자의 특수한 신분관계로 인하여 형벌권이 발생하지 않는 경우를 말하는 것으로, 예컨대 형을 면제하는 중지미수에 있어서 자의로 중지한 자, 친족상도례에 있어서 일정한 신분이 여기에 해당한다.

③ **범죄의 소추조건** … 범죄가 성립하고 형벌권이 발생했더라도 그 범죄를 소추하기 위한 소송법상의 필요한 조건을 말한다.

　㉠ **친고죄** : 공소제기를 위하여는 피해자 기타 고소권자의 고소가 있을 것을 요하는 범죄이다.

　㉡ **반의사불벌죄** : 피해자의 의사에 관계없이 공소를 제기할 수 있으나, 피해자의 명시한 의사에 반하여 공소를 제기할 수 없는 범죄이다.

(2) 범죄의 종류

① **결과범과 형식범**

　⊙ **결과범(실질범)** : 구성요건이 행위 이외의 일정한 결과의 발생도 구성요건요소로 삼는 범죄로, 살인, 존속살해죄·상해죄·강도죄·손괴죄 등 대부분의 범죄가 이에 해당한다.

　⊙ **형식범(거동범)** : 구성요건의 내용이 결과의 발생을 요하지 않고 법에 규정된 행위를 함으로써 충족되는 범죄로 주거침입죄·모욕죄·명예훼손죄·무고죄·위증죄 등이 이에 해당한다.

② **침해범과 위험범(위태범)**

　⊙ **침해범** : 구성요건이 법익의 현실적 침해를 요하는 범죄로, 살인죄·상해죄·강도죄·절도죄 등이 이에 해당한다.

　⊙ **위험범** : 구성요건이 전제로 하는 보호법익에 대한 위험의 야기로 족한 범죄로, 유기죄·업무방해죄·방화죄·통화위조죄 등이 이에 해당한다.

　• **구체적 위험범** : 현실적 위험의 발생을 요건으로 하는 범죄로 자기소유일반건조물방화죄·(과실)일수죄·실화죄, 일반물건방화죄·실화죄, 가스·전기 등 방류죄·공급방해죄, 폭발성물건파열죄, 사람의 생명에 대한 위험을 발생하게 한 중유기죄 등이 이에 해당한다.

　• **추상적 위험범** : 법익침해의 일반적 위험이 있으면 구성요건이 충족되는 범죄로, 현주건조물방화죄·일수죄·실화죄, 공용건조물방화죄·실화죄, 타인소유일반건조물방화죄, 유가증권위조죄, 업무방해죄, 명예훼손죄, 위증죄, 무고죄, 유기죄, 낙태죄 등이 이에 해당한다.

③ **즉시범과 계속범 및 상태범**

　⊙ **즉시범** : 구성요건적 행위의 결과 발생과 동시에 범죄가 기수에 해당하고 종료되는 범죄로 대부분의 범죄가 이에 해당한다.

　⊙ **계속범** : 구성요건적 행위가 위법상태의 야기뿐만 아니라 시간적 계속을 요하므로 행위의 계속과 위법상태의 계속이 일치하는 범죄로, 체포감금죄, 주거침입죄, 다중불해산죄 등이 이에 해당한다.

　⊙ **상태범** : 구성요건적 행위의 결과 발생과 동시에 범죄는 완성되지만 범죄의 종료 후에도 그 위법상태가 계속되는 범죄로, 살인죄·침해죄·강도죄·절도죄·횡령죄 등이 이에 해당한다.

④ **일반범과 신분범 및 자수범**

　⊙ **일반범** : 누구나 행위자가 될 수 있는 범죄로, 구성요건에 단순히 'ㅇㅇㅇ한 자'라고 규정되어 있는 범죄는 모두 일반범이다.

　⊙ **신분범** : 구성요건이 행위의 주체에 일정한 신분을 요하는 범죄이다. 여기서 신분이란 일정한 범죄행위에 관련된 인적 관계인 특수한 지위·상태를 말한다.

　• **진정신분범** : 일정한 신분 있는 자에 의하여만 범죄가 성립하는 범죄로, 위증죄·수뢰죄·횡령죄·배임죄·유기죄 등이 이에 해당한다.

- 부진정신분범 : 일정한 신분 있는 자가 죄를 범한 때에 형이 가중되거나 감경되는 범죄로, 존속살해 · 상해 · 폭행 · 유기죄, 업무상횡령죄 · 배임죄 · 과실치사죄, 영아살해죄 · 유기죄, 상습도박죄 등이 이에 해당한다.
  - ⓒ 자수범 : 행위자가 자신이 직접 실행해야 범할 수 있는 범죄로, 위증죄 · 수뢰죄 · 준강간죄 등이 이에 해당한다.

⑤ **목적범과 경향범 및 표현범**
  - ⓐ **목적범** : 구성요건상 고의 이외에 일정한 행위의 목적을 필요로 하는 범죄로 각종 위조의 '행사할 목적', 내란죄의 '국헌문란의 목적' 등이 있다.
    - 진정목적범 : 목적의 존재가 범죄의 성립요건이 되는 범죄로 목적이 없으면 범죄가 성립하지 않는다.
    - 부진정목적범 : 목적이 없어도 범죄는 성립하지만 목적이 있으면 형이 가중되거나 감경되는 범죄이다.
  - ⓑ **경향범** : 행위의 객관적인 측면이 행위자의 일정한 주관적 경향의 발현으로 행해졌을 때 구성요건이 충족되는 범죄로, 공연음란죄 · 학대죄 · 가혹행위죄 등이 이에 해당한다.
  - ⓒ **표현범** : 행위자의 내심적 상태가 행위로 표현되었을 때 성립하는 범죄로, 위증죄 등이 이에 해당한다.

⑥ **망각범** … 과실에 의한 부진정부작위범, 즉 일정한 작위가 기대됨에도 불구하고 부주의로 그 작위의무를 인식하지 못하여 결과를 발생시키는 범죄를 말한다.

(3) 행위론

① **의의** … 범죄론에 대한 체계적 상위개념으로서 범죄의 작위범과 부작위범, 고의범과 과실범에 보편타당하게 적용될 수 있는 행위개념은 가능한가, 또 이러한 행위개념은 존재론적으로 파악해야 하는가 또는 규범적으로 파악해야 하는가의 문제를 의미한다.

② **행위개념의 기능**
  - ⓐ **한계기능(한계요소)** : 형법적 의미에서 행위와 비행위를 구별하고 어떤 의미에서도 처벌의 대상이 될 수 없는 거동은 행위에서 제외시키는 기능이다.
  - ⓑ **분류기능(근본요소)** : 형법상 의미를 가질 수 있는 모든 종류의 인간의 행위, 즉 고의와 과실, 작위와 부작위를 포함한 모든 행위를 하나의 통일개념으로 파악하는 기능이다.
  - ⓒ **결합기능(연결요소)** : 구성요건해당성 · 위법성 · 책임성을 체계적으로 연결시킴으로써 형법체계 전체를 통하여 체계의 중추를 형성하는 기능이다.

③ **유형**
  - ⓐ **인과적 행위론**
    - 행위 : 인간의 의사에 기한 신체적 형태로 외계의 변동을 야기하는 것이라고 정의한다.
    - 비판 : 고의의 의미 파악과 부작위와 미수의 설명이 곤란하다.

ⓛ 목적적 행위론
- 행위 : 의식적인 목적활동성의 작용이라고 정의한다.
- 비판 : 과실의 행위성을 인정하기 곤란하고, 부작위의 구조를 설명하는 데 적합하지 못하다.

ⓒ 사회적 행위론
- 행위 : 객관적으로 예견 가능한 사회적 결과에 대한 객관적으로 지배 가능한 일체의 행태이며 (Maihofer), 사회적으로 중요한 인간의 행태라고 정의한다(Jescheck).
- 비판 : 이론적 통일성이 없고, 행위론의 한계기능을 다하지 못한다.

ⓔ 인격적 행위론
- 행위 : 인격의 객관화 또는 인격의 발현이라고 정의한다.
- 비판 : 사회적 행위론의 범위를 벗어난 것이라고 볼 수는 없다.

ⓜ 행위개념 부인론
- 행위 : 전구성요건적 행위개념은 포기되어야 하고 그 대신에 구성요건해당성을 형법체계의 기초로 삼아야 한다는 주장이다.
- 비판 : 행위개념의 결합요소로서의 기능과 실천적 한계기능을 무시했다.

3. 형벌론

(1) 형벌의 의의

① 의의
ⓞ 국가가 범죄에 대한 법률상의 효과로서 범죄자에 대하여 그의 책임을 전제로 하여 과하는 법익의 박탈을 의미한다.
ⓛ 범죄를 원인으로 하는 법률적 효과이지만 범죄에 대하여 과하여지는 것이 아니라 원칙적으로 범죄의 주체인 범죄자에 대하여 과하여지는 것이다.

> **POINT** 보안처분과의 구별
> ⓞ 형벌은 행위자의 책임을 기초로 하고, 보안처분은 범죄인의 위험성을 기초로 한다.
> ⓛ 형벌은 과거를 대상으로 하지만, 보안처분은 미래에 대한 제재를 대상으로 한다.

② 목적(본질)
ⓞ **응보형주의(절대주의, 절대설)** : 형벌의 본질을 범죄에 대한 응보로서의 해악으로 이해하는 사상으로 형벌은 범죄를 범하였기 때문에 당연히 과하여지는 것이지 다른 목적이 있을 수 없다고 한다.
ⓛ **목적형주의(상대주의, 상대설)** : 형벌은 그 자체가 목적이 아니라 범죄로부터 사회를 방어·보호하는 목적을 달성하기 위한 수단이라고 한다.
- 일반예방주의 : 일반인을 위하여 범죄가능성이 있는 잠재적 범죄인이 장차 범죄를 범하지 않도록 예방함에 있다고 보는 견해이다.
- 특별예방주의 : 범죄인을 개선·교화하여 다시는 죄를 범하지 않도록 재사회화하는 데 있다고 보는 견해이다.

ⓒ **절충설(다수설)** : 책임은 형벌의 상한을 제한할 뿐이며, 형벌의 하한은 일반예방과 특별예방의 목적에 의하여 결정된다.

(2) 형벌의 종류

① **사형(생명형)**
　ⓐ **의의** : 수형자의 생명을 박탈하여 사회로부터 영구히 제거시키는 형벌로, 형법에 규정된 형벌 중 가장 중한 형벌이다.
　ⓑ **집행방법** : 사형은 형무소 내에서 교수하여 집행하며〈형법 제66조〉, 군형법은 총살형을 인정하고 있다〈군형법 제3조〉.
　ⓒ **사형범죄의 범위**
　　• 절대적 법정형으로 사형만이 규정된 범죄 : 여적죄
　　• 상대적 법정형으로 사형과 자유형이 선택적인 범죄
　　－국가적 법익 : 내란죄, 내란목적살인죄, 외환유치죄, 모병이적죄, 시설제공이적죄, 시설파괴이적죄, 간첩죄
　　－사회적 법익 : 폭발물사용죄, 현주건조물방화치사죄
　　－국가적 법익 : 살인, 존속살인죄, 강간살인죄, 인질살해죄, 강도살인죄, 해상강도살인 · 치사 · 강간죄
　ⓓ **사형존폐론**
　　• 사형폐지론
　　－사형은 인간의 존엄과 가치의 전제가 되는 생명권을 침해하는 것이므로 헌법에 반한다.
　　－사형은 오판의 경우에는 회복이 불가능하다.
　　－사형은 범죄억제력 즉, 위하적 효과가 크지 않다.
　　－형벌의 목적을 개선과 교육에 있다고 볼 때 사형은 전혀 이러한 목적을 달성할 수 없는 무의미한 형벌이다.
　　• 사형존치론
　　－생명은 인간이 가장 애착을 느끼는 것으로 위하적 효과는 부정할 수 없다.
　　－형벌의 본질이 응보에 있는 이상 흉악범은 사회로부터 영구적으로 격리시킬 필요가 있다.
　　－살인을 한 자에 대하여 그 생명을 박탈하는 것은 일반 국민의 법적 확신 내지 정의관념에 합치하므로 사형은 필요하다.
　　• 결론 : 다수설은 우리 현실에 비추어 사형의 폐지는 아직 시기상조라고 보고 있으며, 판례도 우리나라의 실정과 국민의 도덕적 감정을 고려하여 사형을 합헌이라고 인정한다.

② **자유형**
　ⓐ **의의** : 수형자의 신체적 자유를 박탈하는 것을 내용으로 하는 형벌로, 징역 · 금고 · 구류라는 3종을 인정하고 있다.

ⓛ 형법상의 자유형
- 징역 : 수형자를 형무소 내에 구치하여 정역에 복무하게 하는 것을 내용으로 하는 형벌이다〈형법 제67조〉. 징역 또는 금고는 유기와 무기의 2종이 있는데 유기징역은 1월 이상 30년 이하이고 유기징역 또는 유기금고에 대하여 형을 가중하는 때에는 50년까지로 한다〈형법 제42조〉.
- 금고 : 수형자를 형무소 내에 구치하여 자유를 박탈하는 것을 내용으로 하는 형벌로, 정역에 복무하지 않는 점에서 징역과 다르다〈형법 제68조〉.
- 구류 : 수형자를 형무소 내에 구치하는 것을 내용으로 하는 형벌로 그 기간은 1일 이상 30일 미만이다〈형법 제46조, 제68조〉.

ⓒ 자유형의 개선
- 자유형의 단일화 : 징역·금고·구류의 3종류의 자유형의 구별을 폐지하고, 자유형을 단일화해야 한다는 것으로 우리나라에서도 지배적이다.
- 단기자유형의 제한 : 단기자유형이란 6개월 이하의 자유형을 의미하는데, 이는 수형자의 교화·개선에 도움이 되지 않는다.

③ 재산형
ⓐ 의의 : 범인으로부터 일정한 재산을 박탈하는 것을 내용으로 하는 형벌로서, 형법은 벌금·과료·몰수의 3종을 규정하고 있다.

ⓑ 형법상의 재산형
- 벌금
- 의의 : 범죄인에게 일정한 금액의 지불의무를 강제적으로 부담시키는 것을 내용으로 하는 형벌로 5만 원 이상으로 하며(총액벌금형제도), 다만 감경하는 경우에는 5만 원 미만으로 할 수 있다〈형법 제45조〉.
- 개선책 : 일수벌금형제도, 벌금의 분납제도, 벌금형의 집행유예제도 등이 있으며, 벌금형 적용범위의 확대를 도입하여 현행제도의 문제점을 보완해야 한다.
- 과료
- 의의 : 범죄인에게 일정한 금액의 지급의무를 강제적으로 부담시키는 것으로 2천 원 이상 5만 원 미만으로 한다〈형법 제47조〉.
- 성질 : 과료는 형법상의 형벌이고, 과태료는 행정상의 제재이다.
- 몰수
- 의의 : 범죄행위와 관련된 재산을 박탈하는 것을 내용으로 하는 재산형으로, 타형에 부가하여 과하는 것을 원칙으로 한다. 다만, 예외적으로 유죄의 재판을 아니할 때에도 몰수의 요건이 있는 때에는 몰수만을 선고할 수 있다〈형법 제49조〉.
- 대상〈형법 제48조 제1항〉 : 범죄행위에 제공하였거나 제공하려고 한 물건, 범죄행위로 인하여 생하였거나 이로 인하여 취득한 물건, 범죄행위로 인하여 생하였거나 이로 인하여 취득한 물건의 대가로 취득한 물건
- 추징 : 몰수의 대상인 물건을 몰수할 수 없을 때에는 그 가액을 추징하고〈형법 제48조 제2항〉, 문서·도화·전자기록 등 특수매체기록 또는 유가증권의 일부가 몰수에 해당하는 때에는 그 부분을 폐기한다〈형법 제48조 제3항〉.

④ 명예형(자격형)

　　㉠ 의의 : 범인의 명예 또는 자격을 박탈하는 것을 내용으로 하는 형벌로, 자격상실과 자격정지가 있다.

　　㉡ 형법상의 명예형

　　　• 자격상실 : 사형, 무기징역, 또는 무기금고의 판결을 받은 자는 다음에 기재한 자격을 상실한다〈형법 제43조 제1항〉.
　　　－공무원이 되는 자격
　　　－공법상의 선거권과 피선거권
　　　－법률로 요건을 정한 공법상의 업무에 관한 자격
　　　－법인의 이사, 감사 또는 지배인 기타 법인의 업무에 관한 검사역이나 재산관리인이 되는 자격
　　　• 자격정지
　　　－의의 : 일정한 기간 동안 일정한 자격의 전부 또는 일부를 정지시키는 형벌이다.
　　　－종류 : 당연정지, 선고정지
　　　－기간 : 1년 이상 15년 이하로 한다. 자격정지기간의 기산점은 유기징역 또는 유기금고에 병과한 때에는 징역 또는 금고의 집행을 종료하거나 면제된 날로부터 기산한다〈형법 제44조 제2항〉.

(3) 형의 양정

① 의의 … 일정한 범죄에 대하여 일정한 종류와 범위 내에서 법관이 구체적인 행위자에 대하여 선고할 형벌의 종류와 양을 정하는 것을 말한다.

② 형의 양정의 단계

　　㉠ 법정형 : 입법자가 각 구성요건의 전형적인 불법을 일반적으로 평가한 형벌의 범위로서 개개의 구성요건에 규정되어 있는 형벌이다.

　　㉡ 처단형 : 법정형을 구체적 범죄사실에 적용함에 있어서 먼저 적용할 형종을 선택하고, 이 선택한 형에 다시 법률상 및 재판상의 가중·감경을 하여 처단범위가 구체화된 형벌을 말한다.

　　㉢ 선고형 : 법원이 처단형의 범위 내에서 구체적으로 형을 양정하여 당해 피고인에게 선고하는 형벌이다.

③ 형의 가중·감경·면제

　　㉠ 형의 가중

　　　• 의의 : 죄형법정주의 원칙상 법률상 가중만 인정되고 재판상 가중은 인정되지 않는다. 또한 필요적 가중만 인정되고, 임의적 가중은 인정되지 않는다.

　　　• 가중사유
　　　－일반적 가중사유 : 일반적으로 모든 범죄에 통용되는 가중사유로서 경합범가중〈형법 제38조〉, 누범가중〈형법 제35조〉, 특수교사·방조〈형법 제34조 제2항〉 등이 있다.

- 특수한 가중사유 : 형법각칙의 특별구성요소에 의한 가중사유를 말하며 상습가중범〈형법 제203조, 제264조, 제279조〉, 공무원범죄〈형법 제135조〉 등이 있다.

ⓛ 형의 감경
- 법률상의 감경 : 법률의 규정에 의하여 형이 감경되는 경우로 필요적 감경사유와 임의적 감경사유가 있다.
- 재판상의 감경(작량감경) : 법률상 전혀 특정한 감경사유가 없더라도 법원은 범죄의 정상에 참작할 만한 사유가 있는 때에는 작량하여 그 형을 감경할 수 있다〈형법 제53조〉. 작량감경은 법률상 형을 가중 또는 감경한 경우에도 다시 작량감경을 할 수 있다〈형법 제56조 제6호〉.

ⓒ 형의 면제
- 의의 : 범죄는 성립되어 형벌권은 발생하였으나 재판확정 전의 사유로 인하여 형만을 과하지 않는 경우를 말한다. 이에는 법률상 면제(임의적 면제와 필요적 면제)에 한하며, 재판상 면제는 인정되지 않는다.
- 면제사유
  - 필요적 면제사유 : 법률에 면제사유가 있으면 반드시 형을 면제해야 하는 경우로, 중지범ㆍ자수 등이 있다.
  - 임의적 면제사유 : 외국에서 받은 형의 집행, 과잉방위, 과잉피난, 과잉자구행위, 불능미수, 자수ㆍ자복이 있다.

④ 자수와 자복
ⓐ 자수 : 범인이 자발적으로 수사기관에 자기의 범죄사실을 신고하여 소추를 구하는 의사표시를 말한다. 죄를 범한 후 수사책임이 있는 관서에 자수한 때에는 그 형을 감경 또는 면제할 수 있다〈형법 제52조 제1항〉.
ⓑ 자복 : 해제조건부 범죄에 있어서 범인이 피해자에게 자신의 범죄를 고백하는 것을 말한다. 피해자의 의사에 반하여 처벌할 수 없는 죄에 있어서 피해자에게 자복한 때에도 그 형을 감경 또는 면제할 수 있다〈형법 제52조 제2항〉.

01 출제예상문제

1 지역권에 대한 설명 중 옳지 않은 것은?

① 지역권은 요역지소유권에 부종하여 이전하며 또는 요역지에 대한 소유권이외의 권리의 목적이 된다.

② 토지공유자의 1인은 지분에 관하여 그 토지를 위한 지역권 또는 그 토지가 부담한 지역권을 소멸하게 하지 못한다.

③ 공유자의 1인이 지역권을 취득한 때에는 다른 공유자도 이를 취득한다.

④ 점유로 인한 지역권취득기간의 중단은 지역권을 행사하는 모든 공유자에 대한 사유가 아니어도 효력이 있다.

 ④ 점유로 인한 지역권취득기간의 중단은 지역권을 행사하는 모든 공유자에 대한 사유가 아니면 그 효력이 없다〈민법 제295조 제2항〉.

2 다음 중 민법상 공탁에 관한 설명으로 옳지 않은 것은?

① 공탁은 채무이행지의 공탁소에 하여야 한다.

② 변제자는 언제든지 공탁물을 회수할 수 있다.

③ 채무자가 채권자의 상대의무이행과 동시에 변제할 경우에는 채권자는 그 의무이행을 하지 아니하면 공탁물을 수령하지 못한다.

④ 공탁자는 지체 없이 채권자에게 공탁통지를 하여야 한다.

 ② 채권자가 공탁을 승인하거나 공탁소에 대하여 공탁물을 받기를 통고하거나 공탁유효의 판결이 확정되기까지는 변제자는 공탁물을 회수할 수 있다. 이 경우에는 공탁하지 아니한 것으로 본다〈민법 제489조 제1항〉.
① 민법 제488조 제1항 ③ 민법 제491조 ④ 민법 제488조 제3항

3 다음 중 형사소송법상 재정신청에 관한 설명으로 옳은 것은?

① 고소권자로서 고소를 한 자는 검사로부터 공소를 제기하지 아니한다는 통지를 받은 때에는 그 검사 소속의 지방검찰청 소재지를 관할하는 고등법원에 그 당부에 관한 재정을 신청할 수 있다.

② 재정신청서에는 사유를 기재하지 않아도 된다.

③ 항고 신청 후 항고에 대한 처분이 행하여지지 아니하고 5개월이 경과한 경우에도 항고를 거쳐 재정신청을 하여야 한다.

④ 재정신청을 하려는 자는 항고기각 결정을 통지받은 날부터 7일 이내에 지방검찰청검사장 또는 지청장에게 재정신청서를 제출하여야 한다.

 재정신청〈형사소송법 제260조〉
ⓐ 고소권자로서 고소를 한 자는 검사로부터 공소를 제기하지 아니한다는 통지를 받은 때에는 그 검사 소속의 지방검찰청 소재지를 관할하는 고등법원에 그 당부에 관한 재정을 신청할 수 있다. 다만, 형법에서 피의사실공표의 죄에 대하여는 피공표자의 명시한 의사에 반하여 재정을 신청할 수 없다.
ⓑ ⓐ에 따른 재정신청을 하려면 검찰청법에 따른 항고를 거쳐야 한다. 다만, 다음의 어느 하나에 해당하는 경우에는 그러하지 아니하다.
• 항고 이후 재기수사가 이루어진 다음에 다시 공소를 제기하지 아니한다는 통지를 받은 경우
• 항고 신청 후 항고에 대한 처분이 행하여지지 아니하고 3개월이 경과한 경우
• 검사가 공소시효 만료일 30일 전까지 공소를 제기하지 아니하는 경우
ⓒ ⓐ에 따른 재정신청을 하려는 자는 항고기각 결정을 통지받은 날 또는 ⓑ 각 호의 사유가 발생한 날부터 10일 이내에 지방검찰청검사장 또는 지청장에게 재정신청서를 제출하여야 한다. 다만, ⓑ의 검사가 공소시효 만료일 30일 전까지 공소를 제기하지 아니하는 경우에는 공소시효 만료일 전날까지 재정신청서를 제출할 수 있다.
ⓓ 재정신청서에는 재정신청의 대상이 되는 사건의 범죄사실 및 증거 등 재정신청을 이유 있게 하는 사유를 기재하여야 한다.

4 다음 중 행정상 강제집행에 관한 설명으로 옳지 않은 것은?

① 건축법상의 이행강제금 부과　　　　② 국세징수법상의 체납처분
③ 주민등록법상의 과태료 부과　　　　④ 식품위생법상의 무허가영업소 폐쇄

 ① 이행강제금(집행벌)
② 강제징수
③ 과태료 부과는 행정벌(행정질서벌)
④ 직접강제

ANSWER 〉 1.④　2.②　3.①　4.③

5 다음 중 헌법개정절차에 관한 순서가 올바르게 나열된 것은?

① 제안 – 공고 – 국민투표 – 국회의결 – 공포 – 발효
② 제안 – 공포 – 국회의결 – 국민투표 – 공고 – 발효
③ 제안 – 공포 – 국민투표 – 국회의결 – 공포 – 발효
④ 제안 – 공고 – 국회의결 – 국민투표 – 공포 – 발효

> 헌법개정절차
> ㉠ 제안 : 헌법개정은 국회재적의원 과반수 또는 대통령의 발의로 제안된다.
> ㉡ 공고 : 제안된 헌법개정안은 대통령이 20일 이상의 기간 이를 공고하여야 한다.
> ㉢ 국회의결 : 국회는 헌법개정안이 공고된 날로부터 60일 이내에 의결하여야 하며, 국회의 의결은 재적의원 3분의 2 이상의 찬성을 얻어야 한다.
> ㉣ 국민투표 : 헌법개정안은 국회가 의결한 후 30일 이내에 국민투표에 붙여 국회의원선거권자 과반수의 투표와 투표자 과반수의 찬성을 얻어야 한다.
> ㉤ 공포 : 헌법개정안이 국민투표의 찬성을 얻은 때에는 헌법개정은 확정되며, 대통령은 즉시 이를 공포하여야 한다.

6 민법상 대리에 관한 설명 중 옳지 않은 것은?

① 대리인이 그 권한내에서 본인을 위한 것임을 표시한 의사표시는 직접 본인에게 대하여 효력이 생긴다.
② 의사표시의 효력이 의사의 흠결, 사기, 강박 또는 어느 사정을 알았거나 과실로 알지 못한 것으로 영향을 받을 경우 그 사실의 유무는 대리인을 표준하여 결정한다.
③ 대리인은 행위능력자임을 요한다.
④ 대리인이 여러 명일 때에는 각자가 본인을 대리한다. 그러나 법률 또는 수권행위에 다른 정한 바가 있는 때에는 그러하지 않는다.

> 대리인은 행위능력자임을 요하지 아니한다〈민법 제117조〉.

7 다음 중 법률행위적 행정행위로 옳지 않은 것은?

① 대리   ② 인가
③ 특허   ④ 통지

> 통지는 준법률행위적 행정행위이다.

8 법의 효력에 대한 설명 중 옳지 않은 것은?

① 신법은 구법에 우선하여 적용된다.

② 특별법은 일반법에 우선하여 적용된다.

③ 법은 법률에 특별한 규정이 없는 한 공포한 날로부터 20일이 경과함으로써 효력을 발생한다.

④ 속인주의를 원칙으로 하고, 속지주의를 보충적으로 적용한다.

 대부분의 국가는 영토고권을 내세워 속지주의를 원칙으로 하고, 보충적으로 속인주의를 채택하고 있다.

9 다음 중 법의 효력발생요건은?

① 타당성과 임의성   ② 타당성과 실효성

③ 강제성과 목적성   ④ 정당성과 타당성

 법은 규범적 타당성과 실효성을 확보해야 한다.

10 상거래로 생긴 채권의 소멸시효에 대해서 상법의 규정이 민법의 규정에 우선하여 적용된다. 어느 원칙이 적용되기 때문인가?

① 특별법은 일반법에 우선한다.

② 상위법은 하위법에 우선한다.

③ 신법은 구법에 우선한다.

④ 법률은 원칙적으로 소급하여 적용하여서는 안된다.

 특별법우선의 원칙 … 일반법과 특별법이 서로 충돌할 때 특별법이 일반법에 우선하여 적용된다는 원칙이다.

ANSWER 〉 5.④ 6.③ 7.④ 8.④ 9.② 10.①

11 행정지도에 대한 다음 설명 중 옳지 않은 것은?

① 상대방의 의사에 반하여 부당하게 강요하여서는 아니 된다.

② 행정기관은 행정지도의 상대방이 행정지도에 따르지 아니하였다는 것을 이유로 불이익한 조치를 하여서는 아니 된다.

③ 행정지도를 하는 자는 그 상대방에게 그 행정지도의 취지 및 내용과 신분을 밝혀야 한다.

④ 행정지도는 반드시 문서로 하여야 한다.

 ④ 「행정절차법」 제49조(행정지도의 방식) 제2항 … 행정지도가 말로 이루어지는 경우에 상대방이 행정지도의 취지, 내용과 신분 사항을 적은 서면의 교부를 요구하면 그 행정지도를 하는 자는 직무 수행에 특별한 지장이 없으면 이를 교부하여야 한다.

12 다음의 효력 중 가장 하위에 있는 것은?

① 헌법   ② 대통령령

③ 국제법   ④ 조례

 법의 단계 … 헌법 → 법률 → 명령 → 조례 → 규칙
헌법에 의하여 체결·공포된 조약과 일반적으로 승인된 국제법규는 국내법과 같은 효력을 가진다〈헌법 제6조〉.

13 법의 해석에 있어서 "악법도 법이다."라는 말이 있는데, 이는 다음 어느 것을 나타내는가?

① 법의 윤리성   ② 법의 강제성

③ 법의 타당성   ④ 법의 규범성

 "악법도 법이다(소크라테스)."는 법의 강제성, 법적 안정성, 준법의식을 강조한 말이다.

14 유권해석(有權解釋)이란 무엇인가?

① 주권자인 국민의 해석   ② 관계 국가기관의 해석

③ 저명한 법학자의 해석   ④ 권리 당사자의 해석

15 다음 중 입법권으로부터 기본적 인권이 침해되었을 때 가장 유효한 구제수단은?

① 형사보상청구권 ② 위헌법률심사제도

③ 행정소송제도 ④ 손해배상청구권

 법률이 헌법에 규정된 기본적 인권을 침해한다는 것은 곧 위헌법률의 판단문제를 의미한다.

16 우리 헌법상 법치주의원리의 요소로 볼 수 없는 것은?

① 복수정당제 ② 권력분립

③ 위헌법률심판 ④ 국가배상

 ① 복수정당제도는 민주적 기본질서와 관계있는 요소이다.

17 법률이 시행시기를 정하고 있었는데, 법률이 정한 시행일 이후에 법률을 공포한 경우는?

① 법률은 효력이 발생하지 않는다.

② 법률을 공포한 때부터 효력이 발생한다.

③ 법률이 정한 시행시기부터 효력이 발생한다.

④ 법률을 공포한 때부터 20일이 지나야 효력이 발생한다.

공포가 없는 한 법률의 효력은 발생하지 않으며, 또 법률에 시행일이 명시된 경우에도 시행일 이후에 공포된 때에는 시행일에 관한 법률규정은 그 효력을 상실하게 된다. 따라서 본 사안에서는 시행일에 관한 규정이 효력을 상실하므로 헌법 제53조 제7항에 의해 공포한 날로부터 20일을 경과함으로써 효력을 발생한다.

ANSWER 〉 11.④ 12.④ 13.② 14.② 15.② 16.① 17.④

18 우리나라 헌법전문(前文)이 직접 언급하고 있지 않은 것은?

① 기회균등

② 권력분립

③ 평화통일

④ 상해임시정부의 법통계승

헌법전문에 규정된 이념(내용)	헌법전문에 규정되지 않은 내용
• 국민주권주의 • 자유민주주의 • 평화통일원리 • 문화국가원리 • 국제평화주의 • 민족의 단결 • 기회균등, 능력의 발휘 • 자유화 권리에 따르는 책임과 의무 완수	• 권력분립제도 • 5 · 16혁명 • 국가형태〈헌법 제1조〉 • 대한민국의 영토〈헌법 제3조〉 • 침략전쟁의 부인〈헌법 제5조 제1항〉 • 민족문화의 창달〈헌법 제9조〉

※ 대한민국 헌법전문 … 유구한 역사와 전통에 빛나는 우리 대한민국은 3 · 1운동으로 건립된 대한민국임 시정부의 법통과 불의에 항거한 4 · 19민주이념을 계승하고 조국의 민주개혁과 평화적 통일의 사명에 입각하여 정의 · 인도와 동포애로써 민족의 단결을 공고히 하고, 모든 사회적 폐습과 불의를 타파하 며, 자율과 조화를 바탕으로 자유민주적 기본질서를 더욱 확고히 하여 정치 · 경제 · 사회 · 문화의 모 든 영역에 있어서 각인의 기회를 균등히 하고 능력을 최고도로 발휘하게 하며, 자유와 권리에 따르 는 책임과 의무를 완수하게 하여 안으로는 국민생활의 균등한 향상을 기하고 밖으로는 항구적인 세 계평화와 인류공영에 이바지함으로써 우리들과 우리들의 자손의 안전과 자유와 행복을 영원히 확보 할 것을 다짐하면서 1948년 7월 12일에 제정되고 8차에 걸쳐 개정된 헌법을 이제 국회의 의결을 거 쳐 국민투표에 의하여 개정한다.

19 우리나라 헌법에서 국민의 권리인 동시에 의무인 것은?

① 납세 · 교육

② 국방 · 교육

③ 납세 · 국방

④ 교육 · 근로

 헌법상 권리인 동시에 의무인 것은 교육, 근로, 환경보전, 재산권행사이다.

20 우리나라 헌법의 편제순서로 옳은 것은?

① 국회 − 정부 − 국민의 권리의무 − 법원 − 헌법재판소
② 법원 − 정부 − 국회 − 헌법재판소 − 국민의 권리의무
③ 국민의 권리의무 − 국회 − 정부 − 법원 − 헌법재판소
④ 정부 − 국회 − 법원 − 헌법재판소 − 국민의 권리의무

 우리나라 헌법은 총강 − 국민의 권리와 의무 − 국회 − 정부(대통령, 행정부), 법원, 헌법재판소 − 선거 관리 − 지방자치 − 경제 − 헌법개정으로 편제되어 있다.

21 「행정소송법」에서 규정하고 있는 항고소송은?

① 기관소송　　　　　　　　　② 당사자소송
③ 예방적 금지소송　　　　　　④ 부작위위법확인소송

 행정소송법에서 규정하고 있는 항고소송으로는 취소소송, 무효 등 확인소송, 부작위위법확인소송이 있다.

22 헌법상 국가기관이 아닌 것은?

① 감사원　　　　　　　　　　② 헌법재판소
③ 정당　　　　　　　　　　　④ 중앙선거관리위원회

 우리나라 통설과 헌법재판소의 판례는 중개적 기관설의 입장을 취하며, 정당은 국민과 국가 간의 정치적 의사를 매개하는 기관이라고 본다.

23 기본권은 인간의 권리와 국민의 권리로 나누어 설명할 수 있다. 다음 중 성격이 다른 하나는?

① 종교의 자유   ② 평등권

③ 행복추구권   ④ 선거권

 인간의 권리는 내국인·외국인을 불문하고 적용하는 천부인권이며 국민의 권리는 국내법에 따라 적용되는 국가 내적인 국민의 권리이다.
④ 선거권은 국가 내적인 참정권이다.

24 다음 중 기본권의 제한에 관한 설명으로 옳지 않은 것은?

① 기본권은 일반적으로 승인된 국제법규에 의하여는 제한될 수 있으나, 국가 간의 조약에 의하여는 제한될 수 없다.

② 국민의 자유와 권리는 국가안전보장·질서유지 또는 공공복리를 위하여 필요한 경우에 한하여 법률로써 제한할 수 있다.

③ 헌법재판소 결정은 과잉금지원칙의 네 가지 요소로 목적의 정당성, 방법의 적절성, 피해의 최소성, 법익의 균형성을 들고 있다.

④ 기본권의 제한은 그 자체가 목적이 아니라 기본권과 타 법익의 보호를 위해서 필요한 것이다.

 ① 조약에 의해서도 국민의 기본권의 제한이 가능하다. 국가 간에 체결된 조약은 법률과 동일한 효력이 있다.

25 다음 중 평등의 원칙에 위반되는 것은?

① 여성 근로에 대한 특별한 보호

② 누범자에 대한 형의 가중

③ 귀화인에 대한 공직취임의 제한

④ 헌법재판에 있어서의 변호사 강제주의

 ③ 귀화자의 공직취임을 금지하는 외무공무원법의 규정은 1995년에 개정되었다. 따라서 귀화자도 공무원 임용에서 제외되지 않으며, 이를 제한하는 것은 평등의 원칙에 반한다.

26 헌법 제10조의 인간의 존엄과 가치·행복추구권에 관한 다음 설명 중 타당치 않은 것은?

① 기본권 보장의 궁극적 목적이자 국가의 공권력 행사의 한계가 된다.

② 법인은 주체가 될 수 없으나 태아와 사자(死者)에게는 예외적으로 주체성이 인정된다.

③ 인간으로서의 존엄과 가치는 헌법에 열거되지 아니한 자유·권리와 상호보완관계에 있다.

④ 행복추구권은 1787년 미국연방헌법에서 최초로 명문화되었다.

(Tip) ④ 행복추구권은 1776년 Virginia 권리장전 제2조에 최초로 규정되었다.

27 국민이 내는 소득세율을 변경할 수 있는 기관은?

① 국회   ② 국세청

③ 기획재정부   ④ 국무회의

(Tip) 조세법률주의의 원칙상 국회에서만 세율의 변경을 의결할 수 있다.

28 민법상 도급에 대한 설명으로 옳지 않은 것은?

① 도급은 당사자 일방이 어느 일을 완성할 것을 약정하고 상대방이 그 일의 결과에 대하여 보수를 지급할 것을 약정함으로써 그 효력이 생긴다.

② 보수는 그 완성된 목적물의 인도와 동시에 지급하여야 한다.

③ 완성된 목적물 또는 완성전의 성취된 부분에 하자가 있는 때에는 도급인은 수급인에 대하여 상당한 기간을 정하여 그 하자의 보수를 청구할 수 있다.

④ 도급인은 하자의 보수에 갈음하여 또는 보수와 함께 손해배상을 청구할 수 없다.

(Tip) ④ 도급인은 하자의 보수에 갈음하여 또는 보수와 함께 손해배상을 청구할 수 있다〈민법 제667조 제2항〉.

ANSWER 〉 23.④ 24.① 25.③ 26.④ 27.① 28.④

29 「질서위반행위규제법」의 내용에 대한 설명으로 옳지 않은 것은?

① 고의 또는 과실이 없는 질서위반행위는 과태료를 부과하지 아니한다.

② 과태료는 행정청의 과태료 부과처분이나 법원의 과태료 재판이 확정된 후 5년간 징수하지 아니하거나 집행하지 아니하면 시효로 인하여 소멸한다.

③ 신분에 의하여 성립하는 질서위반행위에 신분이 없는 자가 가담한 때에는 신분이 없는 자에 대하여는 질서위반행위가 성립하지 않는다.

④ 행정청이 질서위반행위에 대하여 과태료를 부과하고자 하는 때에는 미리 당사자에게 대통령령으로 정하는 사항을 통지하고, 10일 이상의 기간을 정하여 의견을 제출할 기회를 주어야 한다.

 ③ 신분에 의하여 성립하는 질서위반행위에 신분이 없는 자가 가담한 때에는 신분이 없는 자에 대하여도 질서위반행위가 성립한다〈질서위반행위규제법 제12조 제2항〉.

30 법률의 제정절차에 관한 설명 중 옳은 것은?

① 공포된 법률은 특별한 규정이 없는 한 공포 즉시 효력을 발생한다.

② 국회에서 의결된 법률안은 정부로 이송되어 20일 이내에 대통령이 공포한다.

③ 법률안 제출은 국회만의 고유권한이다.

④ 대통령이 의결된 법률안을 국회에 환부하여 재의를 요구할 때에는 수정거부할 수 없다.

 ① 공포된 날로부터 20일을 경과함으로써 효력을 발생한다.
② 정부로 이송되어 15일 이내에 대통령이 공포한다.
③ 법률안 제출은 국회의원(10인 이상), 정부(대통령)가 할 수 있다.

31 헌법상 탄핵소추의 대상이 아닌 직책은?

① 대통령   ② 국회의장
③ 감사위원   ④ 중앙선거관리위원회 위원

탄핵소추대상 … 대통령, 국무총리, 국무위원, 행정 각부의 장, 헌법재판소 재판관, 법관, 중앙선거관리위원회 위원, 감사원장, 감사위원, 기타 법률이 정한 공무원이다.

32 다음 중 설명이 옳지 않은 것은?

① 대한민국헌법에 따르면 국회의원수는 법률로 정하되, 200인 이상이어야 한다.

② 헌법 제46조는 국회의원의 의무로 청렴의 의무, 헌법준수의무, 국가이익을 우선하여 양심에 따라 직무를 수행할 의무, 지위를 이용한 이권개입금지의무를 규정하고 있다.

③ 법률은 특별한 규정이 없는 한 공포한 날로부터 20일을 경과함으로써 효력을 발생한다.

④ 금고 이상의 형의 선고유예를 선고받고 그 선고유예기간 중에 있는 사람을 공무원의 결격사유로 규정한 지방공무원법 제31조는 합헌이다.

 ② 헌법 제46조는 제1항에서 청렴의 의무, 제2항에서 국가이익을 우선한 양심에 따른 직무수행의무, 제3항에서 지위남용을 통한 이권개입금지의무를 규정하고 있다. 헌법준수의무 규정은 따로 없고, 국가공무원법(제56조)상 법령을 준수하고 성실히 직무를 수행할 성실의무가 있다.

33 다음의 헌법상 규정 중 옳지 않은 것은?

① 대통령의 임기가 만료되는 때에는 임기만료 70일 내지 40일 전에 후임자를 선거한다.

② 국회에서 의결된 법률안은 정부에 이송되어 15일 이내에 대통령이 공포한다.

③ 대통령으로 선거될 수 있는 자는 국회의원 피선거권이 있고 선거일 현재 40세에 달하여야 한다.

④ 통신·방송의 시설기준과 신문의 기능을 보장하기 위해 필요한 사항은 대통령령으로 정한다.

 ④ 통신·방송의 시설기준과 신문기능 보장에 대한 사항은 법률로 정한다〈헌법 제21조 제3항〉.

34 헌법재판소의 심판사항에 해당하지 않는 것은?

① 탄핵사건 심판   ② 정당해산 결정

③ 권한쟁의 심판   ④ 명령위헌 여부 심사

 헌법재판소는 위헌법률을 심사하며 위헌명령·규칙은 각급 법원이 심사한다.

※ 헌법재판소 심판사항 … 법률의 위헌여부심판, 탄핵심판, 정당해산심판, 권한쟁의심판, 법률이 정한 헌법소원심판

ANSWER 〉 29.③ 30.④ 31.② 32.② 33.④ 34.④

35 다음 중 현대복지국가 이념을 배경으로 발전한 기본권은?

① 청원권   ② 재산권

③ 신체의 자유   ④ 교육받을 권리

 현대복지국가에서 강조하는 기본권은 생존권이다. 생존권적 기본권은 국민이 인간다운 생활을 확보하기 위해 필요한 일정한 국가적 급부와 배려를 요구할 수 있는 권리를 말하며, 사회적 기본권이라고 한다. 이에는 인간다운 생활을 할 권리, 교육을 받을 권리, 근로의 권리, 근로자의 노동 3권, 환경권, 혼인과 가족생활, 모성·보건을 보호받을 권리를 들 수 있다.

36 다음 중 국민의 청원권에 해당되지 않는 것은?

① 피해에 대한 보상이나 구제

② 재판에 대한 의견 제시

③ 공무원의 비위 시정 요구

④ 공공제도 또는 시설의 운영

청원권(請願權) … 국가기관이나 지방자치단체에 대해서 국민이 희망을 진술할 수 있는 권리를 말한다.

※ 청원사항〈청원법 제5조〉

    ㉠ 피해의 구제

    ㉡ 공무원의 위법·부당한 행위에 대한 시정이나 징계의 요구

    ㉢ 법률·명령·조례·규칙 등의 제정·개정 또는 폐지

    ㉣ 공공의 제도 또는 시설의 운영

    ㉤ 그 밖에 청원기관의 권한에 속하는 사항

37 다음 중 반사적 이익이 아닌 것은?

① 공무원이 상관의 직무명령을 준수하여 직무를 수행함으로써 개인이 이익을 받는 경우

② 공중목욕탕업의 거리제한으로 인하여 이미 허가를 얻은 업자가 사실상의 독점이익을 받는 경우

③ 약사법에 약사의 조제의무를 정함으로 인하여 환자가 이익을 받는 경우

④ 어업의 면허를 받는 자가 이익을 받는 경우

① 직무명령은 행정규칙으로서 법규성이 인정되지 않는다. 직무명령의 수행으로 인해 개인이 받는 이익은 반사적 이익이다.

② 공중목욕탕업의 거리제한으로 인한 업자의 사실상 독점이익은 법률상 이익이 아닌 반사적 이익에 불과하다.

③ 약사법이 약사에 부과하는 조제의무는 공중위생을 위한 정책적 규율에 불과하고 특정 환자에 대한 조제의무를 강요하는 것은 아니므로 이로 인해 환자가 받는 이익은 반사적 이익에 불과하다.

④ 어업권은 강학상 특허에 해당하므로 개인적 공권에 해당한다.

38 다음 중 무효가 아닌 행정행위는?

① 뇌물을 받고 이루어진 건축허가

② 경찰서장이 행한 음식적 영업허가

③ 사자(死者)에 대한 운전면허

④ 여자에 대한 징집영장의 발부

① 부정, 사기, 강박에 의해 이루어진 행정행위는 일반적으로 취소할 수 있는 행정행위로 본다.

02 행정학

1 행정의 기초이론

1. 행정의 의의

(1) 현대행정의 개념

① 개념 … 정치권력을 배경으로 국가발전목표를 설정하고 이를 효율적으로 달성하기 위해 정책을 결정·형성하며 형성된 정책을 구체화하는 사무·관리·기술체계로, 집단적·협동적인 복수의 의사결정과정이다.

② 특징 … 안정성·계속성, 공익성·공공성, 정치성·정책성·권력성, 합리성, 협동성, 집단성, 기술성

(2) 공행정과 사행정(행정과 경영)

① 의의 … 공행정이란 국가 또는 공공기관이 공익이나 특정 목표를 달성하기 위해서 행하는 활동을 의미하며, 사행정이란 사기업이나 민간단체가 조직목표를 달성하기 위해서 행하는 활동을 의미한다.

② 유사점 … 목표달성수단, 관료제적 성격, 협동행위, 관리기술, 의사결정, 봉사성, 개방체제

③ 차이점

구분	행정	경영
목적	공익, 질서유지 등 다원적 목적	이윤의 극대화라는 일원적 목적
주체	국가 또는 공공기관	기업
정치적 성격	강함	상대적으로 약함
신분보장	강함	약함

2. 현대행정의 특징

(1) 행정국가의 성립

① 현대행정국가의 특징
  ㉠ 양적 측면
    • 행정기능의 확대·강화

- 행정기구의 증가
- 공무원 수의 증가
- 재정규모의 팽창
- 공기업 수의 증가
ⓛ 질적 측면
- 행정의 전문화 · 기술화
- 정책결정 및 기획의 중시(정치 · 행정일원론)
- 행정조직의 동태화(Adhocracy)
- 예산의 기획지향성(PPBS, MBO, ZBB)
- 행정책임의 중시 및 행정평가제도의 발달
- 신중앙집권화
- 행정의 광역화(광역행정)

② 행정국가의 한계
　ⓐ 행정권의 집중화 · 과대화
　ⓛ 행정의 특수 이익화
　ⓒ 신중앙집권화와 광역행정으로 지방자치 위기 초래

(2) 시장실패와 정부실패

① **시장실패** … 공공재의 문제, 외부효과의 문제, 불완전경쟁문제, 불완전정보문제, 소득분배의 불공평성

② **정부실패**
　ⓐ 정부실패의 원인
　　- 행정기구의 내부성과 조직내부목표
　　- 정부개입의 파생적 효과
　　- 정부산출의 정의 및 측정 곤란성
　　- 정보의 불충분
　ⓛ 정부실패의 대응
　　- 소정부화 : 권력의 통제, 행정관리의 효율화, 행정영역의 감축, 내부관리의 효율화, 행정기능의 재정립
　　- 민영화 : 공기업의 민영화, 계약에 의한 민간위탁, 생산보조금, 독점판매권, 구매권, 공동생산, 규제완화

(3) 복지행정과 사회보장제도

① 의의

　　㉠ **복지(welfare)** : 누구나 잘 살고 공평한 대우를 받는 상태를 의미한다. 이를 위해서 행정은 자유 · 민주 · 참여가 실현되어야 하고 완전고용이 이루어져야 하며, 일에 참여한 사람들이 공정한 분배와 정당한 보상을 받는 제도가 정착되어야 하고, 지역 간의 균형발전과 교육의 보편화가 실현되어야 한다.

　　㉡ **사회보장제도** : 1935년 미국의 사회보장법에서 시작하여 1942년 영국의 Beveridge보고서에 의해 법률로 제정됨으로써 본격화되었다.

② 복지국가 실현방안

　　㉠ **사회보험제도** : 관리주체는 국가로서 고용보험, 국민연금, 산재보험, 국민건강보험 등이며 주로 선진국에서 발달하였다.

　　㉡ **공공부조** : 극빈자나 노동능력이 결여된 자 또는 원호보호대상자에 한해 원호 · 구호 · 구제하는 사업이다.

(4) 정보화 사회

① 의의

　　㉠ **개념** : 산업사회 이후에 나타난 사회로서 어떠한 물질, 재화, 에너지보다도 정보의 가치, 지식, 기술이 중시되는 사회를 말한다.

　　㉡ **특성** : 다양성, 탈계층성의 강조, 신지식인의 등장, 전자정부가 나타나며 행정서비스의 질(신속성, 정확성, 능률성)이 향상되어 고객수요자가 중심이 되고, 다품종 소량생산체제로 전이한다.

② 정보화 사회의 역기능

　　㉠ 인간성 상실, 윤리의 상실과 소외현상

　　㉡ 관료들의 문제불감증

　　㉢ 정보독점에 따른 기업 · 지역 · 국가 간 격차증대 및 집권화의 위험

　　㉣ 컴퓨터 보안문제와 개인의 사생활 침해문제

3. 행정학의 발달

(1) 미국 행정학의 발달

① 기술적 행정학(정치 행정이원론)

　　㉠ **의의** : 행정은 정치권력이 아닌 공공사무의 관리 · 기술수단이며 정치분야가 아닌 경영분야이다.

ⓒ 내용 : 능률성을 강조하여 상의하달식 의사전달방식을 택하여 권위적 지배·복종관계를 중시하고, 권한·책임한계의 명확화와 공식성·표준화 수준을 높이기 위해 공식구조를 강조하며 내부의 관리절차와 수단을 중시한다.

ⓒ 한계 : 비공식조직의 중요성, 사회적 능률성, 외부환경변수, 인간의 감정적 요인 등을 인식하지 못한 점에 한계가 있다.

② **기능적 행정학**(정치 행정일원론)

ㄱ 의의 : 기술적 행정학의 한계를 극복하기 위해 나온 이론으로 행정은 정책결정기능과 형성기능을 적극적으로 수행해야 한다고 본다.

ⓒ 내용 : 사회문제의 적극적인 해결을 위해 가치중립성에서 벗어나 가치지향성을 추구하게 되었고 이를 행정의 정책결정기능과 형성기능을 통해 구체화하였으며, 사회적 능률성을 강조하였다.

(2) 과학적 관리론과 인간관계론

① **과학적 관리론**

ㄱ **특징**

- 전문화·분업의 원리 중시를 통한 행정의 전문성을 강조하였다.
- 계층제 형태의 공식구조와 조직을 중시하였다.
- 경제적·합리적 인간관(X이론적 인간관)과 기계적 능률성을 중시하였다.
- 폐쇄체제적 환경(환경변수 무시)이다.
- 상의하달식 의사전달체계이다.
- 시간과 동작의 연구를 통해 일일 과업량을 설정하였다.

ㄴ **내용**

- 테일러 시스템(Taylor system) : 과학적 방법으로 생산 공정의 요소단위를 분석하고 최선의 방법을 통해 작업조건을 표준화하여 개인에게 일일과업을 부여한다. 경제적 유인으로 동기부여가 된다.
- 포드 시스템(Ford system) : 작업공정을 Gilbreth의 기본동작연구를 이용하여 세분화·전문화·표준화하고 이를 기계로 대치하여 이동조립법을 실시했다.

ㄷ **영향**

- 정치·행정이원론(기술적 행정학)의 성립에 기여했다.
- 행정의 과학화를 강조하고 행정의 능률화에 기여했다.

ㄹ **한계**

- 공익을 우선으로 해야 하는 행정에 한계가 있다.
- 인간의 부품화, 인간성의 상실, 종속변수로서의 인간 인식을 초래하였다.
- 조직과 환경과의 상호의존작용을 무시하였다.
- 인간의 사회적·심리적 요인 등을 간과하였다.
- 비공식조직을 무시하였다.

② 인간관계론

    ㉠ 내용 및 특징 : 사회 심리적 요인의 중시, 비합리적 · 감정적 요소의 중시, 비합리적 · 사회적 존재의 강조, 비공식집단의 중시, 조직 관리의 민주화 · 인간화 강조를 들 수 있다.

    ㉡ 영향

- 비공식조직의 중요성을 인식하는 계기가 되었다.
- 사회인관, Y이론적 인간관으로 변화하였다.
- 인간을 사회 · 심리적 욕구를 지닌 전인격적 존재로 파악하였다.
- 인간행태를 독립변수화하였다.

    ㉢ 한계

- 합리적 경제인관을 과소평가하였다.
- 지나친 비합리주의와 감정 지향적 성향을 가진다.
- 공식조직 · 외부환경과의 관계를 경시하였다.

(3) 비교행정

① 비교행정의 접근방법

    ㉠ Riggs의 분류 : Riggs는 비교행정의 접근방법 경향이 종래의 규범적 접근방법에서 경험적 접근방법으로, 개별적 접근방법에서 일반법칙적 접근방법으로, 비생태적 접근방법에서 생태적 접근방법으로 전환하고 있다고 지적했다.

    ㉡ Heady의 중범위 이론모형 : 일반체제이론이 포괄적이어서 실증적인 자료에 의한 뒷받침이 어려우므로 연구대상 및 범위를 좁혀 집중적으로 연구하는 것이 효과적이라는 관점에서 제기된 방법이다.

② 평가

    ㉠ 공헌 : 후진국 및 신생국의 행정행태를 개방체제적 관점에서 고찰하여 행정행태의 특성형성에 관련되는 사회 · 문화적 환경요인을 규명했다.

    ㉡ 비판 : 정태적 균형이론으로 사회의 변동과 발전을 충분히 다루지 못했으며, 환경을 지나치게 강조하여 신생국의 발전과 근대화에 비관적이다.

(4) 발전행정

① 접근방법

    ㉠ 행정체제적 접근방법(행정체제 자체의 발전전략) : 균형적 접근방법, 불균형적 접근방법

    ㉡ 사회체제적 접근방법(타체제와의 전체적인 발전전략) : 균형적 접근방법(Riggs, Eisenstadt), 불균형적 접근방법(Esman, Weidner)

② 비판 … 행정의 비대화, 서구적 편견, 공정성의 문제, 다양한 발전의 경로 봉쇄, 과학성의 결여

(5) 신행정론

① 내용

    ㉠ 특징 : 사회적 평등 강조, 가치주의 중시, 사회변화에 대한 대응 중시

    ㉡ 접근방법 : 현상학적 접근방법, 역사주의적 접근방법

    ㉢ 내용

        • 행태론과 실증주의를 비판

        • 행정의 독립변수역할과 적극적 행정인의 역할을 강조

        • 수익자 · 고객 중심의 행정지향과 참여확대 추구

        • 비계층적 · 탈관료제적인 협력체제를 모색

② 평가 ··· 관료들의 가치지향적 행동을 지나치게 강조 · 의존

(6) 신공공관리론

① 내용

    ㉠ 신공공관리론의 패러다임 : 시장주의와 신관리주의가 결합된 것이다.

    ㉡ 특징

        • 정부기능의 감축 및 공공부문의 시장화

        • 개방형 임용제

        • 성과급의 도입 및 근무성적평정제도를 강화

        • 총체적 품질관리(TQM)

② 방법

    ㉠ TQM(총체적 품질관리)

    ㉡ Downsizing

    ㉢ Benchmarking system

    ㉣ Restructuring

    ㉤ Reengineering

    ㉥ Reorientaion

    ㉦ Outsourcing

③ 한계

    ㉠ 형평성 약화, 성과 측정의 어려움

    ㉡ 공공부문 · 민간부문의 환경간 근본적 차이 도외시

(7) 신국정관리론(New-govermance)

① 이슈공동체 … 공통의 기술적 전문성을 가진 다양한 참여자들의 지식공유집단이며, 광범위한 정책연계
망이다.

② 정책공동체 … 대립하는 신념과 가치를 가진 전문가들이 특정 분야의 정책에 관심을 가지는 가상적 공
동체이다.

③ 인식공동체 … 특정 분야의 정책문제에 대한 전문성과 지식을 가진 것으로 인정되는 전문직업인의 연
계망이다.

4. 행정학의 접근방법

(1) 행태론적 접근방법

① 의의 … 인간적 요인에 초점을 두며 H.A. Simon의 행정행태론이 대표적이다.

② 내용 … 논리적 실증주의, 정치·행정이원론, 객관화와 계량화, 과학성, 방법론적 개인주의 등이 있다.

(2) 생태론적 접근방법

① 의의 … 행정을 일종의 유기체로 파악하여 행정체제와 환경 간의 상호작용관계에 연구의 초점을 둔다.
행정체제의 개방성을 강조하고, 환경에 대한 행정의 종속변수적 측면을 강조한 거시적 접근법이다.

② 내용
　　㉠ Gaus의 생태론 … 행정에 영향을 미치는 7대 환경변수를 제시하였다.
　　㉡ Riggs의 생태론 … 구조기능적으로 분석하여 사회삼원론(융합사회, 프리즘적 사회, 산업사회)을 제
　　　시하였다.

(3) 체제론적 접근방법

① 의의(Parsons, Scott, Etzioni) … 행정현상을 하나의 유기체로 보아 행정을 둘러싸고 있는 다른 환경
과의 관련 속에서 행정현상을 연구하려는 개방체제적 접근법이다.

② 체제의 특징과 기능
　　㉠ 특징 : 전체성, 경계가 존재한다.
　　㉡ 기능 : (T. Parsons의 AGIL 기능) : 적응기능(Adaptation), 목표달성기능(Goal attainment), 통합기능
　　　(Integration), 체제유지기능(Latent pattern maintenance)을 한다.

(4) 현대행정학의 동향

① 행정학의 보편성과 특수성
- ㉠ 보편성 : 행정행태론과 비교행정론에서 중시된 개념으로 우수한 행정이론이나 제도는 시대와 상황이 다른 곳에 적용되어도 그 효용성이 감소되지 않는다는 것을 전제로 한다.
- ㉡ 특수성 : 제2차 세계대전 이후 미국의 행정이론이 신생국에 도입되었으나 각종 부작용이 발생한 경험을 토대로 행정의 특수성이 제기되었다. 이는 행정이론과 제도가 특정한 역사적 상황이나 문화적 맥락 속에서 각기 다른 효용성을 보임을 뜻한다.

② 행정학의 과학성과 기술성
- ㉠ 과학성(행정관리설, 행정행태설) : 행정학을 경험적 검증을 거친 과학적 학문분과로 파악하여 설명성, 인과성, 객관성 및 유형성을 강조하고 사회현상이나 자연현상의 인과적인 설명에 중점을 둔다.
- ㉡ 기술성(통치기능설, 발전기능설) : 정해진 목표의 효율적 성취방법을 의미하며 실용성, 실천성, 처방성을 강조하고 리더십의 연구에 있어 행정의 기술성이 가장 강조된다.

5. 행정의 가치

(1) 행정이념

① 의의 … 행정이 지향하는 최고가치, 이상적인 미래상 또는 행정철학, 행정의 지도정신 나아가 공무원의 행동지침 및 방향을 의미한다.

② 내용
- ㉠ 합법성(Legality)
- ㉡ 능률성(Efficiency)
- ㉢ 민주성(Democracy)
- ㉣ 효과성(Effectiveness)
- ㉤ 생산성(Productivity)
- ㉥ 사회적 형평성(Social equity)
- ㉦ 가외성(Redundancy)

(2) 공익

① 의의
- ㉠ 개념 : 국민에 대한 책임 있는 의사결정행위로서, 일반적인 불특정 다수인의 배분적 이익, 사회전체에 공유된 가치로서의 사회일반의 공동이익이라고 정의할 수 있다.

ⓒ 중요성
- 행정의 이념적 최고가치이며 행정인의 활동에 관한 최고의 규범적 기준이 된다.
- 국민에 대한 행정의 책임성을 판단하는 기준이자 정책결정의 가장 중요한 기준이 된다.

② 기능 … 결정자의 가치를 객관적·보편적 가치로 환원하는데 기여한다.

(3) 사회지표

① 의의 … 사회적 상태를 총체적으로 나타내어 생활의 양적·질적인 측면을 측정하여 인간생활의 전반적인 복지수준을 파악 가능하게 해주는 척도이다.

② 문제점 … 중복 계산되거나 누락되는 경우가 많아 수량적 측정이 곤란한 경우가 많고, 객관적 지표와 주관적 지표가 일치하지 않는 경우가 많다.

2 행정목표·정책론·기획론

1. 행정목표와 목표관리

(1) 행정목표

① 개념 … 목표설정이란 행정조직이 달성하고자 하는 미래의 바람직한 상태를 정립하는 창조적인 활동이다.

② 목표의 구조
- ⊙ 수단 – 목표의 연쇄성 : 조직의 상위목표와 하위목표는 목표와 수단의 관계로 연결되어 있음을 의미한다. 즉, 일정한 목표는 그보다 상위의 목표에 대해서는 달성수단이 되고 하위의 목표에 대해서는 달성목표가 되는 것이다.
- ⓒ 목표의 다원성 : 여러 목표의 상호보완적인 관계로 많은 사람으로부터의 지원을 확보할 수 있으나 구성원 간 대립·상충이 발생한다.

(2) 목표의 변동

① 목표의 전환(대치, 전치, 왜곡) … 본래의 조직목표를 망각하고 다른 수단적 목표를 택하는 것으로서 조직의 목표가 수단에 의해서 희생되는 현상을 의미한다.

② 목표의 승계 … 조직의 원래 목표가 달성되었거나 달성이 불가능하여 새로운 목표를 추구하고자 할 때 혹은 환경의 변동으로 목표의 정당성이 상실된 경우, 조직의 존속을 위해 새로운 목표를 설정하여 추구하고자 할 때에 나타난다.

③ 목표의 다원화 · 확대 · 축소 … 본래의 목표에 새로운 목표를 추가하는 경우를 목표의 다원화라 하고, 목표의 확대란 조직 내 · 외부의 환경과 조건의 변화에 대응하기 위해 목표의 범위를 확장하여 양적 변동을 추구하는 것을 말하며, 그 반대되는 경우를 목표의 축소라 한다.

④ 목표관리(MBO ; Management By Objectives) … 상하구성원의 참여과정을 통하여 조직의 공통목표를 명확히 하고, 조직구성원 개개인의 목표를 합의하여 체계적으로 부과하여 수행결과를 사후에 평가하여 환류함으로써 궁극적으로 조직의 효율성을 향상시키고자 하는 관리기법 내지 관리체제이다.

2. 정책론

(1) 정책의 본질

① 정책의 유형

  ㉠ 학자들의 분류

    • Almond와 Powell : 추출정책, 분배정책, 규제정책, 상징정책

    • Lowi : 분배정책, 재분배정책, 규제정책, 구성정책

  ㉡ 정책의 성격에 의한 분류

    • 분배정책 : 특정한 개인이나 집단에 공공서비스와 편익을 배분하는 것으로 수출 특혜금융, 지방자치단체에 대한 국가보조금 지급, 주택자금대출, 농어촌 지원대책, 철도 · 체신사업 등이 해당된다.

    • 규제정책 : 특정한 개인 · 집단의 사유재산과 경제활동에 통제 · 제한을 가하여 행동이나 재량권을 규제하는 정책으로 환경오염에 대한 규제, 독과점 규제, 기업활동 규제 등이 있다.

    • 재분배정책 : 부와 재화를 많이 가진 집단으로부터 그렇지 못한 집단으로 이전시키는 정책으로 누진과세, 영세민 취로사업, 임대주택의 건설 등이 해당된다.

    • 구성정책 : 정부기관의 기능 · 구조 변경 또는 신설 등과 관련된 정책이다.

    • 추출정책 : 국내외의 환경으로부터 인적 · 물적 자원을 확보하는 것으로 조세, 병역 등이 해당된다.

    • 상징정책 : 국가의 정당성 확보 또는 국민의 자긍심을 높이기 위한 정책으로 경복궁 복원, 군대 열병 등이 그 예이다.

② 정책과정과 참여자

  ㉠ 정책과정 : 정책의 형성부터 종결에 이르기까지의 일정한 과정이다. 정책과정은 대체로 정책의제 형성 → 정책분석과 결정 → 정책집행 → 정책평가 → 정책종결과 환류(Feed back)의 과정을 갖는다.

  ㉡ 정책과정의 참여자

    • 정책결정담당자 : 행정수반, 입법부, 공무원, 사법부와 지방자치단체가 있다.

    • 비공식적 참여자 : 이익집단, 정당, 일반시민과 전문가, 정책공동체가 있다.

(2) 정책의 형성

① 정책의제형성
  ㉠ 의의 : 정부가 사회문제를 정책적으로 해결하기 위하여 검토하기로 결정하는 행위 또는 과정을 말한다.
  ㉡ 정책의제형성모형
    • 외부주도형 : 정부 외부의 집단에 의해 이슈가 제기되는 경우로서 다원화되고 평등한 사회일수록 외부주도형에 의존할 가능성이 크다.
    • 내부주도형(동원형) : 정부 내의 정책결정자들에 의하여 주도되어 거의 자동적으로 정책의제가 채택되는 경우로 정부의제가 된 이후 공중에게 알려지게 되므로 행정PR을 필요로 한다.
    • 내부접근형(음모형) : 외부 국민들과는 관계없이 정부관료제 내부에서만 이루어진다.

② 정책결정
  ㉠ 의의 : 정부기관이 정책을 동태적 과정을 거쳐 공적 문제의 해결을 위하여 미래의 바람직한 정부의 대안을 탐색 · 선택하는 과정을 말한다.
  ㉡ 과정(G.B. Galloway) : 정책문제의 인지 → 목표의 설정 → 정보수집 및 분석 → 대안의 작성 및 비교 · 분석 → 최선의 대안 선택
  ㉢ 정책결정 이론모형
    • 합리모형 : 합리적인 경제인인 정책결정자는 전지전능한 존재라는 가정하에 목표달성의 극대화를 위한 합리적 대안을 탐색 · 추구하는 이론으로 종합성, 합리성, 체계성, 완전분석성, 근본적 검토 등을 특징으로 하는 이상론적인 정책결정과정을 가리킨다.
    • 점증모형(Lindblom & Wildavsky) : 인간의 지적 능력의 한계와 정책결정수단의 기술적 제약을 인정하고, 정책대안의 선택은 종래의 정책이나 결정의 점진적 · 순차적 수정이나 부분적인 약간의 향상으로 이루어진다고 보며 정치적 합리성을 중요시한다. 그러나 안이한 정책결정을 조장하고 쇄신을 저해한다는 비판을 받는다.
    • 만족모형(Simon & March) : 인간의 인지능력, 시간, 비용, 정보 등의 부족으로 최적 대안보다는 현실적으로 만족할 만한 대안을 선택하게 된다는 제한된 합리성을 가정한다.
    • 혼합주사모형(Etzioni) : 규범적 · 이상적 접근방법인 합리모형과 현실적 · 실증적 접근방법인 점증모형을 혼용함으로써 현실적이면서도 합리적인 결정을 할 수 있다고 본다.
    • 최적모형(Dror) : 합리모형의 비현실적인 측면과 점증주의의 보수적인 측면을 모두 비판하고 규범적이고 처방적인 입장에서 제시된 것으로, 계량적인 면과 질적인 면을 적절히 결합시키고 합리적인 요소와 초합리적인 요소를 함께 고려하여야 함을 강조했다.
    • 공공선택이론모형(Vincent Ostrom & Elinor Ostrom) : 행정을 근본적으로 공공재의 공급과 소비로 파악하고, 국민의 투표를 통한 선호를 표출시킴으로써 공공재를 스스로 선택할 수 있도록 하는 공공선택을 주장하였다. 홉스적 인간관을 전제로 공공재의 효율적인 생산과 공급은 제도적 장치의 마련을 통해 가능하다는 입장을 기본으로 하고 있다.

- 사이버네틱스모형 : 적응적·관습적 의사결정모형으로, 불확실한 상황하에서 시행착오를 거쳐 정보를 지속적으로 제어하고 환류하는 가운데 점진적인 적응을 해나간다고 본다.
- 쓰레기통모형 : 의사결정은 조직화된 환경, 참여자, 목표수단의 불확실상태에서 우연한 계기로 인해 정책결정이 이루어진다고 본다.

③ **정책분석** … 넓은 의미로서 의사결정자의 판단의 질을 높여주기 위한 각종 대안에 대한 과학적인 비교 및 체계적인 검토와 분석을 뜻하며 대체로 분석의 차원과 유형에 따라 관리과학, 체제분석, 정책분석의 세 차원으로 구분된다.

㉠ **체제분석(SA ; System Analysis)** : 의사결정자가 최적대안을 선택하는 데 도움을 주기 위한 체계적이고 과학적인 접근방법으로, 계량평가를 전제로 질적 가치문제에 대한 평가를 하게 된다.

㉡ **정책분석(협의의 정책분석)** : 정책목표를 달성하기 위한 최선의 대안을 선택하도록 하는 정책의 사전적 평가로, 수집된 자료·정보를 근거로 정책대안을 체계적으로 탐색·분석하여 결과를 예측함으로써 최선의 대안이 선택되도록 하는 활동이다.

④ **정책집행**

㉠ **의의 및 특징** : 권위 있는 정책지시를 실천에 옮기는 과정이다. 정책집행은 정치적 성격을 가지며 정책과 정책결과 또는 영향을 이어주는 매개변수이므로 명확하지 않은 계속적 과정으로 정책결정 및 정책평가와 상호작용을 한다.

㉡ **정책집행의 순응과 불응** : 순응이란 정책집행자나 정책대상집단이 정책결정자의 의도나 정책 또는 법규의 내용에 일치되는 행위를 하는 것을 의미하고, 이와 상반되는 행위를 불응이라 한다.

⑤ **정책평가**

㉠ **의의** : 정책이 본래의 목표에 맞게 수행되고 있는지의 여부와 그 결과에 대한 사후평가와 분석으로서 정책결정의 환류기능을 수행한다.

㉡ **정책평가를 위한 사회실험**

- 비실험 : 통제집단을 구성하지 못하는 경우 이들 통제집단과 실험집단의 구분 없이 정책처리를 하는 실험으로, 비교집단이 최초 실험설계시 존재하지 않는다.
- 진실험 : 실험집단과 통제집단의 동질성을 확보하여 행하는 사회실험방법이다.
- 준실험 : 진실험방법이 갖는 정치적·기술적 문제를 완화하기 위한 방법으로 실험집단과 통제집단의 동질성을 확보하지 않고 행하는 실험이다.

㉢ **정책평가의 타당성** : 정책평가가 정책의 효과를 얼마나 진실에 가깝게 추정해 내고 있는지를 나타내는 개념이다.

- 구성적 타당성 : 처리, 결과, 모집단 및 상황들에 대한 이론적 구성요소들이 성공적으로 조작화된 정도를 의미한다.
- 통계적 결론의 타당성 : 정책의 결과가 존재하고 이것이 제대로 조작되었다고 할 때, 이에 대한 효과를 찾아낼 만큼 충분히 정밀하고 강력하게 연구설계가 이루어진 정도를 말한다.

- 내적 타당성 : 정책집행결과상 변화의 인과론적 명확성 정도를 나타낸다. 즉, 결과에 대하여 찾아낸 효과가 다른 경쟁적인 원인이 아닌 정책에 기인된 것이라고 볼 수 있는 정도를 말한다.
- 외적 타당성 : 내적 타당성을 확보한 정책평가가 다른 상황에도 그대로 적용될 수 있는 정도를 말한다. 즉, 실험결과나 관찰된 효과가 다른 상황에서도 얼마나 일반화될 수 있는가의 정도를 나타낸다.

⑥ **정책종결** … 정책평가의 결과 역기능적이거나 불필요한 것으로 판단되는 정책을 정부가 의도적으로 축소·폐지하는 것으로 정책의 유효성을 위한 감축관리의 한 방법이다.

3 ▌ 조직의 구조와 관리

1. 조직이론의 기초

(1) 조직이론의 개관

① 조직의 의의
- ㉠ **개념** : 조직은 일반적으로 일정한 환경에서 구성원의 협동·노력으로 특정한 목표를 달성하기 위한 인적 집합체 또는 분업체제로서 이해된다.
- ㉡ **조직구조의 주요변수** : 복잡성, 공식성, 집권성
- ㉢ **조직의 상황변수** : 규모, 기술

② 조직이론의 발달과정
- ㉠ **고전적 조직이론(폐쇄적 합리체제)** : 합리주의적 입장에서 절약과 능률, 최고관리층에 의한 행정통제에 중점을 두고 있다. 또한 원리적 접근을 특색으로 하며, 정치행정이원론에 입각하고 있다.
- ㉡ **신고전적 조직이론(폐쇄적 자연체제)** : 과학적 관리론의 결점을 보완하기 위해 정치·행정이원론적 입장의 인간관계론에 근거를 두고 발전한 이론으로, 조직을 폐쇄체제로 보면서도 조직구성원의 사회적 욕구와 조직의 비공식적 요인에 중점을 두고 있다.
- ㉢ **현대조직이론(개방적 합리체제)** : 현대의 조직은 개인을 다양한 욕구와 변이성을 지닌 자아실현인, 복잡인의 관점에서 파악하며 복잡하고 불확실한 환경 속에서 목표의 달성을 위해 개성이 강한 인간행동을 종합하는 활동을 의미한다.
- ㉣ **신조직이론(개방적 자연체제)** : 조직군 생태론, 자원의존이론, 제도화 이론, 혼돈이론, 전략적 선택이론 등이 있다.

(2) 조직의 유형

① Blau & Scott(수혜자 기준)

　㉠ **호혜조직** : 조직구성원이 주요 수혜자로서 정당, 노동조합, 직업단체 등이 있다.

　㉡ **사업조직** : 조직의 소유자나 출자자가 주요 수혜자로서 사기업 등이 있다.

　㉢ **봉사조직** : 조직과 직접적인 관계의 고객이 주요 수혜자로서 병원, 학교 등이 있다.

　㉣ **공익조직** : 일반 대중이 주요 수익자로서 일반행정기관, 군대, 경찰서 등이 있다.

② T. Parsons · Katz & Kahn(사회적 기능 기준)

구분	T. Parsons	Katz & Kahn
적응기능	경제조직(회사, 공기업)	적응조직(연구소, 조사기관)
목표달성기능	정치조직(정당, 행정기관)	경제적 · 생산적 조직(산업체)
통합기능	통합조직(정부조직, 경찰)	정치 · 관리적 조직(정당, 노동조합)
현상유지기능	현상유지조직(학교, 종교단체)	현상유지조직(학교, 종교단체)

③ Etzioni(복종관계 기준)

　㉠ **강제적 조직** : 강제적 권력과 소외적 관여의 결합(교도소, 강제수용소)

　㉡ **공리적 조직** : 보수적 권력과 타산적 관여의 결합(기업, 이익단체)

　㉢ **규범적 조직** : 규범적 권력과 도덕적 관여의 결합(정당, 종교단체)

④ Likert(의사결정에의 참여도 기준)

　㉠ **수탈적 권위형(체제1)** : 조직의 최고책임자가 단독으로 모든 결정권을 행사하고 구성원의 의지는 반영되지 않는다.

　㉡ **온정적 권위형(체제2)** : 주요 정책은 고위층에서 결정하고 하급자는 주어진 영역 내에서만 재량권을 발휘할 수 있으나 최종 결정에 앞서 상급자의 동의를 거쳐야 한다.

　㉢ **협의적 민주형(체제3)** : 주요 정책은 고위층에서 결정하지만 한정된 범위의 특정 사안에 한해서는 하급자가 결정할 수 있다.

　㉣ **참여적 민주형(체제4)** : 조직의 구성원이 결정에 광범위하게 참여할 수 있으며 상호간 완전한 신뢰를 전제로 한다.

⑤ Mintzberg(조직의 특징 기준)

　㉠ **단순구조** : 조직환경이 매우 동태적이며 상대적으로 규모가 작고 조직기술은 정교하지 않은 조직으로 신생조직 · 독재조직 · 위기에 처한 조직 등이 이에 속한다.

　㉡ **기계적 관료제** : 조직규모가 크고 조직환경이 안정되어 있으며, 표준화된 절차에 의해 업무가 수행되는 조직으로서 은행, 우체국, 대량생산업체, 항공회사 등이 이에 속한다.

ⓒ **전문관료제** : 전문적·기술적 훈련을 받은 구성원에 의해 표준화된 업무가 수행되고 전문가 중심의 분권화된 조직이며, 조직환경이 상대적으로 안정되고 외부통제가 없는 조직으로서 대학, 종합병원, 사회복지기관, 컨설팅회사 등이 이에 속한다.

ⓔ **분립구조, 사업부제구조** : 독자적 구조를 가진 분립된 조직이며 중간관리층이 핵심적 역할을 하는 조직으로 대기업·대학분교·지역병원을 가진 병원조직 등이 이에 속한다.

ⓜ **임시체제(Adhocracy)** : 고정된 계층구조를 갖지 않고 공식화된 규칙이나 표준적 운영절차가 없으며, 조직구조가 매우 유동적이고 환경도 동태적인 조직으로 첨단기술연구소 등이 이에 속한다.

> **POINT** 조직의 새로운 유형
> ㉠ 네트워크조직 : 유기적 조직유형의 하나로서 정보통신기술의 발달로 적용된 조직구조 접근법이다.
> ㉡ 팀제 조직 : 특정 과업을 수행하기 위해 조직되어 스스로 문제를 해결해 나가는 소단위의 조직이다.

(3) 조직의 원리

① **통솔범위의 원리** … 부하를 효과적으로 통솔할 수 있는 범위를 말한다.

② **계층제의 원리** … 통솔범위가 확대되면 계층수는 적어지고, 통솔범위가 축소되면 계층수가 늘어난다. 책임한계가 명확하고 신속·능률적인 업무 수행이 가능하지만 의사소통 왜곡, 환경변동에의 부적응 등 경직성을 초래한다.

③ **전문화의 원리(분업의 원리, 기능의 원리)** … 전문화는 해당 업무를 숙달시켜 직업의 경제적·능률적 수행과 조직의 합리적 편성, 특정 분야의 전문가 양성에 기여하는 바가 크다.

④ **부처편성의 원리(Gulick)** … 목적·기능별 분류, 과정·절차별 분류, 대상·고객별 분류, 지역·장소별 분류가 있다.

⑤ **조정의 원리** … 행정조직의 대규모화, 행정기능의 전문화·복잡화로 조정의 필요성이 증가한다.

⑥ **명령통일의 원리** … 명령체계의 책임성의 확보와 능률적 업무처리에 필요하다.

2. 조직구조론

(1) 관료제

① **베버(M. Weber)의 관료제** … 관념의 순수한 구성물로서 관료제를 파악하는 것으로, 근대관료제의 성립은 근대적 합리성에 기초한 인간 이성의 진보로부터 가능하다고 보았다.

② **관료제의 병리현상**
  ㉠ **구조적 측면** : 할거주의(Selznick), 갈등조정수단 부족, 전문가적 무능, 조직의 활력 상실
  ㉡ **행태적 측면** : 무사안일주의, 인간성 상실

© 환경적 측면 : 서면주의, 형식주의, 번문욕례, 목표와 수단 전도, 동조과잉, 변동에 저항

(2) 계선과 막료

① 계선과 막료의 장·단점

구분	계선기관	막료기관
장점	• 권한과 책임의 한계 명확 • 능률적 업무수행 • 명령복종관계에 의한 강력한 통솔력	• 기관장의 통솔범위 확대 • 전문지식활용 합리적 결정에 기여 • 조직에 신축성 부여
단점	• 전문가의 지식·기술의 활용 곤란 • 조직의 경직성 초래 • 조직운영의 능률성, 효과성 저하	• 의사전달경로의 혼란 우려 • 책임전가의 우려 • 계선과 막료 간의 불화와 갈등 조성

② 계선과 막료의 특징

구분	계선기관	막료기관
직무	목표달성에 직접적 기여	목표달성에 간접적 기여
권한	결정권·명령권·집행권	공적 권한 없음
조직	수직적 계층제	수평적·부차적 조직
책임	직접적 행정책임	간접적 행정책임
성향	현실적·실제적·보수적	이상적·개혁적·비판적
업무유형	실시·지휘·명령·감독·결정	계선의 업무를 지원·조성·촉진
사례	장관, 차관, 실·국장	차관보, 비서실, 담당관

(3) 위원회조직

① 의의 … 복수의 자연인에 의해 구성되는 수평적 분권제로서 합의제적이고 계속적인 조직이다.

② 위원회조직의 장·단점
  ㉠ 장점 : 민주성에 부합하고, 위원들의 전문적 지식과 경험을 반영한다.
  ㉡ 단점 : 책임의 분산과 혼란을 가져오며 문제발생시 책임회피의 경향이 있다.

(4) 공기업

① 개념 … 국가 또는 공공단체가 수행하는 여러 사업 중 공공수요의 충족을 위해 기업적·경영적 성격을 지닌 사업을 수행하는 기업으로 국가나 지방자치단체가 이를 소유하여 지배한다.

② 공기업의 유형

  ㉠ **정부부처형** : 조직 · 인사 · 재정상의 제약으로 인해 공기업의 이점인 자율성 · 능률성 · 신축성을 갖지 못하고 관료적인 경향을 띠며, 기업경영에 필요한 창의력과 탄력성을 발휘하기 어렵기 때문에 공사로 전환하는 경향이 늘어나고 있다.

  ㉡ **주식회사형** : 정부가 주식의 전부 또는 일부를 소유하는 형태의 공기업으로서 주로 국가적으로 중요한 기업체의 도산을 방지하려는 경우, 개발도상국 정부가 외국사기업의 기술과 자본을 이용하려는 경우, 사기업의 창의력이나 신축성을 정부가 뒷받침하여 국책을 수행하려는 경우 등에 설치된다.

  ㉢ **공사형** : 공공성과 기업성의 조화를 도모하기 위해 시작된 제도로서, 전액정부투자기관이고, 정부가 운영의 손익에 대해 최종책임을 지며, 정부가 임명한 임원이 운영을 담당하고, 일반 행정기관에 적용되는 예산 · 인사 · 감사 · 회계에 관한 법령의 적용을 받지 않는다. 사양산업에 대한 지원이나 모험적 사업의 수행 또는 사회복지의 증진 등을 강력히 추진하는 데에 유리하다.

3. 조직과 개인 및 환경

(1) 환경에 대한 조직의 대응(Scott)

① **완충전략** … 분류, 비축, 형평화, 예측, 성장

② **연결전략** … 권위주의, 경쟁, 계약, 합병

(2) 조직과 인간

① 인간관과 관리전략

  ㉠ E.H. Schein의 인간관 유형과 관리전략

   • 합리적 · 경제적 인간관 : 인간은 타산적 존재이므로 경제적 유인으로 동기유발이 가능하다고 본다.

   • 사회적 인간관 : 인간은 사회적 존재이므로, 사회 · 심리적 욕구가 인간행동의 기본적인 요인이라고 본다.

   • 자기실현인간관 : 조직구성원은 자아실현을 추구하는 존재이므로, 동기부여는 직무를 통한 개인의 자아실현욕구가 충족됨으로써 이루어지는 내재적인 것이라고 본다.

   • 복잡한 인간관 : 인간은 복잡 · 다양한 존재이며, 동기는 상황과 역할에 따라 다르다고 본다.

  ㉡ McGregor의 X · Y이론

   • X이론 : 인간의 본질은 게으르고 일하기를 싫어하며 생리적 욕구와 안전의 욕구를 추구하고 새로운 도전을 꺼리고, 피동적이기 때문에 외부의 제재와 통제를 통해 조종될 수 있다고 본다.

   • Y이론 : 인간은 자기행동의 방향을 스스로 정하고 자제할 능력이 있으며 책임있는 행동을 한다고 본다.

ⓒ Ouchi의 Z이론 : 평생고용제, 장기에 걸친 평정 및 승진, 비전문적 경력통로, 내적 통제방식, 집단적 의사결정, 책임을 통한 만족감 고취, 전체적 관심 등의 특징을 주장한다.

② 동기부여이론

　ⓐ 내용이론(욕구이론)
　　• Maslow의 욕구단계설 : 생리적 욕구, 안전의 욕구, 애정의 욕구, 존경의 욕구, 자아실현의 욕구
　　• Alderfer의 ERG이론 : 생존의 욕구, 인간관계의 욕구, 성장욕구
　　• Herzberg의 욕구충족요인 이원설 : 위생요인(불만을 일으키는 요인), 동기요인(만족을 일으키는 요인)
　　• Likert의 관리체제모형 : 체제1(수탈적 권위형), 체제2(온정적 권위형), 체제3(협의적 민주형), 체제4(참여적 민주형)

　ⓑ 과정이론
　　• Vroom의 기대이론 : 성과가 분명하고 성과에 따른 보상이 클 것으로 기대될수록 개인의 동기는 강하게 작용한다.
　　• Porter & Lawler의 성과만족이론(EPRS이론) : 노력, 성과, 보상, 만족의 환류를 주장하며, 성과에 미치는 요인으로 노력을 강조한다.
　　• Adams의 형평성이론 : 개인의 투입에 대한 보수, 승진 등과 같은 결과의 비율이 준거인과 비교하여 어느 한쪽이 크거나 작을 때 불공정성이 지각되며 이 불공정성을 제거하기 위해 동기가 유발된다.
　　• 순치이론(보강이론) : 외부자극에 의하여 학습된 행동이 유발되는 과정 또는 어떤 행동이 왜 지속되는가를 밝히려는 이론이다.

4. 조직관리론

(1) 갈등

① 갈등의 기능
　ⓐ 역기능 : 조직의 목표달성을 저해한다.
　ⓑ 순기능 : 조직발전의 새로운 계기로써 선의의 경쟁을 유발시킨다.

② 갈등의 원인과 해결방안
　ⓐ 개인적 갈등의 원인과 해결방안 : 수락불가능성(목표 수정), 비교불가능성(대안선택), 불확실성(다른 대안 모색)
　ⓑ 복수 의사주체 간의 갈등해결방안 : 상위목표의 제시, 공동의 적 설정, 자원의 증대, 회피, 완화, 타협, 상관의 명령, 제도개혁

(2) 리더십

① 리더십의 유형

　㉠ 고전이론적 관점

　　• White와 Lippitt의 유형 : 권위형, 자유방임형, 민주형
　　• Blake & Mouton의 관리망모형 : 무관심형, 친목형, 과업형, 타협형, 단합형

　㉡ 상황이론적 관점

　　• Tannenbaum과 Schmidt의 유형 : 리더십 유형은 지도자와 집단이 처한 상황에 따라 신축적으로 결정되고, 가장 효율적인 리더십의 유형은 상황과 변수에 따라 신축적으로 결정된다고 보았다.
　　• Hersey와 Blanchard의 상황적 리더십이론 : 부하의 성숙도가 낮은 상황일 경우에는 지시적인 과업행동을 취하는 것이 효과적이고, 부하의 성숙도가 중간정도의 상황에서는 부하를 참여시키도록 노력하는 관계성 행동이 효과적이며, 부하의 성숙도가 높은 상황에서는 부하에게 권한을 대폭 위임해 주는 것이 효과적이라고 보았다.

　㉢ 최근의 이론적 관점

　　• 카리스마적 리더십이론 : 카리스마적 리더가 뛰어난 개인적 능력으로 부하에게 심대하고 막중한 영향을 미칠 수 있고 그 영향으로 부하가 탁월한 업적을 성취할 수 있게 한다는 점을 강조한다.
　　• 거래적 리더십 : 보상에 관심을 가지고 있고, 업무를 할당하고 그 결과를 평가하며, 예외에 의한 관리에 치중하고 책임과 결정을 기피하는 안정지향의 리더십이다.
　　• 변혁적 리더십 : 카리스마, 영감, 지적 자극, 개인적 배려, 조직의 생존과 적응 중시에 치중하며, 조직합병을 주도하고 신규부서를 만들어 내며, 조직문화를 새로 창출해 내는 등 조직에서 변화를 주도하고 관리하는 변화지향의 리더십이다.

(3) 의사전달

① 의사전달의 기능 … 정책결정의 합리성을 확보하고, 조정 · 통제 · 리더십의 효과적 수단을 확보할 수 있도록 한다.

② 의사전달의 유형

　㉠ 공식적 의사전달

　　• 장점 : 상관의 권위유지에 기여하고 의사전달이 확실하고 편리하며 비전문가도 의사결정이 용이하다. 또한 전달자와 대상자가 분명하고 책임소재가 명백하다.
　　• 단점 : 결정된 사안의 배후사정을 전달하기 곤란하며 법규에 의거하므로 의사전달의 신축성이 없어 유동적 환경변화에 대한 신속한 대응이 곤란하다.

ⓛ 비공식적 의사전달

- 장점
- –전달이 신속하고 상황적응력이 강하고 배후사정을 자세히 전달할 수 있다.
- –긴장감과 소외감의 극복과 개인적 욕구의 충족에 기여한다.
- –행동의 통일성을 확보해 주고 공식적 의사전달의 보완기능을 한다.
- –유익한 정보를 제공하여 관리자에 대한 조언의 역할을 한다.
- 단점
- –공식적인 권위체계와 의사전달체계가 무력화될 수 있고 책임소재가 불분명하다.
- –조정과 통제가 어렵고 감정과 정서에 치중하여 왜곡의 가능성이 높다.

(4) 행정정보화

① **필요성** … 폭증하는 행정수요에 대응하고, 정책결정과정의 합리화를 통하여 복잡한 정책문제해결을 위한 최적대안을 효과적으로 탐색·선택하며, 행정의 분권화, 지방화, 민주화, 인간화에 대비하고, 행정관리의 능률화 개선과 행정서비스의 질적 향상을 위하여 그 필요성이 절실하다.

② **행정정보체계(PMIlS)** … 행정조직의 운영, 행정관리, 정책의 형성·집행·평가, 행정서비스의 제공 등을 지원하기 위하여 각종 정보를 수집·검색하고 목적에 맞게 처리하여 제공해 주는 국가정보관리를 위한 행정체제를 의미한다.

③ **정보공개**

ⓐ **정보공개의 목적 및 필요성** : 헌법에 명시된 국민의 알 권리를 보장하고 국정의 투명성 확보와 행정통제의 효과적 수단이 되어 공무원의 권력남용과 부패 및 관료제 조직의 폐해를 예방할 수 있고, 정부의 정보를 공개함으로써 문제인식을 공유하여 국민의 행정참여를 촉진시킬 수 있다.

ⓛ **한계** : 정보는 이를 청구한 청구인에게만 제공되어 청구하지 않으면 제공받을 수 없다. 또한 공공기관이 새로운 정보를 수집 또는 작성할 의무는 없기 때문에 정보공개제도의 충실화를 위해서는 각종 회의의 공개와 회의록의 공표 등을 포함하는 정보공표의무제도가 확립되어야 한다.

④ **전자정부** … 정보기술을 이용하여 행정활동의 모든 과정을 혁신하고 대국민 서비스를 고급화한 지식정보사회형 정부이다. 1990년대 미국 클린턴 정부가 국민의 삶의 질 향상과 경제발전에 정보기술을 이용하고자 시작한 개념으로 최근에는 유비쿼터스 정부로 발전하였다.

5. 조직변동론

(1) 조직혁신(OI ; Organization Innovation)

① 의의 ··· 목표지향적 성격을 띠며 계획적 · 의도적 · 인위적 변화과정이다.

② 주체
  ㉠ 착상자 : 새로운 아이디어, 사업계획을 구상해 내는 소수의 창조분자로서 하위계층이다.
  ㉡ 창도자 : 아이디어를 추진하는 통찰력이 있는 중간관리층이다.
  ㉢ 채택자 : 창도자를 지원, 새로운 계획을 선도적으로 채택하는 최고관리층이다.

③ 조직혁신에 대한 저항과 극복방안 ··· 혁신으로 기득권의 침해에 대한 저항이 생길 시 손실 보상, 설득과 양해로 극복 가능하다.

(2) 조직발전(OD ; Organization Development)

① 의의 ··· 인위적 · 계획적으로 구성원의 가치관 및 태도 등을 변화시키려는 조직혁신이다.

② 조직발전의 기법
  ㉠ 감수성훈련(실험실훈련, T-Group Study) : 경험과 감성 중시, 행동가능한 능력배양에 역점을 둔다.
  ㉡ 관리망훈련 : 생산에 대한 관심과 사람에 대한 관심의 이원적 변수에 의거하여 빈약형 · 친목형 · 조직인형 · 권위복종형 · 단합형 관리 등으로 구분하고, 이 중 계획적이고 체계적인 훈련을 통하여 단계적으로 사람과 생산의 관련성을 극대화하려는 단합형 관리를 가장 바람직한 관리유형으로 본다.
  ㉢ 작업집단발전 : 개인이 작업집단에 대하여 무관심한 경우 발생할 수 있는 조직목표달성에의 장애요인을 제거하기 위해서 마련된 기법이다.
  ㉣ 태도조사환류기법 : 전체 조직을 설문지로 조사하여 얻은 자료를 설문지를 제출한 사람들에게 다시 환류시키는 기법이다.

③ 조직발전의 성공요건과 한계 ··· 내부적으로도 개혁을 요구하는 분위기가 조성되어야 하며 장기적 노력이 필요하므로 많은 비용과 시간이 소요된다.

(3) 조직의 동태화

① 개념 ··· 조직이 환경변화에 신축성 있게 적응하고 끊임없이 제기되는 새로운 행정수요를 충족시킬 수 있도록, 경직화된 수직적 구조의 관료제조직으로부터 변동대응능력을 가진 쇄신적 조직으로 전환시켜 문제해결 중심의 협동체제(Adhocracy)를 구성해 나가는 과정을 의미한다.

② 동태적 조직의 유형(Adhocracy)

    ㉠ Project Team(특별작업반) : 횡적 관계의 중시로 전문가의 동기부여에 효과적이므로 극대화된 역량을 발휘할 수 있지만 임시성에 따른 심리적 불안감이 있고, 구성원간 갈등·대립·긴장이 발생하기 쉽다.

    ㉡ Task Force(전문가조직) : 외부전문가의 도입 및 활용으로 전문적이고 구체적인 과업수행이 이루어지지만 행정의 일관성을 저해하기 쉽다.

    ㉢ Matrix조직(복합조직, 행렬조직) : 프로젝트 조직과 기능 조직을 절충한 형태로 책임과 권한한계의 불명확성문제가 제기된다.

    ㉣ 책임운영기관(Agency) : 중앙정부의 집행 및 서비스전달기능을 분리하여 자율성을 부여하고, 그 운영성과에 대하여 책임을 지도록 하는 성과 중심의 사업부서화된 행정기관을 말한다.

4 인사행정론

1. 인사행정의 기초

(1) 인사행정의 변천

① 엽관주의(Spoils System) … 미국에서 처음 도입된 것으로, 복수정당제가 허용되는 민주국가에서 선거에서 승리한 정당이 정당 활동에 대한 공헌도와 충성심의 정도에 따라 공직에 임명하는 제도이다. 행정의 비전문성과 안정성 미확보의 우려가 있다.

② 실적주의(Merit System) … 개인의 능력·실적을 기준으로 정부의 공무원을 모집·임명·승진시키는 인사행정체제이다. 공직임용의 기회균등으로 사회적 평등 실현이 가능해지고 행정의 공정성이 확보되며 신분보장이 법령에 의해 규정됨으로써 행정의 안정성과 계속성이 확보될 수 있다.

(2) 직업공무원제(Career System)

① 의의 … 현대행정의 고도의 전문화·기술화 및 책임행정의 확립, 재직자의 사기앙양을 위해 중립적·안정적 제도의 요구에 부응하여 나온 인사제도로 영국 및 유럽의 지배적인 제도이다.

② 직업공무원제의 장·단점

    ㉠ 장점 : 신분보장으로 인한 행정의 안정화, 공직에 대한 직업의식의 확립, 정권교체시 행정의 공백상태의 방지, 행정의 계속성과 정치적 중립성 확보에 용이하다.

ⓛ 단점 : 공직의 특권화와 관료주의화, 행정에 대한 민주통제의 곤란, 일반행정가 중심으로 인한 전문화, 행정기술발전의 저해, 유능한 외부인사 등용이 곤란, 학력·연령 제한으로 인한 기회의 불균형이 생길 수 있다.

(3) 대표관료제(Representative Bureaucracy)

① 의의 … 사회를 구성하는 모든 주요 집단으로부터 인구비례에 따라 관료를 충원하고, 그들을 정부관료제 내의 모든 계급에 비례적으로 배치함으로써 정부관료제가 그 사회의 모든 계층과 집단에 공평하게 대응하도록 하는 제도이다.

② 대표관료제의 문제점 … 관료들의 사회화 과정을 경시하고 상류계급의 공직임용을 제한하게 되는 역차별의 문제로 사회분열이 조장된다.

(4) 공직의 분류

① 경력직과 특수경력직의 종류와 기능
　　㉠ 경력직
　　　• 일반직 : 기술·연구 또는 행정일반에 대한 업무를 담당하며 직군별로 분류되는 공무원
　　　• 특정직 : 법관·검사·경찰·소방·군인·교육공무원 등
　　㉡ 특수경력직
　　　• 정무직공무원 : 선거로 취임하거나 임명할 때 국회의 동의가 필요한 공무원 또는 고도의 정책결정 업무를 담당하거나 이러한 업무를 보조하는 공무원으로서 법률이나 대통령령(대통령비서실 및 국가안보실의 조직에 관한 대통령령만 해당한다)에서 정무직으로 지정하는 공무원
　　　• 별정직공무원 : 비서관·비서 등 보좌업무 등을 수행하거나 특정한 업무 수행을 위하여 법령에서 별정직으로 지정하는 공무원

② 직위분류제와 계급제
　　㉠ 직위분류제 : 직무 또는 직위라는 관념에 기초하여 직무의 종류, 곤란도, 책임도 등을 기준으로 하여 직류별·직렬별·등급별로 분류·정리하는 제도이다.
　　㉡ 계급제 : 학력·경력·자격과 같은 공무원이 가지는 개인적 특성을 기준으로, 유사한 개인의 특성을 가진 공무원을 하나의 범주나 집단으로 구분하여 계급을 형성하는 제도이다.

2. 채용

(1) 시험

① 의의 … 능력 있는 자와 능력 없는 자를 구별하는 가장 효과적인 방법으로 잠재적 능력의 측정, 직무수행능력의 예측, 장래의 발전가능성 측정에 효용이 있다.

② 측정기준
    ㉠ 타당도 : 측정하려는 대상의 내용을 얼마나 충실하고 정확하게 측정하고 있는가를 나타내는 것으로, 시험성적과 근무성적을 비교해 본다.
    ㉡ 신뢰도 : 대상을 얼마나 일관성 있게 측정하고 있는가를 나타내는 것으로, 동일한 내용의 시험을 반복시행한 결과가 비슷해야 한다. 제고방법으로는 채점의 객관성 향상, 보다 많은 문항수, 시험시간의 적절성이 있다.
    ㉢ 객관도 : 채점의 공정성에 관한 것으로 제고방법으로는 평가도구 · 방법의 객관화, 명확한 평가기준의 설정, 공동평가의 종합 등이 있다.

(2) 임용

① 외부임용 … 공개경쟁채용과 특별채용을 이용한다.

② 내부임용
    ㉠ 수직적 내부임용 : 승진, 강임
    ㉡ 수평적 내부임용 : 배치전환(전보, 전직, 전입, 파견근무), 겸임, 직무대행

3. 능력발전

(1) 근무성적평정

① 도표식 평정척도법 … 평정요소를 나열하고 평정요소마다 우열을 나타내는 척도인 등급을 표시한 평정표를 사용한다. 평정표의 작성과 사용이 용이하다는 장점이 있으나, 평정요소의 합리적 선정과 기준이 모호하며, 연쇄효과, 집중화 경향, 관대화 경향이 나타나기 쉽다.

② 사실기록법 … 객관적인 사실에 기초하여 근무성적을 평가하는 방법으로 산출기록법, 주기적 검사법, 근태기록법, 가감점수법 등이 있다. 객관적이기는 하나 작업량을 측정하기 어려운 업무에 대하여는 적용할 수 없다는 단점이 있다.

③ **서열법** … 피평정자 간의 근무성적을 비교해서 서열을 정하는 방법으로, 비교적 작은 집단에 대해서만 가능하고 집단 내의 전체적인 서열 외에 객관적 자료는 제시하지 못한다.

④ **체크리스트법** … 표준행동목록에 단순히 가부를 표시하는 방법으로, 평정요소가 명확하게 제시되어 있고 평정하기가 비교적 쉬우나, 평정요소에 관한 평정항목선정이 곤란하고 질문항목이 많을 경우 평정자가 곤란을 겪게 된다.

⑤ **강제선택법** … 2개 또는 4~5개의 항목 가운데서 피평정자의 특성에 가까운 것을 강제적으로 골라 표시하도록 하는 방법으로, 신뢰성과 타당성이 높다는 장점이 있으나, 평정기술항목들을 만들기 어렵고 작성비용이 많이 드는 단점이 있다.

⑥ **강제배분법** … 평정점수의 분포비율을 획일적으로 미리 정해 놓는 방법이다. 피평정자가 많을 때에는 관대화 경향에 따르는 평정오차를 방지할 수 있으나, 현실을 왜곡하는 부작용이 초래될 수 있다.

4. 사기

(1) 보수체계

① **직무급** … 동일직무에 대한 동일보수의 원칙에 근거하여 직무의 내용·곤란성·책임도를 기준으로 한 보수를 말한다.

② **성과급(능률급)** … 공무원의 직무에 대한 실적·성과·능률의 정도를 고려하여 보수를 결정하는 것으로 생산성 향상에 가장 유리하다.

③ **근속급(연공급)** … 공무원의 근속 연수를 기준으로 한 보수이다.

④ **직능급** … 직무를 수행하는 데 요구되는 능력을 기준으로 보수를 결정한다.

(2) 고충처리

① **국민권익위원회**
  ㉠ **설치 이유** : 고충민원의 처리와 이에 관련된 불합리한 행정제도를 개선하고, 부패의 발생을 예방하며 부패행위를 효율적으로 규제하도록 하기 위하여 국무총리 소속으로 국민권익위원회를 둔다.
  ㉡ **기능** : 국민의 권리보호·권익구제 및 부패방지를 위한 정책의 수립 및 시행, 부패방지 및 권익구제 교육·홍보 계획의 수립·시행, 부패행위 신고 안내·상담 및 접수, 신고자의 보호 및 보상, 법령 등에 대한 부패유발요인 검토 등이 있다.

② **공무원단체** … 공무원의 권익을 증진하고 실적제가 강화될 수 있으나 공무원의 단체 활동은 국민 다수의 이익에 부정적 영향을 미칠 수 있다.

5. 근무규율

(1) 공무원의 정치적 중립

① **미국** … 1883년 Pendleton법에서 분류직 공무원의 정치활동을 금지하였으며 1939년 Hatch법을 통해 선거자금 제공과 선거운동 금지, 정당 강요와 보상 금지 등을 규정하였다.

② **영국**(Whitley협의회)
- ㉠ 하위직 : 정치활동의 자유를 허용하였다.
- ㉡ 서기계급(중간계급) : 입후보만을 금지하였다.
- ㉢ 행정 · 집행계급(고위계급) : 정치활동을 금지하였다.

③ **우리나라**
- ㉠ 헌법 제7조 제2항 : 공무원의 신분과 정치적 중립성은 법률이 정하는 바에 의하여 보장된다.
- ㉡ 국가공무원법 제65조 : 공무원은 정당이나 그 밖의 정치단체의 결성에 관여하거나 가입할 수 없으며 선거에서 특정 정당이나 특정인을 지지하거나 반대하는 행위를 할 수 없다. 또한 다른 공무원에게 이와 같은 행위를 요구하거나 정치적 행위의 보상 · 보복으로서 이익 · 불이익을 약속하여서는 안 된다.

(2) 신분보장

① **징계사유**
- ㉠ 국가공무원법(지방공무원법) 및 법의 명령(지방공무원의 경우 지방자치단체의 조례 또는 규칙)을 위반한 때
- ㉡ 직무상의 의무를 위반하거나 직무를 태만히 한 때
- ㉢ 직무 내외를 불문하고 체면 또는 위신을 손상하는 행위를 한 때

② **징계의 종류**
- ㉠ 파면 : 5년간 임용에 금지되는 강제퇴직이다.
- ㉡ 해임 : 3년간 공직임용에 제한되는 강제퇴직이다.
- ㉢ 강등 : 1계급 아래로 직급을 내리고 공무원 신분은 보유하나 3개월간 직무에 종사하지 못하며 그 기간 중 보수는 전액을 감한다.
- ㉣ 정직 : 1~3개월, 신분은 보유하나 직무에 종사하지 못하며 보수는 전액을 감한다.
- ㉤ 감봉 : 1~3개월, 보수의 3분의 1을 감한다.
- ㉥ 견책 : 전과에 대해 훈계하고 회개하게 한다.

1. 예산의 기초이론

(1) 예산의 의의

① 예산의 개념 ··· 형식적 의미로는 헌법과 국가재정법에 의거하여 편성, 국회의 심의·의결을 거친 1회계연도 간의 재정계획이다. 실질적 의미로는 재정수요와 이에 충당할 재원을 비교하여 배정한 1회계연도에 있어서의 세입·세출의 예정적 계산이다.

② 예산의 기능
  ㉠ 정치적 기능 : 예산은 단순히 합리적·과학적·총체적 결정이 아닌, 다양한 이해관계의 조정과 타협으로 결정되어 가치배분적 성격을 가진다.
  ㉡ 법적 기능 : 예산은 입법부가 행정부에 대해 재정권을 부여하는 하나의 형식이며, 예산이 법률의 형식을 가지지 않더라도 입법부의 승인을 받음으로써 강제적으로 집행해야 할 의무를 가지게 된다.
  ㉢ 행정적 기능(A. Schick) : 통제적 기능, 관리적 기능, 계획기능을 가진다.
  ㉣ 경제적 기능(R.A. Musgrave)
    • 자원배분기능 : 정부는 현재의 수요·공급을 직접 담당하거나 예산지원으로 자원을 배분한다.
    • 소득재분배기능 : 상속세·소득세 등의 세율조정이나 사회보장적 지출 등을 통하여 사회계층의 소득분배의 불균등을 해소한다.

(2) 예산의 종류

① 일반회계예산 ··· 조세수입을 주재원으로 한 국가 활동에 사용되는 예산이다.

② 특별회계예산 ··· 특정한 세입으로 특정한 세출에 충당함으로써 일반의 세입·세출과 구분하여 계리할 필요가 있을 때 법률로써 설치하는 회계이다.

③ 본예산 ··· 정상적인 편성과 심의를 거쳐 최초로 확정되는 예산으로 정기적으로 매년 다음 해의 총세입과 세출을 예산으로 편성하여 정기예산국회에 다음 회계연도가 시작되기 120일 전에 제출하는 예산이다.

④ 수정예산 ··· 예산안이 편성되어 국회에 제출된 후 심의를 거쳐 성립되기 이전에 부득이한 사유로 인하여 그 내용의 일부를 수정하고자 하는 경우 작성되는 예산안을 의미한다.

⑤ 추가경정예산 ··· 예산이 국회를 통과하여 예산이 성립된 이후 예산에 변경을 가할 필요가 있을 때, 국회에 제출하여 성립되는 예산을 말한다.

⑥ 준예산 … 의회에서 예산안이 성립되지 않은 경우 예산의 의결이 있을 때까지 세입범위 안에서 전년도 예산에 준하여 일정한 경비를 지출할 수 있도록 하는 제도로 우리나라에서 활용되고 있다.

⑦ 잠정예산 … 회계연도 개시 전까지 예산 불성립시, 일정기간 동안 일정금액 예산의 국고지출을 잠정적으로 의회의결하에 허용하는 제도이다.

⑧ 가예산 … 부득이한 사유로 예산이 국회에서 의결되지 못한 경우에 최초의 1개월분을 국회의 의결로 집행할 수 있는 예산이다. 1개월 간의 기간 제한이 있다는 점에서 잠정예산과 차이가 나며, 국회의 의결을 필요로 한다는 점에서 준예산과 다르다.

2. 예산과정

(1) 예산과정

① 예산편성과정 … 중앙관서의 장의 중기사업계획서 제출 → 기획재정부장관의 예산편성지침서 시달 → 중앙관서의 장의 예산요구서 작성 및 제출 → 기획재정부의 사정 → 정부 예산안의 확정과 국회 제출

② 예산편성의 형식
  ㉠ 예산총칙 : 세입·세출예산 이외에 매년도의 재정운영에 필요한 기초사항에 관하여 국회의 의결을 받아두는 형식이다.
  ㉡ 세입·세출예산 : 당해 회계연도의 모든 수입과 지출 예정액을 제시하고 있는데, 세입예산은 법적 효력이 없고, 세출예산은 법적 효력이 있다.
  ㉢ 계속비 : 수년에 걸쳐 완성되는 공사, 제조, 연구개발사업은 경비의 총액과 연부액을 정하여 미리 국회의 의결을 얻어 수년에 걸쳐 지출할 수 있다. 계속비의 연한은 회계연도로부터 5년이다.
  ㉣ 명시이월비 : 세출예산 중 경비의 성질상 연도 내에 그 지출을 끝내지 못할 것이 예측될 때에는 그 취지를 세입·세출예산에 명시하여 미리 국회의 승인을 얻어 다음 해에 이월하여 사용할 수 있다.
  ㉤ 국고채무부담행위 : 법률에 의한 것과 세출예산금액 또는 계속비 총액의 범위 내의 것 이외에 국가가 채무를 부담하는 행위를 할 때는 미리 예산으로서 국회의 의결을 얻어야 한다.

③ 예산의 심의
  ㉠ 대통령의 시정연설 : 회계연도 개시 120일 전까지 예산안이 국회에 제출되면 본회의에서 대통령의 시정연설이 있게 된다.
  ㉡ 상임위원회의 예비심사 : 국회의 각 상임위원회는 소관부처별 예산안을 예비심사한다.
  ㉢ 예산결산특별위원회의 종합심사 : 기획재정부장관의 예산안 제안 설명과 전문위원의 예산안 검토·보고 후, 예산결산특별위원회는 국정 전반에 걸쳐 정책질의를 하며 각 부별로 예산안을 심의하고, 계수조정소위원회의 계수조정이 있은 후 전체 회의에 상정되어 의결, 본회의에 상정한다.

  ⓔ **본회의 의결**: 본회의에서는 예산결산특별위원회 위원장의 심사보고에 이어 의원들의 질의 및 토론을 거쳐 예산안을 회계연도 30일 전까지 최종적으로 의결·확정한다.

④ **예산의 집행** … 국가의 수입과 지출을 실행·관리하는 모든 행위로, 국고의 수납, 지출행위와 지출원인행위, 국고채무부담행위를 포함하여 확정된 예산에 따라 수입을 조달·지출하는 모든 재정활동을 말한다.

  ㉠ **예산의 이용**: 입법과목(장·관·항) 간에 예산을 상호융통해서 사용하는 것을 말한다.

  ㉡ **예산의 전용**: 행정과목인 세항 또는 세항 내의 목(경비성질별 분류) 간에 상호융통해서 사용하는 것을 말한다.

  ㉢ **예산의 이체**: 행정조직의 개편으로 인해 그 직무권한에 변동이 있을 때 예산도 이에 따라 변경시키는 것을 말한다.

  ㉣ **예산의 이월**: 회계연도 독립의 원칙에 대한 예외로서 한 회계연도의 세출예산의 일정액을 다음 연도에 넘겨서 사용할 수 있도록 함으로써 시기적인 신축성을 유지해 주는 제도이다.

  ㉤ **예비비**: 예측할 수 없는 예산 외의 지출 또는 예산초과지출에 충당하기 위하여 세입세출예산에 계상한 금액이다.

  ㉥ **계속비**: 장기간 사업의 경우 경비의 총액과 연부액을 정하여 미리 국회의 의결을 얻은 범위 내에서 5년 이내에 걸쳐 지출할 수 있는 예산을 말한다. 예산 1년주의와 회계연도독립의 원칙에 대한 예외를 인정함으로써 예산집행의 신축성을 유지하기 위한 제도적 장치라고 할 수 있다.

  ㉦ **국고채무부담행위**: 국가가 채무를 부담하는 행위만 당해연도에 하고, 실제 지출은 그 다음 회계연도에 이루어지는 것이다.

  ㉧ **수입대체경비**: 용역 또는 시설을 제공하여 발생하는 수입과 관련되는 경비로서 대통령령이 정하는 경비를 말한다.

  ㉨ **긴급배정**: 회계연도 개시 전에 미리 예산을 배정하는 긴급배정제도로 정보비, 여비, 경제정책상 조기집행을 필요로 하는 공공사업비 등이 해당된다.

⑤ **결산** … 예산·결산의 일치 여부, 예산집행의 적정성·적법성 등을 심사하여 정부의 예산집행에 대한 사후감독과 정부의 국회예산심의권 침해를 방지하기 위한 통제장치이다.

3. 예산제도

(1) 예산제도의 형태

① **품목별 예산제도(LIBS)** … 지출의 대상·성질을 기준으로 하여 세출예산의 금액을 분류하는 것으로 예산의 집행에 대한 회계책임을 명백히 하고 경비사용의 적정화를 기하는 데 필요하다.

② **성과주의 예산제도(PBS)** … 관리 중심적 예산으로 지출을 필요로 하는 사업계획과 이에 따른 세부사업, 나아가서는 업무측정단위로 구획한 다음 이에 따라 예산을 편성한다(예산액 = 단위원가 × 업무량).

③ **계획예산제도(PPBS)** … 계획예산제도는 장기적 계획수립과 단기적 예산결정을 프로그램 작성을 통해 유기적으로 연결시킴으로써 자원배분에 관한 의사결정의 일관성과 합리성을 도모하려는 예산제도이다.

④ **목표관리(MBO)** … 상급자와 하급자가 공동으로 목표를 확인하고, 효과적인 관리를 통해 이 목표를 달성하고자 하는 관리기법인 동시에 예산기법이다.

⑤ **영기준예산(ZBB)** … 예산편성시에 기존 사업을 근본적으로 재검토하여 예산의 삭감은 물론 사업의 중단이나 폐지도 고려할 수 있는 예산결정방식이다.

⑥ **일몰법(SSL)** … 특정의 행정기관이나 사업이 일정기간(3~7년)이 지나면 자동적으로 폐지되게 하는 법률로 재검토하여 존속하게 한다.

⑦ **자본예산(CBS)** … 복식예산의 일종으로 정부예산을 경상지출과 자본지출로 구분하고, 경상지출은 경상수입으로 충당시켜 균형을 이루도록 하지만, 자본지출은 적자재정과 공채발행으로 수입에 충당하게 함으로써 불균형예산을 편성하는 제도이다.

⑧ **기타**

ㄱ **지출통제 예산제도** : 예산항목간 전용 허용, 회계과목의 단순, 불용액의 이월, 효율적 배당 허용 등으로 기관장이 예산을 자유롭게 지출할 수 있게 한다.

ㄴ **총괄배정 예산제도** : 포괄적 용도에 따라 전체액만 결정하여 신축성과 자율성을 보장한다.

ㄷ **다회계년도 예산제도** : 회계연도를 2년 이상으로 하며 연말의 예산낭비 방지, 시간·노력 절감, 사업의 계속성 보장 등의 장점이 있다.

ㄹ **산출 예산제도** : 예산의 사전승인 대신 자율성을 인정하고, 성과나 산출을 평가·통제한다.

ㅁ **총괄경상비 제도** : 매 회계연도마다 경상비 예산의 추계는 재무부가 각 부처와의 협의에 의해 결정하여 단일비목으로 국회에 제출하고, 국회는 제출된 경상비 예산안에 대하여 연간 금액한도를 기준으로 심의·확정하는 금액한도제 방식을 채택한다.

ㅂ **정치관리형 예산(BPM)** : 계획예산제도에 대한 반발로 의회 우위를 확보하기 위하여 대두된 하향식 예산제도로서 의회 및 대통령의 정치적 계산에 의해 예산의 총한도가 정해지고 주정부 및 행정기관은 그 한도 내에서 우선순위를 통해 집행한다(하향식·집권식 결정).

ㅅ **지출대예산(EEB)** : 계획예산제도와는 대조적으로 하부기관에서 대안 간의 선택이 이루어지게 하는 수단으로 상층부에서 사업의 우선순위와 지출한도를 설정하는 하향식 자원배분절차이다.

ㅇ **성과지향적 예산제도** : 성과 중심으로 예산을 운용하는 것으로 투입 중심의 예산제도에 반대되는 개념이다.

6 행정통제와 행정개혁

1. 행정책임과 행정통제

(1) 행정책임

① 의의 … 행정기관이나 행정인이 직무를 수행할 때 국민의 기대와 희망, 공익 및 행정관계법령 등이 규정하는 행동기준에 따라 행동할 의무를 지는 것을 말한다.

② 필요성 … 위임입법의 증대, 국민통제의 취약, 행정관할범위의 확대, 막대한 예산권의 행사, 정부 주도의 경제발전 추진, 결정권의 집중과 확대·강화 경향, 행정의 전문화·복잡화, 재량권의 확대가 이루어졌다.

(2) 행정통제

① 의의 … 행정책임을 보장하기 위한 사전적·사후적 제어장치로서 행정조직의 하부구조나 참여자들이 조직목표나 규범으로부터 이탈되지 않도록 하기 위한 제재와 보상 등의 활동을 말한다.

② 유형
  ㉠ 외부통제(민주통제) : 민중통제, 사법통제, 입법통제, 옴부즈만 제도
  ㉡ 내부통제(자율통제) : 정책·기획 통제, 관리통제, 공직윤리 등

③ 시민참여 … 행정의 의사결정과정에 국민이 개인적 또는 집단적으로 직·간접적인 영향을 미치거나 관여하는 것을 의미한다. 그러나 전문성을 저해하고 비능률을 초래하며 행정관청에 의한 대중조작의 위험성이 있다. 또한 정책과정의 복잡화와 지체를 초래하여 시간·자원을 낭비할 가능성이 있고, 적극적 참여의식의 결여, 대표성의 문제가 있을 수 있다.

2. 행정개혁

(1) 행정개혁

① 필요성
  ㉠ 국제적 환경의 변화, 권력·이익 투쟁의 작용으로 행정개혁이 요구된다.
  ㉡ 행정문제와 수요의 변동, 정부역할과 행정수요의 변동이 있다.

② 접근방법
  ㉠ 구조적 접근방법
    • 특징 : 공식적·합리적 조직과 조직원리에 중점을 두는 전통적 접근방법이다.

• 문제점 : 후진국의 경우 형식주의에 치중할 위험성이 있고, 인간적 요인을 과소평가하며, 조직의 동태적 성격과 환경적 요인이 충분히 고려되지 않는다.

ⓛ 기술적 접근방법

• 특징 : 과학적 관리법의 원리를 적용하여, 사무관리 개선에 목표를 두고 행정수행과정을 중시한다.

• 장 · 단점 : 전산화된 통합적 관리정보체계는 기술적 쇄신을 통해 표준적 절차와 조직의 과업수행에 영향을 준다. 그러나 기술과 인간성 간의 갈등을 소홀히 할 수 있다.

ⓒ 인간관계론적(행태적) 접근방법

• 특징 : 행정인의 가치관 · 태도 등을 감수성훈련 등 조직발전기법을 활용하여 인위적으로 변혁시켜 조직 전체의 개혁을 도모한다.

• 문제점 : 인간의 행태변화는 장기적인 시간을 소요하며, 권위주의적 행정문화 속에서의 낮은 성공률을 보이며, 행태과학의 전문적 기술 및 지식이 요구된다.

ⓔ 종합적 접근방법 : 구조적 · 기술적 · 인간관계적 접근방법이 상호보완적으로 병행된다. 정치적 성격과 환경적 요인의 중요성을 감안한 방법이며 현대행정에서 가장 타당한 행정개혁방안이라고 볼 수 있다.

(2) 감축관리

① 의의 … 행정개혁의 실천적 접근방법으로서 정책 · 조직 · 사업 등을 계획적으로 정비 · 폐지 · 축소하여 자원 활용의 총 효과성을 극대화하고자 하는 조직정비운동이다. 일몰법의 도입, 민영화의 확대, 제3섹터를 활용, 영기준예산(ZBB)의 채택, 정책의 종결, 사업의 합병 등을 활용, 규제의 폐지 · 축소 등의 방법을 시행한다.

② 저해요인 및 해소방안

㉠ 저해요인

• 법적인 제약이 따른다.

• 관련 수혜집단의 저항이 있을 수 있다.

• 심리적 · 정치적 원인이 작용할 수 있다.

• 과대한 비용 · 손실 · 매몰비용(sunk cost)이 소요된다.

• 담당행정조직의 존속지향성(동태적 보수주의 추구)이 있다.

㉡ 해소방안

• 부담의 보상을 해주고 관련정보의 누설을 방지한다.

• 제도적 장치(ZBB, 일몰법)를 확립한다.

• 동조세력의 확대와 외부인사의 참여 등을 유도한다.

• 기존정책의 폐해와 새로운 정책도입을 적극적으로 홍보한다.

1. 지방자치단체와 국가와의 관계

(1) 중앙집권의 장·단점

① 장점 … 행정관리의 전문화, 국가위기에 대한 신속한 대처 가능, 자원배분의 합리화, 대규모의 물질적·정신적 사업에 유리, 행정의 통일성, 안정성, 능률성에 기여, 광역적·거시적·전국적인 국가사업 추진, 급변하는 행정수요에 대한 소요재원 확보가 가능하다.

② 단점 … 중앙정부의 행정부담 가중, 행정수요의 지역적 특수성 무시, 공동체의식·자치의식 등의 결여, 참여의식의 저하, 지방 민주화 저해, 민주통제 약화, 권위주의적·전제주의적 경향이 나타날 수 있다.

(2) 신중앙집권화와 신지방분권화

① 신중앙집권화 … 기존의 지방자치를 부정하는 것이 아니라 지방정부와 기능적으로 협력하고 조화를 모색하기 위하여 등장하였다.
  ㉠ 촉진요인 : 행정사무의 양적 증가, 질적인 전문성의 한계, 과학기술과 교통·통신의 발달, 중앙재정에의 높은 의존도, 국민생활권의 확대와 경제규제의 필요성의 대두, 국민의 최저수준 유지의 필요성, 행정의 민주화·능률화의 조화가 필요하였다.
  ㉡ 특징 : 능률성과 민주성이 조화되는 이념으로 비권력적·협력적·수평적·기능적 집권에 해당한다.

② 신지방분권화 … 중앙집권적 성향이 강했던 프랑스 등에서 정보화, 국제화, 도시화, 지역불균형 등으로 1980년대 이후 나타난 지방분권화 경향이다(미국의 Home Rule운동).
  ㉠ 촉진요인 : 정보화의 확산, 도시화의 진전, 중앙집권화의 폐해로 인한 지역간 불균형, 국제화·세계화의 추세로 활동영역이 확대되었다.
  ㉡ 특징 : 상대적·참여적·협조적·적극적 분권으로 능률성과 민주성이 조화된다. 국가의 사전적·권력적 관여를 배제하고, 지식적·사후적 관여만 하면서 국가는 기본정책결정을 담당하고, 지방은 집행을 담당한다.

2. 지방자치

(1) 지방자치단체의 사무

① 고유사무 … 지방자치단체가 자주적으로 처리하는 사무로 중앙으로부터 사후 교정적 감독을 받는다. 지방자치단체의 존립관련사무와 지방 공공복리에 관련된 사무가 이에 해당한다.

② **단체위임사무** … 국가 또는 상급단체의 사무가 법령에 의하여 지방자치단체에 위임되어 중앙의 교정적인 감독하에 처리되는 사무로 국가가 비용을 일부 부담한다. 보건소 운영, 예방접종사무, 시·군의 재해구호사무, 도의 국도 유지·보수사무 등이 이에 해당한다.

③ **기관위임사무** … 국가 또는 상급단체의 사무가 법령의 근거없이 상황에 따라 지방자치단체로 위임되어 지방의회의 간섭을 배제하고 상급단체의 사전적·전면적 감독을 받으며 처리하는 사무로 국가가 비용을 전액부담한다. 병역, 인구조사, 경찰, 선거에 관련된 사무가 이에 해당한다.

(2) 지방재정

① **지방수입의 분류**

　ⓐ **자치단체의 자주성 정도**

　　• 자주재원 : 지방자치단체가 스스로 조달하는 재원으로 지방세 수입, 세외수입 등이 있다.

　　• 의존재원 : 국가나 상급자치단체에 의존하여 확보하는 재원으로 지방교부세, 국고보조금 등이 있다.

　ⓑ **용도의 제한 여부**

　　• 일반재원 : 용도의 제한없이 자유롭게 지출할 수 있는 재원으로 지방세, 세외수입, 지방교부세 등이 있다.

　　• 특정재원 : 지출용도가 정해져 있는 재원으로 국고보조금 등이 있다.

　ⓒ **규칙적 확보 여부**

　　• 경상수입 : 매년 규칙적·안정적으로 확보할 수 있는 재원으로 지방세, 사용료, 수수료, 보통교부세 등이 있다.

　　• 임시수입 : 불규칙적·임시적·가변적으로 확보할 수 있는 재원으로 특별교부세, 부동산 매각 수입, 지방채 수입, 이월금 등이 있다.

② **지방재정자립도** … 지방자치단체의 세입구조를 지방세 수입, 세외수입, 지방교부세, 보조금으로 분류할 경우 그 중에서 지방세 수입과 세외수입이 세입총액에서 차지하는 비율을 의미한다.

$$지방재정자립도 = \frac{자주재원(지방세 · 세외수입)}{세입총액(지방세 · 세외수입, 지방교부세, 보조금 등)} \times 100(\%)$$

1 다음 중 책임운영기관에 대한 설명으로 옳지 않은 것은?

① 직원의 임용권한은 중앙행정기관의 장에게 있다.
② 특별회계는 기획재정부 장관이 통합 관리한다.
③ 소속 직원의 신분은 공무원으로서 신분이 보장된다.
④ 공기업보다 책임운영기관이 이윤 추구를 더 중시한다.

 ④ 책임운영기관은 공공성이 더 큰 분야에 적용되기 때문에 기업성보다 공공성을 더 중시한다.

2 계획예산제도(PPBS)의 특징으로 옳지 않은 것은?

① 목표지향주의   ② 효과성과 비교선택주의
③ 절약과 능률   ④ 예산기간의 단기화

 계획예산제도(PPBS)는 장기적 계획수립과 단기적 예산결정을 프로그램 작성을 통해 유기적으로 연결시킴으로써 자원배분에 관한 의사결정의 일관성과 합리성을 도모하려는 예산제도이다. 특징으로는 목표지향주의, 효과성과 비교선택주의, 절약과 능률, 과학적 객관성, 예산기간의 장기화 등이 있다.

3 다음에서 설명하는 것으로 옳은 것은?

> 집단구성원 간의 친화와 반발을 조사하여 그 빈도와 강도에 따라 집단 구조를 이해하는 척도로 인간관계의 그래프나 조직망을 추적하는 이론이다.

① 소시오메트리
② 마르코프체인
③ 대기행렬
④ 네트워크

② 마르코프체인 : 각 시행의 결과가 바로 앞의 시행의 결과에만 영향을 받는 일련의 확률적 시행
③ 대기행렬 : 서비스를 받기 위해 기다리고 있는 처리요구의 행렬
④ 네트워크 : 각기 독자성을 지닌 조직 간의 협력적 연계장치로 구성된 조직

4 다음 중 다면평가제에 대한 설명으로 옳지 않은 것은?

① 업무의 효율성과 이해의 폭 증진이 가능하다.
② 평가의 장·단점 환류를 통한 자기 역량 강화의 기회를 가질 수 있다.
③ 감독자의 민주적 리더십 발전에 기여한다.
④ 당사자들의 승복을 받아내기는 어렵다.

 ④ 다면평가제는 평가의 수용성 확보가 용이하다.

5 다음 중 기금에 대한 설명으로 옳은 것은?

① 특정수입과 특정지출을 연계한다는 점에서 특별회계와 다르다.
② 기금운용계획도 예산과 마찬가지로 국회의 승인이 필요하다.
③ 예산의 팽창을 예방하고자 할 때 설치한다.
④ 집행에 있어서 엄격한 통제가 이루어진다.

① 특정수입과 특정지출을 연계한다는 점에서 특별회계와 공통점이 있다.
③ 기금을 설치 할 경우 예산팽창의 가능성이 높아진다.
④ 집행에 있어서 상대적으로 자율성과 탄력성이 보장된다.

ANSWER 〉 1.④ 2.④ 3.① 4.④ 5.②

6 정책결정모형에 대한 설명으로 옳은 것만을 모두 고른 것은?

> ㉠ 점증모형은 기존 정책을 토대로 하여 그보다 약간 개선된 정책을 추구하는 방식으로 결정하는 것이다.
> ㉡ 만족모형은 모든 대안을 탐색한 후 만족할 만한 결과를 도출하는 것이다.
> ㉢ 사이버네틱스모형은 설정된 목표달성을 위해 정보제어와 환류과정을 통해 자신의 행동을 스스로 조정해 나간다고 가정하는 것이다.
> ㉣ 앨리슨모형은 정책문제, 해결책, 선택기회, 참여자의 네 요소가 독자적으로 흘러 다니다가 어떤 계기로 교차하여 만나게 될 때 의사결정이 이루어진다고 보는 것이다.

① ㉠, ㉡   ② ㉠, ㉢

③ ㉡, ㉢   ④ ㉢, ㉣

 ㉡ 만족모형은 인간의 인지능력, 시간, 비용, 정보 등의 부족으로 모든 대안을 탐색하는 것이 아니라 한 정된 대안만을 검토하여 만족할 만한 대안을 선택한다.
㉣ 쓰레기통모형에 대한 설명이다.

7 다음 중 세계잉여금의 사용 우선순위로 옳은 것은?

> ㉠ 공적자금상환   ㉡ 교부세 및 교부금 정산
> ㉢ 국채차입금상환   ㉣ 다음 연도 세입에의 이입
> ㉤ 추경재원

① ㉠→㉡→㉢→㉣→㉤

② ㉡→㉠→㉢→㉤→㉣

③ ㉡→㉠→㉢→㉣→㉤

④ ㉢→㉠→㉡→㉤→㉣

 세계잉여금의 사용 순위는 교부세 및 교부금 정산→공적자금상환→국채차입금상환→추경재원→다음 연도 세입에의 이입 순(順)이다.

8 다음에서 설명하는 직위분류제의 주요 개념을 올바르게 짝지은 것은?

ㄱ 직무의 성질, 난이도, 책임의 정도가 유사해 채용과 보수 등에서 동일하게 다룰 수 있는 직위의
군을 말한다.
ㄴ 동일한 직렬 내에서 담당 직책이 동일한 직무군을 말한다.

	ㄱ	ㄴ
①	직급	직류
②	직류	직군
③	직위	직류
④	등급	직위

 ㄱ 직급에 대한 설명이다.
ㄴ 직류에 대한 설명이다.

9 다음이 설명하고 있는 법칙은 무엇인가?

– 본질적인 업무량과는 직접적인 관련이 없이 공무원의 수는 일정한 비율로 증가한다는 사회심리학
적 법칙이다.
– 부하배증의 법칙과 업무배증의 법칙이 있다.
---

① 파킨슨의 법칙
② 기획의 그레샴 법칙
③ 와그너의 법칙
④ 머피의 법칙

 ② 기획의 그레샴 법칙 : 기획을 수립할 책임이 있는 기획담당자는 어렵고 많은 노력을 요하는 비정형적
기획을 꺼려하는 경향을 가진다는 것
③ 와그너의 법칙 : 정부 규모는 경제 성장 속도보다 빠르게 증가한다는 것
④ 머피의 법칙 : 하려는 일이 항상 원하지 않는 방향으로만 진행되는 현상

10 본래의 정책목표를 달성하였거나 표방한 목표를 달성할 수 없게 되었을 경우 새로운 목표를 재설정하는 것은?

① 목표의 비중변동   ② 목표의 전환

③ 목표의 승계   ④ 목표의 축소

> (Tip) ① 목표의 비중변동 : 목표간의 우선순위나 비중이 변동되는 현상
> ② 목표의 전환 : 조직이 원래 추구하던 목표는 유명무실해지고, 그 목표를 달성하기 위해 사용하던 수단에 더 주력하게 되는 현상
> ④ 목표의 축소 : 목표 수준을 하향조정하는 현상

11 다음 중 행정을 정책의 구체화, 정책결정·형성 및 준입법적 기능으로 보며 행정의 가치지향성, 기술성을 중시하는 학설은?

① 통치기능설   ② 행정행태설

③ 행정관리설   ④ 발전기능설

> (Tip) 통치기능설은 1930년대 경제대공황을 계기로 나타난 행정국가시절의 개념이다. 특히 Applibe는 「정책과 행정」에서 '행정은 정책형성'이라고 인식하였다.

12 다음 중 자치구세에 해당하는 것을 모두 고르면?

㉠ 취득세	㉡ 레저세
㉢ 지방교육세	㉣ 재산세
㉤ 등록면허세	

① ㉠, ㉡   ② ㉠, ㉣

③ ㉡, ㉣   ④ ㉣, ㉤

> (Tip) 자치구세와 도세
>
> | 구분 | 자치구세 | 도세 |
> |---|---|---|
> | 보통세 | 등록면허세, 재산세 | 취득세, 레저세, 등록면허세, 지방소비세 |
> | 목적세 | (자치구세는 목적세가 없다) | 지방교육세, 지역자원시설세 |

13 다음은 행정의 과정이다. 괄호 안에 들어갈 과정으로 옳은 것은?

> 목표설정 → (   ) → 기획 → 조직화 → 동작화 → 평가 → 시정조치

① 정책결정   ② 정책분석
③ 정책평가   ④ 문제의 구조화

 행정과정은 연쇄적·순환적·동태적 과정이다. 목표설정 후 이것이 결정되면 기획과 조직화 과정을 거치고 이에 대한 평가를 통해 시정조치되면 또 다른 목표설정과정이 반복된다.
② 정책분석: 정책의제설정 및 정책형성에 관련된 지식을 창출하는 사전적 활동
③ 정책평가: 정책집행과정에서 의도한대로 집행되었는지, 또는 정책집행 이후 목표 달성여부의 평가
④ 문제의 구조화: 정책분석의 첫 단계. 분석을 통한 정책문제의 명료화 과정

14 다음 중 행정의 생태론적 접근방법에 대한 설명으로 옳지 않은 것은?

① 행정을 하나의 유기체로 파악한다.
② 1950년대 비교행정론의 중요한 방법론이 되었다.
③ 행정을 환경의 종속변수로 취급하는 접근법이다.
④ 행정을 독립변수로 취급한다.

 생태론적 접근방법은 행정을 하나의 유기체로 파악하여 행정과 환경의 상호작용을 연구하며, 행정을 환경의 종속변수로 취급하는 접근법이다.

15 공공서비스에 대한 설명으로 옳지 않은 것만을 모두 고른 것은?

> ㉠ 무임승차자 문제가 발생하는 근본 원인으로는 비배제성을 들 수 있다.
> ㉡ 정부가 공공서비스의 생산부문까지 반드시 책임져야 할 필요성은 약해지고 있다.
> ㉢ 전형적인 지방공공서비스에는 상하수도, 교통관리, 건강보험 등이 있다.
> ㉣ 공공서비스 공급을 정부가 담당해야 하는 이유로는 공공재의 존재 및 정보의 비대칭성 등이 있다.
> ㉤ 전기와 고속도로는 공유재의 성격을 가지는 공공서비스이다.

① ㉠, ㉡   ② ㉡, ㉢

③ ㉢, ㉣   ④ ㉢, ㉤

 ㉢ 건강보험은 지방공공서비스가 아니라 중앙정부 차원의 복지정책이다.
㉤ 전기와 고속도로는 유료재에 속한다.

16 다음 중 무의사결정의 수단 및 방법에 해당하지 않는 것은?

① 편견의 동원   ② 폭력

③ 적응적 흡수   ④ 과잉충성

 무의사결정 … 정책결정자의 이익을 침해할 경우, 사회의 지배적 가치 · 이해에 대한 도전의 방지 · 과잉동
조 또는 과잉충성 등에 의해 발생한다. 즉, 의사결정자의 가치나 이익에 반대하는 잠재적이거나 현재적
인 도전을 방해시키는 결과를 초래하는 결정을 말한다.
※ 무의사결정의 발생원인과 수단
  ㉠ 발생원인
  • 편견의 동원, 기득권 옹호, 이슈(Issue)의 억압
  • 관료이익과의 상충, 과잉충성과 과잉동조
  • 사회의 지배적 가치 · 이해에 대한 도전의 방지
  • 정책문제의 포착을 위한 정보 · 지식 · 기술의 부족
  ㉡ 행사수단
  • 폭력과 권력의 동원 · 행사, 지연전략
  • 적응적 흡수, 위장합의
  • 특혜의 부여와 박탈, 관심의 분산
  • 편견 · 고정관념의 동원 및 수정 · 강화

17 직업공무원제의 특징으로 적절하지 않은 것은?

① 신분보장으로 인한 행정의 안정화

② 공직에 대한 직업의식의 확립

③ 공직의 특권화와 관료주의화

④ 기회의 균형

 직업공무원제 … 현대행정의 고도의 전문화·기술화 및 책임행정의 확립, 재직자의 사기앙양을 위해 중립적·안정적 제도의 요구에 부응하여 나온 인사제도로 영국 및 유럽의 지배적인 제도이다.
ㄱ 장점: 신분보장으로 인한 행정의 안정화, 공직에 대한 직업의식의 확립, 정권교체시 행정의 공백상태 방지, 행정의 계속성과 정치적 중립성 확보에 용이하다.
ㄴ 단점: 공직의 특권화와 관료주의화, 행정에 대한 민주통제의 곤란, 일반행정가 중심으로 인한 전문화, 행정기술발전의 저해, 유능한 외부인사 등용이 곤란, 학력·연령 제한으로 인한 기회의 불균형이 생길 수 있다.

18 다음 중 행정개혁의 실패의 원인이 아닌 것은?

① 개혁추진자의 포획

② 자원부족

③ 집권적·비밀주의적인 개혁 추진

④ 내·외관계인의 참여

 ④ 내·외관계인의 참여는 저항을 최소화시켜 행정개혁의 성공요건이 될 수 있다.

19 다음 중 예산제도별 특징에 관한 설명으로 옳지 않은 것은?

① 품목별 예산제도 – 조직마다 품목예산을 배정하기 때문에 활동의 중복을 막을 수 있다.

② 성과주의 예산제도 – 성과주의 예산에 있어 가장 어려운 점은 업무측정단위의 선정이다.

③ 자본예산제도 – 경상계정과 자본계정으로 구분한다.

④ 계획예산제도 – 계획예산제도는 질적이라기보다는 계량적 분석을 주로 한다.

 예산제도별 특징
ⓐ 품목별 예산제도 : 정부지출의 대상이 되는 물품 또는 품목을 기준으로 하는 통제중심의 예산제도이다. 조직마다 품목예산을 배정하기 때문에 활동의 중복을 막기 어렵다.
ⓑ 성과주의 예산제도 : 정부예산을 기능·활동·사업계획에 기초를 두고 편성하는 관리중심의 예산을 말한다. 이러한 성과주의 예산제도는 업무측정단위의 선정이 어렵다.
ⓒ 자본예산제도 : 자본예산은 정부예산을 정책이나 절차상의 편의를 위해 경상지출과 자본지출로 나누는데, 경상지출은 수지균형을 이루며 경상수입으로 충당하지만, 자본지출은 적자재정이나 공채발행으로 충당하는 복식예산제도이다.
ⓓ 계획예산제도 : 계획과 예산편성을 프로그램 작성을 통하여 합리적으로 결합시켜 자원배분을 효과적으로 달성하려는 일련의 계획예산제도이다. 따라서 단순한 예산편성제도가 아니라 예산이 갖는 계획·집행·통제의 전 관리과정에 걸친 기능을 충분히 발휘하기 위한 포괄적 기획관리의 발전체제이다. 계획예산은 B/C분석을 사용하기 때문에 질적이라기 보다는 계량적 분석을 주로 한다.
ⓔ 영기준예산제도 : 예산편성시에 기존 사업을 근본적으로 재검토하여 예산의 삭감은 물론 사업의 중단이나 폐지도 고려할 수 있는 예산결정방식이다.

20 엽관주의에서 나타날 수 있는 병폐와 가장 거리가 먼 것은?

① 국민요구에 대한 비대응성 ② 공무원 임명의 자의성
③ 정책의 비일관성 ④ 행정의 비능률성

 엽관주의의 단점
ⓐ 행정관료의 정치적 부패발생 및 정책의 일관성 저해
ⓑ 공무원 임용의 공평성 상실 및 예산의 낭비와 행정의 비능률성, 자의성 발생
ⓒ 행정의 대표성, 책임성, 공익성, 전문성, 안전성 저해

21 다음 중 동기부여와 관계없는 이론은?

① Maslow의 욕구단계설 ② McGregor의 X, Y이론
③ Herzberg의 욕구충족이론 ④ Simon의 합리·종합이론

④ 의사결정이론모형에 해당한다.
※ 동기부여의 내용이론(욕구이론)
　㉠ Maslow의 욕구단계설
　㉡ Alderfer의 ERG이론
　㉢ Herzberg의 욕구충족요인 이원설
　㉣ Likert의 관리체제모형
　㉤ McClelland의 성취동기이론

22 다음 중 신중앙집권화를 촉진하고 있는 요인이 아닌 것은?

① 행정국가화
② 행정의 광역화
③ 정보화의 진전
④ 국민적 최저수준 유지

정보화의 진전은 신지방분권화를 촉진하는 요인에 해당한다.
※ 신중앙집권화의 촉진요인
　㉠ 행정국가화
　㉡ 행정의 광역화
　㉢ 공공재정 비중의 증대
　㉣ 국민적 최저수준 유지
　㉤ 개발행정의 강화
　㉥ 국제정세의 불안정과 국제적 긴장 고조

23 행정통제에서 외부통제에 해당하지 않는 것은?

① 민중통제
② 사법통제
③ 입법통제
④ 관리통제

④는 내부통제에 해당한다.
※ 행정통제 … 행정책임을 보장하기 위한 사전적 · 사후적 제어장치로서 행정조직의 하부구조나 참여자
　들이 조직목표나 규범으로부터 이탈되지 않도록 하기 위한 제재와 조상 등의 활동을 말한다.
　㉠ 외부통제(민주통제) : 민중통제, 사법통제, 입법통제, 옴부즈만 제도
　㉡ 내부통제(자율통제) : 정책 · 기획 통제, 관리통제, 공직윤리 등

24 다음 중 시장실패(market failure)의 원인으로 적절하지 않은 것은?

① 정보의 비대칭성

② 불완전 경쟁

③ 행정기구의 내부성

④ 공공재의 존재

 ③ 정부실패의 원인이다.

25 신공공관리론에 대한 설명으로 옳지 않은 것은?

① 고위관리자의 개인적 책임과 역할을 강조한다.

② 행정조직을 비롯한 인사, 재정의 신축성과 탄력성을 추구한다.

③ 민간경영기법의 도입과 같은 시장과 유사한 기제를 활용한다.

④ 업무의 결과보다 투입 또는 과정을 중시한다.

 ④ 신공공관리론에서는 업무의 절차나 과정보다 결과 또는 성과에 중점을 둔다.

26 다음 중 공행정과 사행정의 유사성에 대한 예로 적절하지 않은 것은?

① 형평성을 고려한 복지정책

② 목적달성을 위한 수단

③ 관료제적 성격

④ 관리기술

 ① 평등성은 공행정과 사행정의 대표적인 차이점에 해당하며 경영은 이윤 극대화를 추구하기 때문에 고객에 따라 달리 취급하므로 형평성을 고려한 복지정책은 공행정에만 해당하는 특징이 된다.

27 다음 중 '신행정론'에 대한 설명으로 옳지 않은 것은?

① 행정은 많은 사람들의 상호주관성으로 이루어진다.

② 반계층제 · 탈관료제 조직을 강조한다.

③ 형평성을 강조하는 비전문가들이 가하는 행정의 형태이다.

④ 과학성 및 가치중립적인 관리를 추구한다.

 ④ 과학성보다는 처방성과 기술성을 강조하였다.

28 정부실패의 원인으로 옳지 않은 것은?

① 정치인의 단결　　　　　　　　　② 정보의 불충분

③ 외부효과의 발생　　　　　　　　④ 수혜자와 비용부담자의 불일치

> (Tip) ③ 외부효과의 발생은 시장실패의 원인이다.

29 균형성과표(BSC)에 대한 설명으로 옳은 것만을 모두 고른 것은?

　ⓐ 조직의 비전과 목표, 전략으로부터 도출된 성과지표의 집합체이다.
　ⓑ 재무지표 중심의 기존 성과관리의 한계를 극복하기 위한 것이다.
　ⓒ 조직의 내부요소보다는 외부요소를 중시한다.
　ⓓ 재무, 고객, 내부 프로세스, 학습과 성장이라는 4가지 관점 간의 균형을 중시한다.

---

① ㉠, ㉡　　　　　　　　　　　　② ㉠, ㉡, ㉣

③ ㉡, ㉢, ㉣　　　　　　　　　　④ ㉡, ㉣

> (Tip) ㉢ 조직의 내부요소와 외부요소의 균형을 중시한다.

30 다음 중 유기적 조직의 특성에 해당하는 것만을 모두 고른 것은?

　㉠ 넓은 직무범위　　　　　　　　㉡ 높은 공식화 수준
　㉢ 몰인간적 대면관계　　　　　　㉣ 다원화된 의사소통채널
　㉤ 모호한 책임관계

---

① ㉠, ㉡, ㉢　　　　　　　　　　② ㉠, ㉣, ㉤

③ ㉡, ㉢, ㉣　　　　　　　　　　④ ㉡, ㉢, ㉤

> (Tip) ㉡㉢ 기계적 구조의 특성에 해당한다.

ANSWER 〉 24.③　25.④　26.①　27.④　28.③　29.②　30.②

03 경영학

1 **경영이론**

1. 기업이론

(1) 기업의 성격

① 오늘날 자본주의사회 내에서의 기업은 생산조직체, 경제적 기관, 사회적 기관의 성격을 지닌다.

② 기업성격의 변화
    ㉠ 전근대기업 : 봉건성, 생활성, 친화성
    ㉡ 근대기업 : 영리성
    ㉢ 현대기업 : 사회성, 공공성, 공익성

(2) 기업결합

① 목적 … 생산공정의 합리화, 상호 경쟁의 배제와 제한, 시장(자본)의 지배이다.

② 기업의 집중
    ㉠ 분류(결합방향을 기준으로)
      • 수평적 결합 : 동종·유사업종 간의 기업결합, 시장의 독점적 지배를 목적으로 한다.
      • 수직적 결합 : 동일 제품의 생산단계를 달리하는 기업 간의 결합으로 생산·유통과정의 합리화를 목적으로 한다.
      • 다각적 결합 : 생산상의 관계가 없는 다른 업종 간의 결합을 통해 위험을 분산시키고 기업지배력을 강화하고자 한다.
    ㉡ 기업제휴 : 경쟁관계에 있는 복수기업으로 동업조합 또는 사업자단체, 사업제휴, 카르텔 등이 있다.
      POINT 카르텔 … 경제적으로 일종의 기업연합이나 법률적으로는 계약적 결합이며 법인격이 인정되지 않는다. 합리화 카르텔과 같이 시장지배나 경제제한을 목적으로 하지 않는 것도 있지만, 본래 어느 정도의 계약이나 협정의 범위 내에서의 경쟁제한을 목적으로 생겨났다.
    ㉢ 기업집단화 : 법적으로 독립적인 복수기업이 결합하여 자본적·인적·기술적으로 밀접한 관계를 가진 통일적 집단을 형성하는 것으로 주식보유형 트러스트, 콘체른, 콤비나트 등이 있다.
      • 트러스트 : 일종의 기업협동으로 다른 기업의 주식보유를 통한 지배와 시장의 독점을 시도한다. 가맹기업의 독립성은 없고, 동일 산업부문 또는 기술적으로 관련된 수직적인 산업부문만의 자본 지배를 말한다.

- **콘체른** : 일종의 기업집단으로 산업과 금융의 융합, 주식소유에 의한 지배(지주회사) 또는 융자 또는 중역파견에 의한 인적 결합 지배로 독립성이 유지되며 산업과 금융의 융합을 말하는 것으로 우리나라의 재벌이 이에 속한다.
- **콤비나트** : 콘체른과 같은 수직적 기업집단과는 달리 일정수의 유사한 규모의 기업들이 원자료와 신기술의 이용을 목적으로 사실상의 제휴를 하기 위하여 근접한 지역에서 대등한 관계로 결성하는 수평적 기업 집단(특정 공업단지 내의 기업집단)을 말한다.

② 기업집중화의 문제점
- 기업의 담합으로 자유경쟁이 저하되고 이로 인하여 소비자가 피해를 입을 수 있다.
- 기업이 집중화되면서 중소기업이 성장하지 못하게 된다.

③ 공기업의 등장
- ㉠ 배경 : 국제경쟁사회에서 경쟁력을 제고하고 산업의 특성상 거대 자본이 필요하거나 혹은 공익성이 강조되는 사업을 수행하기 위하여 등장하였다.
- ㉡ 형태
  - **국공영기업** : 국가 또는 공공단체의 행정조직에 편입되어 행정관청의 일부로 운용된다.
  - **법인공기업** : 법인기업의 형태로 형식적 독립성을 유지한다.
  - 최근 재정부담과 관료화로 인한 폐단을 방지하고 효율성을 높이기 위해 기업화하거나 민영화하는 경우가 점차 증가하고 있다.

(3) 기업의 사회적 책임

① **사회적 책임의 필요성** … 고객으로부터 두터운 신뢰와 좋은 평판 획득, 종업원의 자부심과 보람 증대로 귀속의식과 애사심이 강화, 장기적으로 법규를 준수하기 위한 비용 감소 등이 있다.

② **사회적 책임의 유형**
- ㉠ 대외적 윤리 : 대리인 문제, 소비자에 대한 윤리 문제, 정부와 사회에 대한 책임
- ㉡ 대내적 윤리 : 종업원에 대한 공정한 대우, 노조에 대한 책임 등

③ **기업윤리의 제고방안**
- ㉠ 경영자의 역할 : 솔선수범, 기업윤리 규정, 종업원의 윤리성 평가 등
- ㉡ 제도적인 보완 : 사외이사제도, 공익대표 이사제도 등

(4) 경영목표와 의사결정

① **목표형성의 3가지 차원** … 목표의 내용, 범위, 실현기간

② **경영이념** … 경영자가 기업이라는 조직체(경영체)를 경영하는데 간직해야 할 신조 · 신념 · 이상으로서 기업관 또는 경영관이라고 할 수 있다.

③ **이익극대화 목표에 대한 비판**
  ㉠ 이익극대화 가설은 경제인을 전제로 하고 있다.
  ㉡ 이익극대화 목표는 기업의 역사적 · 제도적 변화를 무시하고 있다.
  ㉢ 이익극대화 가설은 정태적이며, 장기 · 단기의 구별이 불가능하다.

④ **의사결정**
  ㉠ 전제 : 사실과 가치
  ㉡ 단계 : 정보활동, 설계활동, 선택활동, 검토활동
  ㉢ 중요요소
    • 의사결정자 : 개인, 집단, 조직, 사회
    • 의사결정상황 : 확신성, 위험, 불확실성
    • 의사결정대상 : 생산, 마케팅, 재무경영

2. 경영관리론

(1) 경영관리의 개념

① **경영관리의 의의** … 효율성(최소비용의 최대효과)과 효과성(조직 전체 목적의 효과적 달성)을 위해 각 부문을 통합하여 일관성 있게 다루는 것을 말한다.

② **경영관리의 5요소(5M)** … 경영자(Man), 기계(Machine), 원재료(Material), 자본(Money), 시장(Market)이다.

③ **경영관리의 발전** … 전통적 관리 → 과업관리(과학적 관리) → 포드시스템(동시관리) → 페욜리즘(관리기능) → 인간관계 중시 관리(호손실험) → 행동과학적 관리(목표관리, MBO) → 관리과학

(2) 경영관리의 기능

① **계획수립** … 대안 개발, 대안 선택, 미래 예측, 예산 편성
  ㉠ **전략** : 기업의 기본적 목표를 정하는 거시적 의사결정
  ㉡ **경영계획** : 생산 · 재무 · 마케팅 · 인사계획 등을 결정하는 세부적이고 전술적인 계획

ⓒ 계획의 체계
- **프로그램** : 목표달성을 위하여 필요하고 연결되어 있는 제반활동 또는 연속되는 행동시스템이다.
- **스케줄(일정계획)** : 목표달성을 위하여 어떠한 일을, 어떠한 순서로 연속하여 실행하여야 하는지에 대한 시간적 순서를 일정계획이라 한다.
- **절차** : 미래의 시점에서 발생하는 활동의 관습적 처리방법을 설정하는 것으로서 업무수행의 기준이다.
- **예산** : 계획기능의 하나인 통제를 위한 불가결한 수단일 뿐 아니라, 예산편성은 기업제반계획을 통합하기 위한 중요한 수단이 된다.

ⓒ 경영계획의 종류
- **종합계획** : 전반관리층 또는 최고경영층에서 책임을 진다.
- **단기계획** : 1년 이내의 계획을 말한다.
- **개별계획** : 개개의 프로젝트마다 계획을 세운다.
- **부문계획** : 기능별, 경영요소 또는 문제별로 세분한다.

② **조직화** … 계획을 효과적으로 달성하기 위해 조직의 체계를 갖추는 활동으로 경영의 인적·물적 요소의 상호관계를 설정하는 것을 의미한다.
   ⓐ **일의 분할** : 조직 전체 업무를 개인이나 집단에 할당한다.
   ⓑ **구성요소** : 직무(직능), 권한, 책임, 직위이다.

③ **조정** … 각 부서 간에 부각되는 이질성을 극복하는 활동으로 분업에 의한 전문화로 인하여 의견조정이 필요하다.

④ **통제** … 계획대로 이루어지고 있는지 확인하고 편차를 수정하는 활동으로, '성과측정→목표(계획)와 비교→편차의 수정의 순서'이다.
   ⓐ **사전통제** : 가장 바람직한 통제시스템으로 미래지향적 통제이다. 사전통제의 핵심은 예방인 관리활동으로 적시에 정확한 정보가 요구된다.
   ⓑ **동시통제** : 업무활동의 진행중에 실시되는 통제로 문제가 발생되어 비용이 크게 발생되기 전에 수정행동을 취해야 한다.
   ⓒ **사후통제** : 가장 보편적인 통제유형으로 결과뿐만 아니라 실시과정도 검토한다.

3. 마케팅 관리

(1) 마케팅 기초

① **마케팅의 기본요소** … 필요와 욕구, 수요, 제품, 교환, 시장

② **마케팅개념의 발전** … 생산개념 → 제품개념 → 판매개념 → 마케팅개념 → 사회지향적 마케팅개념

③ 현대마케팅의 특징 … 소비자지향성, 기업목적지향성, 사회적 책임지향성, 통합적 마케팅지향성

(2) 시장기회분석

① 마케팅 정보시스템
- ㉠ 내부보고시스템 : 정보전달, 보고수단
- ㉡ 마케팅 인텔리전스 시스템 : 일반적인 외부환경에 대한 정보 입수
- ㉢ 분석적 마케팅 시스템 : 2차적 정보로 변형
- ㉣ 마케팅 조사시스템 : 특수 마케팅 문제의 해결
  - 절차 : 조사문제의 정의 → 조사계획 수립 · 설계 → 자료의 수집 → 자료의 분석 · 해석 → 조사결과 보고
  - 조사방법 : 탐색조사, 기술조사, 인과관계조사
  - 조사계획 수립 및 설계 : 자료의 수집방법 · 종류 · 분석방법 계획 수립

② 마케팅 환경분석
- ㉠ 거시적 환경분석
- ㉡ 미시적 환경분석 : 회사내, 공급자, 중간매매상, 고객, 경쟁자, 대중
  - 경쟁환경분석 : 경쟁 유형 파악 → 경쟁집합 규정
  - 자사분석 : SWOT분석

③ 소비자 행동분석

마케팅 자극(4P) · 기타자극 : input(행동주의)
↓
소비자 특성 · 구매의사결정과정 : 매개변수(인지론)
↓
제품 · 상표 선택 : output

(3) 목표시장 선정과 마케팅 전략의 수립

① 시장세분화 … 다양한 욕구를 가진 소비자들을 특정 제품 및 믹스를 필요로 하는 유사한 집단으로 묶는 과정을 말한다.

② 목표시장 선정 … 자사의 경쟁우위가 특정 세분시장에서 확보될 수 있는가를 평가하여 상대적으로 경쟁우위에 있는 세분시장을 선정한다.

③ 제품 포지셔닝 … 자사제품이 경쟁제품과는 다른 차별적 경쟁우위 요인을 가지고 있어 목표시장내 소비자들의 욕구를 보다 효율적으로 잘 충족시켜 줄 수 있음을 소비자에게 인식시켜 주는 과정이다.

④ 제품 수명주기 전략 … 장기적(도입 → 성장 → 성숙 → 쇠퇴)인 전략을 세워 시장변화에 적응한다.

⑤ 경쟁적 마케팅 전략 … 시장 지위에 따른 마케팅 전략을 펼친다.

(4) 제품관리와 가격관리

① 제품과 브랜드
  ㉠ 제품의 수준 : 핵심제품, 실체제품, 증폭(확장)제품
  ㉡ 브랜드 : 제조업자 브랜드와 유통업자 브랜드 및 공동브랜드

② 제품 전략
  ㉠ 신제품 개발 절차 : 아이디어 창출·심사 → 사업성 분석 → 제품 개발 → 시험마케팅 → 생산
  ㉡ 제품 전략 : 제품 다양화, 제품 단순화, 제품 차별화, 계획적 진부화
  ㉢ 제품 믹스 전략 : 제품 라인 추가 전략(제품 개발 전략, 다각화 전략), 제품 라인 분할·통합 전략, 제품 라인 제거 전략(사업부 추가·폐지 또는 분할·통합의 의사결정)

③ 가격관리
  ㉠ 가격의 전략적 중요성 : 경쟁에 민감한 반응, 즉각적인 대응 가능, 소비자의 신속하고 민감한 반응 → 즉각적인 효과
  ㉡ 가격결정과정
   • 가격목표 : 시장 확대, 경쟁력 확보
   • 가격전략 : 경쟁상황 고려, 기본적인 방향의 결정
   • 가격정책
   −신제품 : 상층흡수 가격정책(skimming), 침투 가격정책(penetration)
   −재판매 가격유지정책 : 유료품에 대한 도·소매 가격 설정, loss leader방지, 가격안정과 명성유지
   −단일 가격정책과 탄력가격정책(제품계열마다)
   −가격주도제 : 시장주도자가 공표한 가격을 그대로 사용
   • 가격산정방법의 결정 : 원가 기준, 소비자(수요) 기준, 경쟁 기준
   • 최종가격 설정방법 : 소비자 지각에 기초(관습가격, 단수가격) 또는 지역별 가격설정(인도가격, 배달가격) 또는 우표식 가격 결정(동일한 가격과 운송비)에 따라 결정한다.
   • 가격조정 : 상황에 따라 가격 인하 또는 가격 인상 등의 방법을 통하여 합리적인 가격을 결정한다.

(5) 유통경로 관리

① **유통경로** … 교환과정의 촉진, 거래의 표준화, 고객서비스 제공, 제품구색의 불일치 완화, 소비자와 판매자의 연결 등의 역할

② **중요성** … 가장 낮은 탄력성, 중간상의 존재로 총거래수 최소의 원칙·분업의 원리 등에 의해 유통의 효율적 달성, 중간상인 관리의 초점

③ **유통경로 전략의 결정** … 유통커버리지 결정, 중간상 통제수준 결정

④ **유통경로의 계열화** … 미리 계획된 판매망을 전문적이고 일관적인 관리체계로 형성하여 만든 유통경로

⑤ **물적 유통관리(PDM)** … 마케팅 병참관리(logistics)

⑥ **기타**
　　㉠ 푸쉬(push)경로정책 : 인적 판매를 중심으로 자사의 제품을 소비시장에 판매하는 것
　　㉡ 풀(pull)경로정책 : 광고 및 판매촉진책에 의해 소비자의 제품에 대한 욕구를 확인하는 것

> **POINT** 광고전략의 절차 … 광고목표 설정→광고예산 편성·배분→메시지 내용과 제시방법 결정→광고 매체의 선정→광고효과의 측정

4. 생산관리

(1) 생산관리의 개념

① **생산관리의 배경** … OR, SA, 컴퓨터과학의 발달 등 현대과학기술이 발전하면서 생산관리가 대두되었다.

② **생산관리** … 생산활동의 계획·조직·통제하는 관리기능을 의미한다.

③ **생산합리화의 3원칙** … 단순화(simplification), 표준화(standardization), 전문화(specialization)의 원칙이 있다.

④ 생산시스템의 중점은 산출의 과정과 피드백 통제를 반복하는 부분이다.

(2) 생산예측의 방법

① **정성적 방법** … 신제품을 시장에 처음 소개할 때처럼 새로운 상품에 대한 수요예측의 자료가 불충분할 경우에 주로 사용된다.

② **인과법** … 회귀모형, 계량경제모형, 투입·산출모형, 경기지표법, 소비자 구매경향 조사법, 제품수명주기분석법 등이 활용된다.

③ **시계열분석법** … 경향변동, 순환변동, 계절변동, 불규칙변동 등이 있다.

(3) 생산시스템의 유형

① **연속생산** … 중단없이 계속 가동되는 방식이다.

② **반복생산** … 작업실행과 작업중단을 반복하는 생산 방식이다.

③ **단속생산** … 주문된 제품의 수량과 납기에 맞추어 생산하는 방식이다.

2   조직관리

1. 조직

(1) 조직의 의의

① 인간은 보다 고도의 목적을 달성하기 위해서 조직을 형성한다.

② 기업도 대규모적인 생산이나 판매를 가능하게 하고 생산성을 한층 높이기 위해서는 여러 사람이 협력해서 기업목적을 달성할 수 있도록 업무를 분담하지 않으면 안 되게 되었다.

③ 집단 내의 사람들의 관계는 어디까지나 업무를 통한 관계이며, 보다 엄밀히 말하자면 기업목적을 달성하는 데에 필요한 활동을 하는 과정의 연결이다.

(2) 조직의 유형

① 조직의 기본형
   ㉠ 라인조직 : 명령계통은 명확하지만 각 관리자는 부하에 대하여 전면적인 책임과 지휘를 하여야 한다.
   ㉡ 기능조직 : 기능조직은 관리자가 전문적 기능에 따라 관리하는 것이나, 명령계통의 혼란이나 책임의 소재가 확실치 않은 단점이 있다.
   ㉢ 라인과 스태프조직 : 전문적 기능을 살리고 명령계통을 확실케 한 것이다. 스태프란 현재 대부분의 기업조직에 받아들여지고 있는 것으로 집행할 권한은 갖지 못하나, 라인에 전문적 입장에서 조언이나 협력을 하는 것을 말한다.

② 기업조직의 유형
   ㉠ 사업별 조직(사업부제 조직) : 제품, 고객, 지역, 프로젝트 등을 기준으로 종업원들의 직위를 집단화하여 조직을 몇 개의 부서로 구분하는 조직이다. 즉, 사업부라 불리는 중간라인의 조직단위를 기업 내의 기업기능을 가질 수 있는 체제로 독립시킨 조직형태이다.

ⓒ **기능별 조직** : 유사한 기술, 전문성, 자원 사용 등을 기준으로 종업원들의 직위를 집단화하여 조직을 몇 개의 부서로 구분하는 조직이다.

ⓒ **매트릭스 조직** : 기능별 및 부서별 명령체계를 이중적으로 사용하여 조직을 몇 개의 부서로 구분하는 조직이다. 매트릭스 조직은 직능구조의 역할과 프로젝트 구조의 역할로 이루어진 이중역할구조로 되어 있으면서 복합적인 조직목표를 달성하는 것이 목적이다.

ⓔ **프로젝트 조직** : 프로젝트(project)는 조직이 제 노력을 집중하여 해결하고자 시도하는 과제이고, 이러한 특정 목표를 달성하기 위하여 일시적으로 조직 내의 인적·물적 자원을 결합하는 조직형태가 프로젝트 조직이다.

ⓜ **네트워크 조직** : 기본적으로 유연성, 부서간 통합 및 DB의 활용을 전제로 하므로 마케팅이행을 위한 조직으로 가장 적합한 형태로 볼 수 있다.

ⓗ **가상조직(virtual organization)** : 독립적인 기업들이 전략적 제휴나 합작투자를 통하여 형성하는 네트워크로서 특정한 목표를 달성한 후에는 해체되는 한시적인 기업형태이다.

(3) 조직의 기본원칙

① **3면등가의 원칙**

ⓐ 조직이 전체적인 질서를 갖고 원활한 운영을 가능케 하기 위해 직무를 명확히 규정하는 원칙이 3면등가의 원칙이다.

ⓑ 직무를 명확히 하기 위해서는 각 직무의 책임, 권한, 의무의 세 부분이 대등해야 하는 것을 의미한다.

② **책임과 권한의 원칙**

ⓐ 조직구성원들이 직무를 분담함에 있어서 각 직무 사이의 상호관계를 명백히 해야 한다.

ⓑ 구성원이 분담할 직무에 관한 명확한 책임과 그 직무를 수행하는 데에 필요한 일정한 권한이 부여되어야 한다.

③ **명령의 일원화 원칙** … 한 구성원은 한 사람의 상사 또는 특정 단수의 직근 상사로부터 명령과 지시를 받아야 한다.

④ **통제범위의 원칙** … 1명의 관리감독자가 통제하는 부하의 인원에는 한계가 있으므로 상층부의 경우는 5~6명, 말단에서는 20명을 한도로 함으로써 조직의 질서를 유지하는 것이다.

⑤ **전문화의 원칙** … 경영목적을 달성하기 위해서는 각종 업무를 수행해야 하므로 업무를 부문화하고 단일한 특정의 업무만을 각 구성원이 담당함으로써 경영활동의 능률을 증진시키자는 원칙이다.

⑥ **권한위양의 원칙** … 윗사람이 자신의 직무의 일부를 부하에게 위임할 경우 그 위임한 직무수행에 필요한 권한도 위양해야 한다.

2. 인사이론

(1) 인사관리

① 인사관리의 의의 … 조직에서 일하는 사람을 다루는 제도적 체계이며, 사람이 사람을 다루는 제도로서 관리의 대상과 주체 모두 인간이다.

② 기업의 인사관리 … 기업활동의 성과를 좌우하는 활동이므로 인사관리가 잘 되면 기업의 성과를 높이게 되어 결국 기업의 기본적인 기능, 즉 고객에게 보다 양질의 재화와 서비스를 더 좋은 조건으로 제공할 수 있게 되어 사회의 복지향상을 가져오는 기본방향이 된다.

③ 인사관리의 일반적인 특성
  ㉠ 인사관리의 대상과 주체 모두 인간이다.
  ㉡ 인사관리는 주체와 대상이 모두 인간이라는 점에서 볼 때 인간 상호작용의 관계로 볼 수 있으며, 이때 이들이 공통적으로 영향을 받고 있는 사회·문화적 환경과 전통의 영향을 배경으로 하고 있음을 벗어날 수 없다.
  ㉢ 인사관리는 사람이 가지고 있는 능력이나 성향을 활용하는 데 그치지 않고 그 능력이나 성향을 바꾸는 것이 더 중요시 될 때도 있다.

(2) 직무분석

① 직무분석의 의의
  ㉠ 직무분석(job analysis)이란 기업에서 요구되는 직무의 내용과 요건을 체계적으로 정리, 분석하여 인적자원관리에 필요한 직무정보를 제공하는 과정이다.
  ㉡ 직무분석은 직무에 관한 중요한 정보를 수집하고 수집된 정보를 분석하여 직무의 내용을 파악한 다음, 각 직무를 수행하는 데 요구되는 제요건들을 명확히 함으로써 향후의 인적자원관리기능이 원활히 수행될 수 있도록 하기 위한 기초작업이다.
  ㉢ 직무분석의 결과는 종업원의 모집과 선발, 종업원에 대한 보상, 종업원의 평가 및 종업원의 교육훈련과 개발에 중요한 기초자료가 된다.

② 직무분석방법
  ㉠ 면접방식 : 숙련된 직무조사원이 개개의 감독자나 종업원을 면접하고 또한 관찰을 병용해서 직무를 분석하는 방식으로 오늘날 가장 널리 알려진 방법이다.
  ㉡ 질문서방식 : 질문서를 작성하여 해당 직무상의 종업원으로 하여금 기입케 하는 방법이다.
  ㉢ 종합적 방식 : 면접방식과 질문서방식을 종합하여 이 양자가 지니는 장점을 살리고 단점을 제거하려는 분석방법이다. 직무분석의 결과는 우선 직무분석표, 신체요건표, 종업원 특질표 등에 기록되었다가 다음에 직무기술서나 혹은 직무명세서를 작성하는 데 기본 자료로서 이용된다.

POINT 직무기술서와 직무명세서

   ㉠ **직무기술서** : 직무분석의 결과로 얻어진 정보를 일정한 양식으로 기록·정리한 문서이다.
- **직무인식사항** : 직무명칭, 직무번호, 소속부처, 분석일자 등 포함
- **직무개요** : 직무내용을 개략적으로 요약
- **직무내용** : 직무의 내용과 성격 명시
- **직무요건** : 교육, 경력, 능력, 성별, 나이, 지식 등

   ㉡ **직무명세서** : 직무기술서의 내용 중에서 직무요건만을 분리하여 구체적으로 작성한 문서로서 직무요건 중에서도 특히 성공적인 직무수행을 위하여 필요한 인적요건을 중심으로 기술한 것이다.

(3) 직무평가

① **직무평가의 의의** … 직무평가는 조직 내의 각 직무가 가지고 있는 숙련도, 책임, 난이도, 복잡성, 노력, 위험도 등을 평가하여 각 직무간의 상대적 가치를 결정하는 과정이다.

② **직무평가의 목적**

   ㉠ 공정한 임금체계의 확립

   ㉡ 인적자원관리의 합리화

   ㉢ 노사협상의 기초

   ㉣ 노동시장에서의 경쟁력 유지

③ **직무평가의 방법**

   ㉠ **서열법** : 직무의 난이도, 책임의 대소, 직무의 중요도, 장점 등 직무의 상대적 가치를 모두 고려하여 전체적으로 직무의 서열을 평가하는 방법이다.

   ㉡ **분류법**(직무등급법) : 전반적인 직무가치나 난이도 등의 분류기준에 따라 미리 여러 등급을 정하고 여기에 각 직무를 적절히 평가하여 배정하는 방법으로, 서열법과 유사한 장·단점이 있다.

   ㉢ **점수법** : 각 직무에 공통평가요소를 선정하고 여기에 가중치를 부여한 후, 각 직무요소별로 얻은 점수와 가중치를 곱하고 이를 합계하여 그 점수가 가장 높은 직무를 가장 가치있는 직무로 평가하는 방법이다.

   ㉣ **요소비교법** : 조직 내의 가장 중심이 되는 직무를 선정하고 요소별로 직무를 평가한 후 나머지 평가하고자 하는 모든 직무를 기준직무의 요소에 결부시켜 서로 비교하여 조직 내에서 이들이 차지하는 상대적 가치를 분석적으로 평가하는 방법이다.

(4) 직무설계

① **직무설계의 의의** … 개인과 조직을 연결시켜 주는 가장 기본단위인 직무의 내용과 방법 및 관계를 구체화하여 종업원의 욕구와 조직의 목표를 통합시키는 것을 말한다.

② **직무설계의 효과**

   ㉠ 직무만족의 증대

   ㉡ 작업생산성 향상

ⓒ 이직, 결근율 감소

ⓔ 제품질의 개선과 원가 절감

ⓜ 훈련비용 감소

ⓗ 상하관계의 개선

ⓢ 신기술 도입에 대한 신속한 적응

(5) 인적자원의 확보 및 유지관리

① 모집관리

ⓐ 내부모집

- 외부모집보다 간편하고 기존 종업원의 고과기록 등의 보유로 적합한 인재선발이 가능하며 홍보활동이 필요없다.
- 내부모집은 모집범위 제한, 승진을 위한 과당경쟁을 유발할 수도 있다.

> **POINT** 내부모집방법
> ⓐ 인사기록카드 활용
> ⓑ 기업 내부 부서장의 추천
> ⓒ 사내 공개모집제도

ⓑ 외부모집

- 기업 외부에서 기업에 필요한 인적자원을 확보한다.
- 모집범위가 넓고 외부의 유능한 인재확보가 가능하다.
- 모집 · 인력개발비용이 든다.
- 부적격자 선발의 우려가 있다.

> **POINT** 외부모집방법
> ⓐ 광고에 의한 모집
> ⓑ **직업소개소** : 사설, 공공 직업소개소
> ⓒ 교육기관과의 협력에 의한 모집
> ⓓ 현 종업원의 추천에 의한 모집
> ⓔ 인턴십(internship)의 활용
> ⓗ 노조를 통한 모집
> ⓢ **연고모집** : 친척 채용
> ⓞ **개별, 수시모집** : 단기적 · 임시적 고용

ⓒ 내·외부 공급원의 장·단점

구분	내부 공급원	외부 공급원
장점	• 승진자의 사기 진작 • 동기 부여 • 능력개발 강화 • 채용비용 절약	• 많은 선택 가능성 • 조직의 동태성 확보 • 신정보, 지식 제공 • 인적자원개발비 절약
단점	• 모집범위의 제한 • 승진되지 않은 구성원의 실망 • 승진을 위한 과당경쟁 • 안이한 분위기 • 인적자원 개발비용의 과다소요	• 부족한 정보로 부적격자 채용 위험 • 내부인력의 사기 저하 • 안정되기까지 적응기간 소요 • 채용비용의 과다소요

② 선발관리

ㄱ 선발의 의의

• 부적격자 배제과정이다.

• 단계적 과정 : 부적격자 배제를 위해 단계적·연속적 선발과정을 거친다.

• 차별선발 : 직무요건에 대비하여 적·부적격을 가린다.

• 장기고용, 개발고용 : 현재 능력보다 장기적 성장가능성을 중시한다.

• 인간성 중시 : 뛰어난 사람보다 인간됨됨이가 된 사람을 선발한다.

ㄴ 선발과정 : 지원서 제출 및 검토→선발시험→면접→신체검사→신원 및 경력조회→채용결정과 선발

ㄷ 선발상의 오류 : 선발오류 방지를 위하여 시험에 다양한 면접시험과 실기시험 등 새로운 선발도구를 추가하여 부적격자의 채용으로 직무성과를 그르치는 오류발생을 극소화시켜야 한다.

③ 배치·전환

ㄱ 배치(placement) : 유능한 인재가 선발되면 이들을 각 직무에 배속시키는 것을 말한다.

ㄴ 전환(transfer) : 일단 배치된 종업원을 어떠한 사정으로 인하여 현재의 직무에서 다른 직무로 바꾸어 재배치하는 것을 말한다.

ㄷ 기능 : 종업원에게 기업에 대한 귀속의식·일체감을 확립시키고, 직무에 대한 보람을 갖게 하며, 성취동기나 자아실현 욕구를 충족시켜 준다.

④ 인사고과

ㄱ 인사고과의 개념

• 인사고과는 기업 내 인간을 대상으로 한 평가이며 직무 자체에 대한 평가는 아니다.

• 인사고과는 인간과 직무와의 관계를 원칙으로 한다. 즉, 종업원이 직무를 수행함에 있어 나타나는 업적을 중점 평가한다.

- 인사고과는 상대적 비교·평가이므로 인사고과 결과만을 가지고 인적자원관리를 해서는 안 된다.
- ⓒ 인사고과의 요소 : 성과, 능력, 태도 등 3영역으로 대별된다.
- ⓒ 인사고과의 방법
  - 전통적 고과방법 : 서열법, 기록법, 평가척도법, 대조표법, 강제할당법, 업무보고법 등
  - 근대적 고과방법 : 자기신고법, 중요사건서술법, 면접법, 목표관리법, 인적자원회계, 평가센터법 등
- ⓓ 인사고과상의 오류
  - 현혹효과(halo effect) : 어느 한 측면에서의 호의적·비호의적 인상이 다른 측면 평가시에도 영향을 주는 경향을 말한다.
  - 관대화경향(leniency tendency) : 실제보다 과대 또는 과소평가하는 경향을 말한다.
  - 중심화경향(central tendency) : 보통이나 척도상 중심점에 평가가 집중되는 경향을 말한다.
  - 논리적 오류(logical error) : 하나의 평가요소가 우수하면 다른 것도 우수한 것으로 판단하는 경향을 말한다.
  - 대비오류(contrast error) : 피고과자의 특성을 고과자 자신의 특성과 비교하여 평가하는 경향을 말한다.
  - 근접효과(proximity effect) : 공간적·시간적으로 근접하여 평가하는 경향을 말한다.
  - 주관의 객관화(projection) : 고과자가 자신의 특성, 관점을 다른 사람에게 전가시키는 경향을 말한다.
  - 지각적 방어(perceptual defense) : 좋은 것은 집중적으로 파고들고 싫은 것은 외면해 버리는 경향을 말한다.

⑤ 승진관리
- ㉠ 승진의 의의
  - 조직에서 한 종업원이 상위 직무로 옮기는 것을 말한다.
  - 보수, 지위가 오르고 책임이 수반되며 고차욕구 달성을 기대할 수 있다.
  - 종업원측에서는 자아실현과 욕구충족을 꾀할 수 있는 도구가 된다.
  - 경영자측에서는 인재의 효율적 확보, 배분을 통해 조직의 유효성을 증대시킬 수 있는 수단이 된다.
- ㉡ 승진관리의 기본방향
  - 연공서열주의 : 승진결정에서 근속연수, 학력, 연령, 경력 등 전통적 기준에 입각하여 승진하는 것으로 가족주의적 종신고용제, 유교사상, 집합주의, 장유유서(長幼有序) 등 동양문화풍토에 기초한다.
  - 능력주의 : 근무연수보다는 능력 등 합목적적 기준과 직무성과에 관련된 특성을 중시하는 것으로 개인주의적 계약고용제, 기독교사상, 합리주의 등 서구문화풍토에 기초한다.
- ㉢ 승진제도의 유형 : 연공승진제도, 직계승진제도, 자격승진제도, 대용승진제도, 조직변화승진제도 등이 있다.

⑥ 보상관리
　㉠ 보상관리의 의의 : 보상이란 한 개인이 조직체에서 수행한 일의 대가로 받게 되는 효익(benefits)으로, 인적자원의 유지와 개발에 매우 유용한 요소이다.
　　• 금전적 보상 : 임금, 상여금, 복리후생 등
　　• 정신적 보상 : 도전감, 책임감, 성취감, 발전기회 등
　㉡ 보상관리의 이론적 배경
　　• 기대이론 : 보상제도는 종업원이 기대하고 이해할 수 있도록 설계되어야 한다. 즉, 성과목표는 종업원이 노력하면 달성할 수 있는 적정수준으로 설계되어야 한다는 이론이다.
　　• 공정성이론 : 아담스(J.S. Adams)에 의해 제시되었으며 보상관리체계를 결정하는 데 이론적 바탕이 되며, 특히 보상산정기준의 타당성과 개인별 성과의 정확한 평가를 전제로 한다.
　　• 2요인이론 : 허즈버그(F. Herzberg)가 제시한 이론으로 종업원의 직무만족요인을 2가지로 분류한다. 하나는 위생요인으로 환경에 관련된 요인이고, 또 하나는 동기요인으로 직무 그 자체와 관련된 요인이다.
　㉢ 보상수준의 결정
　　• 기업이 지불할 수 있는 임금수준은 기업의 지불능력 범위 내이어야 하고 기업의 생산성이나 수익성을 기초로 한다.
　　• 임금수준의 최저한계는 물가변동을 감안한 생활비의 최저액을 임금의 최저기준으로 하여 평균가족수의 생계비가 보장되는 수준이어야 한다.
　　• 동종업계에서 실시되고 있는 임금수준과 균형을 이루는 수준이어야 한다.
　　• 노조, 정부 등에 의해 형성되는 사회일반의 균형적인 임금수준이어야 한다.

3　재무 · 회계관리

1. 재무관리

(1) 재무관리 의의

① 재무관리의 개념 … 기업경영의 하부 체계로서 자금의 조달과 운용에 관련된 의사결정을 수행하는 기업의 관리기능을 말한다.
② 재무관리의 목표 … 기업가치의 극대화이다.

(2) 재무관리의 기능

① **투자결정** … 기업이 어떤 종류의 자산을 어느 정도로 보유할 것인가에 대한 의사결정, 즉 기업 자산의 최적배합에 대한 의사결정을 말하며 기업의 미래현금흐름과 영업위험을 결정짓게 된다. 투자결정의 결과는 대차대조표의 차변항목으로 표시된다.

② **자본조달결정** … 투자에 소요되는 자본을 어떻게 효율적으로 조달할 것인가에 대한 의사결정, 즉 기업 자본의 최적배합에 대한 의사결정을 말하며 기업의 재무위험을 결정짓게 된다. 자본조달 결정의 결과는 재무상태표의 대변항목으로 표시된다.

③ **배당결정** … 투자결정 및 자본조달결정으로 창출된 기업의 순이익 중 얼마를 주주에게 배당하고 얼마를 기업 내에 유보할 것인가에 대한 의사결정으로 배당결정은 사내 자본조달 결정과 연결되므로 자본조달결정의 한 형태로 볼 수 있다.

④ **재무분석결정** … 투자, 자본조달 및 배당결정을 비롯한 기업의 제반 의사결정에 필요한 정보를 얻기 위하여 기업의 회계 및 재무자료를 분석하는 의사결정이다.

(3) 재무관리의 영역

① **재무계획** … 재무계획은 이익계획과 자본구조계획(자금계획)으로 대별된다. 이익계획은 다시 수익계획과 비용계획으로 나누어지며, 예산의 형식으로 부문책임과 결합되어 견적포괄손익계산서로서 회계적으로 표시된다. 자본구조계획은 고정자본구조 계획(설비자본 구조계획)과 운전자본 구조계획(현금수지계획·현금수지예산)으로 나누어지며, 견적재무상태표로서 회계적으로 표시된다.

② **재무조직** … 재무조직의 중심과제는 재무관리조직이며, 그 전형은 컨트롤러제도(controllership)에 있다. 컨트롤러제도는 경영활동에 관한 계수적 자료의 수집·분석·제공을 전담하는 분야를 설치하여, 기업경영자의 종합적 관리활동을 보좌하는 제도인데 기업회계가 재무회계적 기능에서 관리회계를 포함하는 계수관리적 기능으로 발달함에 따라 재무·회계를 직접적으로 집행하는 라인의 성격을 가진 재무 부문과 계수에 의한 간접적 통제를 담당하는 스태프의 성격을 가진 컨트롤러 부문으로 구분되어, 후자의 장(長)인 컨트롤러가 경영집행진을 보좌하는 제도, 즉 컨트롤러제도가 도입되었다. 미국의 기업경영에서 발달한 것으로, 현재는 관리회계적 기능과 내부감사기능을 보유하는 경우가 있으며 계수적 관리의 방법인 예산제도의 집행에 있어서는 특히 중요한 역할을 수행하고 있다.

③ **재무통제** … 재무통제는 경영분석·경영비교·예산차이분석에 의하여 전개되는데, 그 집약적 지표는 자본이익률이다.

2. 회계관리

(1) 회계의 개념 및 분류

① 개념 … 회계란 회계정보이용자가 합리적인 판단이나 의사결정을 할 수 있도록 기업실체에 관한 유용한 경제적 정보를 식별, 측정, 전달하는 과정이다.

② 분류 … 정보이용자를 대상으로 분류하는데, 내부정보이용자(경영자)와 외부정보이용자(투자자와 채권자)을 대상으로 재무회계와 관리회계로 구분된다.

구분	재무회계	관리회계
목적	기업의 외부이해관계자인 주주나 채권자에게 유용한 정보를 제공한다.	기업의 내부이해관계자인 경영자에게 유용한 정보를 제공한다.
보고수단	재무제표	특수목적의 보고서
시각적 관점	과거지향적	미래지향적
기준의 유무	일반적으로 인정된 회계원칙을 준수한다.	통일된 회계원칙이나 이론이 없다.
강조점	객관성	목적적합성

(2) 일반적으로 인정된 회계원칙(GAAP ; generally accepted accounting principles)

① 특성
  ㉠ 회계행위의 지침이며, 회계실무를 이끌어 가는 지도원리이다.
  ㉡ 모든 기업에 적용가능한 보편타당성과 이해관계자집단의 이해를 조정한다.
  ㉢ 경제적 환경의 변화에 따라 변화한다.

② 필요성 … 재무제표를 작성하는 방법이 기업간·기간 간에 상이하다면 재무제표의 신뢰성이 떨어지고 재무정보의 비교가능성·이해가능성이 저하되어 결과적으로 회계정보의 유용성이 감소하므로 판단의 기준이 되는 일정한 원칙이 필요하다.

③ 회계원칙의 제정방법 … 과거에는 귀납적 방법을 사용하였으나, 현재는 연역적 방법을 중요시한다. 즉, 재무회계의 목적을 설정하고 이를 출발점으로 하여 회계실무에 적용할 수 있는 회계원칙을 정립한다.

(3) 재무회계의 이론적 체계

① 개념 … 오랜 시간을 두고 회계행위가 암묵적으로 관습화된 것을 일반화하여 이것을 회계행위의 기준으로 수용하게 되었는데, 이의 정당성을 논리적으로 체계화한 것이다.

○ 재무회계의 이론적 구조

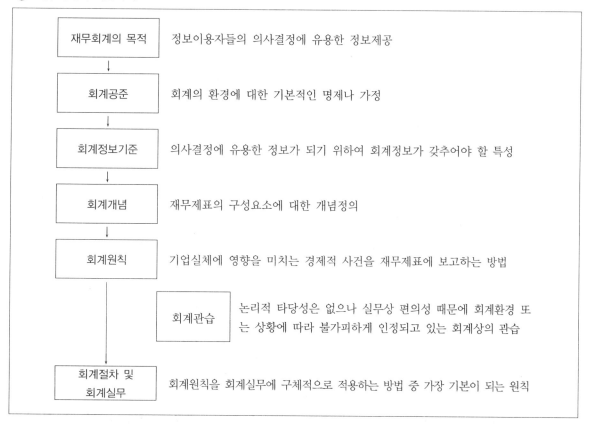

재무회계의 목적	정보이용자들의 의사결정에 유용한 정보제공
회계공준	회계의 환경에 대한 기본적인 명제나 가정
회계정보기준	의사결정에 유용한 정보가 되기 위하여 회계정보가 갖추어야 할 특성
회계개념	재무제표의 구성요소에 대한 개념정의
회계원칙	기업실체에 영향을 미치는 경제적 사건을 재무제표에 보고하는 방법
회계관습	논리적 타당성은 없으나 실무상 편의성 때문에 회계환경 또는 상황에 따라 불가피하게 인정되고 있는 회계상의 관습
회계절차 및 회계실무	회계원칙을 회계실무에 구체적으로 적용하는 방법 중 가장 기본이 되는 원칙

② **회계공준** … 회계이론을 논리적으로 전개하기 위한 기본적인 가정, 명제로서 회계가 이루어지는 정치·경제·사회적 환경으로부터 귀납적으로 도출된 것이며, 회계공준을 설정하는 이유로는 회계원칙을 연역적으로 도출하기 위한 토대를 마련하는 데 있다.

　㉠ **발생주의 공준** : 정보이용자의 의사결정에 유용한 정보를 제공하기 위해서는 거래나 사건의 영향을 현금이나 현금성자산의 수입·지출을 기준으로 인식하지 않고 발생한 기간에 인식하는 것을 말한다.

　　• **발생(accrual)** : 당기 발생 수익, 비용에 대하여 현금의 수입과 지출이 완료되지 않은 것이다.

　　－미수수익 : 수익 발생, 현금 수입 미완료

　　－미지급비용 : 비용발생, 현금 지출 미완료

　　• **이연(deferral)** : 현금의 수입 혹은 지출은 완료되었지만 수익과 비용이 발생하지 않은 것이다. 미래에 발생할 수익, 비용에 대한 현금의 수입과 지출이 완료되어 수익과 비용의 인식을 이연시킨 것이다.

　　－선수수익 : 현금 수입이 완료된 미래 수익

　　－선급비용 : 현금 지출이 완료된 미래 비용

ⓒ 계속기업의 가정 : 기업은 특별한 사유가 없는 한 계속적으로 기업활동을 영위하며, 영업활동을 청산하거나 중대하게 축소시킬 의도가 없다는 가정이다. 이러한 계속기업의 가정으로 인하여 다음과 같은 후속개념들이 나타난다.
- 기업의 자산을 역사적 원가로 평가하는 역사적 원가주의의 근거가 된다.
- 유형자산의 취득원가를 미래의 기간에 걸쳐 비용으로 배분하는 감가상각 등의 회계처리방식이 정당화된다.
- 자산, 부채의 분류 방법이 청산우선순위가 아닌 유동성배열법으로 분류 표시하는 근거가 된다.

③ 회계정보의 질적특성 … 한국채택국제회계기준(K-IFRS)에서는 이해가능성, 목적적합성, 신뢰성, 비교가능성을 주요 질적 특성으로 제시하고 있다.
ⓐ 이해가능성(전제조건)
- 정보의 측면 : 기업은 정보이용자들이 쉽게 이해할 수 있는 형태로 회계정보를 제공하여야 한다.
- 정보이용자 측면 : 회계정보 이용자도 적당한 수준의 지식을 가지고 있으며 정보를 이해하는데 필요한 적절한 노력을 하여야 한다.
ⓑ 목적적합성 : 회계정보를 이용하여 의사결정을 하는 경우와 이용하지 않고 의사결정을 하는 경우에 의사결정결과에 차이를 발생시키는 정보의 능력으로 다음과 같은 하부속성이 있다.
- 예측가치 : 정보이용자들이 미래를 예측하는 데 도움을 주는 영향을 말한다.
- 확인가치 : 과거에 회계정보를 이용하지 않고 예측했던 예측치를 확신시키거나 과거에 잘못 예측한 사실을 알게 하여 과거의 예측치를 수정할 수 있게 하는 영향을 말한다.
- 중요성 : 중요성이란 정보이용자의 의사결정에 미치는 영향력의 크기와 관련이 있다.
ⓒ 신뢰성 : 정보에 오류나 편의(bias, 치우침)가 없어 객관적으로 검증가능하며 표현하여야 할 바를 충실하게 표현하고 있는 정보의 특성으로 다음의 하부속성을 갖추어야 한다.
- 표현의 충실성 : 회계정보가 기업실체의 경제적 자원과 의무, 그리고 이들의 변동을 초래하는 거래 및 사건을 충실하게 표현하여야 한다.
- 중립성 : 특정 정보이용자에게만 유리하게 하기 위하여 의도적으로 편견이 개입된 정보를 제공하여서는 아니 된다.
- 형식보다 실질 우선 : 법률적 형식, 외관상의 형식에만 충실하지 말고 경제적 현실에 맞게 측정, 보고해야 한다.
- 완전성 : 재무정보 신뢰성 확보를 위해서는 정보의 중요성과 원가를 고려한 범위 안에서 완전하게 정보를 제공해야 한다.
ⓓ 비교가능성
- 기간별 비교가능성(일관성, 계속성) : 한 회사의 일정한 회계사상에 대하여 매 기간마다 같은 회계처리방법을 일관성 있게 적용하면 그 기업의 회계정보의 기간별 변동추이를 쉽게 비교하고 분석할 수 있어 유용하다.

- 기업간 비교가능성 : 서로 다른 회사들의 회계처리방법과 보고양식이 유사하면 특정기업의 정보를 다른기업의 유사정보와 쉽게 비교하고 분석할 수 있어 유용하다.

④ 회계개념(재무제표의 구성요소)

　㉠ 재무상태
- 자산 : 과거의 거래나 사건의 결과로서 특정 실체에 의하여 획득되었거나 통제되고 있는 미래의 경제적 효익, 즉 미래의 현금유입을 증가시키거나 현금지출을 감소시키는 능력을 말한다.
- 부채 : 과거의 거래나 사건의 결과로서 미래에 특정 실체가 다른 실체에 자산을 이전하거나 용역을 제공해야 할 현재의 의무로부터 발생할 미래의 경제적 효익의 희생이다.
- 자본 : 자산에서 부채를 차감한 후에 남은 잔여지분으로 순자산 또는 주주지분이라고도 한다.

　㉡ 성과
- 수익 : 기업의 중요한 영업활동으로부터 일정 기간 동안 발생하는 순자산의 증가(자산의 유입·증가나 부채의 감소)
- 비용 : 기업의 중요한 영업활동으로부터 일정 기간 동안 발생하는 순자산의 감소(자산의 유출·사용이나 부채의 발생)

　㉢ 자본유지조정 : 자산, 부채의 재평가 또는 재작성에 의한 자본의 증가·감소액이다.

⑤ 회계원칙

　㉠ 개념 : 기업실체에 영향을 미치는 경제적 사건을 재무제표 등에 보고하는 방법을 기술한 것으로 회계처리를 할 때 준수하여야 할 지침이며, 회계실무를 이끌어가는 지도원리를 말한다.

　㉡ 역사적 원가의 원칙 : 모든 자산과 부채는 취득 또는 발생시점의 교환가치(취득원가)로 평가하여야 한다는 원칙을 말한다.

　㉢ 현행원가 : 자산은 동일 혹은 동등한 자산을 현재에 취득할 시 그 대가로 지불하여야 할 현금이나 현금성 자산의 금액으로 평가한다.

　㉣ 실현가능(이행)가치 : 자산은 정상적으로 처분할 시 수취할 것으로 예상가능한 현금이나 현금성자산의 금액으로 평가한다.

　㉤ 현재가치 : 자산은 정상적인 영업과정에서 그 자산으로 인해 창출될 것으로 기대할 수 있는 미래 순현금유입액의 현재할인가치로 평가한다.

⑥ 회계관습

　㉠ 개념 : 실무상 유용성이나 편의성 때문에 회계환경에 따라 불가피하게 인정되고 있는 회계상의 관습을 말한다.

ⓛ 중요성 : 회계정보가 정보이용자의 의사결정에 영향을 미치는가의 여부에 따라 판단되는데, 의사결정에 영향을 미치면 중요한 것이다. 중요성은 금액, 수량, 비율상의 중요성인 양적 중요성과 특정사실의 존재 여부(부도발생, 소송사건)가 정보이용자의 의사결정에 영향을 미치는 질적 중요성으로 구분할 수 있다. 의사결정에 영향을 미치지 않는 중요하지 않은 거래나 회계정보는 간단히 실무적 방법을 기록하거나 상세히 보고하지 않아도 된다는 의미이다. 단, 중요성 개념은 기업의 규모나 처한 상황에 따라 달라지므로 주의해야 한다.

ⓒ 보수주의 : 어떤 거래에 대하여 두 개의 측정치가 있을 때 재무적 기초를 견고히 하는 과정에서 이익을 낮게 보고하는 방법을 말한다. 즉, 기업의 입장에서 자산은 가능한 적게, 부채는 가능한 많게, 수익은 가급적 적게, 비용은 될 수 있으면 많게 기록하는 입장이다. 여기서 한 가지 주의할 점은 보수주의를 적용하면 특정 연도의 순이익은 작아지지만 미래 회계연도에는 그만큼 순이익이 크게 보고된다는 것이다. 즉, 보수주의의 적용은 순이익의 기간귀속에만 영향을 미칠 뿐 순이익총액에는 영향을 주지 않는다. 또한 보수주의는 이익조작가능성, 왜곡된 정보제공, 기간별 비교가능성 저해 등의 단점을 가진다.

ⓓ 업종별 관행 : 특정 기업이나 특정 산업에서 정상적인 회계원칙으로 처리할 수 없는 사항에 대해서 특수하게 인정되어야 할 회계실무를 말한다.

(4) 재무제표

① 의의 … 기업의 재무상태와 경영성과 등을 정보이용자에게 보고하기 위한 수단으로서 한국채택국제회계기준에 따라 작성하는 재무보고서이다. 재무제표 중 재무상태표만이 일정시점의 개념이고 나머지의 기본재무제표는 일정 기간의 개념을 나타낸다.

② 재무제표의 종류
   ⓐ 재무상태표 : 일정시점에 있어서 기업의 재무상태인 자산, 부채 및 자본에 관한 정보를 제공하는 정태적 보고서다.
   ⓑ 포괄손익계산서 : 일정기간 동안 기업이 얻은 경영성과를 표시하는 동태적 보고서로서, 미래현금흐름 예측과 미래수익창출능력 예측에 유용한 정보를 제공한다.
   ⓒ 현금흐름표 : 기업의 일정기간 동안 현금의 변동내역을 나타내는 동태적 보고서이다. 현금흐름표는 현금주의 개념의 손익계산서로 기업의 자금흐름과 미래현금흐름전망에 대한 정보를 제공한다.
   ⓓ 자본변동표 : 일정기간 동안에 발생한 자본의 변동을 나타내는 보고서이다.
   ⓔ 주석 : 재무제표에 표시된 내용을 설명하거나 표시되지 않은 정보를 제공한다. 한국채택국제회계기준(K-IFRS)에서는 이익잉여금처분계산서(결손금처리계산서)가 주석으로 공시된다.

③ **재무제표의 유용성** … 재무제표는 재무제표 이용자의 경제적 의사결정에 유용한 정보를 제공하여야 한다. 이 경우 재무제표 정보이용자의 정보요구는 다양하지만, 일반투자자의 요구에 유용한 정보는 기타 정보이용자의 요구에도 부합하는 것으로 본다.

ⓙ 투자자나 채권자 등 정보이용자들의 의사결정에 유용한 정보를 제공한다.

ⓛ 미래 현금흐름을 예측하는데 유용한 정보를 제공한다. 즉, 투자자나 채권자 등이 기업으로부터 받게 될 미래 현금의 크기, 시기, 불확실성 등을 평가하는데 유용한 정보를 제공한다.

ⓒ 기업의 재무상태, 경영성과 그리고 현금흐름의 변동 및 자본변동에 관한 정보를 제공한다.

ⓔ 경영자의 수탁책임 이행성과를 평가하는데 유용한 정보를 제공한다.

03 출제예상문제

1 직무설계의 효과로 적절하지 않은 것은?

① 직무만족의 증대

② 작업생산성 향상

③ 이직, 결근율 감소

④ 훈련비용의 증가

 직무설계 … 개인과 조직을 연결시켜 주는 가장 기본단위인 직무의 내용과 방법 및 관계를 구체화하여 종업원의 욕구와 조직의 목표를 통합시키는 것을 말한다.
직무설계의 효과로는 직무만족의 증대, 작업생산성의 향상, 이직·결근율 감소, 제품질의 개선과 원가 절감, 훈련비용 감소, 상하관계의 개선, 신기술 도입에 대한 신속한 적응 등이 있다.

2 직무분석을 하는 방법 가운데 다음이 설명하는 직무분석법은?

> 직무분석자가 직무수행을 하는 종업원의 행동을 관찰한 것을 토대로 직무를 판단하는 것으로서, 장점으로는 간단하게 실시할 수 있는 반면에 정신적 집중을 필요로 하는 업무의 활용에는 다소 어려우며 피관찰자의 관찰을 의식한 직무수행 왜곡으로 인해 신뢰성의 문제점이 생길 수 있다.

① 면접법

② 질문지법

③ 워크 샘플링법

④ 관찰법

 ④ 관찰법(Observation Method)에 대한 설명이다.

※ 직무분석의 방법 … 직무분석의 방법에는 관찰법, 면접법, 질문지법, 중요사건 서술법, 작업기록법, 워크샘플링법 등이 있다. 더불어서 직무분석 시에 목적과 특정 조직에서 현실적으로 적용가능한 방법인지를 반드시 고려해서 가장 효과적인 방법을 선택해야 한다.

ㄱ 관찰법(Observation Method) : 관찰법은 직무분석자가 직무수행을 하는 종업원의 행동을 관찰한 것을 토대로 직무를 판단하는 것으로서, 장점으로는 간단하게 실시할 수 있는 반면에 정신적·집 중을 필요로 하는 업무의 활용에는 다소 어려우며 피관찰자의 관찰을 의식한 직무수행 왜곡으로 인해 신뢰성의 문제점이 생길 수 있다.

ㄴ 면접법(Interview Method) : 면접법은 해당 직무를 수행하는 종업원과 직무분석자가 서로 대면해서 직무정보를 취득하는 방법으로서, 적용직무에 대한 제한은 없으나, 이에 따른 면접자의 노련미가 요구되며, 피면접자가 정보제공을 기피할 수 있다는 문제점이 생길 수 있다.

6 다음 생산관리 상의 문제점 중 다품종 소량생산의 문제에 해당하지 않는 것은?

① 계획변경에 의한 품종변경, 사양변경이 자주 일어난다.

② 계획변경에 의하여 생산우선순위가 변동된다.

③ 영업부서의 긴급오더에 의한 계획변경이 빈번하게 일어난다.

④ 기술정보가 미비하다.

 생산관리 상의 문제점 중 다품종 소량생산의 문제
㉠ 계획변경에 의하여 생산우선순위가 변동된다.
㉡ 제품의 도면설계지연에 따른 생산계획의 변경이 일어난다.
㉢ 소로트 생산에 의한 생산계획의 변경이 빈번하게 일어난다.
㉣ 사전관리의 미비로 생산계획의 변경이 빈번하게 일어난다.
㉤ 계획변경에 의한 품종변경, 사양변경이 자주 일어난다.
㉥ 영업부서의 긴급오더에 의한 계획변경이 빈번하게 일어난다.
㉦ 확정생산계획의 수립지연으로 빈번한 계획변경이 발생한다.

7 다음이 설명하는 오류는?

> 어떤 한 부분에 있어 어떠한 사람에 대해서 호의적인 태도 등이 다른 부분에 있어서도 그 사람에 대한 평가에 영향을 주는 것을 의미하는데, 예를 들어 종업원 선발 시 면접관에게 면접에서 좋은 인상을 준 사람에 대해, 면접관들이 생각할 때 그 사람에게서 좋은 인상을 받은 만큼 업무에 대한 책임감이나 능력 등도 좋은 것이라고 판단하는 것을 말한다.

① 현혹효과   ② 관대화 경향

③ 규범적 오류   ④ 규칙적 오류

 ① 현혹효과에 대한 설명이다. 현혹효과는 어떤 한 부분에 있어 어떠한 사람에 대해서 호의적인 태도 등이 다른 부분에 있어서도 그 사람에 대한 평가에 영향을 주는 것을 의미하는데, 예를 들어 종업원 선발 시 면접관에게 면접에서 좋은 인상을 준 사람에 대해, 면접관들이 생각할 때 그 사람에게서 좋은 인상을 받은 만큼 업무에 대한 책임감이나 능력 등도 좋은 것이라고 판단하는 것을 말한다.

ANSWER 〉 4.②   5.②   6.④   7.①

8 다음 중 마이클 포터의 5-Forces에 대한 설명으로 적절한 것은?

① 공급자의 교섭력 – 집중도
② 신규 진입의 위협 – 규모의 경제
③ 대체재의 위협 – 산업의 경기변동
④ 구매자의 교섭력 – 유통망에 대한 접근

Tip Porter의 산업구조 분석모형

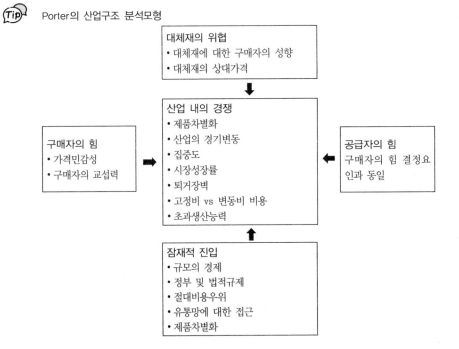

9 직업구조를 형성하기 위한 방법 중 조직 내의 직무에 관한 정보를 체계적으로 수집하여 처리하는 활동을 무엇이라 하는가?

① 직무평가　　　　　　　　　　　② 직무설계
③ 직무확장　　　　　　　　　　　④ 직무분석

 직업구조를 형성하기 위한 방법
　㉠ 직무분석 : 조직 내의 직무에 관한 정보를 체계적으로 수집하여 처리하는 활동을 말한다. 여기서 직무란 하나의 직위가 수행하는 업무의 묶음을 말한다.
　㉡ 직무평가 : 직무들의 상대적인 가치를 체계적으로 결정하는 작업이다.
　㉢ 직무설계 : 직무의 내용, 기능, 그리고 연관관계를 결정하는 활동이다.

10 다음 중 인적 자원 관리의 환경 요소 중 외부 환경에 속하지 않는 것은?

① 정부개입의 증대   ② 가치관의 변화

③ 노동조합의 발전   ④ 정보기술의 발전

 ② 인적자원관리의 내부환경으로는 종업원들의 노동력 구성의 변화, 가치관의 변화, 조직규모의 확대 등이 있으며, 외부환경으로는 정부개입의 증대, 경제여건의 변화, 노동조합의 발전, 정보기술의 발전 등이 있다.

11 Taylor의 과학적 관리법의 목표는 무엇인가?

① 인간관계의 개선   ② 기계화의 지속적인 발전

③ 인간노동의 능률화   ④ 개인목표와 조직목표의 합치

 테일러(Taylor)의 과학적 관리법
㉠ 테일러는 종업원의 조직적인 태업이 그들의 자의적인 작업수행태도에서 비롯된다는 점을 파악한 후 개인의 작업을 간단한 요소동작으로 분해하고, 각 요소동작의 형태·순서·소요시간 등을 동작연구(motion study)와 시간연구(time study)를 사용하여 작업환경을 표준화하고 하루에 수행해야 할 업무량, 즉 과업을 설정하여 공장경영의 합리화를 기하려고 하였다.
㉡ 과학적 관리법의 2대 목표인 노동자의 번영과 고용주의 번영을 실현하기 위해 노동자에게는 높은 임금을, 고용주는 낮은 노무비를 추구할 수 있게 한다.

12 정부가 추진하고 있는 기업공개의 궁극적 목적은?

① 기업경영의 재무유동성 유지

② 기업이윤의 사회적 공정배분 실현

③ 경영의 합리화와 국제경쟁력 제고

④ 일반국민의 국민주 청약기회 확대

 기업공개가 활발히 추진될 경우 전문경영체제로 옮겨가게 되므로 합리적인 경영이 가능하게 된다.

ANSWER 〉 8.②   9.④   10.②   11.③   12.③

13 다음 중 기업인수·합병(M&A)에 따른 이점이 아닌 것은?

① 독자적인 시장개척능력이 신속하게 이루어진다.

② 기업을 그대로 인수할 경우 인수되는 기업이 보유한 유리함을 그대로 향유할 수 있다.

③ 경영실적을 어느 정도 예측할 수 있으므로 미래의 불확실성 정도를 줄일 수 있다.

④ 기존 기업이 갖고 있는 모든 설비나 종업원을 그대로 물려받게 될 경우 창업에 따르는 시간과 경비를 그만큼 절감할 수 있다.

 M&A의 장·단점

㉠ 장점
- 시장에의 조기진입 가능
- 기존업계 진입 시 마찰회피와 시장에서의 시장지배력 확보
- 적절한 M&A 비용으로 인하여 투자비용을 절약
- 신규 시장진입으로 인한 위험을 최소화하여 이를 회피하는 기능

㉡ 단점
- M&A로 취득자산의 가치 저하 가능
- M&A시 필요 인재의 유출, 종업원 상호간의 인간관계 악화 및 조직의 능률 저하 가능
- M&A 성공 후 안이한 대처로 인해 기업이 약화
- M&A 소요자금의 외부차입으로 인한 기업의 재무구조 악화

14 포드주의에 대한 설명 중 옳은 것은?

① 유연생산체계를 극복하기 위해 고안된 생산방식이다.

② 과학적 관리법으로 노동자들의 숙련지식을 박탈하고 노동을 단순화시킨다.

③ 노동자들의 업무를 최대한 세분화하고 각 업무를 표준화시킴으로써 노동에 대한 구상기능과 실행기능을 분리시켜 작업에 대한 관리와 성과측정을 용이하게 한다.

④ 컨베이어 벨트라는 자동화설비를 도입하여 작업의 흐름을 기계의 흐름에 종속시켜 높은 생산성을 유지하게 하는 생산방식으로, 대량생산·소비체제를 구축한다.

 포드주의(fordism) … 미국 포드자동차회사에서 처음 개발된 것으로 포디즘적 생산방식에 있어 부품들의 흐름은 기계(컨베이어 벨트, 운반기, 이동조립대)에 의해 이루어진다.

15 다음의 내용을 참조하여 의미하는 것을 바르게 고른 것은?

> 이러한 조직은 직능구조의 역할과 프로젝트 구조의 역할로 이루어진 이중역할구조로 되어 있으면서 복합적인 조직목표를 달성하는 것이 목적이다. 이 조직은 신축성과 균형적 의사결정권을 동시에 부여함으로써 경영을 동태화시키나 조직의 복잡성이 증대된다는 문제점이 있다.

① 팀제 조직
② 네트워크 조직
③ 프로젝트 조직
④ 매트릭스 조직

 매트릭스 조직은 기능별 및 부서별 명령체계를 이중적으로 사용하여 조직을 몇 개의 부서로 구분하는 조직이다.
① 팀제 조직 : 상호보완적인 소수가 공동의 목표달성을 위해 책임을 공유하고 문제해결을 위해 노력하는 수평적 조직이다. 능력과 적성에 따라 탄력적으로 인재를 팀에 소속시키고 팀장을 중심으로 동등한 책임 하에 구분된 일을 하면서 상호유기적인 관계를 유지하는 조직형태이다.
② 네트워크 조직 : 기본적으로 유연성, 부서간 통합 및 DB의 활용을 전제로 하므로 마케팅 이행을 위한 조직으로 가장 적합하다.
③ 프로젝트 조직 : 프로젝트는 조직이 제 노력을 집중하여 해결하고자 시도하는 과제이고, 이러한 특정 목표를 달성하기 위하여 일시적으로 조직 내의 인적·물적 자원을 결합하는 조직형태이다.

16 경영기능의 분화과정에서 경영활동의 목적달성을 위해 직접 공헌하는 기능은?

① staff
② line
③ OD
④ lower management

 라인과 스태프
㉠ 라인(line) : 구매·제조·판매부문과 같이 경영활동을 직접적으로 집행하는 조직이다.
㉡ 스태프(staff) : 인사·경리·총무·기술·관리부문과 같이 라인활동을 촉진하는 역할을 하는 조직이다.

ANSWER 〉 13.① 14.④ 15.④ 16.②

17 브레인스토밍(Brain Storming)에 대한 설명으로 옳지 않은 것은?

① 즉흥적이고 자유분방하게 여러가지 아이디어를 창안하는 활동이다.

② 오스본(A.F. Osborn)에 의하여 제안되었다.

③ 관련분야 최고의 전문가들만 참여한다.

④ 여러 사람이 모여서 집단적 토의를 하게 된다.

 브레인스토밍 … 한 가지 문제를 집단적으로 토의하여 제각기 자유롭게 의견을 말하는 가운데 정상적인 사고방식으로는 도저히 생각해낼 수 없는 독창적인 아이디어가 나오도록 하는 것이다. 브레인스토밍을 성공시키기 위해서는 자유분방한 아이디어를 환영할 것, 타인의 아이디어를 비판하지 말 것, 되도록 많은 아이디어를 서로 내놓을 것 등이 중요하다.

18 애드호크러시에 대한 다음 설명 중 옳지 않은 것은?

① 수직적 권한의 계층원리가 더욱 강화된다.

② 일시적인 과제를 해결하기 위한 임시적 조직이다.

③ 토플러(A. Toffler)의 저서인 '미래의 충격'에서 처음으로 이 용어가 사용되었다.

④ 환경적응적이고 동태적인 특성을 가진다.

 Adhocracy(애드호크러시) … 종래 계층적 조직형태가 지닌 경직성을 극복하기 위해 제기된 역동적, 임시적, 동태적, 유기적 조직형태를 말한다.

19 ZD운동이란?

① 품질관리운동   ② 지역방위운동

③ 무결점운동   ④ 전격디지털운동

 ZD(Zero Defects)운동 … QC(품질관리)기법을 제조부문뿐 아니라 일반관리사무에까지 확대적용하여 전사적으로 결점을 없애는 데 협력해 나가도록 하는 무결점운동이다.

20 다음 중에서 정부나 기업체가 일반에게 이해를 얻고 관심을 끌기 위해 하는 모든 활동은?

① HR(Human Relation)

② PR(Public Relations)

③ MBO(Management By Objects)

④ OR(Operations Research)

 ① 인간관계   ③ 목표관리   ④ 경영정책을 수학적·통계학적으로 구하는 방법

21 다음이 설명하고 있는 것은?

> 이 방식은 일본의 도요타 자동차사가 미국의 GM타도를 목표로 창안한 기법으로, 자동차와 함께 도요타 생산방식(TPS)의 축을 이루고 있다. 이 방식이 중점을 두는 생산활동은 사람, 기계, 물자 등 3M을 적절하게 조화시키는 것이다. 제조공정의 시간을 단축하기 위해 필요한 재료를 필요한 때에 필요한 양만큼 만들거나 운반하는 것이다.

① QM   ② QC

③ TQC   ④ JIT

 JIT(Just In Time)은 생산현장에서 꼭 필요한 물자를 필요한 양만큼만 필요한 시간과 장소에 생산·보관하는 방식이다.

22 다음 중 주식회사의 장점으로 옳은 것은?

① 기업의 단순성   ② 무한책임사원으로만 구성

③ 자본조달의 용이성   ④ 법인이 아니라는 점

 주식회사는 주주라는 불특정 다수인으로부터 거액의 자본을 조달할 수 있으며, 출자인 주주로부터 조달된 자본이 독립되어 전문경영자에 의한 운영이 가능하다.

ANSWER > 17.③ 18.① 19.③ 20.② 21.④ 22.③

23 경영의 합리화를 기하는 목적은?

① 종업원의 임금향상

② 재정의 균형과 안전을 도모하여 독점 배제

③ 생산비의 절감과 기술 및 능률 향상

④ 고용량 증대 및 생산량 증대

 기업경영의 모든 면에서 효율성을 높이고자 하는 것을 경영합리화라고 한다.

24 마케팅믹스 중 촉진(promotion)에 관한 다음 설명 중 옳은 것은?

① 인적 판매(personal selling)란 제품 또는 서비스의 판매나 구매를 촉진시키기 위한 단기적인 자극책을 말한다.

② 홍보(publicity)란 특정 기업의 아이디어, 제품 또는 서비스를 대가로 지불하면서 비인적 매체를 통해 제시하고 촉진하는 것이다.

③ 풀(pull)전략이란 소비자 수요를 조장하고 또한 유통경로를 통해 제품을 끌어당기기 위해 광고와 소비자 촉진에 많은 예산을 투입하는 촉진전략을 말한다.

④ 판매촉진이란 한 사람 또는 그 이상의 잠재고객과 직접 대면하면서 대화를 통하여 판매를 실현시키는 방법이다.

 ① 판매촉진 ② 광고 ④ 인적 판매

25 포드시스템(ford system)에 관한 설명 중 적절하지 않은 것은?

① 기업관리에 있어서 인간관계의 분석과 노사 간의 협조에 중점을 두었다.

② 포드(H. Ford)는 기업의 경영을 사회에 대한 봉사의 수단으로 생각하였다.

③ 포드시스템은 백색사회주의라는 비난을 받기도 하였다.

④ 포드시스템은 과학적 관리운동이 봉착한 딜레마를 타개하기 위하여 주창된 것이었다.

 ① 인간관계론은 호손실험결과를 토대로 메이요(E. Mayo)가 주창했다.

26 다음에서 설명하고 있는 마케팅 기법을 일컫는 말로 적절한 것은?

- 사회 구성원으로서의 책임을 다하여 기업의 이미지를 긍정적으로 구축하는 것
- 사람으로서 마땅히 해야 할 도리
- 한 예시로 신발을 판매하는 T브랜드가 활발한 기부활동을 펼치는 것

---

① PPL 마케팅   ② 노이즈 마케팅

③ 코즈 마케팅   ④ 퍼포먼스 마케팅

 코즈 마케팅은 기업이 사회 구성원으로서 마땅히 해야 할 책임을 다함으로써 긍정적인 이미지를 구축하고 이를 마케팅에 활용하는 전략이다.
① 대가를 받고 특정 기업의 제품을 영화나 드라마에 노출시켜주는 마케팅 전략
② 각종 이슈를 요란스럽게 치장해 구설수에 오르도록 하거나, 화젯거리를 만들어 소비자들의 이목을 집중시켜 인지도를 늘리는 마케팅 기법
④ 광고로 유입된 고객의 전환율을 분석하여 더 나은 전략을 수립하는 것

27 벤처(Venture)기업에 대한 설명으로 옳지 않은 것은?

① 한 나라의 기초가 되는 산업을 말한다.

② 실리콘밸리가 미국의 벤처기업 거점이 되고 있다.

③ 1인 또는 소수의 핵심적인 창업인이 높은 위험을 부담하면서 높은 수익률을 추구하는 것이 특징이다.

④ 우리나라의 경우 '한글과 컴퓨터사'가 그 대표적인 예라고 할 수 있다.

 벤처기업 … 신기술이나 노하우 등을 개발하고 이를 기업화함으로써 사업을 하는 창조적인 기술집약형 기업을 말한다.

28 호텔이나 펜션 등이 성수기에는 가격을 인상하고 비수기에 가격을 할인하고 있다. 이러한 유형의 마케팅활동을 무엇이라 하는가?

① 재마케팅   ② 개발적 마케팅

③ 자극적 마케팅   ④ 동시화 마케팅

 ① 재마케팅(remarketing) : 수요가 포괄적이거나 감퇴하는 상품에 대하여 소비자의 욕구나 관심을 다시 불러 일으키려는 마케팅기법을 말한다.
② 개발적 마케팅(developmental marketing) : 고객이 어떠한 욕구를 갖고 있는가를 분명히 알고 나서 그러한 욕구를 충족시킬 수 있는 새로운 제품이나 서비스를 개발하려고 하는 것이다. 예로는 세계적인 석유파동이 발생했을 때 각국의 자동화 회사들은 전기자동차 개발에 집중 투자를 하는 마케팅전략을 말한다.
③ 자극적 마케팅(stimulant marketing) : 하나의 목적물에 대하여 사람들이 알고 있지 못하거나 관심을 갖고 있지 않을 때 그러한 목적물에 대한 욕구를 자극하려고 하는 것을 말한다. 예로는 골동품수집가들로 하여금 버려져 있는 낡은 철조망에 대하여 관심을 갖도록 하는 것이다.
④ 동시화 마케팅(synchro marketing) : 생산의 시간적 패턴과 수요의 시간적 패턴을 일치시키려는 마케팅기법으로 수요의 계절적 · 시간적 변동이 심한 경우에 이용한다. 동시화 마케팅은 제품이나 서비스의 공급능력에 맞추어 수요의 발생시기를 조정 내지 변경하려고 하는 것이므로 평일에 예식장을 이용하면 더 할인해 주는 것은 좋은 예가 된다.

29 마케팅믹스의 요소가 아닌 것은?

① 가격   ② 촉진

③ 제품   ④ 수량

 마케팅믹스(marketing mix)의 요소 … 제품(product) · 가격(price) · 촉진(promotion) · 유통(place) 등이 있으며, 이를 4P라 한다.

30 주변에서 뛰어나다고 생각되는 상품이나 기술을 선정하여 자사의 생산방식에 합법적으로 근접시키는 방법의 경영전략은?

① 벤치마킹(bench marking)   ② 리컨스트럭션(reconstruction)

③ 리엔지니어링(reengineering)   ④ 리포지셔닝(repositioning)

 벤치마킹(bench marking) … 초우량기업이 되기 위해 최고의 기업과 자사의 차이를 구체화하고 이를 메우는 것을 혁신의 목표로 활용하는 경영전략이다.

31 경영자 지배를 가능하게 한 경영환경과 관련이 적은 것은?

① 소유와 경영의 분리현상

② 전문경영자의 출현

③ 기술수준의 급속한 발전

④ 주식분산

 경영자 지배 … 주식회사의 경영체제가 종전의 소유경영으로부터 전문경영으로 이행됨을 의미한다.

32 선진국이 먼저 이룩한 기술과 업적을 그대로 인정하고 우리나라는 그 위에 +α 를 찾아야 한다는 한국형 기술·산업전략의 경영철학이론은?

① X이론

② Y이론

③ Z이론

④ W이론

 W이론 … 1993년 서울대 이면우교수가 주창한 이론으로 외국의 경영이론이나 철학을 무분별하게 수용하여 산업현장에서 무리하게 적용함으로써 발생하는 비능률을 제거하고 우리 실정에 맞는 독자적인 경영철학을 확립하자는 것이다.

33 전혀 관련이 없는 이종기업 간의 합병 또는 매수를 통한 기업결합의 형태는?

① 컨글러머레이트

② 신디케이트

③ 벤처캐피탈

④ 조인트 벤처

 컨글러머레이트(conglomerate)의 특징

㉠ 2차대전 후 자재원, 제품개발, 생산기술 혹은 마케팅경로와 관계가 없는 제품이나 용역을 생산하는 기업들의 합병이 발생하게 되었는데, 이것이 이종복합적 회사이다.

㉡ 미국에서 컨글러머레이트가 등장한 것은 1950년의 독점금지법의 개정으로 인하여 기업의 수평적 합병 및 수직적 합병이 어려워졌기 때문이다.

34 다음 중 사이먼이 주장한 의사결정의 두 가지 전제는?

① 사실, 가치   ② 사실, 위험

③ 위험, 가치   ④ 위험, 목표

    (Tip) 사이먼은 의사결정에서 사실과 가치의 두 가지 결정전제가 있다고 주장하였다. 즉, 가치적·윤리적 여건으로서의 가치전제와 목표실현을 위한 행동의 적부의 판단에 필요한 사실적 지식·정보로서의 사실적 전제이다.

35 환경의 기회와 위협을 파악하고 기업의 강점과 약점을 인식하여 여러가지 전략적 반응을 유도하는 기법은?

① 이슈분석   ② 이해관계자분석

③ SWOT분석   ④ 비용–수익분석

    (Tip) SWOT분석 … 환경분석시 내부 환경과 외부 환경을 분석하고 나면, 이를 토대로 기업내부 능력의 강점과 약점, 그리고 환경이 제공하는 기회와 위협요인으로 파악한다.

36 기업의 독립성을 잃지 않고 자유경쟁을 배제하여 시장가격을 독점할 수 있는 기업집중 형태는?

① 카르텔   ② 트러스트

③ 콘체른   ④ 콤비나트

    (Tip) 카르텔(cartel) … 같은 종류의 여러 기업들이 경제상·법률상의 독립성을 유지하면서 상호간 무리한 경쟁을 피하며, 시장을 독점하기 위해 협정을 맺고 횡적으로 연합하는 것을 말한다.

37 의사결정에 필요한 모든 정보자료의 흐름을 과학적이고 합리적으로 체계화한 것은?

① MIS

② 포드시스템

③ 테일러시스템

④ 파일링시스템

 MIS(Management Information System) … 경영정보시스템을 의미한다. 기업경영의 의사결정에 사용할 수 있도록 기업 내외의 정보를 전자계산기로 처리하고 필요에 따라 이용할 수 있도록 인간과 전자계산기를 연결시킨 경영방식이다.

ANSWER 〉 34.① 35.③ 36.① 37.①

04 경제학

1 경제학의 기초

1. 경제 행위와 기본 문제

(1) 희소성의 법칙

① 인간의 욕망은 무한한 반면 이를 충족시켜 줄 수 있는 경제적 자원은 제한되어 있음을 희소성의 법칙(law of scarcity)이라고 한다(G. Cassel).

② 경제적 자원이 희소하기 때문에 제한된 자원을 어떻게 사용하는 것이 합리적인지에 관련된 선택의 문제에 직면하게 된다.

(2) 합리적 선택

① 합리적 선택을 한다는 것은 최소의 비용으로 최대의 효과를 낼 수 있도록 해야 함을 의미한다.

② 경제원칙
- ㉠ 최대효과의 원칙 : 주어진 자원으로 최대의 효과를 얻고자 하는 것이다.
- ㉡ 최소비용의 원칙 : 일정한 목적을 최소의 자원으로 달성하고자 하는 것이다.
- ㉢ 최대효과의 원칙 혹은 최소비용의 원칙이 달성되었을 때를 경제적으로 효율적이라고 한다.

> **POINT** 합리적 선택
> ㉠ 소비자의 합리적 선택 : 소비자는 소득과 가격에 의해서 제약된 범위 안에서 자신의 기호(입맛)에 가장 알맞은 상품량을 선택함으로써 효용극대화를 이룬다.
> ㉡ 생산자의 합리적 선택 : 생산자는 투자예산과 요소가격에 의해서 제약된 범위 안에서 자신의 생산기술에 가장 알맞은 요수투입량을 선택함으로써 비용극소화(생산량극대화)를 이룬다.
> ㉢ 공급자의 합리적 선택 : 공급자는 제약된 시장범위 안에서 자신의 이윤을 극대화할 수 있는 수량과 가격을 선택함으로써 이윤극대화를 이룬다.

(3) 기회비용과 매몰비용

① 기회비용(opportunity cost)
   ㉠ 어떤 선택을 함으로써 포기해야 하는 다른 선택대안 중에서 가치가 가장 큰 것을 의미한다.
   ㉡ 항상 기회비용의 관점에서 의사결정을 내려야 합리적인 선택을 할 수 있다.

② 매몰비용(sunk cost)
   ㉠ 이미 지출한 뒤에는 다시 회수가 불가능한 비용을 말한다.
   ㉡ 합리적인 선택을 하기 위해서는 이미 지출되었으나 회수가 불가능한 매몰비용은 고려하지 말아야 한다.

2. 합리적 선택의 주체와 대상

(1) 경제주체

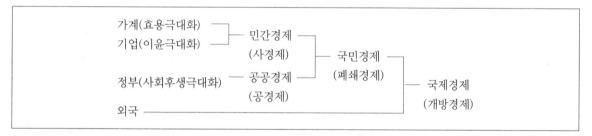

(2) 경제행위의 대상

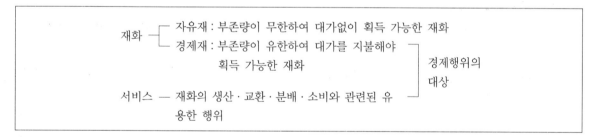

> **POINT** 미시경제학과 거시경제학
>
> ㉠ 미시경제학(microeconomics)
> - 소비자의 효용극대화 행위로부터 수요곡선과 요소공급곡선이 도출되는 과정 및 기업의 이윤극대화 행위로부터 공급곡선과 요소수요곡선이 도출되는 과정에 대해서 분석한다.
> - 생산물시장에서 재화가격과 생산량, 그리고 생산요소시장에서 요소가격과 고용량이 결정되는 과정을 분석한다.
> - 시장에서 결정된 가격에 의해 한 나라 전체의 자원배분이 결정되므로 미시경제학에서는 특히 개별시장에서 수요·공급에 의해 가격과 생산량이 결정되는 메커니즘을 중요하게 다룬다.

- 경제 전체의 일반균형, 외부성과 공공재, 정보의 비대칭성 등에 대해서도 연구한다.
  ㉡ 거시경제학(macroeconomics)
- 거시경제학에서는 총체적인 거시경제변수인 국민소득(GDP), 물가, 고용, 실업 등의 결정요인을 분석한다.
- 경제활동수준이 주기적으로 변동하는 경기변동과 장기적으로 경제규모가 점차 커지는 경제성장의 요인에 대해서 분석한다.
- 정부정책이 경제활동에 미치는 영향과 그 파급경로 등을 연구한다.

2 미시경제학

1. 수요·공급이론

(1) 수요의 개념

① **수요의 뜻** … 수요(demand)란 소비자가 어떤 재화를 일정한 기간에 일정한 가격으로 사려고 하는 욕구를 말하며, 수요량(garrulity)이란 소비자가 그 재화나 용역을 구매하고자 하는 최대수량을 의미한다.

② **수요를 결정하는 요인** … 그 재화의 시장가격, 그 재화를 제외한 다른 재화들의 가격, 소비자의 소득수준, 소비자들의 기호 및 선호의 변화, 그 나라 인구의 크기, 생산기술의 변화 등이 있다.

③ **수요법칙(law of demand)** … 상품의 가격이 오르면 수요량은 감소하고 상품의 가격이 내리면 수요량이 증가하는 사실, 즉 다른 요인들이 불변일 때 어떤 상품의 가격과 그 재화의 수요 간에 반비례의 관계가 존재하는 것을 말한다.

④ **수요량의 변화와 수요의 변화**
  ㉠ **수요량의 변화**: 어떤 재화에 대한 수요의 결정요인들 중에서 그 재화의 가격만이 변하여 수요가 변하는 것
  ㉡ **수요의 변화**: 어떤 재화의 수요결정요인 중에서 그 재화가격 이외의 다른 요인의 변화에 따라 수요곡선 자체가 이동하게 된다.

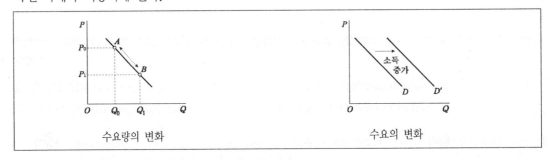

수요량의 변화   수요의 변화

⑤ 수요곡선의 이동

　㉠ 소득의 증가, 대체재 가격의 상승, 보완재 가격의 하락, 그 상품을 선호할 집단에 유리한 소득의 재분배 → 오른쪽으로 이동(D1 : 수요증가)

　㉡ 소득의 감소, 대체재 가격의 하락, 보완재 가격의 상승, 그 상품을 선호할 집단에 불리한 소득재분배, 인구의 감소 → 왼쪽으로 이동(D2 : 수요감소)

⑥ 수요의 탄력성

　㉠ 수요의 가격탄력성(price elasticity of demand) : 가격변화의 정도에 대응하는 수요량변화의 정도를 나타내는 척도이다.

$$수요의\ 가격탄력성(\,e) = \frac{수요량의\ 변동률}{가격의\ 변동률}$$

　㉡ 수요의 가격탄력성의 크기

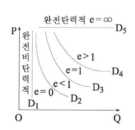

- e > 1(탄력적) : 사치품, 공산품
- e < 1(비탄력적) : 필수품, 농산물
- e = 1(단위탄력적)
- e = 0(완전비탄력적) : 토지, 희소재
- e = ∞(완전탄력적) : 완전경쟁상품

　㉢ 수요의 가격탄력성의 경제적 효과

- e = 0 : 가격을 인하하면 기업의 총수입이 감소, 가격을 인상하면 총수입은 증가
- e < 1 : 가격을 인하하면 총수입이 감소, 인상하면 총수입은 증가
- e = 1 : 총수입에 변동없음
- e > 1 : 가격을 인하하면 총수입이 증가, 인상하면 총수입은 감소
- e = ∞ : 가격을 약간만 인하하여도 총수입이 무한대로 증가, 약간만 인상하여도 수요가 0이 되므로 총수입은 0

(2) 공급이론

① 공급(supply)의 뜻 … 공급이란 생산자가 생산물을 일정한 기간에 일정한 가격으로 판매하고자 하는 의도된 재화서비스량을 말한다. 실제로 판매를 달성한 양은 아니며, 의도된 수량을 공급량이라 한다.

② 공급을 결정하는 요인 … 그 재화의 시장가격, 다른 재화의 가격, 생산요소의 가격변동, 기술수준, 기업의 목표, 보조금 지급(공급곡선 우측 이동), 조세 부과(공급곡선 좌측 이동), 외부 환경 등이 있다.

③ 공급법칙(law of supply) … 상품의 가격이 오르면 공급량은 증가하고 상품의 가격이 내리면 공급량은 감소하는 사실, 즉 다른 요인들이 불변일 때 어떤 재화의 가격과 공급간에 비례의 관계가 존재하는 것을 말한다.

④ 공급량의 변화와 공급의 변화
    ㉠ 공급량의 변화 : 다른 모든 요인들이 불변일 때 그 재화의 가격만이 변하여 공급량이 변화하는 것을 공급량의 변화라고 한다. 이것이 주어진 공급곡선상에서의 공급량의 변화로 나타난다.
    ㉡ 공급의 변화 : 어떤 재화의 가격 이외의 요인들 중에서 적어도 하나가 변하면, 그 재화의 모든 가격 수준에서 재화의 공급량이 변하게 되고 공급곡선 자체도 이동하게 되는 것을 말한다.

⑤ 공급곡선의 이동
    ㉠ 기술의 진보, 다른 상품가격의 하락, 생산요소 가격의 하락→오른쪽으로 이동(S1 : 공급증가)
    ㉡ 다른 상품가격의 상승, 생산요소가격의 상승→왼쪽으로 이동(S2 : 공급감소)

⑥ 공급의 탄력성
    ㉠ 공급의 가격탄력성 : 재화의 가격이 변동할 때 그 재화의 공급량이 얼마나 변할 것인가를 측정하는 척도이다.

$$\text{공급의 가격탄력성}(\ e\ ) = \frac{\text{공급량의 변동률}}{\text{가격의 변동률}}$$

    ㉡ 공급의 가격탄력성의 크기
      • e>1(탄력적) : 공산품
      • e<1(비탄력적) : 농산물
      • e=1(단위탄력적)
      • e=0(완전비탄력적) : 희소재
      • e=∞(완전탄력적) : 배급상품

POINT 다른 상품의 가격변화와 수요·공급의 변화
  ㉠ 다른 상품의 가격변화와 수요의 변화
   • 보완재의 가격상승 : 샤프가격의 상승→샤프수요량 감소→샤프심 수요량 감소
   • 대체재의 가격상승 : 샤프가격의 상승→샤프수요량 감소→볼펜 수요량 증가
  ㉡ 다른 상품의 가격변화와 공급의 변화
   • 보완재의 가격상승 : 샤프심의 가격상승→샤프심의 공급량 증가→샤프의 공급량 증가
   • 대체재의 가격상승 : 볼펜의 가격상승→볼펜의 공급량 증가→샤프의 공급량 감소

(3) 균형(equilibrium)의 결정 및 이동

① 시장의 균형
  ㉠ 균형의 개념 : 균형이란 외부적인 충격이 없는 한 현재 상태가 계속 유지되는 상태를 의미한다.
  ㉡ 균형의 결정 : 수요곡선과 공급곡선이 교차하는 점에서 균형이 달성되며, 균형가격과 균형거래량이 결정된다.

② 균형가격과 균형거래량의 변화
  ㉠ 수요증가로 수요곡선이 우측으로 이동하면 균형가격은 상승하고 균형거래량도 증가한다.
  ㉡ 공급증가로 공급곡선이 우측으로 이동하면 균형가격은 하락하나 균형거래량은 증가한다.
  ㉢ 수요와 공급이 모두 증가하면 균형거래량은 증가하나 균형가격의 변화는 수요곡선과 공급곡선의 이동폭에 따라 달라진다.
   • 수요곡선 이동폭 > 공급곡선 이동폭 : 균형가격↑
   • 수요곡선 이동폭 < 공급곡선 이동폭 : 균형가격↓

2. 소비이론

(1) 한계효용이론

① **한계효용체감의 법칙** … 재화의 소비가 증가될수록 총효용은 증가하나 한계효용은 점점 감소한다는 법칙으로, 고센(H.H. Gossen)의 제1법칙 또는 마샬(A. Marshall)의 욕망포화의 법칙이라고도 한다.

② **한계효용균등의 법칙** … 일정한 소득을 가진 소비자가 여러 재화를 소비하려는 경우 재화의 소비에 의해 얻어지는 주관적인 만족도, 즉 효용의 극대화를 원한다. 효용이 극대화되게 하기 위해서는 각 재화의 한계효용이 균등하게 되도록 재화의 소비를 분배하는 것이 가장 유리하다는 이론으로, 고센의 제2법칙 또는 극대만족의 법칙이라고도 한다.

③ **가치의 역설** … 물은 다이아몬드에 비해 이용가치가 크므로 교환가치(가격)도 높아야 되나 오히려 현실에서는 다이아몬드의 가격이 물의 가격보다 높게 되는데, 이를 아담 스미스(A. Smith)는 '가치의 역설(가치의 이율배반)'이라고 했다.

(2) 무차별곡선이론

① 무차별곡선(indifference curve) … 두 재화밖에 없을 때 동일한 만족을 주는 두 재화의 소비량의 무수한 조합을 연결한 곡선을 말한다.

② 무차별곡선의 특징
  ㉠ 우하향의 형태를 취한다.
  ㉡ 한계대체율체감의 법칙을 반영하여 원점에 대하여 볼록하다.
  ㉢ 만족수준을 달리하는 무차별곡선은 교차하지 않는다.
  ㉣ 원점에서 멀리 떨어진 무차별곡선일수록 높은 만족수준을 나타낸다.

> **POINT** 소비자균형의 이동
> ㉠ 소득효과(income effect) : 두 재화의 가격이 일정한데 소비자의 소득이 변화한다면 가격선은 평행이동할 것이며, 이에 따라 소비자의 균형점도 이동하게 되는 효과를 말한다.
> ㉡ 대체효과(substitution effect) : 소비자가 상대적으로 가격이 상승한 재화의 구매를 감소시키고 상대적으로 가격이 저렴해진 재화의 구매를 증가시키는 것을 말한다.
> ㉢ 가격효과(price effect) : 소득은 일정 불변인데 X재의 가격이 하락하면 가격선이 이동되고 따라서 균형구입점도 이동된다. 일반적으로 가격이 하락한 재화의 구매를 증가시키고, 가격이 불변인 재화의 구입을 상대적으로 감소시킨다.

3. 생산이론

(1) 생산의 개요

① 생산 … 생산요소를 적절히 배합·가공하여 인간에게 유용한 재화와 서비스를 창출하여 사회후생을 증대시키는 행위를 말한다.

생산요소 ⟶	생산주체 ⟶	생산물
(토지, 노동, 자본)	(생산방식결정)	(재화, 서비스)

② 생산요소 … 어떤 생산물을 생산하기 위하여 투입되는 모든 인적·물적·자원을 말한다.
  ㉠ 본원적 생산요소 : 노동, 자연
  ㉡ 파생적 생산요소 : 자본(토지 : 자연에도 속하나 주로 자본에 속함)

(2) 수확체감의 법칙(한계생산력 체감의 법칙)

① 고정요소가 존재하는 단기에 가변요소 투입량을 증가시키면 어떤 단계를 지나고부터는 그 가변요소의 한계생산물이 지속적으로 감소하는 현상을 말한다.

② 정도의 차이는 있으나 단기에 거의 모든 산업부문에서 나타나는 일반적인 현상이다.

(3) 생산자균형이론

① **생산자균형의 개념** … 일정한 산출량을 최소비용으로 생산하고 있는 경우, 또는 일정한 생산비로써 최대의 산출량을 생산하고 있는 경우로 한계생산력 균등의 법칙이 바로 생산자균형의 조건이다.

② **한계생산력 균등의 법칙** … 생산자가 일정한 산출량을 생산하는데 있어서 생산비를 극대화시키는 생산요소의 결합방법으로 일정 생산비로써 극대의 산출량을 얻는 방법과 같은 것이다.

$$\frac{\text{요소 A의 한계생산력}}{\text{요소 A의 가격}} = \frac{\text{요소 B의 한계생산력}}{\text{요소 B의 가격}}$$
$$= \frac{\text{요소 C의 한계생산력}}{\text{요소 C의 가격}}$$
$$= \text{화폐 1단위의 한계생산력}$$

③ **생산자균형** … 등비용곡선과 등생산량곡선이 접하는 점에서 달성된다. 이는 주어진 생산량을 최소생산비로 생산할 수 있는 노동과 자본의 결합을 나타내며, 또한 주어진 총생산비로 최대의 생산량을 달성시켜 줄 수 있는 자본과 노동의 결합을 표시하는 점으로, 가장 경제적 효율이 높으며 한계생산과 자본의 한계생산의 비율이 노동의 가격과 자본의 가격의 비율과 일치한다.

4. 시장이론

(1) 시장의 형태

① **완전경쟁시장** … 다수의 수요자와 공급자, 동질적 재화, 특정 산업으로의 자유로운 진입과 퇴거, 경제주체들의 완전한 정보 보유(일물일가의 법칙 성립)의 조건이 충족될 때 성립하는 시장형태이다.

② **독점시장** … 한 산업을 하나의 기업이 독점적으로 지배하는 시장형태이다(원인에 따라서 자연적 독점, 법률적 독점, 경제적 독점, 국가적 독점 등으로 분류).

③ **과점시장** … 소수의 기업들이 서로 유사한 상품을 생산하여 하나의 시장에서 상호 경쟁하는 시장형태이다.

④ **독점적 경쟁시장** … 완전경쟁과 같이 다수의 수요자와 다수의 기업들이 참여하되 참여기업들은 각기 디자인·품질·상표·포장 등에 있어서 어느 정도 차이가 있는 유사상품을 생산·공급하여 상호 경쟁하는 시장형태이다.

(2) 시장의 비교

구분	완전 경쟁시장	독점시장	과점시장	독점적 경쟁시장
공급자수	다수	1인	소수	다수
상품의 질	동질	단일상품	동질 또는 이질	이질
판매방법	시장판매 또는 경매	권장 및 제도 PR	광고, 품질경쟁, 관리가격	
시장참여의 자유	자유	제한	제한	자유
특징	가격순응자	가격설정자, 가격차별화	가격의 경직과 상호 의존성	상품차별화
대표적 산업	극히 일부의 농산물시장, 증권시장 등	담배, 인삼 시장 등	자동차, 냉장고 등의 상품시장	약국, 병원, 주유소 등

---

3 거시경제학

1. 국민소득론

(1) 국부와 국민소득

① 개념

국부	국민소득
• 일정 시점에 있어서 한 나라 전체의 토지와 자본의 총량 • 국민소득창출의 기반 • 저량개념	• 일정 기간 동안에 생산·소비되는 재화와 서비스의 총량 • 소비·저축·투자의 기반 • 유량개념

② 국부와 국민소득의 관계
  ㉠ 국부와 노동이 결합하여 일정 기간 동안에 생산된 것이 국민소득이다.
  ㉡ 국부를 기반으로 국민소득이 창출되고, 국민소득의 일부는 다시 국부를 증가시키는 데 사용된다.

(2) 국민소득지표

① 국내총생산(GDP ; Gross Domestic Product)

    ㉠ 개념 : 국내총생산은 모든 재화와 서비스의 생산량을 합하여 경제 전체 생산량의 크기를 나타내는 것으로 여러 가지 거시경제지표 중에서 가장 중요한 지표로 인식되고 있다.

    ㉡ GDP의 측정

      • 3면등가의 법칙

> • 생산국민소득 = 지출국민소득 = 분배국민소득
> • 국내총생산(GDP) = 국내총지출(GDE) = 국내총소득(GDI)

      • 국내총생산(GDP) : 생산측면에서 GDP는 모든 최종생산물의 시장가치를 합하여 계산할 수도 있고, 각 생산단계에서의 부가가치와 고정자본소모를 합하여 계산할 수도 있다.

> GDP = 최종생산물의 시장가치의 합계
>   = 부가가치 + 고정자본소모

      • 국내총지출(GDE ; Gross Domestic Expenditure)

> GDE = 민간소비지출(C) + 국내총투자(I) + 정부소비지출(G) + 순수출($X-M$)

      • 국내총소득(GDI ; Gross Domestic Income)

> GDI = 임금 + 지대 + 이자 + 이윤 + 순간접세 + 고정자본소모 = 피용자보수 + 영업이익 + 순간접세 + 고정자본소모

② 국민총소득(GNI)

    ㉠ GNI의 개념

      • 국민총소득(GNI ; Gross National Income)은 국민들이 생산활동을 통해 획득한 소득의 구매력을 나타내는 지표로 일정 기간 동안 한 나라 국민이 소유하고 있는 생산요소를 국내외에 제공한 대가로 벌어들인 소득이다.

      • GDP가 한 나라의 생산활동을 나타내는 생산지표인 것에 비하여, GNI는 국민들의 생활수준(후생수준)을 측정하기 위한 소득지표이다.

    ㉡ GDP와 GNI의 관계

> GNI = GDP + 교역조건 변화에 따른 실질무역손익 + (국외수취요소소득 − 국외지급요소소득)
>   = GDP + 교역조건 변화에 따른 실질무역손익 + 국외순수취요소소득
>   = GDI + 국외순수취요소소득

- 국외순수취요소소득
  - 국외순취요소소득 : 우리나라 국민이 외국에서 벌어들인 소득
  - 국외지급요소소득 : 외국인이 우리나라에서 벌어들인 소득
- 교역조건이란 수출상품 1단위와 교환되는 수입상품의 수량이다.

③ 기타 국민소득지표

ⓐ **국민총처분가능소득(GNDI)** : 국민경제 전체가 소비나 저축으로 자유롭게 처분할 수 있는 소득을 말한다.

$$GNDI = GNI + (국외수취경상이전 - 국외지급경상이전)$$
$$= GNI + 국외순수취경상이전$$
$$= 총소비 + 총저축$$

ⓑ **국민순소득(NNI)** : 한 나라 국민이 순수하게 벌어들인 소득으로 GNI에서 고정자본소모를 차감한 것을 말한다.

$$NNI = GNI - 고정자본소모$$
$$= 모든 부가가치의 합계$$
$$= C + I_n + G + (X - M) \quad (I_n : 신투자)$$

ⓒ **국민처분가능소득(NDI)** : 국민경제 전체가 처분할 수 있는 소득 중 고정자본소모를 차감한 것을 말한다.

$$NDI = GNDI - 고정자본소모$$
$$= GNI - 고정자본소모 + 국외순수취경상이전$$
$$= NNI + 국외순수취경상이전$$

ⓓ **국민소득(NI)** : 한 나라 국민이 제공한 생산요소에서 발생한 소득의 총액을 말한다.

$$NI = NNI - (간접세 - 對기업보조금)$$
$$= NNI - 순간접세$$
$$= 임금 + 지대 + 이자 + 이윤$$
$$= 피용자보수 + 영업잉여$$

ⓔ **개인본원소득(PPI)** : 국민소득(NI)에서 법인소득과 정부가 받은 이자, 임대료 등 개인에게 지급되지 않은 부분을 차감한 것을 말한다.

$$PPI = NI - 법인소득 - 정부의 재산소득$$
$$= 피용자보수 + 가계부문의 기업 및 재산소득$$

ⓗ 개인처분가능소득(PDI) : 개인원본소득(PPI)에서 개인이 생산활동과 관계없이 받은 순이전소득을 합한 것으로 개인이 자유롭게 처분할 수 있는 소득을 말한다.

$$PDI = PPI + 순이전소득$$
$$= 민간소비지출 + 개인저축$$

ⓢ 개인조정처분가능소득 : 개인처분가능소득(PDI)에 사회적 현물이전을 합한 것을 말한다.

$$개인조정처분가능소득 = PDI + 사회적 현물이전$$

2. 화폐금융이론

(1) 화폐금융이론의 기초

① 화폐의 기능
　　㉠ 교환의 매개수단(가장 본질적인 기능)
　　㉡ 가치의 척도
　　㉢ 장래 지불의 표준
　　㉣ 가치저장수단
　　㉤ 회계의 단위

② 화폐의 발달
　　㉠ 형태의 발달 : 상품화폐 → 금속화폐 → 지폐 → 신용화폐
　　㉡ 화폐제도의 발달 : 자연화폐제도 → 본위화폐제도 → 관리통화제도

③ 통화
　　㉠ 경제 내에서 유통되고 있는 화폐를 말하는데, 흔히 통화량과 같은 의미로 쓰인다.
　　㉡ 통화량의 지표
　　　• 협의통화(M1) : 지급수단으로서 화폐의 기능을 중시한 통화지표
　　　• 광의통화(M2) : 협의통화에 정기예금, 정기적금 등 예금은행의 저축성예금과 거주자외화예금을 포함시킨 개념
　　　• 총유동성(Lf) : 종전의 M3라고 불리던 통화지표로 광의통화에 예금취급 금융기관의 만기 2년 이상 M2대상 금융상품과 보험사의 보험계약준비금 등을 포함하는 개념
　　　• 광의유동성(L) : 나라 경제의 전체 유동성 크기를 측정하기 위해 개발한 지표로 시중의 유동성을 가장 넓게 파악하는 통화지표

(2) 금융정책

① 금융정책의 수단
  ㉠ 일반적인 금융정책수단(간접규제수단)
    • 공개시장조작정책 : 공개시장에서 국공채를 매입·매각함으로써 통화량과 이자율을 조정하는 것을 말한다. 통화량 조절수단 중 가장 빈번하게 이용되는 정책수단이다.
      – 국공채매입 → 본원통화↑ → 통화량↑ → 이자율↓
      – 국공채매각 → 본원통화↓ → 통화량↓ → 이자율↑
    • 재할인율정책 : 예금은행이 중앙은행으로부터 차입할 때 적용받는 이자율인 재할인율을 조정함으로써 통화량과 이자율을 조절하는 정책이다. 재할인율정책이 효과적이 되기 위해서는 예금은행의 중앙은행에 대한 자금의존도가 높아야 한다.
      – 재할인율↓ → 예금은행 차입↑ → 본원통화↑ → 통화량↑ → 이자율↓
      – 재할인율↑ → 예금은행 차입↓ → 본원통화↓ → 통화량↓ → 이자율↑
    • 지급준비율정책 : 법정지급준비율을 변화시킴으로써 통화승수의 변화를 통하여 통화량과 이자율을 조절하는 정책이다.
      – 지준율↓ → 통화승수↑ → 통화량↑ → 이자율↓
      – 지준율↑ → 통화승수↓ → 통화량↓ → 이자율↑
  ㉡ 선별적인 정책수단(직접규제수단)
    • 대출한도제 : 직접적으로 중앙은행과 예금은행의 대출한도를 제한하거나 자산을 규제함으로써 금융기관의 대출한도를 제한하는 것이다.
    • 이자율규제 : 은행의 예금금리와 대출금리를 직접규제하는 것이다.
    • 창구규제, 도의적 설득 등이 있다.

② 물가안정목표제
  ㉠ 개념 : 물가안정목표제란 사전에 정해진 기간 내에 달성하고자 하는 인플레이션 목표를 설정한 후, 원칙적으로 중간목표 없이 공개시장조작정책, 재할인율정책 등의 정책수단을 이용하여 인플레이션 목표를 직접 달성하는 통화정책 운용체계를 말한다.
  ㉡ 운용방식
    • 물가안정목표제에서는 정책시행에 있어 통화량뿐만 아니라 금리, 환율, 자산가격 등 다양한 정보변수가 활용된다.
    • 정책을 집행함에 있어 각국에서는 초단기금리가 운용목표로 사용되고 있는데, 우리나라에서도 금융기관간 초단기 자금거래에 적용되는 콜금리를 일정 수준으로 유지하는 방식으로 운용되고 있다.
  ㉢ 기대효과
    • 중앙은행의 목표가 '물가안정'으로 단일화됨에 따라 중앙은행 통화정책에 대한 신뢰도가 높아질 것으로 보인다.

- 물가안정목표제 도입으로 중앙은행이 무엇보다 물가안정을 중시하게 됨에 따라 인플레이션율이 낮아질 것으로 전망된다.

3. 인플레이션 및 실업이론

(1) 인플레이션(inflation)

① 인플레이션의 개념

 ㉠ 인플레이션은 화폐가치가 하락하여 일반물가수준이 지속적으로 오르는 것을 말한다.

 ㉡ 인플레이션은 소비자물가지수가 상승하는 것으로 알 수 있다.

> **POINT** 인플레이션의 발생원인
> ㉠ 통화량의 과다증가로 화폐가치가 하락한다.
> ㉡ (과소비 등으로) 생산물수요가 늘어나서 수요초과가 발생한다.
> ㉢ 임금, 이자율 등 요소가격과 에너지비용 등이 오르므로 생산비용이 오른다.
> ㉣ 시장의 독점화로 인하여 독점가격이 설정된다.

② 인플레이션의 영향

 ㉠ 예상유무에 따른 인플레이션

구분	예상치 못한 인플레이션	예상된 인플레이션
부와 소득의 재분배	• 인플레이션은 화폐가치가 지속적으로 하락하는 것을 뜻하므로 채권자(현금보유자, 봉급생활자, 연금수혜자 등)의 실질소득 감소 • 채무자(중앙은행, 기업, 정부 등)에게 유리	채권자(현금보유자, 봉급생활자, 연금수혜자 등)가 명목임금, 이자율 등을 올리므로 소득의 재분배가 발생하지 않음
생산과 고용	가계가 적응적 기대를 하므로 생산과 소득 및 고용이 단기적으로 증가하나, 장기적으로는 고용확대효과가 사라짐	가계가 합리적 기대를 하므로 생산과 소득 및 고용이 증가하지 않음
경제의 불확실성 증대	장기계약과 거래의 회피, 장기채권에 대한 수요감소, 단기성 위주의 자금대출을 야기시켜 사회적인 후생손실을 초래함	불확실성을 크게 증가시키지 않음

 ㉡ 예상유무와 관계없이 발생하는 인플레이션

- 경제의 효율성 저하
- 인플레이션은 화폐에 대하여 부과하는 일종의 조세이므로 사람들은 화폐보유를 기피하게 된다.
- 메뉴비용(menu cost)이 발생한다.
- 물가변화에 따라 가격을 조정하려면 가격표작성비용(메뉴비용)이 발생한다.

- 메뉴비용이 커서 가격조정이 즉각적으로 이루어지지 않는 경우에는 재화의 상대가격이 변화하고 이에 따라 자원배분의 비효율성이 초래된다.
- 경제성장 저해 : 인플레이션 → 실물자산 선호↓ → 금융저축↓ → 투자↓ → 경제성장↓
- 조세부담 : 일반적으로 조세는 명목소득에 대하여 부과되므로 실질소득이 불변이라도 인플레이션에 따라 명목소득이 증가하면 조세부담이 증가한다.
- 국제수지 : 인플레이션 → 국산품의 상대가격↑ → 수출↓, 수입↑ → 경상수지 악화

③ 인플레이션의 유형
  ㉠ 수요견인 인플레이션 : 총수요가 초과하여 발생하는 인플레이션이다.
  - 고전학파와 통화주의학파의 견해
  −원인 : 통화량증가 → 물가상승
  −대책 : 통화량안정 → 물가안정
  - 케인즈학파의 견해
  −원인 : 총수요증가 → 물가상승
  −대책 : 긴축정책 → 총수요감소 → 물가안정
  ㉡ 비용인상 인플레이션 : 생산비용의 증가로 인하여 발생하는 인플레이션이다.
  - 케인즈학파의 견해
  −원인 : 요소가격상승 → 물가상승
  −대책 : 요소가격안정(소득정책) → 물가안정
  - 통화주의학파의 견해 : 통화량증가 없는 인플레이션은 불가능하다고 본다.
  - 공급중시경제학파 : 세율인상 → 생산비용증가 → 물가상승
  ㉢ 혼합형 인플레이션
  - 총수요측요인과 총공급측요인이 동시에 작용하여 발생하는 물가상승을 의미한다.
  - 총수요증가와 총공급감소가 동시에 이루어지면 물가가 대폭 상승하게 된다. 그러므로 AD곡선과 AS곡선의 이동폭에 따라 국민소득은 증가할 수도 있고 감소할 수도 있다.

④ 인플레이션의 억제정책
  ㉠ 점진주의(gradualism)정책 : 점진적으로 총수요를 줄임으로써 서서히 인플레이션을 낮추거나 급격한 산출량 감소를 초래하지 않으면서 인플레이션을 억제하고자 하는 정책이다.
  ㉡ 급진주의(cold-turkey)정책 : 일시에 총수요를 대폭 줄임으로써 단시일 내에 인플레이션을 억제하고자 하는 정책으로 이 정책을 실시하면 인플레이션을 단기간에 낮출 수 있으나 산출량의 급격한 변동을 초래할 가능성이 있다.

> **POINT** 스태그플레이션 … 경제불황과 물가상승이 동시에 발생하는 현상을 말한다. 그 원인에 대해서는 통설이 없지만 대체로 호경기의 후유증 내지 재정정책과 통화정책의 후유증이라고 주장되고 있다.

(2) 실업이론

① **실업의 의의** … 실업이란 노동할 의사와 능력을 가지고 있으면서도 취업의 기회를 얻지 못한 상태로, 노동의 존재량과 고용량의 차이로 나타나는 현상이다.

② **실업의 유형**

　㉠ **자발적 실업**

　　• 개념 : 일할 능력을 갖고 있으나 현재의 임금수준에서 일할 의사가 없어서 실업상태에 있는 것이다.

　　• 유형

　　－마찰적 실업 : 일시적으로 직상을 옮기는 과정에서 실업상태에 있는 것이다.

　　－탐색적 실업 : 보다 나은 직장을 찾기 위해 실업상태에 있는 것이다.

　　• 대책 : 직업정보의 흐름을 원활하게 하는 것이다.

　㉡ **비자발적 실업**

　　• 개념 : 일할 의사와 능력은 갖고 있으나 현재 임금수준에서 일자리를 구하지 못하여 실업상태에 있는 것이다.

　　• 유형

　　－경기적 실업(케인즈적 실업) : 경기침체로 인해 발생하는 대량의 실업이다.

　　－구조적 실업 : 일부 산업의 급속한 사양화 등으로 일부 산업에서의 노동공급과잉으로 발생하는 실업이다.

4. 경제성장과 경제발전

(1) 경기변동

① **경기변동의 개념** … 일국의 경제가 주기적으로 일정 기간에 걸쳐 변동을 반복하는 것을 말하며, 경기순환이라고도 한다.

② **경기변동의 종류**

종류	주기	원인
콘드라티에프파동(장기파동·대순환)	약 50~60년	기술혁신
쿠즈네츠파동	약 20년	경제성장률의 변동
주글라파동(중기파동·주순환)	약 9~10년	설비투자의 변동
키친파동(단기파동·소순환)	약 40개월	재고변동, 금리·물가변동

③ 경기변동에 대한 대책
  ㉠ 재정정책
    • 호경기 때 : 재정긴축정책(조세수입 증대, 정부지출 감소)
    • 불경기 때 : 재정확장정책(조세감면, 정부지출 증대)
  ㉡ 금융정책
    • 호경기 때 : 재할인율 인상, 지급준비율 인상, 유가증권의 매각
    • 불경기 때 : 재할인율 인상, 지급준비율 인하, 유가증권의 매입

(2) 경제성장과 경제발전

① 경제성장의 개념 … 경제규모가 양적으로 확대되는 것을 말하며, 경제규모의 지표로서 보통 GNP(국민총생산)가 사용된다.

② 실질경제성장률 … 불변 시장가격으로 계산된 불변 국민소득의 성장률을 나타낸 것으로, 다음과 같이 계산한다.

$$\text{실질경제성장률}(\%) = \frac{\text{금년도 실질GNP} - \text{전년도 실질GNP}}{\text{전년도 실질GNP}} \times 100$$

③ 경제발전의 개념 … 경제성장이 사회 전반의 발전과 병행하면서 이루어지는 과정으로, 사회발전의 전제조건이 된다.

> **POINT** 경제성장과 경제발전의 차이
> ㉠ 경제성장 : 양적 규모의 확대, 규모의 변동이 가능한 장기현상, 연속적 변동
> ㉡ 경제발전 : 질적·구조적 변화를 수반, 기술혁신이 가능한 장기현상, 불연속적 변동

5. 재정이론

(1) 재정

① 재정의 개념 … 국가 또는 공공단체가 공공적 욕구를 충족하기 위하여 필요로 하는 물질적 수단을 조달하고 관리·사용하는 일체의 행위를 말한다.

② 재정의 기능 … 효율적 자원배분 기능, 공평한 소득분배 기능·경제발전, 완전고용 기능 등이 있다.

③ 재정의 3대원칙
  ㉠ 양출제입의 원칙
  ㉡ 강제·능력부담의 원칙
  ㉢ 수지균형의 원칙

④ 재정과 경제안정
　　㉠ 경기 침체시 : 정부지출 증대, 조세수입 축소→민간부문의 소비·투자 수요 증가→경기회복
　　㉡ 경기 과열시 : 정부지출 감축, 조세수입 증대→민간부문의 수요 감소→경기 안정

(2) 공공재

① **공공재의 개념** … 국가 또는 공공기관을 통해 공급되는 재화와 용역으로, 사회재 또는 집합재라고도 한다.
② **공공재의 성격**
　　㉠ **소비의 비경합성** : 한 사람이 소비에 참여함으로써 얻는 이익이 다른 모든 개인들이 얻는 이익을 감소시키지 않는다는 것이다.
　　㉡ **소비의 비배제성** : 재화의 소비에서 얻는 혜택으로부터 특정 그룹의 사람들을 배제할 수 없다는 것이다.
　　㉢ 소비의 비경합성과 비배제성은 각각 독립적으로 양립한다.

(3) 예산

① **예산의 개념** … 일정 기간에 있어서 정부경제를 운영하기 위해 정치적 절차에 의하여 결정되는 계획으로, 세입과 세출로 구성된다.
② **예산제도**
　　㉠ **증분주의** : 전통적인 방법으로, 통제기능만을 중심으로 하고 예산의 효율성을 고려하지 않은 채 전년도 예산을 답습하는 제도이다.
　　㉡ **성과주의 예산제도** : 구입되어야 할 재화에 중점을 두지 않고 이루어야 할 성과에 중점을 두는 예산제도이다.
　　㉢ **계획예산제도**(PPBS ; Planning Programming Budgeting System) : 예산의 관리기능보다는 계획기능을 강조하는 예산제도이다.
　　㉣ **영기준예산제도**(ZBB ; Zero Base Budgeting system) : 전년도의 예산을 전혀 고려하지 않고 새로이 예산을 기획하는 제도이며, 증분주의에 완전히 반대되는 개념이다.

(4) 조세

① **조세의 종류**
　　㉠ **조세 전가에 따라** : 직접세, 간접세
　　㉡ **조세 용도에 따라** : 일반세, 목적세
　　㉢ **과세 주체에 따라** : 국세, 지방세

ⓔ 과세 표준에 따라 : 종량세, 종가세

ⓜ 과세 대상에 따라 : 물세, 인세

ⓗ 과세 독립성 여부에 따라 : 독립세, 부과세

ⓢ 세율에 따라 : 비례세, 누진세, 역진세

> **POINT** ㉠ 비례세 : 과세대상의 금액과 관계없이 일정한 세율적용(주로 간접세)
> ㉡ 누진세 : 과세대상의 금액이 많을수록 높은 세율 적용
> ㉢ 역진세 : 과세대상이 금액이 많을수록 낮은 세율 적용(실제로는 없는 제도)

② 직접세와 간접세의 비교

구분	직접세	간접세
특징	• 납세자와 담세자가 동일하다. • 조세전가성이 없다. • 수입을 기준으로 부과된다.	• 납세자와 담세자가 다르다. • 조세전가성이 있다(대중과세). • 지출을 기준으로 부과된다.
장점	• 부담능력에 따른 공평한 과세이므로 사회정의에 부합된다. • 조세부담이 전가되지 않으므로 생산 및 유통을 교란하는 정도가 작다.	• 조세저항이 작다. • 세무행정이 간단하다. • 수입조달이 편리하고 거액의 수입을 확보할 수 있다(자본 축적).
단점	• 조세저항이 크다. • 복잡한 과세기술이 필요하다.	• 비례과세가 되므로 공평부담이 안 된다. • 가격을 높이고 생산 및 유통을 교란하기 쉽다.

4 국제무역이론

1. 국제무역론

(1) 무역이론

① 스미스(A. Smith)의 절대우위론(절대생산비설) ··· 절대적으로 생산비가 적게 드는 재화를 생산하는 교역 → 각 국가마다 자국에 유리한 적성을 가진 재화생산을 전문화하고, 전문화된 재화를 상호 교환하게 된다면 당사국들은 국제분업의 이익을 얻을 수 있다.

② 리카도(D. Ricardo)의 비교우위론 ··· 상대적으로 유리한 상품을 선택적으로 생산하여 교역 → 어느 한 나라가 다른 나라보다 모든 산업에서 절대우위를 가질 경우 절대우위론을 따르면 무역이 될 수 없다. 이런 경우 각국은 비교우위에 있는 재화를 특화하여 무역을 하면 이익이 증대된다.

        ㉠ 생산요소가 노동 하나밖에 없다.

        ㉡ 교역조건(두 나라 간의 상품의 교환비율)의 범위만 나타낼 뿐 교역조건이 어떻게, 어느 수준에서 결정되는가의 설명이 없다.

        ㉢ 양국에서 상품의 기회비용이 불변이다. 이는 생산가능곡선이 불변임을 의미한다.

        ㉣ 교역 참가국은 무역이 발생하면 모두 한 재화만 생산(완전특화)한다.

③ **헥셔-오린(Hecksher-Ohlin)의 비교우위론** … 리카도가 밝히지 못한 비교생산비 차이의 원인을 규명하여 이론적 근거를 제시하였다.

  ㉠ 헥셔-오린의 정리

    • 요소부존비율의 정리 : 나라에 따라 생산요소(자본과 노동)의 상대적 부존량이 다르고 재화에 따라 생산에 필요한 요소의 집약도가 다르기 때문에, 각국은 상대적으로 풍부한 생산요소를 보다 많이 사용하는 재화생산에 특화하고 상대적으로 부족한 생산요소를 사용하는 재화를 수입함으로써 무역상의 이익을 얻을 수 있다.

    • 요소가격균등화의 정리 : 요소부존상태의 차이에 의해 국가 간의 비교생산비 차이가 발생되고 이에 따라 무역이 성립되면 비록 국가 간에 생산요소가 직접 이동하지 않더라도 국가간 생산요소의 상대가격이 균등화되는 경향이 있다.

  ㉡ 레온티에프의 역설 : 레온티에프(W. Leontief)가 미국의 수출입상품에 관한 산업관련표를 이용하여 실증한 결과, 미국이 노동에 비해 자본이 풍부함에도 불구하고 노동집약적인 상품을 수출하고 자본집약적인 상품을 수입한다는 결론을 얻었다.

(2) 무역정책론

① 자유무역주의

  ㉠ 자유무역주의란 국가 간의 무역활동도 완전히 시장경제원리에 따라 자유롭게 이루어지도록 방임하자는 이론이다.

  ㉡ 각국이 비교우위가 있는 재화생산에 특화하여 자유무역을 하게 되면 국제적으로 자원배분의 효율성이 제고된다.

  ㉢ 무역이 이루어지면 각국의 소비가능영역이 확대되므로 무역당사국들의 후생이 증대된다.

  ㉣ 자유무역에 관한 주장은 아담 스미스의 절대우위론에서 출발하여 리카도의 비교우위론을 거쳐 현대적인 무역이론으로 발전하였다.

  ㉤ 대부분의 경제학자들은 자유무역을 옹호하고 있으나, 자유무역을 할 경우 모든 사람의 후생이 증가하는 것이 아니라 일부 불리해지는 계층도 발생하게 된다.

② 보호무역주의

  ㉠ 보호무역주의란 국가산업을 보호·육성하고 경제성장을 위하여 국가가 적극적으로 수입을 규제해야 한다는 이론이다.

ⓛ 보호무역과 관련된 주장은 독일의 역사학파 경제학자인 리스트(F. List)의 유치산업보호론에서 최초로 제기되었다.

ⓒ 그 후 일부 학자들에 의해 후진국 입장에서 보호무역의 타당성을 주장하는 이론이 등장하였고, 선진국의 사양산업을 보호하기 위한 신보호무역주의 주장도 제기되었다.

ⓔ 유치산업보호론 이외에도 실업방지, 국가안보측면 등에서 보호무역을 주장하는 이론이 등장하였다.

(3) 관세(traiff, Customs, Customs Duties)

① **개념** … 관세선을 통과하는 상품에 대하여 부과하는 조세를 의미한다. 역사적으로 볼 때 관세는 수량할당(quota)과 더불어 오랫동안 널리 사용되어 온 무역정책수단이다.

② **목적**
ⓒ 관세는 자국의 산업을 보호·육성하는 데 가장 큰 목적이 있다.
ⓛ 관세는 특정 상품의 수입이 지나치게 증가하는 것을 방지하는 목적이 있다.

③ **관세의 경제적 효과**
ⓒ 관세는 소비감소, 자국생산증가, 재정수입증가, 국제수지개선 등의 효과가 있다.
ⓛ 관세는 사회적 잉여가치를 감소시키는 효과도 있고, 개선시키는 효과도 있다.

④ **비관세장벽**(non-tariff barrier)
ⓒ **수량할당**(quota) : 특정 상품의 수입을 일정량 이상은 금지시키는 제도로 비관세장벽 중에서 가장 많이 이용되는 제도이다.
ⓛ **수출자율규제**(VER) : 수입국이 수출국에게 압력을 가해 수출국이 자율적으로 수출물량을 일정 수준으로 줄이도록 하는 정책이다.
ⓒ **수입과징금** : 수입억제를 위하여 수입상품의 일부 내지는 전부를 대상으로 일종의 조세를 부과하는 것이다.
ⓔ **수출보조금** : 수출재 생산에 대하여 보조금을 지급하는 것이다.
ⓜ **수입허가제** : 수입품목에 대하여 정부의 허가를 받도록 하는 제도이다.

> **POINT** 수량할당과 수출자율규제의 차이점
> ⓒ 수량할당제하에서는 수입허가권을 얻은 수입업자가 낮은 국제가격으로 수입하여 국내에서 비싼 가격으로 판매하므로 관세부과시의 관세수입에 해당되는 부분이 국내수입업자의 초과이윤으로 귀속된다.
> ⓛ 수출국이 수출량을 자율적으로 제한하면 국내에서 가격이 상승하므로 수출업자가 처음부터 높은 가격으로 수출하므로 수량할당제하에서 국내수입업자의 초과이윤에 해당되는 부분이 외국의 수출업자에게 귀속된다.
> ⓒ 수입국의 사회후생측면에서 보면 수량할당보다 수출자율규제가 더 열등한 방법이다.

(4) 국제기구와 경제통합

① GATT(General Agreement on Tariffs and Trade) ··· 관세와 무역에 관한 일반 협정으로 국제기구가 아닌 협정의 형태로 시작되었다.

　　㉠ 목적 : 관세인하, 비관세 장벽의 규제, 회원들 간의 이해관계 침해방지, 각국의 분쟁해결

　　㉡ 기본원칙 : 최혜국대우, 내국민대우, 상호주의

② 우루과이라운드(UR) ··· 시장개방확대, GATT규율강화, 농산물, 섬유협정 등 GATT체제 밖의 문제를 다루었다.

③ WTO(World Trade Organization)

　　㉠ WTO의 개요
- GATT의 8차 협정인 UR의 결과 1995년 WTO가 설립된다.
- GATT(관세 및 무역에 관한 일반협정)체제를 대신하여 세계무역질서를 세우고 우루과이 라운드협정의 순조로운 이행을 도와주는 국제기구이다.
- 소재지는 스위스 제네바이다.

　　㉡ WTO의 기능
- 회원국들 사이의 분쟁을 조정하고 해결한다.
- 세계무역의 새로운 이슈를 제기하고 논의한다.

④ 경제통합

　　㉠ 자유무역지대 : 가맹국 간의 관세 및 여타 규제를 폐지하지만 비가맹국에 대해서는 독립적인 관세 및 비관세장벽을 유지하는 경제통합의 형태이다.

　　㉡ 관세동맹 : 가맹국 간의 재화 이동에 대한 차별을 없애고 비가맹국에 대해 각국이 공동관세를 부과하는 경제통합이다.

　　㉢ 공동시장 : 가맹국 간의 재화 이동에 대한 규제를 없애는 것 뿐 아니라 요소이동에 대한 제한도 철폐하는 경제통합형태이다.

　　㉣ 경제동맹 : 관세의 철폐와 생산요소의 자유로운 이동은 물론 가맹국간의 재정·금융정책에 있어서도 상호협조가 이루어지는 경제통합의 형태이다.

2. 국제금융론

(1) 환율

① 의미 ··· 통화제도가 다른 나라와 거래를 위해 정해 놓은 자국 화폐와 외국 화폐와의 교환비율을 말한다.

② 표시방법 ··· 외국 화폐 1단위와 교환되는 자국 화폐의 단위로 표시한다.

③ 환율의 변화

    ㉠ 평가절상(환율인하) : 수입증가, 수출감소, 국내 경기의 침체가능성, 외채부담의 감소, 국제수지의 악화

    ㉡ 평가절하(환율인상) : 수입감소, 수출증가, 인플레이션 발생가능성, 외채부담의 증가, 국제수지의 개선

④ 환율제도

구분	고정환율제도	변동환율제도
국제수지불균형	국제수지의 불균형이 조정되지 않는다.	환율변동을 통하여 자동적으로 조정된다.
환위험	작다.	크다(환투기의 발생가능성).
국제무역과 투자	환율이 안정적이므로 국제무역과 투자가 활발히 일어난다.	환위험이 크기 때문에 국제무역과 투자가 저해된다.
해외교란요인의 파급 여부	해외의 교란요인이 국내로 쉽게 전파된다.	해외의 교란요인이 발생하더라도 국내경제는 별 영향을 받지 않는다.
금융정책의 자율성 여부	국제수지변화에 따라 통화량이 변화→금융정책의 자율성 상실	국제수지 불균형이 환율변동에 따라 조정→금융정책의 자율성 유지
정책효과	금융정책 무력	재정정책 무력
투기적인 단기자본이동	환율이 고정되어 있으므로 투기적인 단기자본 이동이 적다.	환투기로 인한 단기자본 이동이 많다.
환율	정부의 정책변수(외생변수)	국제수지변화에 따라 환율이 조정(내생변수)

(2) 국제수지

① 국제수지의 개념

    ㉠ 국제수지란 일정 기간에 일국의 거주자와 외국의 거주자 사이의 모든 경제적 거래를 체계적으로 분류한 것을 말한다.

    ㉡ 유량(flow)의 개념이며 복식부기의 원리에 따라 기록된다.

② 국제수지표의 내용

    ㉠ 경상계정

     • 상품수지

     −거주자와 비거주자 사이의 상품거래를 계상한다.

     −국제수지에 있어서 가장 기본적이며 중요한 항목이다.

     • 서비스수지

     −거주자와 비거주자 사이의 용역거래를 계상한다.

     −운수, 여행, 통신서비스, 보험서비스, 특허권 등의 사용료, 금융서비스, 정보서비스 등의 항목이

포함된다.

- 소득수지
-근로자 파견, 직접투자, 증권투자 등에 따른 소득이전을 계상한다.
-외국인 노동자 혹은 내국인 해외근로자가 수취하는 급료(임금), 직접투자, 증권투자 등에 따른 투자소득(이자 · 배당) 등이 포함된다.
- 경상이전수지
-국가 간의 무상증여를 계상한다.
-무상원조, 국제기구출연금 등이 포함된다.
  ⓛ 자본계정
- 투자수지
-민간기업, 금융기관 등에 의한 투자자금의 이동을 계상한다.
-직접투자, 증권투자(주식, 채권 등), 기타투자(대출, 차입) 등에 따른 자본이동이 포함된다.
- 기타 자본수지
-자본이전과 특허권 등 기타 자산의 매매에 따른 자금이동을 계상한다.
-해외이주비 등의 자본이전, 토지 · 지하자원, 특허권, 상표권 등 유무형자산의 거래에 따른 자본이동이 포함된다.
  ⓒ 준비자산증감
- 통화당국(한국은행)의 외환시장개입에 따른 대외준비자산의 증감을 계상한다.
- 준비자산증감의 크기는 '경상수지 + 자본수지 + 오차 및 누락'과 크기는 같고 부호만 반대이다.

③ 국제수지의 균형
  ㉠ 국제수지표상의 몇몇 계정만을 보면 대변과 차변이 일치할 경우도 있고 그렇지 않은 경우도 있는데 대변과 차변의 합계가 일치하는 경우를 국제수지균형, 일치하지 않는 경우를 불균형이라고 한다.
  ㉡ 자율적 거래란 국가 간의 가격 · 소득 · 이자율 등 경제적 요인의 차이에 따라 발생하는 거래를, 보정적 거래란 자율적 거래에서 발생한 불균형을 조정하기 위한 거래를 의미한다.
  ㉢ 대체로 국제수지표상의 상단에 위치할수록 자율적인 성격이 강하고, 하단으로 내려갈수록 보정적인 성격이 강해진다.

1 다음의 사례와 가장 관련 깊은 경제학 개념이 바르게 연결된 것은?

> 희경이는 며칠 전부터 계속되는 야근으로 피곤한 남자친구를 위해 보양식을 사주려고 한다. 인터넷을 검색한 결과 TV음식프로그램에도 소개되었고 평소 남자친구가 좋아하는 메뉴를 판매하는 ○○음식점을 찾아내었다. 희경이와 남자친구는 주말을 이용해 ○○음식점을 방문하였다. 하지만 ○○음식점 앞에는 사람들이 길게 늘어서 있다. 희경이와 남자친구는 배는 고프지만 다른 가게로 가지 않고 자리가 날 때까지 기다리기로 했다.

① 기대효용 - 기대가치
② 기대효용 - 기회비용
③ 기회비용 - 한계효용
④ 희소성 - 한계효용

 ② 선택을 통하여 자신이 얻게 되는 만족감을 기대효용이라 하며 많은 대안 중 어떠한 것을 선택했을 때 포기한 대안 중 가장 큰 가치를 말한다. 따라서 제시된 사례에서는 배가 고프지만 참고 기다리는 시간을 바로 기회비용으로 볼 수 있으며 기회비용보다 음식이나 서비스를 통해 얻게 되는 만족감 즉, 기대효용이 크기 때문에 다른 음식점으로 가지 않고 줄을 서서 기다리는 것이다.

2 희소성의 법칙이란 무엇인가?

① 모든 재화의 수량이 어떤 절대적 기준에 미달한다는 원칙이다.
② 몇몇 중요한 재화의 수량이 어떤 절대적 기준에 미달한다는 법칙이다.
③ 인간의 생존에 필요한 재화가 부족하다는 법칙이다.
④ 인간의 욕망에 비해 재화의 수량이 부족하다는 법칙이다.

 희소성의 법칙 … 무한한 인간욕망에 대하여 재화와 용역이 희소하기 때문에 경제문제가 발생한다는 법칙을 의미한다. 희소한 자원은 경제주체로 하여금 경제적 선택(economic choice)을 강요한다.

3 다음 중 설명이 바르지 않은 것은?

① 경상수지는 제품이나 서비스를 해외에 사고 판 총액에서 받은 돈과 내준 돈의 차액을 말한다.

② 서비스수지는 자본수지의 일부이다.

③ 상품수지는 상품의 수출과 수입의 차액을 나타내는 수지이다.

④ 소득수지는 경상수지에 해당한다.

 국제수지의 종류

 ㉠ 경상수지 : 제품이나 서비스를 해외에 사고 판 총액에서 받은 돈과 내준 돈의 차액을 말한다.

 • 상품수지 : 상품의 수출과 수입의 차액을 나타내는 수지

 • 서비스수지 : 해외여행, 유학 · 연수, 운수서비스 등과 같은 서비스 거래 관계가 있는 수입과 지출의

  차액을 나타내는 수지

 • 소득수지 : 임금, 배당금, 이자처럼 투자의 결과로 발생한 수입과 지급의 차액을 나타내는 수지

 • 경상이전수지 : 송금, 기부금, 정부의 무상원조 등 대가없이 주고받은 거래의 차액을 나타내는 수지

 ㉡ 자본수지 : 소득을 이루지 않는 돈 자체가 오고 간 결과의 차이를 나타내는 것이다.

4 다음 중 케인즈 경제학이 성립된 역사적 배경으로 적절한 것은?

① 1930년대 대공황

② 제2차 세계대전

③ 1950년대 냉전시대

④ 제1차 석유파동

 미국의 경제대공황의 처방책으로 케인즈(J.M Keynes)는 소비가 있어야 공급이 생긴다고 주장하면서 정
부 지출의 필요성을 역설하였다.

ANSWER 〉 1.②   2.④   3.②   4.①

5 경제문제가 발생하는 가장 근본적인 원인은?

① 이윤극대화의 원칙   ② 한계효용의 법칙

③ 희소성의 원칙   ④ 분배의 원칙

 더 많이 생산하고 더 많이 소비하려는 사람들의 욕망은 자원의 희소성으로 인하여 제한되므로, 경제활동은 항상 선택의 문제에 직면하게 된다.

6 다음 설명 가운데 케인즈주의에 해당하지 않는 것은?

① 적자재정정책에 반대한다.

② 경기조절식(anticyclical) 경제정책을 추진한다.

③ 정부의 시장개입기능을 활성화한다.

④ 수요관리를 통하여 임금생활자의 구매력을 높인다.

 케인즈와 케인즈학파의 경제학자들은 금융정책을 불신하고 적자재정에 의한 보정적 재정정책을 쓸 것을 주장하였다.

7 경제활동에 있어서는 합리적인 선택과 결정이 항상 필요하다. 그렇다면 다음의 내용과 관련하여 중요한 판단기준 두 가지를 고른다면?

> • 인간의 욕망은 무한한데 자원은 희소하므로 항상 선택의 문제에 직면한다.
> • 누구를 위하여 생산할 것인가의 문제에는 공공복리와 사회정의의 실현을 함께 고려해야 한다.

① 효율성과 형평성   ② 타당성과 실효성

③ 안정성과 능률성   ④ 희소성과 사회성

 제시된 내용은 자원의 희소성과 분배의 문제에 대해 언급하고 있다. 자원의 희소성 때문에 선택의 문제가 발생하므로 최소의 비용으로 최대의 만족을 추구하는 효율성이 판단기준이 되고, 분배의 경우 가장 바람직한 상태인 형평성이 판단기준이 된다.

8 자유주의적 경제에 의한 생산불균형과 경제적 변화는 '보이지 않는 손(invisible hands)'에 의하여 조정된다고 주장한 사람은?

① 마르크스(K. Marx)　　　　　　　　② 리카도(D. Ricardo)

③ 슘페터(J.A. Schumpeter)　　　　　④ 스미스(A. Smith)

 스미스(A. Smith)는 중상주의정책을 비판하고 경제상의 자유방임주의를 주장하여 '보이지 않는 손 (invisible hands)'에 의한 경제의 예정조화적 발전을 주장하였다.

9 공급은 스스로 수요를 창조한다는 법칙은?

① 킹의 법칙　　　　　　　　　　　　② 세이의 법칙

③ 그레샴의 법칙　　　　　　　　　　④ 엥겔의 법칙

 세이(J.S. Say)는 "공급은 스스로 수요를 창조한다."라고 하여 자유경쟁의 경제에서는 일반적 생산과잉 은 있을 수 없으며, 공급은 언제나 그만큼의 수요를 만들어 낸다고 하였다.

10 다음 중 '빈곤의 악순환'이란 말을 한 학자는?

① 넉시(R. Nurkse)　　　　　　　　　② 로스토(W.W. Rostow)

③ 클라크(C. Clark)　　　　　　　　　④ 맬더스(T.R. Malthus)

 빈곤의 악순환 … 후진국은 국민소득이 낮으므로 국내저축이 미약하여 높은 투자가 이루어질 수 없고 따 라서 국민소득 성장률이 낮아지는데, 이것이 되풀이되는 현상을 말한다.

ANSWER 〉 5.③ 6.① 7.① 8.④ 9.② 10.①

11 다음 중 자본주의의 발전단계로 적절한 것은?

① 상업자본주의 → 산업자본주의 → 독점자본주의 → 수정자본주의
② 산업자본주의 → 상업자본주의 → 독접자본주의 → 수정자본주의
③ 산업자본주의 → 독점자본주의 → 수정자본주의 → 상업자본주의
④ 독점자본주의 → 상업자본주의 → 산업자본주의 → 수정자본주의

 자본주의의 발전단계 … 상업자본주의(16~17C) → 산업자본주의(18~19C 말) → 독점자본주의(19C 말~20C 초) → 수정자본주의(20C)

12 가격이 상승한 소비재의 수요가 오히려 증가하는 경제현상을 의미하는 용어로서 과시적인 소비행동과 관련된 용어는?

① veblen effect　　　　　　　② pogonia effect
③ 외부효과　　　　　　　　　④ 유효수요의 원리

 베블렌효과(veblen effect) … 가격이 상승한 소비재의 수요가 오히려 증가하는 현상이다. 미국의 경제학자 베블렌이 그의 저서 '유한계급론'에서 고소득 유한계급의 과시적인 고액의 소비행동을 논한 데서 비롯되었다.

13 다음의 내용과 관련이 있는 용어로 적합한 것은?

> • 정수네 아버지의 소득이 경기불황으로 300만 원에서 250만 원으로 줄었다.
> • 정수네 집의 소비수준은 변한 것이 없다.

① 마샬효과　　　　　　　　　② 베블렌효과
③ 립스틱효과　　　　　　　　④ 톱니효과

 톱니효과(ratchet effect) … 만약 한 사람의 소득이 100일 때 50을 소비하다 소득이 150으로 증가하면 소비 역시 90으로 증가하게 된다. 하지만 어떠한 사유로 소득이 150에서 100으로 감소하게 되면 일반적으로 소비도 50으로 줄어야 하는 것이 합리적이지만 소비를 거의 줄이지 않은 80의 수준에서 상당기간 지속하게 된다. 과거의 소비습관이 남아 있어 소득이 감소하더라도 당장의 소비를 감소시키지 못하는 소비의 비가역성이 나타나는데 이를 바로 소비의 톱니효과라고 한다.

14 소득소비곡선상의 X재의 수요가 증대할 때 Y재의 수요는 감소하는 경우 X재에 대해서 Y재를 무엇이라 부르는가?

① 보통재

② 보완재

③ 대체재

④ 열등재

 대체재(경쟁재) … 재화 중에서 동종의 효용을 얻을 수 있는 두 재화를 말한다. 대체관계에 있는 두 재화는 하나의 수요가 증가하면 다른 하나는 감소하고, 소득이 증대되면 상급재의 수요가 증가하고 하급재의 수요는 감소한다. 예를 들어 버터(상급재)와 마가린(하급재), 쌀(상급재)과 보리(하급재), 쇠고기(상급재)와 돼지고기(하급재) 등이다.
② 재화 중에서 동일 효용을 증대시키기 위해 함께 사용해야 하는 두 재화를 말한다.
④ 소득이 증가할수록 그 수요가 줄어드는 재화를 의미한다.

15 실업이론에 대한 설명으로 옳지 않은 것은?

① 자발적 실업은 일할 능력을 갖고 있으나 현재의 임금수준에서 일할 의사가 없어서 실업상태에 있는 것이다.

② 마찰적 실업은 장기적으로 실업상태에 있는 것이다.

③ 탐색적 실업은 보다 나은 직장을 찾기 위해 실업상태에 있는 것이다.

④ 비자발적 실업은 일할 의사와 능력은 갖고 있으나 현재 임금수준에서 일자리를 구하지 못하여 실업상태에 있는 것이다.

 마찰적 실업은 일시적으로 직장을 옮기는 과정에서 실업상태에 있는 것이다.

16 기업이 생산물을 해외시장에서는 낮은 가격에 판매하고, 국내시장에서는 높은 가격에 판매하여 이윤을 증대시킬 수 있는 경우로 옳은 것은?

① 수요의 가격탄력성이 해외시장에서는 높고 국내시장에서는 낮은 경우
② 수요의 가격탄력성이 해외시장에서는 낮고 국내시장에서는 높은 경우
③ 수요의 소득탄력성이 해외시장에서는 높고 국내시장에서는 낮은 경우
④ 수요의 소득탄력성이 해외시장에서는 낮고 국내시장에서는 높은 경우

 가격차별에 따른 이윤증대방법 … 가격차별이란 동일한 재화에 대하여 서로 다른 가격을 설정하는 것으로, 수요의 가격탄력성에 따라 이루어지는데, 기업은 수요의 가격탄력성에 반비례하도록 가격을 설정해야 한다.
　ㄱ 가격탄력성이 높은 시장 : 낮은 가격을 설정해야 한다.
　ㄴ 가격탄력성이 낮은 시장 : 높은 가격을 설정해야 한다.
　※ 가격차별 결과 소비자들에게 미치는 영향 … 가격차별이 이루어지면 수요가 탄력적인 소비자들은 유리해지는 반면에, 수요가 비탄력적인 소비자들은 오히려 불리해진다.

17 다음 내용 중 옳은 것은?

① 열등재는 항상 기펜의 역설현상을 나타낸다.
② 정상재는 절대로 기펜의 역설현상을 나타낼 수 없다.
③ 대체효과는 항상 가격의 변화와 같은 방향으로 나타난다.
④ 소득효과는 항상 가격의 변화와 같은 방향으로 나타난다.

 ① 열등재이면서 대체효과보다 소득효과가 더 큰 것이 기펜재이다.
　③ 대체효과는 재화와 관계없이 항상 가격효과는 부(−)의 효과이다.
　④ 소득효과는 정상재는 정(+)의 효과이고, 열등재 · 기펜재는 부(−)의 효과이다.

18 다음 중 역(逆)마진 현상이란?

① 예금금리가 대출금리보다 낮다.
② 대출금리가 예금금리보다 낮다.
③ 총예금 금액보다 총대출 금액이 작다.
④ 총대출 금액보다 총예금 금액이 작다.

예금금리가 대출금리보다 높은 경로로 저축의 증대를 꾀하면서 저금리로 기업에 대출하여 인플레이션 현상을 수습하고 내자동원을 극대화하기 위해 단기적으로 채택되는 금리정책이다.

19 생산요소의 투입량과 생산량 간의 관계가 다음과 같다면 알 수 있는 것은?

구분	노동 = 1	노동 = 2	노동 = 3
자본 = 1	60	90	110
자본 = 2	80	120	150
자본 = 3	90	140	180

① 규모에 대한 수확체감, 한계생산성 체감
② 규모에 대한 수확체감, 한계생산성 불변
③ 규모에 대한 수확불변, 한계생산성 체감
④ 규모에 대한 수확불변, 한계생산성 불변

 모든 생산요소 투입량이 x배 증가하였을 때 생산량이 정확히 x배 증가하는 경우를 규모에 대한 수확 (수익)불변이라고 한다. 한계생산물이란 가변요소 1단위를 추가적으로 투입하였을 때 총생산물의 증가 분을 의미하는데, 자본투입량이 일정하게 주어져 있을 때 노동의 한계생산물은 점점 감소하므로 한계 생산성은 체감하고 있다.

20 화폐의 기능으로 옳지 않은 것은?

① 교환의 매개수단
② 가치의 혼란
③ 장래 지불의 표준
④ 가치저장수단

 ② 화폐의 기능 중 하나는 가치의 척도이다.

21 다음 중 중앙은행의 기능이 아닌 것은?

① 정부의 은행
② 화폐발생
③ 상업어음 재할인
④ 신용창조

 ④ 민간개인의 예금을 흡수하고 예금창조, 즉 신용창조를 함으로써 대출에 필요한 자금을 조달하는 것 은 시중은행의 기능이다.

ANSWER 〉 16.① 17.② 18.② 19.③ 20.② 21.④

22 물가상승률이 지나치게 높은 시기에 가장 바람직하지 않은 경제정책은?

① 세율 인하　　　　　　　　　　　　② 통화량 감축

③ 정부지출 삭감　　　　　　　　　　④ 공무원봉급 동결

 물가상승률이 지나치게 높은 시기에는 경기를 안정시키는 정책이 필요하다. 이 시기 정부는 재정지출을 줄이고, 금리와 세율을 인상하여 민간투자와 소비를 억제함으로써 경기를 진정시키는 안정화정책을 활용해야 한다.
① 세율을 인하하게 되면 가처분소득이 증가하여 소비가 증가하므로 경기가 더욱 과열된다.

23 물가상승률과 실업률 사이에는 상충관계(trade-off)가 있어서 완전고용과 물가안정이라는 두 가지 정책목표를 동시에 달성시킬 수 없음을 보여주는 것은?

① 필립스곡선　　　　　　　　　　　② 구축효과(crowding out effect)

③ 거미집이론　　　　　　　　　　　④ 풀코스트원리(full-cost principle)

 ① 실업률과 화폐임금상승률 간의 상반되는 관계를 나타낸 것이며, 각국은 자국의 고유한 필립스곡선을 가진다. 원래 필립스곡선은 임금상승률과 실업률 간의 관계를 표시했으나 현재는 물가상승률과 실업률 간의 반비례관계를 나타내는 것이 일반적이다.
② 수요의 반응에 비해 공급의 반응이 지체되어 일어나는 현상이다.
③ 재정투자는 민간투자를 감소시키기 때문에 기대한 만큼 소득증대를 가져오지 못한다는 이론이다.
④ 평균비용에다 몇 %에 해당하는 이윤액을 부가해서 가격을 결정하는 가격결정원리를 말한다.

24 로렌츠곡선에 대한 설명이다. 옳지 않은 것은?

① 소득의 불평등 정도를 측정하는 방법이다.

② 소득의 누적점유율과 인구의 누적점유율 간의 관계이다.

③ 지니 집중계수는 로렌츠곡선의 단점을 보완한다.

④ 로렌츠곡선은 가치판단을 전제하는 측정방법이다.

 로렌츠곡선 … 미국의 경제학자 로렌츠(M.O. Lorenz)가 소득분포의 상태를 나타내기 위하여 작성한 도표로, 소득이 사회계층에 어떤 비율로 분배되는가를 알아보기 위한 것이다. 가로축에 저소득인구로부터 소득인구를 누적하여 그 백분율을 표시한 결과 45°선의 균등분포선과는 다른 소득불평등곡선이 나타났다.

25 다음 중 모라토리움이란?

① 통화개혁   ② 지불유예

③ 채무청산   ④ 약정이율

 모라토리움(moratorium) … 전쟁, 천재, 공황 등으로 경제가 혼란되어 채무이행이 어려울 때 국가가 일정 기간 채무이행을 연기 또는 유예시키는 것을 뜻한다.

26 수입 200,000원, 저축 40,000원, 음식물 80,000원일 때 엥겔계수는?

① 40%   ② 45%

③ 50%   ④ 60%

 엥겔계수 $= \dfrac{80,000}{(200,000-40,000)} \times 100 = 50(\%)$

27 로렌츠곡선을 완전평등선을 접근시키는 방법으로서 선진국이 주로 채용하는 정책은?

① 독점금지법   ② 공공투자

③ 보호관세   ④ 누진세

 누진세 … 과세대상의 금액이 많을수록 높은 세율을 적용하는 조세로, 소득재분배의 효과가 크다.

28 소득이 200,000원일 때 150,000원을 소비하던 사람의 소득이 250,000원으로 오르자 소비는 180,000원으로 올랐다고 하면, 그 사람의 한계소비성향은?

① 0.2   ② 0.6

③ 0.72   ④ 0.8

 한계소비성향 $= \dfrac{\text{소비의 증가분}}{\text{소득의 증가분}} = \dfrac{30,000}{50,000} = 0.6$

29 다음 중 공급의 탄력성과 수요의 탄력성이 비교적 작은 것은?

① 쌀　　　　　　　　　　　　　　　② 영화관람

③ 시계　　　　　　　　　　　　　　④ 책

> (Tip) 필수품일수록 탄력성이 작고, 사치품일수록 탄력성이 크다.

30 패리티지수(parity index)란 주로 어떤 부문에 적용되는가?

① 환율　　　　　　　　　　　　　　② 농산물가격

③ 공산물가격　　　　　　　　　　　④ 임금상승률

> (Tip) 패리티가격(parity price) … 농산물가격을 결정함에 있어서 공산품가격과 서로 균형을 유지하도록 뒷받
> 침해 주는 가격으로, 농가보호가 그 목적이다.

31 다음 중 커피와 홍차의 관계는?

① 대체재　　　　　　　　　　　　　② 보완재

③ 독립재　　　　　　　　　　　　　④ 기펜재

> (Tip) 대체재(경쟁재) … 재화 중에서 동종의 효용을 얻을 수 있는 두 재화이다.

32 일정 기간 한 나라 안에서 자국민과 외국인이 생산한 최종생산물 가치의 합계는?

① 국민순생산(NNP)　　　　　　　　② 국민소득(NI)

③ 국내총생산(GDP)　　　　　　　　④ 국민총생산(GNP)

> (Tip) ① 국민총생산에서 감가상각비를 제외한 금액으로 국민경제의 순생산액이다.
> ② 국민순생산에서 간접세를 빼고 정부보조금을 더한 합계액으로 요소소득의 합계액이다.
> ③ 한 나라의 국경 안에서 일정 기간에 걸쳐 새로이 생산한 재화와 용역의 부가가치 또는 모든 최종재
> 의 값을 화폐단위로 합산한 것을 의미한다.
> ④ 한 나라의 국민이 국내와 국외에서 생산한 것의 총합을 의미한다.

33 "악화가 양화를 구축한다."는 법칙을 주장한 사람은?

① 그레샴(S.T. Gresham)

② 케인스(J.M. Keynes)

③ 스미스(A. Smith)

④ 피셔(L. Fisher)

 그레샴의 법칙 … "악화(惡貨)가 양화(良貨)를 구축한다."는 이론이다. 실질가치가 서로 다른 두 가지 종류의 화폐가 동시에 유통될 경우, 실질가치가 우량한 화폐는 용해·저장·수축 등으로 유통계에서 사라지고 악화만이 유통된다는 것이다.

34 중앙은행이 재할인율을 인상할 경우에 나타나는 효과는?

① 이자율의 하락과 통화량의 증가

② 이자율의 상승과 통화량의 감소

③ 이자율의 상승과 통화량의 증가

④ 이자율의 하락과 통화량의 감소

 재할인율 … 시중은행이 기업들로부터 할인매입한 어음을 한국은행이 다시 할인매입할 때 적용하는 금리를 의미한다.
㉠ 재할인율 인상 : 일반 은행의 이자율 상승→대출 감소→통화량 감소
㉡ 재할인율 인하 : 일반 은행의 이자율 이하→대출 증가→통화량 증가

35 다음의 설명 중 옳은 것은?

① 독점기업들이 시장지배를 목적으로 결합한 연합체를 카르텔(cartel)이라 한다.

② 독점적 경쟁시장에서는 수많은 기업들이 존재하므로 시장지배력이 없다.

③ 과점시장에서의 한 기업의 행동은 경쟁기업의 행동에 전혀 영향을 못 미친다.

④ 독점적 경쟁시장에서 기업은 단기적으로는 이윤을 얻을 수 있으나 장기적으로는 이윤을 얻을 수 없다.

 ① 과점기업들의 연합체를 카르텔(cartel)이라 한다.
② 약간의 시장지배력을 유지한다.
③ 상호 의존성의 원리에 입각한다.

36 예상유무에 따른 인플레이션에 대한 설명으로 옳지 않은 것은?

① 예상치 못한 인플레이션인 경우 화폐가치가 지속적으로 하락하는 것을 뜻한다.

② 예상된 인플레이션의 경우 채권자가 명목임금, 이자율 등을 올리므로 소득의 재분배가 발생하지 않는다.

③ 예상치 못한 인플레이션의 경우 가계가 적응적 기대를 하므로 생산과 소득 및 고용이 단기적으로 증가하나, 장기적으로는 고용확대효과가 사라진다.

④ 예상된 인플레이션의 경우 가계가 합리적 기대를 하므로 생산과 소득 및 고용이 증가하지 않는다.

 예상된 인플레이션의 경우 경제의 불확실성을 크게 증가시키지 않는다.

37 우리나라의 현행 환율제도는?

① 자유변동환율제   ② 시장평균환율제

③ 고정환율제   ④ 복수통화바스켓제

 우리나라는 1997년 12월부터 자유변동환율제도를 채택하였다. 미 달러화의 매매기준율은 금융결제원 자금중개실을 통한 외국환은행간 원·달러 거래를 거래금액에 따라 가중평균하여 결정한다.

38 다음이 설명하고 있는 것은?

> 미국의 수출입상품에 관한 산업관련표를 이용하여 실증한 결과, 미국이 노동에 비해 자본이 풍부함에도 불구하고 노동집약적인 상품을 수출하고 자본집약적인 상품을 수입한다는 결론을 얻었다.

① 스미스의 절대우위론

② 리카도의 비교우위론

③ 레온티에프의 역설

④ 로렌츠곡선

① 스미스의 절대우위론 : 절대적으로 생산비가 적게 드는 재화를 생산하는 교역
② 리카도의 비교우위론 : 상대적으로 유리한 상품을 선택적으로 생산하여 교역
④ 로렌츠곡선 : 소득이 사회계층에 어떤 비율로 분배되는가를 알아보기 위한 도표이다.

39 다음 중 관세부과의 효과가 아닌 것은?

① 소비억제효과

② 산출량증가효과

③ 국제수지개선효과

④ 소비자후생 및 사회후생증대효과

 관세를 부과하면 국내의 생산이 증가하므로 산출량증가효과가 발생하고 국내소비가 감소하므로 소비억제효과가 발생한다. 또한 정부의 재정수입이 증가하므로 재정수입증대효과가 나타난다. 그리고 관세를 부과하면 수입이 감소하고 교역조건이 개선되므로 국제수지개선효과도 기대할 수 있다. 그러나 관세부과는 소비자잉여를 감소시키고 사회후생손실을 가져오는 문제점이 있다.

40 원화가치의 하락을 초래하는 요인이 아닌 것은?

① 국내 경기의 호전　　　　　② 국내 물가의 상승

③ 국내 이자율의 상승　　　　④ 국내 한계수입성향의 증가

 원화가치의 하락은 곧 환율인상을 의미한다. 국내 경기의 호전, 국내 물가의 상승, 국내 한계수입성향의 증가는 환율인상을 초래하지만, 국내 이자율이 상승하면 외환이 유입되어 환율하락을 초래한다.

41 한국의 한 MP3 제조회사가 중국에 공장을 세우고 한국인과 중국인 노동자를 고용하는 경우, 다음 설명 중 옳은 것은?

① 한국의 GNP와 중국의 GNP가 증가한다.

② 한국의 GDP와 중국의 GDP가 증가한다.

③ 중국의 GNP는 증가하지만 한국의 GNP는 증가하지 않는다.

④ 중국의 GDP는 증가하지만 한국의 GDP는 감소한다.

 ① 한국인과 중국인 노동자를 고용하여 생산하므로 두 국가의 GNP는 모두 증가하며, 중국 내에서 생산활동이 이루어지므로 중국의 GDP도 증가한다.

※ GDP와 GNP

　㉠ GDP : 일정 기간 동안에 한 나라의 국경 내에서 생산된 최종총생산의 시장가치

　㉡ GNP : 일정 기간 동안에 한 나라의 국민에 의해서 생산된 최종생산물의 시장가치

ANSWER 〉 36.② 37.① 38.③ 39.④ 40.③ 41.①

PART
IV

직업성격검사

01 NCS 직업성격검사의 개요

1 직업성격(인성)검사의 개념과 목적

인성(성격)이란 개인을 특징짓는 평범하고 일상적인 사회적 이미지, 즉 지속적이고 일관된 공적 성격(Public – personality)이며, 환경에 대응함으로써 선천적·후천적 요소의 상호작용으로 결정화된 심리적·사회적 특성 및 경향을 의미한다.

인성검사는 직업기초능력평가를 실시하는 대부분의 기업에서 병행하여 실시하고 있으며, 인성검사만 독자적으로 실시하는 기업도 있다.

기업에서는 인성검사를 통하여 각 개인이 어떠한 성격 특성이 발달되어 있고, 어떤 특성이 얼마나 부족한지, 그것이 해당 직무의 특성 및 조직문화와 얼마나 맞는지를 알아보고 이에 적합한 인재를 선발하고자 한다. 또한 개인에게 적합한 직무 배분과 부족한 부분을 교육을 통해 보완하도록 할 수 있다.

인성검사의 측정요소는 검사방법에 따라 차이가 있다. 또한 각 기업들이 사용하고 있는 인성검사는 기존에 개발된 인성검사방법에 각 기업의 인재상을 적용하여 자신들에게 적합하게 재개발하여 사용하는 경우가 많다. 그러므로 기업에서 요구하는 인재상을 파악하여 그에 따른 대비책을 준비하는 것이 바람직하다. 본서에서 제시된 인성검사는 크게 '특성'과 '유형'의 측면에서 측정하게 된다.

2 성격의 특성

(1) 정서적 측면

정서적 측면은 평소 마음의 당연시하는 자세나 정신상태가 얼마나 안정하고 있는지 또는 불안정한지를 측정한다.

정서의 상태는 직무수행이나 대인관계와 관련하여 태도나 행동으로 드러난다. 그러므로 정서적 측면을 측정하는 것에 의해, 장래 조직 내의 인간관계에 어느 정도 잘 적응할 수 있을까(또는 적응하지 못할까)를 예측하는 것이 가능하다.

그렇기 때문에, 정서적 측면의 결과는 채용 시에 상당히 중시된다. 아무리 능력이 좋아도 장기적으로 조직 내의 인간관계에 잘 적응할 수 없다고 판단되는 인재는 기본적으로는 채용되지 않는다. 일반적으로 인성(성격)검사는 채용과는 관계없다고 생각하나 정서적으로 조직에 적응하지 못하는 인재는 채용단계에서 가려내지는 것을 유의하여야 한다.

① 민감성(신경도) … 꼼꼼함, 섬세함, 성실함 등의 요소를 통해 일반적으로 신경질적인지 또는 자신의 존재를 위협받는다는 불안을 갖기 쉬운지를 측정한다.

질문	그렇다	약간 그렇다	그저 그렇다	별로 그렇지 않다	그렇지 않다
• 남을 잘 배려한다고 생각한다. • 어질러진 방에 있으면 불안하다. • 실패 후에는 불안하다. • 세세한 것까지 신경 쓴다. • 이유 없이 불안할 때가 있다.					

▶측정결과

㉠ '그렇다'가 많은 경우(상처받기 쉬운 유형): 사소한 일에 신경 쓰고 다른 사람의 사소한 한마디 말에 상처를 받기 쉽다.
  • 면접관의 심리: '동료들과 잘 지낼 수 있을까?', '실패할 때마다 위축되지 않을까?'
  • 면접대책: 다소 신경질적이라도 능력을 발휘할 수 있다는 평가를 얻도록 한다. 주변과 충분한 의사소통이 가능하고, 결정한 것을 실행할 수 있다는 것을 보여주어야 한다.

㉡ '그렇지 않다'가 많은 경우(정신적으로 안정적인 유형): 사소한 일에 신경 쓰지 않고 금방 해결하며, 주위 사람의 말에 과민하게 반응하지 않는다.
  • 면접관의 심리: '계약할 때 필요한 유형이고, 사고 발생에도 유연하게 대처할 수 있다.'
  • 면접대책: 일반적으로 '민감성'의 측정치가 낮으면 플러스 평가를 받으므로 더욱 자신감 있는 모습을 보여준다.

② **자책성(과민도)** … 자신을 비난하거나 책망하는 정도를 측정한다.

질문	그렇다	약간 그렇다	그저 그렇다	별로 그렇지 않다	그렇지 않다
• 후회하는 일이 많다. • 자신이 하찮은 존재라 생각된다. • 문제가 발생하면 자기의 탓이라고 생각한다. • 무슨 일이든지 끙끙대며 진행하는 경향이 있다. • 온순한 편이다.					

▶**측정결과**

㉠ '그렇다'가 많은 경우(자책하는 유형) : 비관적이고 후회하는 유형이다.
  • 면접관의 심리 : '끙끙대며 괴로워하고, 일을 진행하지 못할 것 같다.'
  • 면접대책 : 기분이 저조해도 항상 의욕을 가지고 생활하는 것과 책임감이 강하다는 것을 보여준다.
㉡ '그렇지 않다'가 많은 경우(낙천적인 유형) : 기분이 항상 밝은 편이다.
  • 면접관의 심리 : '안정된 대인관계를 맺을 수 있고, 외부의 압력에도 흔들리지 않는다.'
  • 면접대책 : 일반적으로 '자책성'의 측정치가 낮아야 좋은 평가를 받는다.

③ **기분성(불안도)** … 기분의 굴곡이나 감정적인 면의 미숙함이 어느 정도인지를 측정하는 것이다.

질문	그렇다	약간 그렇다	그저 그렇다	별로 그렇지 않다	그렇지 않다
• 다른 사람의 의견에 자신의 결정이 흔들리는 경우가 많다. • 기분이 쉽게 변한다. • 종종 후회한다. • 다른 사람보다 의지가 약한 편이라고 생각한다. • 금방 싫증을 내는 성격이라는 말을 자주 듣는다.					

▶**측정결과**

㉠ '그렇다'가 많은 경우(감정의 기복이 많은 유형) : 의지력보다 기분에 따라 행동하기 쉽다.
  • 면접관의 심리 : '감정적인 것에 약하며, 상황에 따라 생산성이 떨어지지 않을까?'
  • 면접대책 : 주변 사람들과 항상 협조한다는 것을 강조하고 한결같은 상태로 일할 수 있다는 평가를 받도록 한다.
㉡ '그렇지 않다'가 많은 경우(감정의 기복이 적은 유형) : 감정의 기복이 없고, 안정적이다.
  • 면접관의 심리 : '안정적으로 업무에 임할 수 있다.'
  • 면접대책 : 기분성의 측정치가 낮으면 플러스 평가를 받으므로 자신감을 가지고 면접에 임한다.

④ **독자성(개인도)** … 주변에 대한 견해나 관심, 자신의 견해나 생각에 어느 정도의 속박감을 가지고 있는지를 측정한다.

질문	그렇다	약간 그렇다	그저 그렇다	별로 그렇지 않다	그렇지 않다
• 창의적 사고방식을 가지고 있다.					
• 융통성이 있는 편이다.					
• 혼자 있는 편이 많은 사람과 있는 것보다 편하다.					
• 개성적이라는 말을 듣는다.					
• 교제는 번거로운 것이라고 생각하는 경우가 많다.					

▶**측정결과**

㉠ '그렇다'가 많은 경우 : 자기의 관점을 중요하게 생각하는 유형으로, 주위의 상황보다 자신의 느낌과 생각을 중시한다.
  • 면접관의 심리 : '제멋대로 행동하지 않을까?'
  • 면접대책 : 주위 사람과 협조하여 일을 진행할 수 있다는 것과 상식에 얽매이지 않는다는 인상을 심어준다.
㉡ '그렇지 않다'가 많은 경우 : 상식적으로 행동하고 주변 사람의 시선에 신경을 쓴다.
  • 면접관의 심리 : '다른 직원들과 협조하여 업무를 진행할 수 있겠다.'
  • 면접대책 : 협조성이 요구되는 기업체에서는 플러스 평가를 받을 수 있다.

⑤ **자신감(자존심도)** … 자기 자신에 대해 얼마나 긍정적으로 평가하는지를 측정한다.

질문	그렇다	약간 그렇다	그저 그렇다	별로 그렇지 않다	그렇지 않다
• 다른 사람보다 능력이 뛰어나다고 생각한다. • 다소 반대의견이 있어도 나만의 생각으로 행동할 수 있다. • 나는 다른 사람보다 기가 센 편이다. • 동료가 나를 모욕해도 무시할 수 있다. • 대개의 일을 목적한 대로 헤쳐나갈 수 있다고 생각한다.					

▶**측정결과**

㉠ '그렇다'가 많은 경우: 자기 능력이나 외모 등에 자신감이 있고, 비판당하는 것을 좋아하지 않는다.
　• 면접관의 심리: '자만하여 지시에 잘 따를 수 있을까?'
　• 면접대책: 다른 사람의 조언을 잘 받아들이고, 겸허하게 반성하는 면이 있다는 것을 보여주고, 동료들과 잘 지내며 리더의 자질이 있다는 것을 강조한다.

㉡ '그렇지 않다'가 많은 경우: 자신감이 없고 다른 사람의 비판에 약하다.
　• 면접관의 심리: '패기가 부족하지 않을까?', '쉽게 좌절하지 않을까?'
　• 면접대책: 극도의 자신감 부족으로 평가되지는 않는다. 그러나 마음이 약한 면은 있지만 의욕적으로 일을 하겠다는 마음가짐을 보여준다.

⑥ **고양성(분위기에 들뜨는 정도)** … 자유분방함, 명랑함과 같이 감정(기분)의 높고 낮음의 정도를 측정한다.

질문	그렇다	약간 그렇다	그저 그렇다	별로 그렇지 않다	그렇지 않다
• 침착하지 못한 편이다. • 다른 사람보다 쉽게 우쭐해진다. • 모든 사람이 아는 유명인사가 되고 싶다. • 모임이나 집단에서 분위기를 이끄는 편이다. • 취미 등이 오랫동안 지속되지 않는 편이다.					

▶측정결과

㉠ '그렇다'가 많은 경우 : 자극이나 변화가 있는 일상을 원하고 기분을 들뜨게 하는 사람과 친밀하게 지내는 경향이 강하다.
- 면접관의 심리 : '일을 진행하는 데 변덕스럽지 않을까?'
- 면접대책 : 밝은 태도는 플러스 평가를 받을 수 있지만, 착실한 업무능력이 요구되는 직종에서는 마이너스 평가가 될 수 있다. 따라서 자기조절이 가능하다는 것을 보여준다.

㉡ '그렇지 않다'가 많은 경우 : 감정이 항상 일정하고, 속을 드러내 보이지 않는다.
- 면접관의 심리 : '안정적인 업무 태도를 기대할 수 있겠다.'
- 면접대책 : '고양성'의 낮음은 대체로 플러스 평가를 받을 수 있다. 그러나 '무엇을 생각하고 있는지 모르겠다' 등의 평을 듣지 않도록 주의한다.

⑦ **허위성(진위성)** … 필요 이상으로 자기를 좋게 보이려 하거나 기업체가 원하는 '이상형'에 맞춘 대답을 하고 있는지, 없는지를 측정한다.

질문	그렇다	약간 그렇다	그저 그렇다	별로 그렇지 않다	그렇지 않다
• 약속을 깨뜨린 적이 한 번도 없다.					
• 다른 사람을 부럽다고 생각해 본 적이 없다.					
• 꾸지람을 들은 적이 없다.					
• 사람을 미워한 적이 없다.					
• 화를 낸 적이 한 번도 없다.					

▶측정결과

㉠ '그렇다'가 많은 경우 : 실제의 자기와는 다른, 말하자면 원칙으로 해답할 가능성이 있다.
- 면접관의 심리 : '거짓을 말하고 있다.'
- 면접대책 : 조금이라도 좋게 보이려고 하는 '거짓말쟁이'로 평가될 수 있다. '거짓을 말하고 있다.'는 마음 따위가 전혀 없다 해도 결과적으로는 정직하게 답하지 않는다는 것이 되어 버린다. '허위성'의 측정 질문은 구분되지 않고 다른 질문 중에 섞여 있다. 그러므로 모든 질문에 솔직하게 답하여야 한다. 또한 자기 자신과 너무 동떨어진 이미지로 답하면 좋은 결과를 얻지 못한다. 그리고 면접에서 '허위성'을 기본으로 한 질문을 받게 되므로 당황하거나 또 다른 모순된 답변을 하게 된다. 겉치레를 하거나 무리한 욕심을 부리지 말고 '이런 사회인이 되고 싶다.'는 현재의 자신보다, 조금 성장한 자신을 표현하는 정도가 적당하다.

㉡ '그렇지 않다'가 많은 경우 : 냉정하고 정직하며, 외부의 압력과 스트레스에 강한 유형이다. '대쪽 같음'의 이미지가 굳어지지 않도록 주의한다.

(2) 행동적인 측면

행동적 측면은 인격 중에 특히 행동으로 드러나기 쉬운 측면을 측정한다. 사람의 행동 특징 자체에는 선도 악도 없으나, 일반적으로는 일의 내용에 의해 원하는 행동이 있다. 때문에 행동적 측면은 주로 직종과 깊은 관계가 있는데 자신의 행동 특성을 살려 적합한 직종을 선택한다면 플러스가 될 수 있다.

행동 특성에서 보여 지는 특징은 면접 장면에서도 드러나기 쉬우므로 평소 자신의 태도, 행동이 면접관의 시선에 어떻게 비치는지를 점검하도록 해야 한다.

① **사회적 내향성** … 대인관계에서 나타나는 행동경향으로 '낯가림'을 측정한다.

질문	선택
A : 파티에서는 사람을 소개받는 편이다. B : 파티에서는 사람을 소개하는 편이다.	
A : 처음 보는 사람과는 어색하게 시간을 보내는 편이다. B : 처음 보는 사람과는 즐거운 시간을 보내는 편이다.	
A : 친구가 적은 편이다. B : 친구가 많은 편이다.	
A : 자신의 의견을 말하는 경우가 적다. B : 자신의 의견을 말하는 경우가 많다.	
A : 사교적인 모임에 참석하는 것을 좋아하지 않는다. B : 사교적인 모임에 항상 참석한다.	

▶측정결과

㉠ 'A'가 많은 경우 : 내성적이고 사람들과 접하는 것에 소극적이다. 자신의 의견을 말하지 않고 조심스러운 편이다.
  • 면접관의 심리 : '소극적인데 동료와 잘 지낼 수 있을까?'
  • 면접대책 : 대인관계를 맺는 것을 싫어하지 않고 의욕적으로 일을 할 수 있다는 것을 보여준다.
㉡ 'B'가 많은 경우 : 사교적이고 자기의 생각을 명확하게 전달할 수 있다.
  • 면접관의 심리 : '사교적이고 활동적인 것은 좋지만, 자기주장이 너무 강하지 않을까?'
  • 면접대책 : 협조성을 보여주고, 자기주장이 너무 강하다는 인상을 주지 않도록 주의한다.

② 내성성(침착도) ··· 자신의 행동과 일에 대해 침착하게 생각하는 정도를 측정한다.

질문	선택
A : 시간이 걸려도 침착하게 생각하는 경우가 많다. B : 짧은 시간에 결정을 하는 경우가 많다.	
A : 실패의 원인을 찾고 반성하는 편이다. B : 실패를 해도 그다지(별로) 개의치 않는다.	
A : 결론이 도출되어도 몇 번 정도 생각을 바꾼다. B : 결론이 도출되면 신속하게 행동으로 옮긴다.	
A : 여러 가지 생각하는 것이 능숙하다. B : 여러 가지 일을 재빨리 능숙하게 처리하는 데 익숙하다.	
A : 여러 가지 측면에서 사물을 검토한다. B : 행동한 후 생각을 한다.	

▶**측정결과**

㉠ 'A'가 많은 경우 : 행동하기 보다는 생각하는 것을 좋아하고 신중하게 계획을 세워 실행한다.
 • 면접관의 심리 : '행동으로 실천하지 못하고, 대응이 늦은 경향이 있지 않을까?'
 • 면접대책 : 발로 뛰는 것을 좋아하고, 일을 더디게 한다는 인상을 주지 않도록 한다.

㉡ 'B'가 많은 경우 : 차분하게 생각하는 것보다 우선 행동하는 유형이다.
 • 면접관의 심리 : '생각하는 것을 싫어하고 경솔한 행동을 하지 않을까?'
 • 면접대책 : 계획을 세우고 행동할 수 있는 것을 보여주고 '사려 깊다'라는 인상을 남기도록 한다.

③ **신체활동성** ··· 몸을 움직이는 것을 좋아하는가를 측정한다.

질문	선택
A : 민첩하게 활동하는 편이다. B : 준비행동이 없는 편이다.	
A : 일을 척척 해치우는 편이다. B : 일을 더디게 처리하는 편이다.	
A : 활발하다는 말을 듣는다. B : 얌전하다는 말을 듣는다.	
A : 몸을 움직이는 것을 좋아한다. B : 가만히 있는 것을 좋아한다.	
A : 스포츠를 하는 것을 즐긴다. B : 스포츠를 보는 것을 좋아한다.	

▶측정결과

㉠ 'A'가 많은 경우 : 활동적이고, 몸을 움직이게 하는 것이 컨디션이 좋다.
 • 면접관의 심리 : '활동적으로 활동력이 좋아 보인다.'
 • 면접대책 : 활동하고 얻은 성과 등과 주어진 상황의 대응능력을 보여준다.
㉡ 'B'가 많은 경우 : 침착한 인상으로, 차분하게 있는 타입이다.
 • 면접관의 심리 : '좀처럼 행동하려 하지 않아 보이고, 일을 빠르게 처리할 수 있을까?'

④ **지속성(노력성)** ··· 무슨 일이든 포기하지 않고 끈기 있게 하려는 정도를 측정한다.

질문	선택
A : 일단 시작한 일은 시간이 걸려도 끝까지 마무리한다. B : 일을 하다 어려움에 부딪히면 단념한다.	
A : 끈질긴 편이다. B : 바로 단념하는 편이다.	
A : 인내가 강하다는 말을 듣는다. B : 금방 싫증을 낸다는 말을 듣는다.	
A : 집념이 깊은 편이다. B : 담백한 편이다.	
A : 한 가지 일에 구애되는 것이 좋다고 생각한다. B : 간단하게 체념하는 것이 좋다고 생각한다.	

▶측정결과

㉠ 'A'가 많은 경우 : 시작한 것은 어려움이 있어도 포기하지 않고 인내심이 높다.
  • 면접관의 심리 : '한 가지의 일에 너무 구애되고, 업무의 진행이 원활할까?'
  • 면접대책 : 인내력이 있는 것은 플러스 평가를 받을 수 있지만 집착이 강해 보이기도 한다.

㉡ 'B'가 많은 경우 : 뒤끝이 없고 조그만 실패로 일을 포기하기 쉽다.
  • 면접관의 심리 : '질리는 경향이 있고, 일을 정확히 끝낼 수 있을까?'
  • 면접대책 : 지속적인 노력으로 성공했던 사례를 준비하도록 한다.

⑤ **신중성(주의성)** … 자신이 처한 주변상황을 즉시 파악하고 자신의 행동이 어떤 영향을 미치는지를 측정한다.

질문	선택
A : 여러 가지로 생각하면서 완벽하게 준비하는 편이다. B : 행동할 때부터 임기응변적인 대응을 하는 편이다.	
A : 신중해서 타이밍을 놓치는 편이다. B : 준비 부족으로 실패하는 편이다.	
A : 자신은 어떤 일에도 신중히 대응하는 편이다. B : 순간적인 충동으로 활동하는 편이다.	
A : 시험을 볼 때 끝날 때까지 재검토하는 편이다. B : 시험을 볼 때 한 번에 모든 것을 마치는 편이다.	
A : 일에 대해 계획표를 만들어 실행한다. B : 일에 대한 계획표 없이 진행한다.	

▶측정결과

㉠ 'A'가 많은 경우 : 주변 상황에 민감하고, 예측하여 계획 있게 일을 진행한다.
  • 면접관의 심리 : '너무 신중해서 적절한 판단을 할 수 있을까?', '앞으로의 상황에 불안을 느끼지 않을까?'
  • 면접대책 : 예측을 하고 실행을 하는 것은 플러스 평가가 되지만, 너무 신중하면 일의 진행이 정체될 가능성을 보이므로 추진력이 있다는 강한 의욕을 보여준다.

㉡ 'B'가 많은 경우 : 주변 상황을 살펴보지 않고 착실한 계획 없이 일을 진행시킨다.
  • 면접관의 심리 : '사려 깊지 않고, 실패하는 일이 많지 않을까?', '판단이 빠르고 유연한 사고를 할 수 있을까?'
  • 면접대책 : 사전준비를 중요하게 생각하고 있다는 것 등을 보여주고, 경솔한 인상을 주지 않도록 한다. 또한 판단력이 빠르거나 유연한 사고 덕분에 일 처리를 잘 할 수 있다는 것을 강조한다.

(3) 의욕적인 측면

의욕적인 측면은 의욕의 정도, 활동력의 유무 등을 측정한다. 여기서의 의욕이란 우리들이 보통 말하고 사용하는 '하려는 의지'와는 조금 뉘앙스가 다르다. '하려는 의지'란 그 때의 환경이나 기분에 따라 변화하는 것이지만, 여기에서는 조금 더 변화하기 어려운 특징, 말하자면 정신적 에너지의 양으로 측정하는 것이다.

의욕적 측면은 행동적 측면과는 다르고, 전반적으로 어느 정도 점수가 높은 쪽을 선호한다. 모의검사의 의욕적 측면의 결과가 낮다면, 평소 일에 몰두할 때 조금 의욕 있는 자세를 가지고 서서히 개선하도록 노력해야 한다.

① 달성의욕 … 목적의식을 가지고 높은 이상을 가지고 있는지를 측정한다.

질문	선택
A : 경쟁심이 강한 편이다. B : 경쟁심이 약한 편이다.	
A : 어떤 한 분야에서 제1인자가 되고 싶다고 생각한다. B : 어느 분야에서든 성실하게 임무를 진행하고 싶다고 생각한다.	
A : 규모가 큰일을 해보고 싶다. B : 맡은 일에 충실히 임하고 싶다.	
A : 아무리 노력해도 실패한 것은 아무런 도움이 되지 않는다. B : 가령 실패했을 지라도 나름대로의 노력이 있었으므로 괜찮다.	
A : 높은 목표를 설정하여 수행하는 것이 의욕적이다. B : 실현 가능한 정도의 목표를 설정하는 것이 의욕적이다.	

▶측정결과

㉠ 'A'가 많은 경우 : 큰 목표와 높은 이상을 가지고 승부욕이 강한 편이다.
• 면접관의 심리 : '열심히 일을 해줄 것 같은 유형이다.'
• 면접대책 : 달성의욕이 높다는 것은 어떤 직종이라도 플러스 평가가 된다.

㉡ 'B'가 많은 경우 : 현재의 생활을 소중하게 여기고 비약적인 발전을 위하여 기를 쓰지 않는다.
• 면접관의 심리 : '외부의 압력에 약하고, 기획입안 등을 하기 어려울 것이다.'
• 면접대책 : 일을 통하여 하고 싶은 것들을 구체적으로 어필한다.

② **활동의욕** … 자신에게 잠재된 에너지의 크기로, 정신적인 측면의 활동력이라 할 수 있다.

질문	선택
A : 하고 싶은 일을 실행으로 옮기는 편이다. B : 하고 싶은 일을 좀처럼 실행할 수 없는 편이다.	
A : 어려운 문제를 해결해 가는 것이 좋다. B : 어려운 문제를 해결하는 것을 잘하지 못한다.	
A : 일반적으로 결단이 빠른 편이다. B : 일반적으로 결단이 느린 편이다.	
A : 곤란한 상황에도 도전하는 편이다. B : 사물의 본질을 깊게 관찰하는 편이다.	
A : 시원시원하다는 말을 잘 듣는다. B : 꼼꼼하다는 말을 잘 듣는다.	

▶**측정결과**

㉠ 'A'가 많은 경우 : 꾸물거리는 것을 싫어하고 재빠르게 결단해서 행동하는 타입이다.
  • 면접관의 심리 : '일을 처리하는 솜씨가 좋고, 일을 척척 진행할 수 있을 것 같다.'
  • 면접대책 : 활동의욕이 높은 것은 플러스 평가가 된다. 사교성이나 활동성이 강하다는 인상을 준다.
㉡ 'B'가 많은 경우 : 안전하고 확실한 방법을 모색하고 차분하게 시간을 아껴서 일에 임하는 타입이다.
  • 면접관의 심리 : '재빨리 행동을 못하고, 일의 처리속도가 느린 것이 아닐까?'
  • 면접대책 : 활동성이 있는 것을 좋아하고 움직임이 더디다는 인상을 주지 않도록 한다.

3 성격의 유형

(1) 인성검사 유형의 4가지 척도

정서적인 측면, 행동적인 측면, 의욕적인 측면의 요소들은 성격 특성이라는 관점에서 제시된 것들로 각 개인의 장·단점을 파악하는 데 유용하다. 그러나 전체적인 개인의 인성을 이해하는 데는 한계가 있다.

성격의 유형은 개인의 '성격적인 특색'을 가리키는 것으로, 사회인으로서 적합한지, 아닌지를 말하는 관점과는 관계가 없다. 따라서 채용의 합격 여부에는 사용되지 않는 경우가 많으며, 입사 후의 적정 부서 배치의 자료가 되는 편이라 생각하면 된다. 그러나 채용과 관계가 없다고 해서 아무런 준비도 필요없는 것은 아니다. 자신을 아는 것은 면접 대책의 밑거름이 되므로 모의검사 결과를 충분히 활용하도록 하여야 한다.

본서에서는 4개의 척도를 사용하여 기본적으로 16개의 패턴으로 성격의 유형을 분류하고 있다. 각 개인의 성격이 어떤 유형인지 재빨리 파악하기 위해 사용되며, '적성'에 맞는지, 맞지 않는지의 관점에 활용된다.

- 흥미·관심의 방향: 내향형 ←——————→ 외향형
- 사물에 대한 견해: 직관형 ←——————→ 감각형
- 판단하는 방법: 감정형 ←——————→ 사고형
- 환경에 대한 접근방법: 지각형 ←——————→ 판단형

(2) 성격유형

① **흥미·관심의 방향**(내향⇆외향) … 흥미·관심의 방향이 자신의 내면에 있는지, 주위환경 등 외면에 향하는 지를 가리키는 척도이다.

질문	선택
A : 내성적인 성격인 편이다. B : 개방적인 성격인 편이다.	
A : 항상 신중하게 생각을 하는 편이다. B : 바로 행동에 착수하는 편이다.	
A : 수수하고 조심스러운 편이다. B : 자기 표현력이 강한 편이다.	
A : 다른 사람과 함께 있으면 침착하지 않다. B : 혼자서 있으면 침착하지 않다.	

▶측정결과
㉠ 'A'가 많은 경우(내향) : 관심의 방향이 자기 내면에 있으며, 조용하고 낯을 가리는 유형이다. 행동력은 부족하나 집중력이 뛰어나고 신중하고 꼼꼼하다.
㉡ 'B'가 많은 경우(외향) : 관심의 방향이 외부환경에 있으며, 사교적이고 활동적인 유형이다. 꼼꼼함이 부족하여 대충하는 경향이 있으나 행동력이 있다.

② **일(사물)을 보는 방법(직감⇆감각)** … 일(사물)을 보는 법이 직감적으로 형식에 얽매이는지, 감각적으로 상식적인지를 가리키는 척도이다.

질문	선택
A : 현실주의적인 편이다. B : 상상력이 풍부한 편이다.	
A : 정형적인 방법으로 일을 처리하는 것을 좋아한다. B : 만들어진 방법에 변화가 있는 것을 좋아한다.	
A : 경험에서 가장 적합한 방법으로 선택한다. B : 지금까지 없었던 새로운 방법을 개척하는 것을 좋아한다.	
A : 성실하다는 말을 듣는다. B : 호기심이 강하다는 말을 듣는다.	

▶**측정결과**

㉠ 'A'가 많은 경우(감각) : 현실적이고 경험주의적이며 보수적인 유형이다.

㉡ 'B'가 많은 경우(직관) : 새로운 주제를 좋아하며, 독자적인 시각을 가진 유형이다.

③ **판단하는 방법(감정⇆사고)** … 일을 감정적으로 판단하는지, 논리적으로 판단하는지를 가리키는 척도이다.

질문	선택
A : 인간관계를 중시하는 편이다. B : 일의 내용을 중시하는 편이다.	
A : 결론을 자기의 신념과 감정에서 이끌어내는 편이다. B : 결론을 논리적 사고에 의거하여 내리는 편이다.	
A : 다른 사람보다 동정적이고 눈물이 많은 편이다. B : 다른 사람보다 이성적이고 냉정하게 대응하는 편이다.	

▶**측정결과**

㉠ 'A'가 많은 경우(감정) : 일을 판단할 때 마음·감정을 중요하게 여기는 유형이다. 감정이 풍부하고 친절하나 엄격함이 부족하고 우유부단하며, 합리성이 부족하다.

㉡ 'B'가 많은 경우(사고) : 일을 판단할 때 논리성을 중요하게 여기는 유형이다. 이성적이고 합리적이나 타인에 대한 배려가 부족하다.

④ 환경에 대한 접근방법 … 주변상황에 어떻게 접근하는지, 그 판단기준을 어디에 두는지를 측정한다.

질문	선택
A : 사전에 계획을 세우지 않고 행동한다. B : 반드시 계획을 세우고 그것에 의거해서 행동한다.	
A : 자유롭게 행동하는 것을 좋아한다. B : 조직적으로 행동하는 것을 좋아한다.	
A : 조직성이나 관습에 속박당하지 않는다. B : 조직성이나 관습을 중요하게 여긴다.	
A : 계획 없이 낭비가 심한 편이다. B : 예산을 세워 물건을 구입하는 편이다.	

▶측정결과
㉠ 'A'가 많은 경우(지각) : 일의 변화에 융통성을 가지고 유연하게 대응하는 유형이다. 낙관적이며 질서보다는 자유를 좋아하나 임기응변식의 대응으로 무계획적인 인상을 줄 수 있다.
㉡ 'B'가 많은 경우(판단) : 일의 진행시 계획을 세워서 실행하는 유형이다. 순차적으로 진행하는 일을 좋아하고 끈기가 있으나 변화에 대해 적절하게 대응하지 못하는 경향이 있다.

(3) 성격유형의 판정

성격유형은 합격 여부의 판정보다는 배치를 위한 자료로써 이용된다. 즉, 기업은 입사시험단계에서 입사 후에도 사용할 수 있는 정보를 입수하고 있다는 것이다. 성격검사에서는 어느 척도가 얼마나 고득점이었는지에 주시하고 각각의 측면에서 반드시 하나씩 고르고 편성한다. 편성은 모두 16가지가 되나 각각의 측면을 더 세분하면 200가지 이상의 유형이 나온다.

여기에서는 16가지 편성을 제시한다. 성격검사에 어떤 정보가 게재되어 있는지를 이해하면서 자기의 성격유형을 파악하기 위한 실마리로 활용하도록 한다.

① 내향 – 직관 – 감정 – 지각(TYPE A)
   관심이 내면에 향하고 조용하고 소극적이다. 사물에 대한 견해는 새로운 것에 대해 호기심이 강하고, 독창적이다. 감정은 좋아하는 것과 싫어하는 것의 판단이 확실하고, 감정이 풍부하고 따뜻한 느낌이 있는 반면, 합리성이 부족한 경향이 있다. 환경에 접근하는 방법은 순응적이고 상황의 변화에 대해 유연하게 대응하는 것을 잘한다.

② 내향 - 직관 - 감정 - 사고(TYPE B)

관심이 내면으로 향하고 조용하고 쑥스러움을 잘 타는 편이다. 사물을 보는 관점은 독창적이며, 자기 나름대로 궁리하며 생각하는 일이 많다. 좋고 싫음으로 판단하는 경향이 강하고 타인에게는 친절한 반면, 우유부단하기 쉬운 편이다. 환경 변화에 대해 유연하게 대응하는 것을 잘한다.

③ 내향 - 직관 - 사고 - 지각(TYPE C)

관심이 내면으로 향하고 얌전하고 교제범위가 좁다. 사물을 보는 관점은 독창적이며, 현실에서 먼 추상적인 것을 생각하기를 좋아한다. 논리적으로 생각하고 판단하는 경향이 강하고 이성적이지만, 남의 감정에 대해서는 무반응인 경향이 있다. 환경의 변화에 순응적이고 융통성 있게 임기응변으로 대응할 수가 있다.

④ 내향 - 직관 - 사고 - 판단(TYPE D)

관심이 내면으로 향하고 주의 깊고 신중하게 행동을 한다. 사물을 보는 관점은 독창적이며 논리를 좋아해서 이치를 따지는 경향이 있다. 논리적으로 생각하고 판단하는 경향이 강하고, 객관적이지만 상대방의 마음에 대한 배려가 부족한 경향이 있다. 환경에 대해서는 순응하는 것보다 대응하며, 한 번 정한 것은 끈질기게 행동하려 한다.

⑤ 내향 - 감각 - 감정 - 지각(TYPE E)

관심이 내면으로 향하고 조용하며 소극적이다. 사물을 보는 관점은 상식적이고 그대로의 것을 좋아하는 경향이 있다. 좋음과 싫음으로 판단하는 경향이 강하고 타인에 대해서 동정심이 많은 반면, 엄격한 면이 부족한 경향이 있다. 환경에 대해서는 순응적이고, 예측할 수 없다 해도 태연하게 행동하는 경향이 있다.

⑥ 내향 - 감각 - 감정 - 판단(TYPE F)

관심이 내면으로 향하고 얌전하며 쑥스러움을 많이 탄다. 사물을 보는 관점은 상식적이고 논리적으로 생각하는 것보다도 경험을 중요시하는 경향이 있다. 좋고 싫음으로 판단하는 경향이 강하고 사람이 좋은 반면, 개인적 취향이나 소원에 영향을 받는 일이 많은 경향이 있다. 환경에 대해서는 영향을 받지 않고, 자기 페이스대로 꾸준히 성취하는 일을 잘한다.

⑦ 내향 - 감각 - 사고 - 지각(TYPE G)

관심이 내면으로 향하고 얌전하고 교제범위가 좁다. 사물을 보는 관점은 상식적인 동시에 실천적이며, 틀에 박힌 형식을 좋아한다. 논리적으로 판단하는 경향이 강하고 침착하지만 사람에 대해서는 엄격하여 차가운 인상을 주는 일이 많다. 환경에 대해서 순응적이고, 계획적으로 행동하지 않으며 자유로운 행동을 좋아하는 경향이 있다.

⑧ 내향 – 감각 – 사고 – 판단(TYPE H)

관심이 내면으로 향하고 주의 깊고 신중하게 행동을 한다. 사물을 보는 관점이 상식적이고 새롭고 경험하지 못한 일에 대응을 잘 하지 못한다. 논리적으로 생각하고 판단하는 경향이 강하고, 공평하지만 상대방의 감정에 대해 배려가 부족할 때가 있다. 환경에 대해서는 작용하는 편이고, 질서 있게 행동하는 것을 좋아한다.

⑨ 외향 – 직관 – 감정 – 지각(TYPE I)

관심이 외향으로 향하고 밝고 활동적이며 교제범위가 넓다. 사물을 보는 관점은 독창적이고 호기심이 강하며 새로운 것을 생각하는 것을 좋아한다. 좋음 싫음으로 판단하는 경향이 강하다. 사람은 좋은 반면 개인적 취향이나 소원에 영향을 받는 일이 많은 편이다.

⑩ 외향 – 직관 – 감정 – 판단(TYPE J)

관심이 외향으로 향하고 개방적이며 누구와도 쉽게 친해질 수 있다. 사물을 보는 관점은 독창적이고 자기 나름대로 궁리하고 생각하는 면이 많다. 좋음과 싫음으로 판단하는 경향이 강하고, 타인에 대해 동정적이기 쉽고 엄격함이 부족한 경향이 있다. 환경에 대해서는 작용하는 편이고 질서 있는 행동을 하는 것을 좋아한다.

⑪ 외향 – 직관 – 사고 – 지각(TYPE K)

관심이 외향으로 향하고 태도가 분명하며 활동적이다. 사물을 보는 관점은 독창적이고 현실과 거리가 있는 추상적인 것을 생각하는 것을 좋아한다. 논리적으로 생각하고 판단하는 경향이 강하고, 공평하지만 상대에 대한 배려가 부족할 때가 있다.

⑫ 외향 – 직관 – 사고 – 판단(TYPE L)

관심이 외향으로 향하고 밝고 명랑한 성격이며 사교적인 것을 좋아한다. 사물을 보는 관점은 독창적이고 논리적인 것을 좋아하기 때문에 이치를 따지는 경향이 있다. 논리적으로 생각하고 판단하는 경향이 강하고 침착성이 뛰어나지만 사람에 대해서 엄격하고 차가운 인상을 주는 경우가 많다. 환경에 대해 작용하는 편이고 계획을 세우고 착실하게 실행하는 것을 좋아한다.

⑬ 외향 – 감각 – 감정 – 지각(TYPE M)

관심이 외향으로 향하고 밝고 활동적이고 교제범위가 넓다. 사물을 보는 관점은 상식적이고 종래대로 있는 것을 좋아한다. 보수적인 경향이 있고 좋아함과 싫어함으로 판단하는 경향이 강하며 타인에게는 친절한 반면, 우유부단한 경우가 많다. 환경에 대해 순응적이고, 융통성이 있고 임기응변으로 대응할 가능성이 높다.

⑭ 외향 − 감각 − 감정 − 판단(TYPE N)

관심이 외향으로 향하고 개방적이며 누구와도 쉽게 대면할 수 있다. 사물을 보는 관점은 상식적이고 논리적으로 생각하기보다는 경험을 중시하는 편이다. 좋아함과 싫어함으로 판단하는 경향이 강하고 감정이 풍부하며 따뜻한 느낌이 있는 반면에 합리성이 부족한 경우가 많다. 환경에 대해서 작용하는 편이고, 한 번 결정한 것은 끈질기게 실행하려고 한다.

⑮ 외향 − 감각 − 사고 − 지각(TYPE O)

관심이 외향으로 향하고 시원한 태도이며 활동적이다. 사물을 보는 관점이 상식적이며 동시에 실천적이고 명백한 형식을 좋아하는 경향이 있다. 논리적으로 생각하고 판단하는 경향이 강하고, 객관적이지만 상대 마음에 대해 배려가 부족한 경향이 있다.

⑯ 외향 − 감각 − 사고 − 판단(TYPE P)

관심이 외향으로 향하고 밝고 명랑하며 사교적인 것을 좋아한다. 사물을 보는 관점은 상식적이고 경험하지 못한 새로운 것에 대응을 잘 하지 못한다. 논리적으로 생각하고 판단하는 경향이 강하고 이성적이지만 사람의 감정에 무심한 경향이 있다. 환경에 대해서는 작용하는 편이고, 자기 페이스대로 꾸준히 성취하는 것을 잘한다.

4 인성검사의 대책

(1) 미리 알아두어야 할 점

① 출제 문항 수 ··· 인성검사의 출제 문항 수는 특별히 정해진 것이 아니며 각 기업체의 기준에 따라 달라질 수 있다. 보통 100문항 이상에서 600문항까지 출제된다고 예상하면 된다.

② 출제형식

 ㉠ '예' 아니면 '아니오'의 형식

다음 문항을 읽고 자신에게 해당되는지 안 되는지를 판단하여 해당될 경우 '예'를, 해당되지 않을 경우 '아니오'를 고르시오.

질문	예	아니오
1. 자신의 생각이나 의견은 좀처럼 변하지 않는다.	○	
2. 구입한 후 끝까지 읽지 않은 책이 많다.		○

다음 문항에 대해서 평소에 자신이 생각하고 있는 것이나 행동하고 있는 것에 ○표를 하시오.

질문	그렇다	약간 그렇다	그저 그렇다	별로 그렇지 않다	그렇지 않다
1. 시간에 쫓기는 것이 싫다.		○			
2. 여행가기 전에 계획을 세운다.			○		

 ㉡ A와 B의 선택형식

A와 B에 주어진 문장을 읽고 자신에게 해당되는 것을 고르시오.

질문	선택
A : 걱정거리가 있어서 잠을 못 잘 때가 있다.	(○)
B : 걱정거리가 있어도 잠을 잘 잔다.	( )

(2) 임하는 자세

① **솔직하게 있는 그대로 표현한다** … 인성검사는 평범한 일상생활 내용들을 다룬 짧은 문장과 어떤 대상이나 일에 대한 선로를 선택하는 문장으로 구성되었으므로 평소에 자신이 생각한 바를 너무 골똘히 생각하지 말고 문제를 보는 순간 떠오른 것을 표현한다.

② **모든 문제를 신속하게 대답한다** … 인성검사는 시간제한이 없는 것이 원칙이지만 기업들은 일정한 시간제한을 두고 있다. 인성검사는 개인의 성격과 자질을 알아보기 위한 검사이기 때문에 정답이 없다. 다만, 기업에서 바람직하게 생각하거나 기대되는 결과가 있을 뿐이다. 따라서 시간에 쫓겨서 대충 대답을 하는 것은 바람직하지 못하다.

NCS 직업성격검사 실전 테스트

※ 검사 안내 ※
- 본 검사는 여러 자의 경험이나 가치, 태도 등을 묻는 총 270문항으로 구성되어 있습니다.
- 최대 40분간 응시할 수 있으며, 40분이 지나면 다 풀지 못했더라도 검사가 종료됩니다.
- 끝까지 검사를 마칠 수 있도록 시간 안배에 신경 쓰면서 빠른 속도로 진행하십시오.
- 마음을 가다듬고 충분한 시간을 확보한 후 검사를 시작하십시오.

※ 응시자 주의사항 ※
- 한 문항도 빠뜨리지 않고 모든 문제에 성실하게 응답하십시오.
- 각 문항을 읽고 자기에게 가장 가까운 것 하나를 골라 응답하세요.
- 본 검사는 절대적인 옳고 그름이 없으므로 평소 본인의 생각을 솔직하게 응답하십시오.
- 결과는 면접 시 면접위원에게 참고자료로 제공이 되며, 미검수 시 면접전형 응시 대상에서 제외됩니다.

▌1~270 ▌ 다음 문항들을 읽고 자신에게 가장 가까운 것 하나를 골라 응답하시오.

270문항 / 40분

문항	예	아니오
1. 다른 사람들에게 자신을 소개하는 것이 어렵다.		
2. 때때로 주변을 무시하거나 잊어버리는 생각에 빠지곤 한다.		
3. 이메일에 가능한 빨리 회신하려고 하고 지저분한 편지함을 참을 수 없다.		
4. 중압감을 받을 때에도 침착하게 집중력을 유지할 수 있다.		
5. 보통 대화를 먼저 시작하지 않는다.		
6. 순전히 호기심 때문에 행동을 하는 경우는 거의 없다.		
7. 나는 다른 사람보다 뛰어나다고 생각한다.		
8. 적응을 잘 하는 것보다 체계적인 것이 더 중요하다.		
9. 대게 의욕적이고 행동적이다.		

문항	예	아니오
10. 논쟁에서 이기는 것이 상대방을 불쾌하지 않도록 하는 것보다 더 중요하다.		
11. 때때로 다른 사람들에게 나는 정당화시켜야 할 것만 같은 기분이 든다.		
12. 집과 업무 환경은 잘 정돈되어 있다.		
13. 주목 받는 일에는 관심이 없다.		
14. 나는 창의적이거나 현실적인 사람이라고 생각한다.		
15. 사람들 때문에 화나는 일이 거의 없다.		
16. 보통 여행 계획은 철저하게 세우는 편이다.		
17. 때때로 다른 사람들의 감정에 공감하기가 어렵다.		
18. 감정의 기복이 심할 때가 있다.		
19. 토론 시 사람들의 민감한 반응보다 진실을 더 중요시해야 한다.		
20. 나의 행동이 다른 사람들에게 어떠한 영향을 주는 지에 대해서 거의 걱정하지 않는다.		
21. 업무 스타일이 체계적이고 조직적이라기보다는 그때그때 몰아서 처리하는 편이다.		
22. 때때로 다른 사람들을 부러워한다.		
23. 재미있는 책이나 비디오 게임이 때때로 사교모임보다 더 낫다.		
24. 계획의 수립과 이행은 모든 프로젝트에서 가장 중요한 부분이다.		
25. 공상과 아이디어 때문에 흥분하는 일은 없다.		
26. 때때로 자연 속에서 거닐고 있을 때 생각에 잠기곤 한다.		
27. 상대방이 이메일에 재빨리 회신하지 않을 경우 내가 말실수를 했는지 걱정하기 시작한다.		
28. 부모는 자녀가 똑똑하기 보다는 착하게 성장하기를 바란다고 생각한다.		
29. 다른 사람들이 나의 행동에 영향을 주는 것을 허용하지 않는다.		
30. 꿈이 현실 세계와 시간에 중점을 두는 경향이 있다.		
31. 금방 새로운 직장 사람들과 어울릴 수 있다.		
32. 주의 깊게 미리 계획하기 보다는 즉흥적으로 움직인다.		
33. 나의 감정을 제어하기보다 감정에 지배되곤 한다.		
34. 정장을 요하거나 역할극 행동을 수반하는 사교 모임에 가는 것이 즐겁다.		
35. 때때로 비현실적이고 터무니없지만 흥미로운 생각을 하며 시간을 보낸다.		
36. 구체적인 계획을 갖고 시간을 보내기보다는 다소 즉흥적으로 움직인다.		
37. 내성적이고 조용한 성격이다.		
38. 사업을 하는 경우 충실하지만 실적을 못내는 직원을 해고하기가 어렵다.		

문항	예	아니오
39. 때때로 인간 실존에 대한 이유를 생각한다.		
40. 중요한 결정을 내려야 할 때 일반적으로 가슴보다 논리가 더 중요하다.		
41. 선택을 보류하는 것이 해야할 일을 정확히 알고 있는 것보다 중요하다.		
42. 친구가 어떤 일로 슬퍼할 경우 문제를 처리하는 방법을 제시하기 보다는 정신적인 지지를 제공한다.		
43. 불안하다고 느끼는 경우가 거의 없다.		
44. 일정표를 만들어 지키며 생활한다.		
45. 협동 작업을 수행하는 경우 협력적인 자세보다 올바르게 행동하는 것이 더욱 중요하다.		
46. 사실이 뒷받침되는지에 상관없이 모든 사람의 견해가 존중되어야 한다고 생각한다.		
47. 많은 사람들과 시간을 보낸 후에 에너지가 넘친다고 느낀다.		
48. 때때로 물건을 제자리에 두지 않는다.		
49. 스스로 정서적으로 매우 안정되어 있다고 생각한다.		
50. 언제나 항상 새로운 아이디어와 계획이 머릿속에 넘친다.		
51. 스스로를 몽상가라 생각하지 않는다.		
52. 많은 사람들 앞에서 말할 때 침착함을 유지하기 힘들다고 생각한다.		
53. 대체로 상상보다는 경험에 더 의존하는 편이다.		
54. 다른 사람들이 어떤 생각을 하는지에 대해 지나치게 신경을 쓴다.		
55. 방에 사람들이 가득 찬 경우 방의 중앙보다는 벽 가까이에 자리한다.		
56. 시간이 부족할 때까지 일을 미루는 경향이 있다.		
57. 스트레스를 받으면 무척 불안해진다.		
58. 권력을 쥐는 것보다 다른 사람들의 호의를 얻는 것이 더 보람 있다고 생각한다.		
59. 항상 책, 예술 또는 영화 등 색다르고 다양한 해석이 가능한 것에 관심이 있다.		
60. 때때로 사회적 상황에서 주도적으로 행동한다.		
61. 필요할 때 도움이 될 만한 친구들이 있다.		
62. 나는 문제가 될 만한 내적 갈등을 겪고 있다.		
63. 건강 때문에 활동에 제약이 있다.		
64. 어떤 상황에서는 너무 긴장해서 지내기가 매우 힘들다.		
65. 아무 이유 없이 슬퍼질 때가 많다.		
66. 내 말과 생각이 너무 빨라서 다른 사람들이 이해하지 못하는 경우가 많다.		

문항	예	아니오
67. 내가 아는 사람들은 대부분 믿을 수 있다.		
68. 때때로 내 자신에 관한 것도 기억하지 못할 때가 있다.		
69. 지난 몇 년 동안 많은 의사들에게 진찰을 받았다.		
70. 나는 매우 사교적인 사람이다.		
71. 내 기분은 매우 갑작스레 변한다.		
72. 과음 때문에 죄책감을 느낄 때가 있다.		
73. 나는 주도적인 사람이다.		
74. 내 자신에 대한 생각도 많이 바뀐다.		
75. 나는 다른 사람과의 관계가 변덕스럽다.		
76. 기분이 좋지 않으면 약을 먹을 때가 있다.		
77. 가끔씩 사소한 일에 너무 신경을 쓴다.		
78. 꾸준히 나를 괴롭히는 사람들이 있다.		
79. 갚을 능력이 없으면서 돈을 빌린다.		
80. 늘 몸이 개운치 않다.		
81. 기력이 거의 없다.		
82. 빨리 끝내야 할 일이 있으면 안달하는 편이다.		
83. 대체로 사람들은 나를 공정하게 대해 준다.		
84. 내 생각은 너무 혼란스럽다.		
85. 가족들과 함께 있으면 즐겁다.		
86. 내 생활은 중요한 변화가 필요하다.		
87. 신경이 예민해서 일을 잘 할 수 없다.		
88. 행복이 무엇인지 잊은 지 오래 되었다.		
89. 주체할 수 없을 정도로 너무 많은 일에 관여한다.		
90. 사람들이 모두 정직하지 않기 때문에 경계한다.		
91. 범죄를 저지를 것 같은 생각이 든다.		
92. 일부러 남의 재산에 손해를 끼친 적이 있다.		
93. 처음 만난 사람이라도 쉽게 사귄다.		
94. 갑자기 감정이 격해 진다.		
95. 술을 마시는 것을 자제하기 어렵다.		

문항	예	아니오
96. 나는 지도자가 될 자질을 타고 났다.		
97. 때때로 공허하다는 느낌이 든다.		
98. 야단맞을 짓을 한 사람들에게 따끔하게 충고한다.		
99. 때때로 성질이 폭발하면 완전히 자제력을 잃는다.		
100. 진심으로 좋아하지 않는 사람은 피할 때가 있다.		
101. 걱정거리가 있을 때에는 좀처럼 즐겁지가 않다.		
102. 내 자신이 가치 없다고 느껴질 때가 있다.		
103. 나는 다른 사람들에게는 없는 매우 특별한 재능을 가지고 있다.		
104. 나를 모함하기 위해 일을 꾸미는 사람들이 있다.		
105. 누구에게든 별로 말을 걸지 않는다.		
106. 할 수만 있다면 다른 사람을 이용할 것이다.		
107. 목표 달성을 방해하는 사람이 있으면 몹시 짜증이 난다.		
108. 나도 다른 사람만큼 운이 좋은 것 같다.		
109. 단지 스릴을 느끼기 위해 위험한 행동을 자주 한다.		
110. 때로는 아무 쓸데도 없는 우편광고를 받아 본다.		
111. 문제가 있을 때 터놓고 이야기할 수 있는 사람이 있다.		
112. 고통이 뒤따르더라도 나에게는 바뀌어야 할 것들이 많다.		
113. 모든 일이 힘들게 느껴진다.		
114. 낯선 사람을 만나는 것이 즐겁다.		
115. 사람들에게 지시하는 일이 내 적성에 맞는 것 같다.		
116. 다른 사람들이 내 곁을 떠날까 봐 많이 걱정한다.		
117. 지나치게 불평을 할 때가 많다.		
118. 너무 근심이 많아서 견디기 어려울 때가 많다.		
119. 내 계획대로 하면 나는 틀림없이 유명해질 수 있다.		
120. 대가만 올바르게 치러진다면 뭐든지 할 수 있다.		
121. 나의 건강상태는 양호하다.		
122. 다른 사람이 내 계획을 이해해 주지 않아서 화가 날 때가 있다.		
123. 내가 베푼 만큼 되돌려 받지 못한다.		
124. 정리하기 어려울 정도로 여러 가지 생각이 떠오른다.		

문항	예	아니오
125. 매우 거친 행동을 할 때가 있다.		
126. 나는 대부분 혼자서 시간을 보낸다.		
127. 사물이 이중으로 보이거나 흐릿하게 보인 적이 있다.		
128. 중요한 문제들을 해결하기 위해 다른 사람의 도움이 필요하다.		
129. 즐거운 일이라곤 하나도 없다.		
130. 내 내면에는 완전히 다른 서너 가지 성격이 있는 것 같다.		
131. 다른 사람들이 내 생각을 알 것 같다.		
132. 위기 상황을 모면하기 위해 거짓말을 많이 한다.		
133. 나는 정이 많은 사람이다.		
134. 내 주장을 고수하기 어렵다.		
135. 때로는 내가 어떻게 살아야 할 지 걱정한다.		
136. 친구들은 내가 쓸데없는 걱정이 너무 많다고 말한다.		
137. 나는 누구에게도 친밀감을 느낄 수가 없다.		
138. 뭐든지 내 방식대로 한다.		
139. 평소보다 동작이 둔해졌다.		
140. 어떤 일이라도 지겨우면 그만 둔다.		
141. 대부분의 사람들은 지기보다는 이기고 싶어 한다.		
142. 시력이 좋아졌다 나빠졌다 할 때가 있다.		
143. 보통 사람들은 자신의 속셈을 숨기고 있다.		
144. 다른 사람과 친해지려면 시간이 많이 걸린다.		
145. 나는 늘 행복한 편이다.		
146. 리더 역할을 할 때 가장 기분이 좋다.		
147. 가능하면 논쟁은 피한다.		
148. 매우 가까운 사람들과 헤어지는 것을 견디기 어렵다.		
149. 친하게 지내는 사람들에게 실수를 한 적이 있다.		
150. 나에 대한 비난을 좀처럼 받아들이기 어렵다.		
151. 다른 사람에 비해 걱정거리가 많지 않다.		
152. 다른 사람들과 함께 있기를 좋아한다.		
153. 긴장을 쉽게 풀 수 있다.		

문항	예	아니오
154. 새벽에 일찍 깨면 다시 잠들기 어려울 때가 많다.		
155. 다른 사람들이 내 생각을 이해해주지 않으면 답답하고 화가 난다.		
156. 대체로 내가 한 일에 대해 정당한 보상을 받았다.		
157. 내 생각은 너무 쉽게 바뀌는 경향이 있다.		
158. 한 가지 일에 안주하고 싶지 않다.		
159. 쉬지 않고 계속 일을 해야 한다는 느낌이 든다.		
160. 다른 사람들은 내가 의심이 너무 많다고 생각하는 것 같다.		
161. 내 생각을 조종하려는 사람들이 있다.		
162. 다른 사람이 결정을 내려주는 것이 더 편하다.		
163. 남에게 언성을 높이기 싫다.		
164. 죽으면 모든 문제가 해결된다.		
165. 내 이익을 위해서는 매우 충동적이다.		
166. 내가 처리할 수 없는 일에 대해서는 걱정하지 않는다.		
167. 나는 위가 약하다.		
168. 식욕이 좋은 편이다.		
169. 일반적으로 사람들은 노력한 만큼 성공한다.		
170. 때때로 누가 내 아이디어를 빼앗아갈까 봐 걱정한다.		
171. 터무니없이 비싼 물건은 사고 싶지 않다.		
172. 우리 가족들은 의존하기보다 논쟁을 많이 하는 편이다.		
173. 대부분 내 문제는 내 자신이 초래한 것이다.		
174. 걸을 수 없을 정도로 다리에 힘이 빠졌던 적이 있다.		
175. 좀처럼 불안을 느끼거나 긴장하지 않는다.		
176. 무슨 일이든 겉만 보고는 알기 어렵다.		
177. 나는 무슨 일이 일어날 지 육감적으로 안다.		
178. 나이에 비해 나는 건강한 편이다.		
179. 소외된 사람들에 대해서도 잘 대해주려고 애쓴다.		
180. 내가 하고 싶은 말은 다 하는 편이다.		
181. 보통 다른 사람들이 시키는 대로 한다.		
182. 어지간한 일로는 화내지 않는다.		

문항	예	아니오
183. 나는 돈을 너무 헤프게 쓴다.		
184. 지킬 수 없는 약속을 할 때가 있다.		
185. 나에게 원한을 품고 있는 사람들이 있다.		
186. 나만 생각하고 다른 사람은 신경 쓰지 않는다.		
187. 자주 손에 땀이 나곤 한다.		
188. 가끔씩 너무 예민해져서 쉽게 화를 낸다.		
189. 나는 원한을 품는 사람이 아니다.		
190. 머리에 떠올랐던 생각들이 갑자기 사라진다.		
191. 나는 쉽게 놀라는 편이다.		
192. 나는 언제나 행복하고 긍정적이다.		
193. 충동적으로 물건을 사는 일은 거의 없다.		
194. 사람들은 나의 신뢰를 얻어야 한다.		
195. 어린 시절에 대한 좋은 기억은 거의 없다.		
196. 사람의 마음을 읽을 수 있는 사람이 있다고 믿지는 않는다.		
197. 남의 돈이나 물건을 훔친 적이 없다.		
198. 나는 인정이 많은 편이다.		
199. 나는 살아야 할 충분한 가치가 있다.		
200. 앞뒤를 가리지 않고 행동하는 경향이 있다.		
201. 좀 더 신중했으면 좋겠다고 생각한 적이 여러 번 있다.		
202. 내가 하는 일은 대체로 성공적이다.		
203. 약속을 하고서도 제대로 지키려하지 않는다.		
204. 다른 사람을 도와주면 언젠가는 응분의 대가를 받는다.		
205. 피할 수만 있다면 모험을 하지 않는다.		
206. 여가시간에는 책을 읽거나 TV를 보거나 그냥 편안하게 휴식한다.		
207. 돈 때문에 어려운 점이 많다.		
208. 내 인생은 매우 예측하기 어렵다.		
209. 우리 집에는 변화가 많다.		
210. 생활에 필요한 만큼 충분한 돈을 벌지 못할까봐 걱정이다.		
211. 나는 동정심이 많은 편이다.		

문항	예	아니오
212. 나는 누구보다 친구가 많다.		
213. 다른 사람과 의견이 달라도 말하지 않는다.		
214. 나는 좀처럼 기분이 나빠지지 않는다.		
215. 다른 사람이 작업하는 것을 보고 더 좋은 방식을 알려줄 때가 있다.		
216. 나 자신의 입장이나 권리보다는 상대방이 원하는 바를 고려하여 행동한다.		
217. 사람들과 있을 때 내 얘기를 하는 것보다는 주로 듣는 편이다.		
218. 사람들을 많이 접하게 되는 직업을 갖고 싶지 않다.		
219. 가까이 지내던 사람과 헤어지게 되면 대신 다른 누구든 의지할 사람이 있어야 한다.		
220. 다른 사람과 가까워지고 싶어도 웃음거리가 될까봐 꺼려진다.		
221. 정당한 경우에라도 다른 사람에게 주장이나 요구를 잘 하지 못해 망설이는 경우가 있다.		
222. 일을 다른 사람에게 맡기는 것이 못미더워서 내가 직접 하는 편이다.		
223. 나 혼자 있으면 왠지 마음이 불안하여 집중하기가 어렵다.		
224. 다른 사람으로부터 비난받거나 외면당해도 크게 상심하지 않는다.		
225. 양심에 어긋나는 행동 때문에 마음이 괴롭고 불편했던 적이 있다.		
226. 해야 할 일이 많기 때문에 일 이외의 여가시간을 갖거나 친구들을 만나기가 쉽지 않다.		
227. 어떤 일을 결정하거나 책임을 맡는 것은 매우 부담스럽다.		
228. 늘 해오던 일이 아닌 새로운 일은 잘 해낼 자신이 없고 걱정이 앞선다.		
229. 다른 사람의 부탁이나 지시를 거절하는 경우가 거의 없다.		
230. 잘 알지 못하는 사람과 함께 있어도 마음이 불편하지는 않다.		
231. 반대 의견이 있으면 상대가 서운해 하거나 화를 내더라도 직접 말을 한다.		
232. 신중하고 조심스럽게 행동하는 편이다.		
233. 정리정돈이 잘 되어 있지 않으면 몹시 신경이 쓰인다.		
234. 당장은 필요하지 않은 물건이라도 되도록 버리지 않고 보관해두는 편이다.		
235. 나 때문에 분위기가 어색해 질까봐 사람들과 어울리는 것이 부담스럽다.		
236. 잘 하려고 처음부터 너무 꼼꼼하게 하다가 결국 일을 완성하지 못했던 적이 있다.		
237. 나는 우리나라를 사랑한다.		
238. 나는 부모님의 부당한 강요를 더 이상 견디기 어렵다.		
239. 나는 가족의 따뜻한 사랑을 받지 못하고 자랐다.		
240. 나는 화가 나면 상대가 나이가 많거나 힘이 세도 대든다.		

문항	예	아니오
241. 나는 무슨 일을 하면 꼭 후회한다.		
242. 인터넷을 하느라 밤을 샌 적이 있다.		
243. 사람들은 내가 재치 있고 똑똑한 사람으로 알고 있다.		
244. 나에게 어려움이 닥쳐도 이겨낼 자신이 있다.		
245. 혼자보다는 사람들과 함께 작업하는 것을 좋아한다.		
246. 내가 속한 집단을 위해서라면 내 주장을 꺾을 수 있다.		
247. 나는 다른 사람들의 입장을 먼저 생각한 다음 행동한다.		
248. 따뜻한 사랑을 나누고 보살펴 주는 것을 잘 한다.		
249. 친절히 가르쳐주고 상담해 주는 것을 잘 한다.		
250. 나는 단체 생활도 잘 해낼 것 같다.		
251. 나는 여러 사람들이 모여 힘든 일을 해내는 것이 재미있다.		
252. 조직 사회에서는 개인의 불만을 참고 서로 협력해야 한다.		
253. 나는 몸이 튼튼해야 정신도 건강해진다고 생각한다.		
254. 나는 건강한 편이라 감기 등 병에 잘 걸리지 않는 편이다.		
255. 나는 실내에서 가만히 있는 것보다 야외 활동을 좋아한다.		
256. 나는 주변 사람들로부터 적극적이라는 말을 자주 듣는다.		
257. 나는 윗사람들 앞에서도 소신 있게 이야기 한다.		
258. 나는 좋은 의도라고 하더라도 거짓말을 하지 않으려고 노력한다.		
259. 남들과 똑같이 하기 보다는 남들과 다른 새로운 방법을 생각해 보곤 한다.		
260. 항상 보면 자기 할 일을 제대로 해 놓지 않은 사람들이 불평이 더 많다.		
261. 나는 확실하지만 작은 이익보다는 불확실하더라도 큰 이익을 추구한다.		
262. 내가 저지른 실수를 잘 용납하지 않는 편이다.		
263. 나는 화가 나면 상대가 누구든 언성을 높여 이야기 한다.		
264. 오래 사귄 친구도 얼마든지 나는 속일 가능성이 있다고 생각한다.		
265. 나는 스스로를 자책할 때가 많다.		
266. 상대한테 잘 보이려고 하기 싫은 일을 할 때가 있다.		
267. 나의 비밀이나 개인 신상에 관하여 남한테 말하지 않는 편이다.		
268. 나는 외모나 패션에 상당히 신경을 쓴다.		
269. 상대의 태도나 장소의 분위기에 민감하다.		
270. 나는 타인의 이름을 잘 기억하지 못 한다.		

PART
V

면접

01 면접의 기본

❶ 면접준비

(1) 면접의 기본 원칙

① **면접의 의미** … 면접이란 다양한 면접기법을 활용하여 지원한 직무에 필요한 능력을 지원자가 보유하고 있는지를 확인하는 절차라고 할 수 있다. 즉, 지원자의 입장에서는 채용 직무수행에 필요한 요건들과 관련하여 자신의 환경, 경험, 관심사, 성취 등에 대해 기업에 직접 어필할 수 있는 기회를 제공받는 것이며, 기업의 입장에서는 서류전형만으로 알 수 없는 지원자에 대한 정보를 직접적으로 수집하고 평가하는 것이다.

② **면접의 특징** … 면접은 기업의 입장에서 서류전형이나 필기전형에서 드러나지 않는 지원자의 능력이나 성향을 볼 수 있는 기회로, 면대면으로 이루어지며 즉흥적인 질문들이 포함될 수 있기 때문에 지원자가 완벽하게 준비하기 어려운 부분이 있다. 하지만 지원자 입장에서도 서류전형이나 필기전형에서 모두 보여주지 못한 자신의 능력 등을 기업의 인사담당자에게 어필할 수 있는 추가적인 기회가 될 수도 있다.

[서류·필기전형과 차별화되는 면접의 특징]

- 직무수행과 관련된 다양한 지원자 행동에 대한 관찰이 가능하다.
- 면접관이 알고자 하는 정보를 심층적으로 파악할 수 있다.
- 서류상의 미비한 사항과 의심스러운 부분을 확인할 수 있다.
- 커뮤니케이션 능력, 대인관계 능력 등 행동·언어적 정보도 얻을 수 있다.

③ **면접의 유형**

　㉠ **구조화 면접** : 구조화 면접은 사전에 계획을 세워 질문의 내용과 방법, 지원자의 답변 유형에 따른 추가 질문과 그에 대한 평가 역량이 정해져 있는 면접 방식으로 표준화 면접이라고도 한다.
- 표준화된 질문이나 평가요소가 면접 전 확정되며, 지원자는 편성된 조나 면접관에 영향을 받지 않고 동일한 질문과 시간을 부여받을 수 있다.
- 조직 또는 직무별로 주요하게 도출된 역량을 기반으로 평가요소가 구성되어, 조직 또는 직무에서 필요한 역량을 가진 지원자를 선발할 수 있다.
- 표준화된 형식을 사용하는 특성 때문에 비구조화 면접에 비해 신뢰성과 타당성, 객관성이 높다.

　㉡ **비구조화 면접** : 비구조화 면접은 면접 계획을 세울 때 면접 목적만을 명시하고 내용이나 방법은 면접관에게 전적으로 일임하는 방식으로 비표준화 면접이라고도 한다.

- 표준화된 질문이나 평가요소 없이 면접이 진행되며, 편성된 조나 면접관에 따라 지원자에게 주어지는 질문이나 시간이 다르다.
- 면접관의 주관적인 판단에 따라 평가가 이루어져 평가 오류가 빈번히 일어난다.
- 상황 대처나 언변이 뛰어난 지원자에게 유리한 면접이 될 수 있다.

④ 경쟁력 있는 면접 요령

㉠ 면접 전에 준비하고 유념할 사항
- 예상 질문과 답변을 미리 작성한다.
- 작성한 내용을 문장으로 외우지 않고 키워드로 기억한다.
- 지원한 회사의 최근 기사를 검색하여 기억한다.
- 지원한 회사가 속한 산업군의 최근 기사를 검색하여 기억한다.
- 면접 전 1주일간 이슈가 되는 뉴스를 기억하고 자신의 생각을 반영하여 정리한다.
- 찬반토론에 대비한 주제를 목록으로 정리하여 자신의 논리를 내세운 예상답변을 작성한다.

㉡ 면접장에서 유념할 사항
- 질문의 의도 파악 : 답변을 할 때에는 질문 의도를 파악하고 그에 충실한 답변이 될 수 있도록 질문 사항을 유념해야 한다. 많은 지원자가 하는 실수 중 하나로 답변을 하는 도중 자기 말에 심취되어 질문의 의도와 다른 답변을 하거나 자신이 알고 있는 지식만을 나열하는 경우가 있는데, 이럴 경우 의사소통능력이 부족한 사람으로 인식될 수 있으므로 주의하도록 한다.
- 답변은 두괄식 : 답변을 할 때에는 두괄식으로 결론을 먼저 말하고 그 이유를 설명하는 것이 좋다. 미괄식으로 답변을 할 경우 용두사미의 답변이 될 가능성이 높으며, 결론을 이끌어 내는 과정에서 논리성이 결여될 우려가 있다. 또한 면접관이 결론을 듣기 전에 말을 끊고 다른 질문을 추가하는 예상치 못한 상황이 발생될 수 있으므로 답변은 자신이 전달하고자 하는 바를 먼저 밝히고 그에 대한 설명을 하는 것이 좋다.
- 지원한 회사의 기업정신과 인재상을 기억 : 답변을 할 때에는 회사가 원하는 인재라는 인상을 심어주기 위해 지원한 회사의 기업정신과 인재상 등을 염두에 두고 답변을 하는 것이 좋다. 모든 회사에 해당되는 두루뭉술한 답변보다는 지원한 회사에 맞는 맞춤형 답변을 하는 것이 좋다.
- 나보다는 회사와 사회적 관점에서 답변 : 답변을 할 때에는 자기중심적인 관점을 피하고 좀 더 넓은 시각으로 회사와 국가, 사회적 입장까지 고려하는 인재임을 어필하는 것이 좋다. 자기중심적 시각을 바탕으로 자신의 출세만을 위해 회사에 입사하려는 인상을 심어줄 경우 면접에서 불이익을 받을 가능성이 높다.
- 난처한 질문은 정직한 답변 : 난처한 질문에 답변을 해야 할 때에는 피하기보다는 정면 돌파로 정직하고 솔직하게 답변하는 것이 좋다. 난처한 부분을 감추고 드러내지 않으려 회피하려는 지원자의 모습은 인사담당자에게 입사 후에도 비슷한 상황에 처했을 때 회피할 수도 있다는 우려를 심어줄 수 있다. 따라서 직장생활에 있어 중요한 덕목 중 하나인 정직을 바탕으로 솔직하게 답변을 하도록 한다.

(2) 면접의 종류 및 준비 전략

① 인성면접

㉠ 면접 방식 및 판단기준

- 면접 방식 : 인성면접은 면접관이 가지고 있는 개인적 면접 노하우나 관심사에 의해 질문을 실시한다. 주로 입사지원서나 자기소개서의 내용을 토대로 지원동기, 과거의 경험, 미래 포부 등을 이야기하도록 하는 방식이다.
- 판단기준 : 면접관의 개인적 가치관과 경험, 해당 역량의 수준, 경험의 구체성·진실성 등

㉡ 특징 : 인성면접은 그 방식으로 인해 역량과 무관한 질문들이 많고 지원자에게 주어지는 면접질문, 시간 등이 다를 수 있다. 또한 입사지원서나 자기소개서의 내용을 토대로 하기 때문에 지원자별 질문이 달라질 수 있다.

㉢ 예시 문항 및 준비전략

- 예시 문항

> - 3분 동안 자기소개를 해 보십시오.
> - 자신의 장점과 단점을 말해 보십시오.
> - 학점이 좋지 않은데 그 이유가 무엇입니까?
> - 최근에 인상 깊게 읽은 책은 무엇입니까?
> - 회사를 선택할 때 중요시하는 것은 무엇입니까?
> - 일과 개인생활 중 어느 쪽을 중시합니까?
> - 10년 후 자신은 어떤 모습일 것이라고 생각합니까?
> - 휴학 기간 동안에는 무엇을 했습니까?

- 준비전략 : 인성면접은 입사지원서나 자기소개서의 내용을 바탕으로 하는 경우가 많으므로 자신이 작성한 입사지원서와 자기소개서의 내용을 충분히 숙지하도록 한다. 또한 최근 사회적으로 이슈가 되고 있는 뉴스에 대한 견해를 묻거나 시사상식 등에 대한 질문을 받을 수 있으므로 이에 대한 대비도 필요하다. 자칫 부담스러워 보이지 않는 질문으로 가볍게 대답하지 않도록 주의하고 모든 질문에 입사 의지를 담아 성실하게 답변하는 것이 중요하다.

② 발표면접

㉠ 면접 방식 및 판단기준

- 면접 방식 : 지원자가 특정 주제와 관련된 자료를 검토하고 그에 대한 자신의 생각을 면접관 앞에서 주어진 시간 동안 발표하고 추가 질의를 받는 방식으로 진행된다.
- 판단기준 : 지원자의 사고력, 논리력, 문제해결력 등

㉡ 특징 : 발표면접은 지원자에게 과제를 부여한 후, 과제를 수행하는 과정과 결과를 관찰·평가한다. 따라서 과제수행 결과뿐 아니라 수행과정에서의 행동을 모두 평가할 수 있다.

ⓒ 예시 문항 및 준비전략

• 예시 문항

[신입사원 조기 이직 문제]

※ 지원자는 아래에 제시된 자료를 검토한 뒤, 신입사원 조기 이직의 원인을 크게 3가지로 정리하고 이에 대한 구체적인 개선안을 도출하여 발표해 주시기 바랍니다.

※ 본 과제에 정해진 정답은 없으나 논리적 근거를 들어 개선안을 작성해 주십시오.

• A기업은 동종업계 유사기업들과 비교해 볼 때, 비교적 높은 재무안정성을 유지하고 있으며 업무강도가 그리 높지 않은 것으로 외부에 알려져 있음.

• 최근 조사결과, 동종업계 유사기업들과 연봉을 비교해 보았을 때 연봉 수준도 그리 나쁘지 않은 편이라는 것이 확인되었음.

• 그러나 지난 3년간 1~2년차 직원들의 이직률이 계속해서 증가하고 있는 추세이며, 경영진 회의에서 최우선 해결과제 중 하나로 거론되었음.

• 이에 따라 인사팀에서 현재 1~2년차 사원들을 대상으로 개선되어야 하는 A기업의 조직문화에 대한 설문조사를 실시한 결과, '상명하복식의 의사소통'이 36.7%로 1위를 차지했음.

• 이러한 설문조사와 함께, 신입사원 조기 이직에 대한 원인을 분석한 결과 파랑새 증후군, 셀프홀릭 증후군, 피터팬 증후군 등 3가지로 분류할 수 있었음.

〈동종업계 유사기업들과의 연봉 비교〉

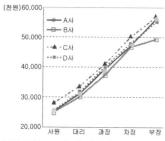

〈우리 회사 조직문화 중 개선되었으면 하는 것〉

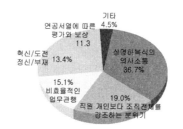

〈신입사원 조기 이직의 원인〉

• 파랑새 증후군
- 현재의 직장보다 더 좋은 직장이 있을 것이라는 막연한 기대감으로 끊임없이 새로운 직장을 탐색함.
- 학력 수준과 맞지 않는 '하향지원', 전공과 적성을 고려하지 않고 일단 취업하고 보자는 '묻지마 지원'이 파랑새 증후군을 초래함.

• 셀프홀릭 증후군
- 본인의 역량에 비해 가치가 낮은 일을 주로 하면서 갈등을 느낌.

• 피터팬 증후군
- 기성세대의 문화를 무조건 수용하기보다는 자유로움과 변화를 추구함.
- 상명하복, 엄격한 규율 등 기성세대가 당연시하는 관행에 거부감을 가지며 직장에 답답함을 느낌.

- 준비전략 : 발표면접의 시작은 과제 안내문과 과제 상황, 과제 자료 등을 정확하게 이해하는 것에서 출발한다. 과제 안내문을 침착하게 읽고 제시된 주제 및 문제와 관련된 상황의 맥락을 파악한 후 과제를 검토한다. 제시된 기사나 그래프 등을 충분히 활용하여 주어진 문제를 해결할 수 있는 해결책이나 대안을 제시하며, 발표를 할 때에는 명확하고 자신 있는 태도로 전달할 수 있도록 한다.

③ 토론면접

㉠ 면접 방식 및 판단기준
- 면접 방식 : 상호갈등적 요소를 가진 과제 또는 공통의 과제를 해결하는 내용의 토론 과제를 제시하고, 그 과정에서 개인 간의 상호작용 행동을 관찰하는 방식으로 면접이 진행된다.
- 판단기준 : 팀워크, 적극성, 갈등 조정, 의사소통능력, 문제해결능력 등

㉡ 특징 : 토론을 통해 도출해 낸 최종안의 타당성도 중요하지만, 결론을 도출해 내는 과정에서의 의사소통능력이나 갈등상황에서 의견을 조정하는 능력 등이 중요하게 평가되는 특징이 있다.

㉢ 예시 문항 및 준비전략
- 예시 문항

> - 군 가산점제 부활에 대한 찬반토론
> - 담뱃값 인상에 대한 찬반토론
> - 비정규직 철폐에 대한 찬반토론
> - 대학의 영어 강의 확대 찬반토론
> - 워크숍 장소 선정을 위한 토론

- 준비전략 : 토론면접은 무엇보다 팀워크와 적극성이 강조된다. 따라서 토론과정에 적극적으로 참여하며 자신의 의사를 분명하게 전달하며, 갈등상황에서 자신의 의견만 내세울 것이 아니라 다른 지원자의 의견을 경청하고 배려하는 모습도 중요하다. 갈등상황을 일목요연하게 정리하여 조정하는 등의 의사소통능력을 발휘하는 것도 좋은 전략이 될 수 있다.

④ 상황면접

㉠ 면접 방식 및 판단기준
- 면접 방식 : 상황면접은 직무 수행 시 접할 수 있는 상황들을 제시하고, 그러한 상황에서 어떻게 행동할 것인지를 이야기하는 방식으로 진행된다.
- 판단기준 : 해당 상황에 적절한 역량의 구현과 구체적 행동지표

㉡ 특징 : 실제 직무 수행 시 접할 수 있는 상황들을 제시하므로 입사 이후 지원자의 업무수행능력을 평가하는 데 적절한 면접 방식이다. 또한 지원자의 가치관, 태도, 사고방식 등의 요소를 통합적으로 평가하는 데 용이하다.

ⓒ 예시 문항 및 준비전략
- 예시 문항

> 당신은 생산관리팀의 팀원으로, 생산팀이 기한에 맞춰 효율적으로 제품을 생산할 수 있도록 관리하는 역할을 맡고 있습니다. 3개월 뒤에 제품A를 정상적으로 출시하기 위해 생산팀의 생산 계획을 수립한 상황입니다. 그러나 원가가 곧 실적으로 이어지는 구매팀에서는 최대한 원가를 줄여 전반적 단가를 낮추려고 원가절감을 위한 제안을 하였으나, 연구개발팀에서는 구매팀이 제안한 방식으로 제품을 생산할 경우 대부분이 구매팀의 실적으로 산정될 것이므로 제대로 확인도 해보지 않은 채 적합하지 않은 방식이라고 판단하고 있습니다. 당신은 어떻게 하겠습니까?

- 준비전략 : 상황면접은 먼저 주어진 상황에서 핵심이 되는 문제가 무엇인지를 파악하는 것에서 시작한다. 주질문과 세부질문을 통하여 질문의 의도를 파악하였다면, 그에 대한 구체적인 행동이나 생각 등에 대해 응답할수록 높은 점수를 얻을 수 있다.

⑤ 역할면접
ⓐ 면접 방식 및 판단기준
- 면접 방식 : 역할면접 또는 역할연기 면접은 기업 내 발생 가능한 상황에서 부딪히게 되는 문제와 역할을 가상적으로 설정하여 특정 역할을 맡은 사람과 상호작용하고 문제를 해결해 나가도록 하는 방식으로 진행된다. 역할연기 면접에서는 면접관이 직접 역할연기를 하면서 지원자를 관찰하기도 하지만, 역할연기 수행만 전문적으로 하는 사람을 투입할 수도 있다.
- 판단기준 : 대처능력, 대인관계능력, 의사소통능력 등
ⓑ 특징 : 역할면접은 실제 상황과 유사한 가상 상황에서의 행동을 관찰함으로서 지원자의 성격이나 대처 행동 등을 관찰할 수 있다.
ⓒ 예시 문항 및 준비전략
- 예시 문항

> **[금융권 역할면접의 예]**
> 당신은 ○○은행의 신입 텔러이다. 사람이 많은 월말 오전 한 할아버지(면접관 또는 역할담당자)께서 ○○은행을 사칭한 보이스피싱으로 500만 원을 피해 보았다며 소란을 일으키고 있다. 실제 업무상황이라고 생각하고 상황에 대처해 보시오.

• 준비전략 : 역할연기 면접에서 측정하는 역량은 주로 갈등의 원인이 되는 문제를 해결 하고 제시
된 해결방안을 상대방에게 설득하는 것이다. 따라서 갈등해결, 문제해결, 조정·통합, 설득력과
같은 역량이 중요시된다. 또한 갈등을 해결하기 위해서 상대방에 대한 이해도 필수적인 요소이
므로 고객 지향을 염두에 두고 상황에 맞게 대처해야 한다.

역할면접에서는 변별력을 높이기 위해 면접관이 압박적인 분위기를 조성하는 경우가 많기 때문
에 스트레스 상황에서 불안해하지 않고 유연하게 대처할 수 있도록 시간과 노력을 들여 충분히
연습하는 것이 좋다.

❷ 면접 이미지 메이킹

(1) 성공적인 이미지 메이킹 포인트

① 복장 및 스타일

ㄱ 남성

> • 양복 : 양복은 단색으로 하며 넥타이나 셔츠로 포인트를 주는 것이 효
>   과적이다. 짙은 회색이나 감청색이 가장 단정하고 품위 있는 인상을
>   준다.
> • 셔츠 : 흰색이 가장 선호되나 자신의 피부색에 맞추는 것이 좋다. 푸
>   른색이나 베이지색은 산뜻한 느낌을 줄 수 있다. 양복과의 배색도 고
>   려하도록 한다.
> • 넥타이 : 의상에 포인트를 줄 수 있는 아이템이지만 너무 화려한 것은
>   피한다. 지원자의 피부색은 물론, 정장과 셔츠의 색을 고려하며, 체
>   격에 따라 넥타이 폭을 조절하는 것이 좋다.
> • 구두&양말 : 구두는 검정색이나 짙은 갈색이 어느 양복에나 무난하게
>   어울리며 깔끔하게 닦아 준비한다. 양말은 정장과 동일한 색상이나 검
>   정색을 착용한다.
> • 헤어스타일 : 머리스타일은 단정한 느낌을 주는 짧은 헤어스타일이 좋
>   으며 앞머리가 있다면 이마나 눈썹을 가리지 않는 선에서 정리하는
>   것이 좋다.

ⓒ 여성

- 의상 : 단정한 스커트 투피스 정장이나 슬랙스 슈트가 무난하다. 블랙이나 그레이, 네이비, 브라운 등 차분해 보이는 색상을 선택하는 것이 좋다.
- 소품 : 구두, 핸드백 등은 같은 계열로 코디하는 것이 좋으며 구두는 너무 화려한 디자인이나 굽이 높은 것을 피한다. 스타킹은 의상과 구두에 맞춰 단정한 것으로 선택한다.
- 액세서리 : 액세서리는 너무 크거나 화려한 것은 좋지 않으며 과하게 많이 하는 것도 좋은 인상을 주지 못한다. 착용하지 않거나 작고 깔끔한 디자인으로 포인트를 주는 정도가 적당하다.
- 메이크업 : 화장은 자연스럽고 밝은 이미지를 표현하는 것이 좋으며 진한 색조는 인상이 강해 보일 수 있으므로 피한다.
- 헤어스타일 : 커트나 단발처럼 짧은 머리는 활동적이면서도 단정한 이미지를 줄 수 있도록 정리한다. 긴 머리의 경우 하나로 묶거나 단정한 머리망으로 정리하는 것이 좋으며, 짙은 염색이나 화려한 웨이브는 피한다.

② 인사

ⓐ **인사의 의미** : 인사는 예의범절의 기본이며 상대방의 마음을 여는 기본적인 행동이라고 할 수 있다. 인사는 처음 만나는 면접관에게 호감을 살 수 있는 가장 쉬운 방법이 될 수 있기도 하지만 제대로 예의를 지키지 않으면 지원자의 인성 전반에 대한 평가로 이어질 수 있으므로 각별히 주의해야 한다.

ⓑ **인사의 핵심 포인트**

- 인사말 : 인사말을 할 때에는 밝고 친근감 있는 목소리로 하며, 자신의 이름과 수험번호 등을 간략하게 소개한다.
- 시선 : 인사는 상대방의 눈을 보며 하는 것이 중요하며 너무 빤히 쳐다본다는 느낌이 들지 않도록 주의한다.
- 표정 : 인사는 마음에서 우러나오는 존경이나 반가움을 표현하고 예의를 차리는 것이므로 살짝 미소를 지으며 하는 것이 좋다.
- 자세 : 인사를 할 때에는 가볍게 목만 숙인다거나 흐트러진 상태에서 인사를 하지 않도록 주의하며 절도 있고 확실하게 하는 것이 좋다.

③ 시선처리와 표정, 목소리

ⓐ **시선처리와 표정** : 표정은 면접에서 지원자의 첫인상을 결정하는 중요한 요소이다. 얼굴표정은 사람의 감정을 가장 잘 표현할 수 있는 의사소통 도구로 표정 하나로 상대방에게 호감을 주거나, 비호감을 사기도 한다. 호감이 가는 인상의 특징은 부드러운 눈썹, 자연스러운 미간, 적당히 볼록한 광대, 올

라간 입 꼬리 등으로 가볍게 미소를 지을 때의 표정과 일치한다. 따라서 면접 중에는 밝은 표정으로 미소를 지어 호감을 형성할 수 있도록 한다. 시선은 면접관과 고르게 맞추되 생기 있는 눈빛을 띄도록 하며, 너무 빤히 쳐다본다는 인상을 주지 않도록 한다.

ⓒ **목소리** : 면접은 주로 면접관과 지원자의 대화로 이루어지므로 목소리가 미치는 영향이 상당하다. 답변을 할 때에는 부드러우면서도 활기차고 생동감 있는 목소리로 하는 것이 면접관에게 호감을 줄 수 있으며 적당한 제스처가 더해진다면 상승효과를 얻을 수 있다. 그러나 적절한 답변을 하였음에도 불구하고 콧소리나 날카로운 목소리, 자신감 없는 작은 목소리는 답변의 신뢰성을 떨어뜨릴 수 있으므로 주의하도록 한다.

④ **자세**

㉠ **걷는 자세**

- 면접장에 입실할 때에는 상체를 곧게 유지하고 발끝은 평행이 되게 하며 무릎을 스치듯 11자로 걷는다.
- 시선은 정면을 향하고 턱은 가볍게 당기며 어깨나 엉덩이가 흔들리지 않도록 주의한다.
- 발바닥 전체가 닿는 느낌으로 안정감 있게 걸으며 발소리가 나지 않도록 주의한다.
- 보폭은 어깨넓이만큼이 적당하지만, 스커트를 착용했을 경우 보폭을 줄인다.
- 걸을 때도 미소를 유지한다.

㉡ **서있는 자세**

- 몸 전체를 곧게 펴고 가슴을 자연스럽게 내민 후 등과 어깨에 힘을 주지 않는다.
- 정면을 바라본 상태에서 턱을 약간 당기고 아랫배에 힘을 주어 당기며 바르게 선다.
- 양 무릎과 발뒤꿈치는 붙이고 발끝은 11자 또는 V형을 취한다.
- 남성의 경우 팔을 자연스럽게 내리고 양손을 가볍게 쥐어 바지 옆선에 붙이고, 여성의 경우 공수자세를 유지한다.

㉢ **앉은 자세**

- 남성

> - 의자 깊숙이 앉고 등받이와 등 사이에 주먹 1개 정도의 간격을 두며 기대듯 앉지 않도록 주의한다. (남녀 공통 사항)
> - 무릎 사이에 주먹 2개 정도의 간격을 유지하고 발끝은 11자를 취한다.
> - 시선은 정면을 바라보며 턱은 가볍게 당기고 미소를 짓는다. (남녀 공통 사항)
> - 양손은 가볍게 주먹을 쥐고 무릎 위에 올려놓는다.
> - 앉고 일어날 때에는 자세가 흐트러지지 않도록 주의한다. (남녀 공통 사항)

- 여성

  - 스커트를 입었을 경우 왼손으로 뒤쪽 스커트 자락을 누르고 오른손으로 앞쪽 자락을 누르며 의자에 앉는다.
  - 무릎은 붙이고 발끝을 가지런히 하며, 다리를 왼쪽으로 비스듬히 기울인다.
  - 양손을 모아 무릎 위에 모아 놓으며 스커트를 입었을 경우 스커트 위를 가볍게 누르듯이 올려놓는다.

(2) 면접 예절

① 행동 관련 예절

ㄱ **지각은 절대금물** : 시간을 지키는 것은 예절의 기본이다. 지각을 할 경우 면접에 응시할 수 없거나, 면접 기회가 주어지더라도 불이익을 받을 가능성이 높아진다. 따라서 면접장소가 결정되면 교통편과 소요시간을 확인하고 가능하다면 사전에 미리 방문해 보는 것도 좋다. 면접 당일에는 서둘러 출발하여 면접 시간 20~30분 전에 도착하여 회사를 둘러보고 환경에 익숙해지는 것도 성공적인 면접을 위한 요령이 될 수 있다.

ㄴ **면접 대기 시간** : 지원자들은 대부분 면접장에서의 행동과 답변 등으로만 평가를 받는다고 생각하지만 그렇지 않다. 면접관이 아닌 면접진행자 역시 대부분 인사실무자이며 면접관이 면접 후 지원자에 대한 평가에 있어 확신을 위해 면접진행자의 의견을 구한다면 면접진행자의 의견이 당락에 영향을 줄 수 있다. 따라서 면접 대기 시간에도 행동과 말을 조심해야 하며, 면접을 마치고 돌아가는 순간까지도 긴장을 늦춰서는 안 된다. 면접 중 압박적인 질문에 답변을 잘 했지만, 면접장을 나와 흐트러진 모습을 보이거나 욕설을 한다면 면접 탈락의 요인이 될 수 있으므로 주의해야 한다.

ㄷ **입실 후 태도** : 본인의 차례가 되어 호명되면 또렷하게 대답하고 들어간다. 만약 면접장 문이 닫혀 있다면 상대에게 소리가 들릴 수 있을 정도로 노크를 두세 번 한 후 대답을 듣고 나서 들어가야 한다. 문을 여닫을 때에는 소리가 나지 않게 조용히 하며 공손한 자세로 인사한 후 성명과 수험번호를 말하고 면접관의 지시에 따라 자리에 앉는다. 이 경우 착석하라는 말이 없는데 먼저 의자에 앉으면 무례한 사람으로 보일 수 있으므로 주의한다. 의자에 앉을 때에는 끝에 앉지 말고 무릎 위에 양손을 가지런히 얹는 것이 예절이라고 할 수 있다.

ㄹ **옷매무새를 자주 고치지 마라.** : 일부 지원자의 경우 옷매무새 또는 헤어스타일을 자주 고치거나 확인하기도 하는데 이러한 모습은 과도하게 긴장한 것 같아 보이거나 면접에 집중하지 못하는 것으로 보일 수 있다. 남성 지원자의 경우 넥타이를 자꾸 고쳐 맨다거나 정장 상의 끝을 너무 자주 만지작거리지 않는다. 여성 지원자는 머리를 계속 쓸어 올리지 않고, 특히 짧은 치마를 입고서 신경이 쓰여 치마를 끌어 내리는 행동은 좋지 않다.

ⓜ **다리를 떨거나 산만한 시선은 면접 탈락의 지름길** : 자신도 모르게 다리를 떨거나 손가락을 만지는 등의 행동을 하는 지원자가 있는데, 이는 면접관의 주의를 끌 뿐만 아니라 불안하고 산만한 사람이라는 느낌을 주게 된다. 따라서 가능한 한 바른 자세로 앉아 있는 것이 좋다. 또한 면접관과 시선을 맞추지 못하고 여기저기 둘러보는 듯한 산만한 시선은 지원자가 거짓말을 하고 있다고 여겨지거나 신뢰할 수 없는 사람이라고 생각될 수 있다.

② 답변 관련 예절

　㉠ **면접관이나 다른 지원자와 가치 논쟁을 하지 않는다.** : 질문을 받고 답변하는 과정에서 면접관 또는 다른 지원자의 의견과 다른 의견이 있을 수 있다. 특히 평소 지원자가 관심이 많은 문제이거나 잘 알고 있는 문제인 경우 자신과 다른 의견에 대해 이의가 있을 수 있다. 하지만 주의할 것은 면접에서 면접관이나 다른 지원자와 가치 논쟁을 할 필요는 없다는 것이며 오히려 불이익을 당할 수도 있다. 정답이 정해져 있지 않은 경우에는 가치관이나 성장배경에 따라 문제를 받아들이는 태도에서 답변까지 충분히 차이가 있을 수 있으므로 굳이 면접관이나 다른 지원자의 가치관을 지적하고 고치려 드는 것은 좋지 않다.

　㉡ **답변은 항상 정직해야 한다.** : 면접이라는 것이 아무리 지원자의 장점을 부각시키고 단점을 축소시키는 것이라고 해도 절대로 거짓말을 해서는 안 된다. 거짓말을 하게 되면 지원자는 불안하거나 꺼림칙한 마음이 들게 되어 면접에 집중을 하지 못하게 되고 수많은 지원자를 상대하는 면접관은 그것을 놓치지 않는다. 거짓말은 그 지원자에 대한 신뢰성을 떨어뜨리며 이로 인해 다른 스펙이 아무리 훌륭하다고 해도 채용에서 탈락하게 될 수 있음을 명심하도록 한다.

　㉢ **경력직을 경우 전 직장에 대해 험담하지 않는다.** : 지원자가 전 직장에서 무슨 업무를 담당했고 어떤 성과를 올렸는지는 면접관이 관심을 둘 사항일 수 있지만, 이전 직장의 기업문화나 상사들이 어땠는지는 그다지 궁금해 하는 사항이 아니다. 전 직장에 대해 험담을 늘어놓는다든가, 동료와 상사에 대한 악담을 하게 된다면 오히려 지원자에 대한 부정적인 이미지만 심어줄 수 있다. 만약 전 직장에 대한 말을 해야 할 경우가 생긴다면 가능한 한 객관적으로 이야기하는 것이 좋다.

　㉣ **자기 자신이나 배경에 대해 자랑하지 않는다.** : 자신의 성취나 부모 형제 등 집안사람들이 사회·경제적으로 어떠한 위치에 있는지에 대한 자랑은 면접관으로 하여금 지원자에 대해 오만한 사람이거나 배경에 의존하려는 나약한 사람이라는 이미지를 갖게 할 수 있다. 따라서 자기 자신이나 배경에 대해 자랑하지 않도록 하고, 자신이 한 일에 대해서 너무 자세하게 얘기하지 않도록 주의해야 한다.

(5) 여가 활용에 관한 질문

① 취미가 무엇입니까?

기초적인 질문이지만 특별한 취미가 없는 지원자의 경우 대답이 애매할 수밖에 없다. 그래서 가장 많이 대답하게 되는 것이 독서, 영화감상, 혹은 음악감상 등과 같은 흔한 취미를 말하게 되는데 이런 취미는 면접관의 주의를 끌기 어려우며 설사 정말 위와 같은 취미를 가지고 있다하더라도 제대로 답변하기는 힘든 것이 사실이다. 가능하면 독특한 취미를 말하는 것이 좋으며 이제 막 시작한 것이라도 열의를 가지고 있음을 설명할 수 있으면 그것을 취미로 답변하는 것도 좋다.

(6) 지원자를 당황하게 하는 질문

① 성적이 좋지 않은데 이 정도의 성적으로 우리 회사에 입사할 수 있다고 생각합니까?

비록 자신의 성적이 좋지 않더라도 이미 서류심사에 통과하여 면접에 참여하였다면 기업에서는 지원자의 성적보다 성적 이외의 요소, 즉 성격 · 열정 등을 높이 평가했다는 것이라고 할 수 있다. 그러나 이런 질문을 받게 되면 지원자는 당황할 수 있으나 주눅 들지 말고 침착하게 대처하는 면모를 보인다면 더 좋은 인상을 남길 수 있다.

② 우리 회사 회장님 함자를 알고 있습니까?

회장이나 사장의 이름을 조사하는 것은 면접일을 통고받았을 때 이미 사전 조사되었어야 하는 사항이다. 단답형으로 이름만 말하기보다는 그 기업에 입사를 희망하는 지원자의 입장에서 답변하는 것이 좋다.

③ 당신은 이 회사에 적합하지 않은 것 같군요.

이 질문은 지원자의 입장에서 상당히 곤혹스러울 수밖에 없다. 질문을 듣는 순간 그렇다면 면접은 왜 참가시킨 것인가 하는 생각이 들 수도 있다. 하지만 당황하거나 흥분하지 말고 침착하게 자신의 어떤 면이 회사에 적당하지 않는지 겸손하게 물어보고 지적당한 부분에 대해서 고치겠다는 의지를 보인다면 오히려 자신의 능력을 어필할 수 있는 기회로 사용할 수도 있다.

④ 다시 공부할 계획이 있습니까?

이 질문은 지원자가 합격하여 직장을 다니다가 공부를 더 하기 위해 회사를 그만 두거나 학습에 더 관심을 두어 일에 대한 능률이 저하될 것을 우려하여 묻는 것이다. 이때에는 당연히 학습보다는 일을 강조해야 하며, 업무 수행에 필요한 학습이라면 업무에 지장이 없는 범위에서 야간학교를 다니거나 회사에서 제공하는 연수 프로그램 등을 활용하겠다고 답변하는 것이 적당하다.

02 면접기출

① 한국수자원공사 면접기출

(1) 경험역량면접

• 수자원공사 관련 대외활동을 한 경험이 있습니까? 있다면 이 활동을 진행하면서 어려웠던 점이나 느낀 점을 이야기해 보시오.

• 본인은 규칙이나 지시를 잘 준수하는 사람이라고 생각합니까?

• 본인은 유연성과 배려가 있는 편이라고 생각합니까?

• 면접을 진행하면서 하고 싶었던 말이 있었을 것 같은데 못한 말이 있거나 궁금한 점이 있다면 말해보시오.

• 왜 수자원공사에 지원을 했습니까?

• 한국수자원공사에 입사하게 되면 무엇을 하고 싶습니까?

• 협상의 경험이 있습니까? 경험이 있다면 협상을 할 때 가장 중요한 것이 무엇이라고 생각합니까?

• 유능함과 청렴함 중에 어떤 것을 중시하여야 한다고 생각합니까?

• 평소 자신이 생각하는 좌우명은 무엇입니까?

• 직장 또는 여러 사회생활에서 불합리하다고 생각되는 것은 무엇입니까?

• 자신이 지원한 분야에서 어떠한 일을 하는지 아는 대로 말해보시오.

• 자신이 근무를 하게 되는 곳인 어디인지 알고 있습니까?

• 가장 존경하는 인물에 대해 말해보시오.

• 살면서 불의에 타협했던 적이 있습니까?

• 학교 다닐 때 가장 중점적으로 했던 일은 무엇입니까?

• 관계를 맺기 힘든 사람은 어떠한 유형의 사람입니까?

• 자신이 직접 기획하고 체계적으로 일을 추진하여 결과를 성공적으로 이끈 적이 있습니까?

• 학교 앞에서 음식점 창업을 한다면 어떤 것을 하겠고 그 이유는 무엇입니까?

• 준비한 자기소개 말고 준비과정부터 지원 후 포부까지 1분 내로 말해보시오.

• 동아리 내에서 장을 맡으면서 리더십에 대해서 경험한 적이 있습니까?

- 대학 졸업 후 공백 기간 동안 어떠한 일을 하였습니까?

- 다른 회사에 지원한 곳이 있는가, 왜 떨어졌다고 생각합니까?

- 개인의 이익, 공공의 이익 중 어떤 것이 먼저라고 생각합니까?

- 자신이 리더로써 프로젝트를 수행한 경험이 있습니까?

(2) 직무PT면접

- 한국수자원공사의 투자방안에 대한 본인의 견해

- 비용적형밸브와 용적형밸브의 차이점

- 신재생에너지 확대 방안

- 환경개발과 환경보존 중 우선순위

- 상하수도관 누수 원인과 해결방안

- 여름철 전력난 원인과 해결방안

② 공기업 면접기출

- 상사가 부정한 일로 자신의 이득을 취하고 있다. 이를 인지하게 되었을 때 자신이라면 어떻게 행동할 것인가?

- 본인이 했던 일 중 가장 창의적이었다고 생각하는 경험에 대해 말해보시오.

- 직장 생활 중 적성에 맞지 않는다고 느낀다면 다른 일을 찾을 것인가? 아니면 참고 견뎌내겠는가?

- 자신만의 특별한 취미가 있는가? 그것을 업무에서 활용할 수 있다고 생각하는가?

- 면접을 보러 가는 길인데 신호등이 빨간불이다. 시간이 매우 촉박한 상황인데, 무단횡단을 할 것인가?

- 원하는 직무에 배치 받지 못할 경우 어떻게 행동할 것인가?

- 타인과 차별화 될 수 있는 자신만의 장점 및 역량은 무엇인가?

- 자격증을 한 번에 몰아서 취득했는데 힘들지 않았는가?

- 오늘 경제신문 첫 면의 기사에 대해 브리핑 해보시오.

- 타인과 차별화 될 수 있는 자신만의 장점 및 역량은 무엇인가?

- 공사 진행과 관련하여 민원인과의 마찰이 생기면 어떻게 대응하겠는가

PART
VI

정답 및 해설

1	③	2	④	3	④	4	③	5	④
6	③	7	④	8	④	9	②	10	①
11	③	12	②	13	①	14	④	15	④
16	②	17	④	18	③	19	④	20	③
21	②	22	④	23	③	24	④	25	①
26	②	27	④	28	③	29	④	30	④

1 ③

명제의 대우 역시 참이므로
• 영어를 싫어하는 학생은 국어를 싫어한다.
• 국어를 싫어하는 학생은 사회를 싫어한다.
• 사회를 싫어하는 학생은 국사를 좋아한다.
• 국사를 좋아하는 학생은 과학을 싫어한다.
즉, 영어 × → 국어 × → 사회 × → 국사 ○ → 과학 ×
그러므로 영어를 싫어하는 학생은 과학을 싫어한다.

2 ④

B를 중심으로 정리하면 A는 아버지, C는 어머니, E는 외할아버지, D는 외할머니에 해당하며, B의 성별은 알 수 없다.

3 ④

원래는 산하보다 많은 돈을 갖고 있던 지민이가 쇼핑 후에는 산하보다 적은 돈을 갖고 있으므로 지민이는 산하보다 더 많은 돈을 쇼핑에 사용했음을 알 수 있다.

4 ③

오전에 반드시 눈이나 비가 온다고 했으나, 비가 오지 않았으므로 눈이 왔다가 맞다.

5 ④

㉣㉤에 의해 B, D가 지하철을 이용함을 알 수 있다.
㉢㉥에 의해 E는 수자원공사에 지원했음을 알 수 있다.
㉤에 의해 B는 회계법인에 지원했음을 알 수 있다.
A와 C는 버스를 이용하고, E는 택시를 이용한다.
A는 서원각, B는 회계법인, C와 D는 전력공사 또는 가스공사, E는 수자원공사에 지원했다.

6 ③

• ㈃를 통해 일본은 ㉠~㉥의 일곱 국가 중 4번째인 ㉣에 위치한다는 것을 알 수 있다.
• ㈎와 ㈏를 근거로 ㉠~㉢은 스웨덴, 미국, 한국이, ㉤~㉥은 칠레, 멕시코, 독일이 해당된다는 것을 알 수 있다.
• ㈐에서 20%p의 차이가 날 수 있으려면, 한국은 ㉠이 되어야 한다. ㉠이 한국이라고 할 때, 일본을 제외한 ㉡, ㉢, ㉤, ㉥, ㉦ 국가의 조합으로 20%p의 차이가 나는 조합을 찾으면, (68 + 25)와 (46 + 27)뿐이다. 따라서 ㉢은 스웨덴, ㉥은 칠레, ㉦은 멕시코임을 알 수 있다.
• ㈎와 ㈏에 의하여 남은 ㉡은 미국, ㉤은 독일이 된다.

7 ④

본인 확인에 필요한 생년월일 등의 인적사항은 필기시험과 종합면접 시에 확인을 위해 알아야 할 필요가 있다고 언급되어 있다. 그러나 본인 확인 절차를 거치고 나면 면접관들에게는 블라인드 처리가 되는 것으로 판단하는 것이 합리적이다. 따라서 본인 확인에 필요한 최소 사항이 면접관에게 공개된다고 보는 것은 타당하지 않다.

① 합격자 발표는 9/12일에 채용 홈페이지를 통해서 확인할 수 있다.
② 개인의 인적사항은 본인 확인용으로만 요청할 수 있으며, 확인 후 면접 시에는 블라인드 처리된다.
③ e-메일뿐만 아니라 서류 어느 곳에서도 학교명을 알 수 있는 내용은 금지된다.

8 ④

날짜를 따져 보아야 하는 유형의 문제는 아래와 같이 달력을 그려서 살펴보면 어렵지 않게 정답을 구할 수 있다.

일	월	화	수	목	금	토
		1	2	3	4	5	6
7	8	9	10	11	12	13
14	15	16	17	18	19	20
21	22	23	24	25	26	27
28	29	30	31			

1일이 월요일이므로 정 대리는 위와 같은 달력에 해당하는 기간 중에 출장을 가려고 한다. 3박 4일 일정 중 출발과 도착일 모두 휴일이 아니어야 한다면 월～목요일, 화～금요일, 금～월요일 세 가지의 경우의 수가 생기는데, 현지에서 복귀하는 비행편이 화요일과 목요일이므로 월～목요일의 일정을 선택해야 한다. 회의가 셋째 주 화요일이라면 16일이므로 그 이후 가능한 월～목요일은 두 번이 있으나 마지막 주의 경우 도착일이 다음 달로 넘어가게 되므로 조건에 부합되지 않는다. 따라서 출장 출발일로 적절한 날은 22일이며 일정은 22～25일이 된다.

9 ②

C마을이 공급해 준 물의 금액은 다음과 같다.
$14 + 12 + 14 = 40\,\text{m}^3 \rightarrow 40 \times 670 = 26,800$ 원
C마을로 공급된 물의 금액은 다음과 같다.
$18 \times 650 + 10 \times 660 + 10 \times 660 = 24,900$ 원
따라서 두 금액의 차이는 1,900원이 된다.

10 ①

누수율이 zero일 경우의 각 마을의 물 공급현황을 정리하면 다음과 같다.
A마을 : $15 + 18 + 12 = 45\,\text{m}^3 \rightarrow 45 \times 650 = 29,250$ 원
B마을 : $17 + 10 + 10 = 37\,\text{m}^3 \rightarrow 37 \times 660 = 24,420$ 원
C마을 : $14 + 12 + 14 = 40\,\text{m}^3 \rightarrow 40 \times 670 = 26,800$ 원
D마을 : $13 + 18 + 10 = 41\,\text{m}^3 \rightarrow 41 \times 660 = 27,060$ 원
A마을과 D마을의 상호 누수율이 5%이므로 이를 감안하여 정리하면 다음과 같다.
A마을 : $15 + 18 + 11.4 = 44.4\,\text{m}^3$
$\rightarrow 44.4 \times 650 = 28,860$ 원
B마을 : $17 + 10 + 10 = 37\,\text{m}^3 \rightarrow 37 \times 660 = 24,420$ 원
C마을 : $14 + 12 + 14 = 40\,\text{m}^3 \rightarrow 40 \times 670 = 26,800$ 원
D마을 : $12.35 + 18 + 10 = 40.35\,\text{m}^3$
$\rightarrow 40.35 \times 660 = 26,631$ 원
따라서 누수율을 감안한 공급지 기준 공급 금액은 A마을 – C마을 – D마을 – B마을 순으로 크다.

11 ③

기본요금 : $70.0 \times 120 = 8,400$ 원
사용요금 : $(163.7 \times 125) + (163.7 \times 5)$
$= 20,462.5 + 818.5 = 21,281$ 원
요금합계 : $8,400 + 21,281 = 29,681$ 원

12 ②

실제 전투능력을 정리하면 경찰(3), 헌터(4), 의사(2), 사무라이(8), 폭파전문가(2)이다.
이를 토대로 탈출 통로의 좀비수와 처치 가능 좀비수를 계산해 보면
① 동쪽 통로 10마리 좀비 : 폭파전문가(2), 사무라이(8)하면 10마리의 좀비를 처치 가능
② 서쪽 통로 7마리 좀비 : 헌터(4), 경찰(3)하면 7마리의 좀비 모두 처치 가능
③ 남쪽 통로 11마리 좀비 : 헌터(4), 폭파전문가(2) 6마리의 좀비 처치 가능
④ 남쪽 통로 11마리 좀비 : 폭파전문가(2), 헌터(4) – 전투력 강화제(2), 의사(2) 10마리의 좀비 처치 가능

13 ①

배터리가 규정에 맞는 전자담배는 기내휴대 또는 몸에 소지할 수 있으나 위탁수하물로는 운반할 수 없다.

1	③	2	④	3	④	4	③	5	④
6	③	7	④	8	④	9	④	10	①
11	①								
16									
21									
26									

14 ④

① 배출 시간은 수거 전날 저녁 7시부터 수거 당일 새벽 3시까지인데 일요일은 수거하지 않으므로 토요일 저녁 8시에 쓰레기를 내놓은 甲은 규정을 준수했다고 볼 수 없다.

② 공동주택에서 음식물 쓰레기를 배출할 경우 음식물 전용용기에 담아서 배출해야 한다.

③ 스티로폼은 별도로 묶어서 배출해야 하는 품목이다.

15 ④

7월 23일(일)에 포항에서 출발하여 울릉도에 도착한 김 대리는 24일(월) 오후 6시에 호박엿 만들기 체험을 하고, 25일(화) 오전 8시에 울릉도→독도→울릉도 선박에 탑승할 수 있으며 26일(수) 오후 3시에 울릉도에서 포항으로 돌아올 수 있다.

① 16일(일)에 출발하여 19일(수)에 돌아왔다면 매주 화요일과 목요일에 출발하는 울릉도→독도→울릉도 선박에 탑승할 수 없다(18일 화요일 최대 파고 3.2).

② 매주 금요일에 술을 마시는 김 대리는 술을 마신 다음날인 22일(토)에는 멀미가 심해서 돌아오는 선박을 탈 수 없다.

③ 20일(목)에 포항에서 울릉도로 출발하면 오후 1시에 도착하는데, 그러면 오전 8시에 출발하는 울릉도→독도→울릉도 선박에 탑승할 수 없다.

16 ②

• 화, 수, 목 중에 실시해야 하는 금연교육을 4회 실시하기 위해서는 반드시 화요일에 해야 한다.

• 10일 이전, 같은 주에 이틀 연속으로 성교육을 실시할 수 있는 날짜는 4~5일뿐이다.

상황과 조건에 따라 A대학교 보건소의 교육 일정을 정리해 보면 다음과 같다.

월	화	수	목	금	토	일
금연 1	2	3	성 4	성 5	X 6	X 7
금연 8	B 9	10	11	12	X 13	X 14
금연 15	16	17	18	19	X 20	X 21
간 22	23	24	25	26	X 27	X 28
29	금연 30					

• 금주교육은 (3, 10, 17), (3, 10, 18), (3, 11, 17), (3, 11, 18) 중 실시할 수 있다.

17 ④

고객은 많은 문제를 풀어보기를 원하므로 우선적으로 예상문제의 수가 많은 것을 찾아야 한다.

18 ③

19 ④

20 ③

'탄력근무는 매월 1일을 근무 시작일로 하여 1개월 단위로 승인한다.'고 규정되어 있으므로 M씨의 판단은 적절하다고 할 수 없다.

① 12세 이하 자녀를 둔 경우이므로 시차출퇴근 C형 사용이 가능하다.

② 조기퇴근의 경우이므로 근무시간 이후 정산을 원할 경우 22:00까지 가능하며 조기퇴근을 실시한 해당 월 이내에 정산을 하려고 하므로 적절한 판단이다.

④ 5일 이전에 신청한 경우이므로 적절한 판단이다.

21 ②

먼저 아래 표를 항목별로 가중치를 부여하여 계산하면,

구분	1/4 분기	2/4 분기	3/4 분기	4/4 분기
유용성	$8 \times \frac{4}{10}$ $= 3.2$	$8 \times \frac{4}{10}$ $= 3.2$	$10 \times \frac{4}{10}$ $= 4.0$	$8 \times \frac{4}{10}$ $= 3.2$
안전성	$8 \times \frac{4}{10}$ $= 3.2$	$6 \times \frac{4}{10}$ $= 2.4$	$8 \times \frac{4}{10}$ $= 3.2$	$8 \times \frac{4}{10}$ $= 3.2$
서비스 만족도	$6 \times \frac{2}{10}$ $= 1.2$	$8 \times \frac{2}{10}$ $= 1.6$	$10 \times \frac{2}{10}$ $= 2.0$	$8 \times \frac{2}{10}$ $= 1.6$
합계	7.6	7.2	9.2	8
성과 평가	C	C	A	B
등급				
성과급 지급액	80만 원	80만 원	110만 원	90만 원

성과평가 등급이 A이면 직전분기 차감액의 50%를 가산하여 지급한다고 하였으므로, 3/4분기의 성과급은 직전분기 차감액 20만 원의 50%인 10만 원을 가산하여 지급한다.

∴ 80 + 80 + 110 + 90 = 360(만 원)

22 ④

시간 $= \dfrac{거리}{속도}$ 공식을 이용하여, 먼저 각 경로에서 걸리는 시간을 구한다.

구간	경로	시간			
		출근 시간대		기타 시간대	
A → B	경로 1	$\frac{30}{30} = 1.0$	1시간	$\frac{30}{45} ≒ 0.67$	약 40분
	경로 2	$\frac{30}{60} = 0.5$	30분	$\frac{30}{90} ≒ 0.33$	약 20분
B → C	경로 3	$\frac{40}{40} = 1.0$	1시간	$\frac{40}{60} ≒ 0.67$	약 40분
	경로 4	$\frac{40}{80} = 0.5$	30분	$\frac{40}{120} ≒ 0.33$	약 20분

④ 경로 2와 3을 이용하는 경우와 경로 1과 경로 4를 이용하는 경우 C지점에 도착하는 시각은 1시간 20분으로 동일하다.

① C지점에 가장 빨리 도착하는 방법은 경로 2와 경로 4를 이용하는 경우이므로, 가장 빨리 도착하는 시각은 1시간이 걸려서 오전 9시가 된다.

② C지점에 가장 늦게 도착하는 방법은 경로 1과 경로 3을 이용하는 경우이므로, 가장 늦게 도착하는 시각은 1시간 40분이 걸려서 오전 9시 40분이 된다.

③ B지점에 가장 빨리 도착하는 방법은 경로 2이므로, 가장 빨리 도착하는 시각은 30분이 걸려서 오전 8시 30분이 된다.

23 ③

둥그런 탁자에 직원과 인턴사원이 한 명씩 짝을 지어 앉아 있는 경우를 가정하고 제시된 조건을 하나씩 적용해 나가면 다음과 같다.

- B 인턴을 맡고 있는 직원은 다 직원의 왼편에 앉아 있다. →우선 B 인턴의 자리를 임의로 정한다. 조건에서 B 인턴을 맡고 있는 직원이 다 직원의 왼편에 앉아 있다고 하였으므로, 다 직원은 B 인턴을 맡고 있는 직원의 오른편에 앉아 있음을 알 수 있다.

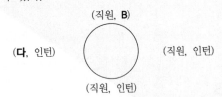

- A 인턴을 맡고 있는 직원 맞은편에는 B 인턴을 맡고 있는 직원이 앉아 있다. →A 인턴의 자리는 B 인턴의 맞은편이 된다.

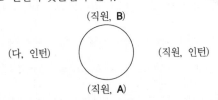

- 라 직원은 다 직원 옆에 앉아 있지 않으나, A 인턴을 맡고 있는 직원 옆에 앉아 있다. →다 직원 옆이 아니면서 A 인턴을 맡고 있는 직원 옆이 라 직원의 자리이다.

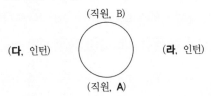

- 나 직원은 가 직원 맞은편에 앉아 있으며, 나 직원의 오른편에는 라 직원이 앉아 있다. →나 직원의 오른편에는 라 직원이 앉아 있다고 하였으므로, 나 직원의 자리는 라 직원의 왼편이고 남은 자리가 가 직원의 자리가 된다. 여기서 직원 4명의 자리가 모두 결정된다.

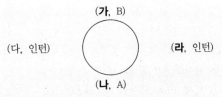

- 시계 6시 방향에는 다 직원이 앉아있으며, 맞은편에는 D 인턴을 맡고 있는 사원이 있다. →시계 6시 방향에 다 직원이 앉아있다는 조건에 따라 위에서 임의로 정한 위치를 수정하고(참고로 이 조건을 먼저 고려하여 자리를 배치해 나간다면 위치를 수정하는 과정 없이 빠르게 문제를 해결할 수 있다), 다 직원의 맞은편에 D 인턴을 배치하면 C 인턴의 자리는 자연스럽게 남은 한 자리가 된다. 여기서 직원과 인턴사원 8명의 자리가 모두 정해진다.

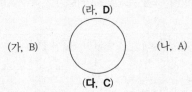

24 ②

작품 밑에 참인 글귀를 적는 진수와 상민이 그렸다면, 진수일 경우 진수가 그리지 않았으므로 진수는 그림을 그린 것이 아니고 상민일 경우 문제의 조건에 맞으므로 상민이 그린 것이 된다.

25 ①

약속장소에 도착한 순서는 E－D－A－B－C 순이고, 제시된 사실에 따르면 C가 가장 늦게 도착하긴 했지만 약속시간에 늦었는지는 알 수 없다.

26 ②

아들, 딸은 직계 존비속이다. 본인은 100%, 직계 존비속 80%, 형제 · 자매는 50%

㈎ – 본인 300, 동생 $200 \times 0.5 = 100$

㈏ – 딸 $200 \times 0.8 = 160$

㈐ – 본인 300, 아들 $400 \times 0.8 = 320$

㈑ – 본인 200, 딸 $200 \times 0.8 = 160$

모두 합하면

$300 + 100 + 160 + 300 + 320 + 200 + 160$
$= 1,540$ 만 원

27 ④

B의 진술이 거짓이라면 C와 D는 거짓말쟁이가 아니므로 진실을 말한 사람이 두 사람이 되므로 진실을 얘기하고 있는 사람이 한 명 뿐이라는 단서와 모순이 생기므로 B의 진술이 진실이다. B의 진술이 진실이고 모두의 진술이 거짓이므로 A의 거짓진술에 의해 B는 범인이 아니며, C의 거짓진술에 의해 A도 범인이 아니다. D의 거짓진술에 의해 범인은 D가 된다.

28 ③

ⓛⓒ에 의해 지훈이가 성공한 숫은 8번, 영철이가 성공한 숫은 7번이 된다.

ⓔ에 의해 가능한 경우를 따지면,

점수	지훈							영철					
0점	2회							1회					
1점	7회	6회	5회	4회	3회	2회	1회	6회	5회	4회	3회	2회	1회
3점	1회	2회	3회	4회	5회	6회	7회	1회	2회	3회	4회	5회	6회
총점	10	12	14	16	18	20	22	9	11	13	15	17	19

따라서 ③이 가능하다.

29 ④

제시된 조건을 통해 외판원들의 판매실적을 유추하면 A>B, D>C이다. 또한 F>E>A, E>B>D임을 알 수 있다. 결과적으로 F>E>A>B>D>C가 된다.

① 외판원 C의 실적은 꼴지이다.

② B의 실적보다 안 좋은 외판원은 2명이다.

③ 두 번째로 실적이 좋은 외판원은 E이다.

30 ④

조건에 따라 순번을 매겨 높은 순으로 정리하면 BDAEC가 된다.

1	①	2	②	3	①	4	④	5	④
6	②	7	④	8	④	9	③	10	④
11	②	12	③	13	②	14	③	15	②
16	③	17	③	18	③	19	②	20	④
21	②	22	④	23	④	24	④	25	③
26	③	27	④	28	③	29	②	30	④

1 ①

마지막 문장의 '어느 한 종이 없어지더라도 전체 계에서는 균형을 이루게 된다.'로부터 ①을 유추할 수 있다.

2 ②

태풍의 중심부인 태풍의 눈에서는 바람이 약하고 하늘을 볼 수가 있다.

3 ①

제시된 강연문은 공감능력에 대해 예를 들어 설명하며, 우리 모두는 공감능력을 타고난 존재임을 새롭게 인식할 필요가 있다고 언급하고 있다.

4 ④

혈액을 구성하고 있는 요소에 대해 나누어 자세히 설명하고 있다.

5 ④

이 글은 금제 허리띠의 재질, 드리개, 드리개에 달린 장식품, 용도, 디자인 등 여러 가지 특징을 설명하면서, 신라의 역사를 품고 있는 금제 허리띠의 사료로서의 가치를 드러내고 있다.

6 ②

①④ 유전자 조작의 긍정적인 측면과 부정적인 측면이 모두 나왔으므로 한쪽으로 치우친 결론은 적당하지 않다.

② 결론에서는 유전자 조작에 대한 대안을 제시하는 것이 알맞다.

③ 유전자 조작의 긍정적인 측면의 예시로 알맞은 내용이다.

7 ④

영화적 재현과 만화적 재현의 차이점을 움직임의 유무, 이미지의 성격 등 여러 부분에서 비교하여 설명하고 있다.

8 ④

결원이 생겼을 때에는 그대로 추가 선발 없이 채용을 마감할 수 있으며, 추가합격자를 선발할 경우 반드시 차순위자를 선발하여야 한다.

① 모든 응시자는 1인 1개 분야만 지원할 수 있다.

② 입사지원서 작성 내용과 다르게 된 결과이므로 취소 처분이 가능하다.

③ 지원자가 채용예정인원 수와 같거나 미달하더라도 적격자가 없는 경우 선발하지 않을 수 있다.

9 ③

③ 김 과장은 이번 주에 홍보팀과 내부 미팅 예정이며, 외부 디자이너와도 미팅 업무가 잡혀 있다.

① 브로슈어 표지 시안 작업 및 제출은 박 주임 담당이다.

② 회의일시에 따르면 7월 3일이 월요일이다. 따라서 디자인팀이 전시회를 관람하는 7월 8일은 토요일이다.

④ 이 사원은 이번 주에 7월 사보 편집 작업과 함께 브로슈어 표지 이미지 샘플 조사도 해야 한다.

10 ④

④ ○○은행에서는 본 안내장 외엔 문자를 발송하지 않는다.

11 ②

② 전기활선 작업 중에 단락·지락은 불가피하게 발생할 수 있다. 따라서 절연용 방호기구를 사용하여야 한다.

12 ③

③ 고객과의 협의를 통해 수락의사 통지기간을 1회에 한하여 송전용 전기설비는 2개월, 배전용 전기설비는 1개월 이내에서 연장할 수 있다.

13 ②

접속제의에 이의가 있거나 새로운 접속방안의 검토를 희망하는 경우, 고객은 2회에 한하여 접속제의의 재검토를 요청할 수 있다.

14 ③

③ 대화 속의 남과 여는 디지털 글쓰기의 장점과 단점에 대해 이야기하고 있다. 따라서 두 사람이 제출했을 토론 주제로는 '디지털 글쓰기의 장단점'이 적합하다.

15 ②

② '그래서'가 더 자연스럽기 때문에 고치지 않는 것이 낫다.

16 ③

주어진 입찰 건은 건축물 시공에 대한 입찰이 아니라 설계 및 인허가에 관한 용역 입찰이다. 따라서 추정 공사비는 설계를 위한 참고 사항으로 제시한 것으로 볼 수 있으며 설계 및 인허가 용역 응찰 업체가 공사비인 430억 원에 근접한 가격을 제시할 필요는 없다.

① 입찰의 설계내용에 제반 인허가 사항이 포함되어 있으므로 낙찰업체의 이행 과제라고 볼 수 있다.

② 건물규모가 지하 5층, 지상 18층 내외이며 주요 시설로 업무시설 및 부대시설이 있음을 명시하고 있다.

④ '나'의 (1)에서 건축물의 노후화에 따른 재건축임을 명시하고 있다.

17 ③

③ 인과구조가 아니며, '한편'으로 쓰는 것이 더 적절하다.

18 ③

③ 부의 – 賻儀

19 ②

개인정보 수집 및 이용 동의서, 개인정보 제공 동의서 등은 동의 여부를 개인정보 제공자의 자유의사로 선택할 수 있으므로 필요한 경우 작성을 요청할 수 있으나, 모집요강에 반드시 포함되어야 할 사항은 아니다.

① 20XX. 4. 1~7. 15→20XX. 4. 1.~7. 15.

③ 18시 30분~21시→18:30~21:00

④ 대외적으로 배포하는 안내문에서는 문의 및 연락처, 기타사항 등을 통하여 담당부서, 연락처 등을 함께 기재하는 것이 일반적이다.

20 ④

수료기준으로 60% 이상 출석을 요구하고 있다. 따라서 총 14주간의 수업이므로 9주 이상 수업에 참석하면 수료증이 수여된다.

21 ②

② 사용 중 가스의 불꽃 색깔이 황색이나 적색인 경우는 불완전 연소되는 것으로, 연소 효율이 좋지 않을 뿐 아니라 일산화탄소가 발생되므로 공기조절 장치를 움직여서 파란불꽃 상태가 되도록 조절해야 한다.

22 ④

④ 사용 중에 가스가 떨어져 불이 꺼졌을 경우에도 반드시 연소기의 콕과 중간밸브를 잠그도록 해야 한다.

23 ④

Q14는 ㉠에 들어갈 내용이다.

24 ④

Q4는 [환불/반품/교환]-[교환장소]에 들어갈 내용이다.

25 ③

③ 호칭 사용시 Vice President, Mr. CHONG이라고 불러야 한다.

26 ③

Albert Denton : 9월 24일, 화요일

8:30 a.m.	Metropolitan 호텔 로비에서 kim S.S와 만난 후 택시로 Extec 공장까지 이동
9:30-11:30 a.m.	공장 투어
12:00-12:45 p.m.	품질 관리 감독관과 공장 식당에서 점심식사
1:00-2:00 p.m.	공장 관리자와 미팅
2:00 p.m.	차로 창고로 이동
2:30-4:00 p.m.	창고 투어
4:00 p.m.	다과
5:00 p.m.	택시로 호텔로 이동 (약 45분)
7:30 p.m.	C.W. Park과 로비에서 미팅
8:00 p.m.	고위 간부와 저녁식사

③ 공장 투어는 9시 30분에서 11시 30분까지이므로 오후가 아니다.

27 ④

④ 회의 준비를 점검하는 과정에서 매번 빠진 자료가 없는지 확인하는 것은 시간이 많이 소요되므로, 필요한 자료 목록을 작성하여 빠진 자료가 없는지 체크하고 중간점검과 최종점검을 통해 확인한다.

28 ③

사회적 기준의 4번째인 '공급자는 인종, 종교, 성별, 신체능력 등을 이유로 근로자의 고용 또는 채용시 차별하여서는 안 된다'를 위반한 것이다.

29 ②

계약 이행시 부패 관련 사항을 발견할 경우 발전 신문고 또는 레드휘슬(www.kom.co.kr)에 신고하여 야 한다.

30 ④

K-water에서 관리중인 수도시설의 기술진단과 수 도 및 댐 시설물의 안전점검을 정기적으로 실시하 고, 정기점검의 경우 1회/6월, 정밀점검의 경우 1회 /1~3년에 한하여 실시한다.

1	①	2	③	3	③	4	①	5	③
6	②	7	④	8	③	9	①	10	④
11	③	12	②	13	③	14	③	15	②
16	④	17	①	18	①	19	①	20	②
21	②	22	③	23	③	24	①	25	③
26	①	27	③	28	②	29	②	30	②

1 ①

$\times 5$, -3의 규칙이 반복되고 있다.

2 ③

$\div 6$, $\times 3$의 규칙이 반복되고 있다.

3 ③

각 숫자의 차가 $+2$, $\times 2$, -2의 순서로 변한다.

$$3 \quad 5 \quad 10 \quad 8 \quad 10 \quad 20 \quad 18 \quad 20$$
$$+2 \quad \times 2 \quad -2 \quad +2 \quad \times 2 \quad -2 \quad +2$$

4 ①

$\boxdot = \boxdot \times 2 + \boxdot$

5 ③

시계 방향으로 2가 나누어지면서 변하고 있다.
그러므로 $8 \div 2 = 4$

6 ②

$A \div 5 = B$, $A \times 5 = B$
$11 \times 5 = 55$

7 ④

$A \times 2 = B$, $A \times 4 = B$, $A \times 6 = B$, $\cdots$
$17 \times 10 = 170$

8 ③

화살표로부터 시작해서 9를 빼고 5를 곱한 값이 짝수가 되어야 2로 나누었을 때 정수가 된다. 따라서 (?)의 수는 홀수가 되어야 한다. 그러므로 짝수는 일단 정답에서 제외해도 된다.
보기의 번호를 대입하여 계산해 보면 된다.

① $11-9=2$, $2 \times 5 = 10$, $10 \div 2 = 5$, $5-4 = 1$, $1+12 = 13$, $13 \div 3 = 4.3333$ (×)

② $12-9=3$, $3 \times 5 = 15$, $15 \div 2 = 7.5$ (×)

③ $13-9=4$, $4 \times 5 = 20$, $20 \div 2 = 10$, $10-4 = 6$, $6+12 = 18$, $18 \div 3 = 6$, $6+7 = 13$

④ $14-9=5$, $5 \times 5 = 25$, $25 \div 2 = 12.5$ (×)

9 ①

왼쪽부터 x의 값에 1부터 차례대로 정수를 대입할 경우 'x를 포함하는 수도 같은 정수가 된다. 즉, x가 1이면 'x를 포함하는 수도 1, x가 2이면 'x를 포함하는 수도 2가 된다.
즉, $x=1$일 때 $(x^2+3) \div 4 \rightarrow (1+3) \div 4 = 1$
$x=2$일 때 $2x \div 2 \rightarrow 2 \times 2 \div 2 = 2$
$x=3$일 때 $(6+x) \div 3 \rightarrow (6+3) \div 3 = 3$
$x=4$일 때 $(x+x+x) \div 3 \rightarrow (4+4+4) \div 3 = 4$
따라서 마지막에는 5를 넣어서 5가 되는 수가 와야 하므로 $3 \times 5 - 10 = 5$인 ①이 정답이 된다.

10 ④

남자사원의 수를 x, 여자사원의 수를 y라고 하면

$x + y = 800 \cdots \bigcirc$

남자사원을 25% 감원했으므로 현재 남자사원의 수는 $x - \left(x \times \dfrac{25}{100}\right) = \dfrac{3}{4}x$

여자사원을 20% 증원했으므로 현재 여자사원의 수는 $y + \left(y \times \dfrac{20}{100}\right) = \dfrac{6}{5}y$

110명이 줄었으므로 $\dfrac{3}{4}x + \dfrac{6}{5}y = 690$

$15x + 24y = 13{,}800 \cdots \bigcirc$

$\bigcirc$과 $\bigcirc$을 연립하여 풀면, $x = 600$, $y = 200$이다.

현재 남자사원의 수는 $\dfrac{3}{4} \times 600 = 450$(명)이 된다.

11 ③

A의 매출액의 합계를 x, B의 매출액의 합계를 y로 놓으면

$x + y = 91$

$0.1x : 0.2y = 2 : 3 \ \rightarrow \ 0.3x = 0.4y$

$x + y = 91 \ \rightarrow \ y = 91 - x$

$0.3x = 0.4 \times (91 - x)$

$0.3x = 36.4 - 0.4x$

$0.7x = 36.4$

$\therefore \ x = 52$

$0.3 \times 52 = 0.4y \ \rightarrow \ y = 39$

x는 10% 증가하였으므로 $52 \times 1.1 = 57.2$

y는 20% 증가하였으므로 $39 \times 1.2 = 46.8$

두 합은 $57.2 + 46.8 = 104$

12 ②

파란 공 다음 빨간 공이 나올 확률

$\dfrac{3}{8} \times \dfrac{5}{7} = \dfrac{15}{56}$

빨간 공 다음 파란 공이 나올 확률

$\dfrac{5}{8} \times \dfrac{3}{7} = \dfrac{15}{56}$

두 가지를 더하면 $\dfrac{15}{56} + \dfrac{15}{56} = \dfrac{30}{56} = \dfrac{15}{28}$

13 ③

원의 둘레는 $2\pi r$이므로, 반지름이 32cm인 톱니바퀴 A가 한 바퀴를 회전할 때 움직인 거리는 $2 \times 32\pi = 64\pi$이다. 서로 맞물려 돌아가는 톱니바퀴 B가 움직인 거리는 톱니바퀴 A가 움직인 거리와 같으므로 톱니바퀴 B의 회전수를 x라 하면 $128\pi = 16x\pi$이다. 따라서 $x = 8$이다.

14 ③

갑이 당첨 제비를 뽑고, 을도 당첨 제비를 뽑을 확률

$\dfrac{4}{10} \times \dfrac{3}{9} = \dfrac{12}{90}$

갑은 당첨 제비를 뽑지 못하고, 을만 당첨 제비를 뽑을 확률 $\dfrac{6}{10} \times \dfrac{4}{9} = \dfrac{24}{90}$

따라서 을이 당첨 제비를 뽑을 확률은

$\dfrac{12}{90} + \dfrac{24}{90} = \dfrac{36}{90} = \dfrac{4}{10} = 0.4$

15 ②

열차가 출발하는 시각까지 남아 있는 1시간 중에서 물건을 고르는 데 걸리는 시간 10분을 뺀 50분 동안 다녀올 수 있는 거리를 구한다.

50분$= \dfrac{5}{6}$ 시간

시속 3km로 $\dfrac{5}{6}$ 시간 동안 갈 수 있는 거리는

$3 \times \dfrac{5}{6} = \dfrac{5}{2} = 2.5$(km)인데

이는 상점까지 다녀오는 왕복거리이므로 상점은 역에서 1.25km 이내에 있어야 한다.

16 ④

$\bigcirc$ 해남군의 논 면적은 23,042ha로, 해남군 밭 면적인 12,327ha의 2배 이하이다.

$\bigcirc$ 서귀포시의 논 면적은 $31{,}271 - 31{,}246 = 25$ha로, 제주시 논 면적인 $31{,}585 - 31{,}577 = 8$ha보다 크다.

ⓒ 서산시의 밭 면적은 $27,285-21,730=5,555$ha로 김제시 밭 면적인 $28,501-23,415=5,086$ha보다 크다.

ⓔ 상주시의 밭 면적은 $11,047$ha로 익산시 논 면적의 90%($=17,160.3$ha) 이하이다.

17 ①

빈칸 중 추론이 가능한 부분을 채우면 다음과 같다.

과목\사원	A	B	C	D	E	평균
김영희	(16)	14	13	15	( )	( )
이민수	12	14	(15)	10	14	13.0
박수민	10	12	9	(10)	18	11.8
최은경	14	14	(15)	17	( )	( )
정철민	(18)	20	19	17	19	18.6
신상욱	10	(13)	16	(15)	16	(14)
계	80	(87)	(87)	84	( )	( )
평균	($\frac{80}{6}$)	14.5	14.5	(14)	( )	( )

① 김영희 사원의 성취수준은 E항목 평가 점수가 17점 이상이면 평균이 15점 이상으로 '우수수준'이 될 수 있다.
② 최은경 사원의 성취수준은 E항목 평가 점수가 0점이라고 해도 평균 12점으로 '보통수준'이다. 따라서 '기초수준'이 될 수 없다.
③ 신상욱 사원의 평가 점수는 B항목 13점, D항목은 15점, 평균 14점으로 성취수준은 '보통수준'이다.
④ 이민수 사원의 C항목 평가 점수는 15점으로, 정철민 사원의 A항목 평가 점수는 18점보다 낮다.

18 ①

각각의 프로그램이 받을 점수를 계산하면 다음과 같다.

분야	프로그램명	점수
미술	내 손으로 만드는 댐	$\{(26\times3)+(32\times2)\}=142$
인문	세상을 바꾼 생각들	$\{(31\times3)+(18\times2)\}=129$
무용	스스로 창작	$\{(37\times3)+(25\times2)\}+$가산점 30%$=209.3$
인문	역사랑 놀자	$\{(36\times3)+(28\times2)\}=164$
음악	연주하는 사무실	$\{(34\times3)+(34\times2)\}+$가산점 30%$=221$
연극	연출노트	$\{(32\times3)+(30\times2)\}+$가산점 30%$=202.8$
미술	예술캠프	$\{(40\times3)+(25\times2)\}=170$

따라서 가장 높은 점수를 받은 연주하는 사무실이 최종 선정된다.

19 ①

주행속도에 따른 연비와 구간별 소요되는 연료량을 계산하면 다음과 같다.

차량	주행속도 (km/h)	연비(km/L)	구간별 소요되는 연료량(L)		
A (LPG)	30 이상 60 미만	$10\times50.0\%=5$	1구간	20	총 31.5
	60 이상 90 미만	$10\times100.0\%=10$	2구간	4	
	90 이상 120 미만	$10\times80.0\%=8$	3구간	7.5	
B (휘발유)	30 이상 60 미만	$16\times62.5\%=10$	1구간	10	총 17.5
	60 이상 90 미만	$16\times100.0\%=16$	2구간	2.5	
	90 이상 120 미만	$16\times75.0\%=12$	3구간	5	
C (경유)	30 이상 60 미만	$20\times50.0\%=10$	1구간	10	총 16
	60 이상 90 미만	$20\times100.0\%=20$	2구간	2	
	90 이상 120 미만	$20\times75.0\%=15$	3구간	4	

따라서 조건에 따른 주행을 완료하는 데 소요되는 연료비는 A 차량은 31.5 × 1,000 = 31,500원, B 차량은 17.5 × 2,000 = 35,000원, C 차량은 16 × 1,600 = 25,600원으로, 두 번째로 높은 연료비가 소요되는 차량은 A이며, 31,500원의 연료비가 든다.

20 ②

주어진 표에 따라 조건을 확인해보면, 조건의 ⓒ은 B, E가 해당하는데 ⓔ에서 B가 해당하므로 ⓒ은 E가 된다. ⓔ은 F가 되고 ⓜ은 C가 되며 ⓗ은 D가 된다.

남은 것은 TV이므로 A는 TV가 된다.

그러므로 TV – 냉장고 – 의류 – 보석 – 가구 – 핸드백의 순서가 된다.

21 ②

먼저 아래 표를 항목별로 가중치를 부여하여 계산하면,

구분	1/4 분기	2/4 분기	3/4 분기	4/4 분기
유용성	$8 \times \dfrac{4}{10}$ $= 3.2$	$8 \times \dfrac{4}{10}$ $= 3.2$	$10 \times \dfrac{4}{10}$ $= 4.0$	$8 \times \dfrac{4}{10}$ $= 3.2$
안전성	$8 \times \dfrac{4}{10}$ $= 3.2$	$6 \times \dfrac{4}{10}$ $= 2.4$	$8 \times \dfrac{4}{10}$ $= 3.2$	$8 \times \dfrac{4}{10}$ $= 3.2$
서비스 만족도	$6 \times \dfrac{2}{10}$ $= 1.2$	$8 \times \dfrac{2}{10}$ $= 1.6$	$10 \times \dfrac{2}{10}$ $= 2.0$	$8 \times \dfrac{2}{10}$ $= 1.6$
합계	7.6	7.2	9.2	8

성과평가 등급	C	C	A	B
성과급 지급액	80만 원	80만 원	110만 원	90만 원

성과평가 등급이 A이면 직전분기 차감액의 50%를 가산하여 지급한다고 하였으므로,

3/4분기의 성과급은 직전분기 차감액 20만 원의 50%인 10만 원을 가산하여 지급한다.

∴ 80 + 80 + 110 + 90 = 360(만 원)

22 ③

③ 투여율이 일정할 때, 각 치료분야의 환자 수가 10% 증가하면 치료제 투여 환자 수 또한 10% 증가한다. 이때 전체 줄기세포 치료제 시장규모 역시 10% 증가할 것이므로 4,975백만 달러의 110%인 54억 7,250만 달러가 된다.

① 투여율(%) = $\dfrac{\text{줄기세포 치료제를 투여한 환자 수}}{\text{환자 수}}$

× 100이므로, 투여율이 일정할 때, 환자 수가 10% 증가하면, 줄기세포를 투여한 전체 환자 수도 10% 증가한다.

② $1,250,000 = 5,000 \times x$ ∴ $x = 250$ (만 달러)

④ 유전자 분야의 환자 수가 2,500, 투여율이 10%가 되면 투여 환자 수는 250명이 되고, 신경분야의 환자 수가 7,000, 투여율이 5%가 되면 투여 환자 수는 350명이 된다. 현재 유전자 분야의 투여 환자 수는 100명, 신경 분야의 투여 환자 수는 500명이므로 두 분야의 투여 환자수의 합은 불변이므로, 치료제 시장규모에 변화가 없다.

23 ③

③ 2000 ~ 2007년 사이에 서울시 거주 외국인 수가 매년 증가한 국적은 중국 1개이다.

② $\dfrac{119,300}{175,036} \times 100 ≒ 68.16$ (%)

④ ㉠ 1999년 일본 국적 외국인과 캐나다 국적 외국인의 합이 차지하는 비중

$\dfrac{6,332 + 1,809}{57,189} \times 100 ≒ 14.24$ (%)

㉡ 2006년 대만 국적 외국인과 미국 국적 외국인의 합이 차지하는 비중

$\dfrac{8,974 + 11,890}{175,036} \times 100 ≒ 11.92$ (%)

∴ 1999년 서울시 거주 전체 외국인 중 일본 국적 외국인과 캐나다 국적 외국인의 합이 차지하는 비중이 2.32% 더 크다.

24 ①

각사 조사 회답 지수를 100%로 하고 각각의 회답을 집계하면 다음과 같은 표가 된다.

구분	불만	어느 쪽도 아니다	만족	계
㈎회사	34(27.9)	38(31.1)	50(41.0)	122(100.0)
㈏회사	73(51.4)	11(7.7)	58(40.8)	142(100.0)
㈐회사	71(52.2)	41(30.1)	24(17.6)	136(100.0)
계	178(44.5)	90(22.5)	132(33.0)	400(100.0)

ⓒ "어느 쪽도 아니다"라고 답한 사람이 가장 적다는 것은 만족이거나 불만으로 나뉘어져 있는 것만 나타내는 것이며 노동조건의 좋고 나쁨과는 관계가 없다.

ⓔ 만족을 나타낸 사람의 수가 ㈏회사가 가장 많았으나 142명 중 58명으로 40.8%이므로 ㈎회사의 41%보다 낮다.

25 ③

① 동일한 폭이 아니라 400억, 500억, 600억, 700억 원씩 증가한다.

② ⓛ의 결론은 그래프를 통해 알 수 있다.

④ 2003년에 비해 2004년에 매출액이 감소한 분야는 창작 및 판권, 단순 복제, 유통 및 배급의 3개 분야이다.

26 ①

할부 이용시 연이율은 3%가 적용되지만, 선수금이 10% 오르는 경우 0.5% 하락하므로 초기비용으로 500만 원을 지불하면 연이율은 2.5%가 적용된다.

27 ③

설치일로부터 18개월 이후 해지시 위약금은 남은 약정금액의 10%이므로

(690,000원×19회)×0.1=1,311,000원

28 ②

우선 이익률이 제시되어 있는 (B) ~ (D)사의 순이익 종합을 구하면

	2017년	2018년	2019년	2020년	2021년	2022년
(B)	600	750	900	750	600	450
(C)	900	750	600	450	600	750
(D)	700	600	500	400	300	200
합	2,200	2,100	2,000	1,600	1,500	1,400

(B) ~ (D)사의 순이익 총합은 위 표와 같이 감소하고 있다. 그러므로 (A) ~ (D)사의 순이익 총합이 전년에 비해 감소하지 않기 위해서는 (A)사의 순이익이 (B) ~ (D)사 순이익 총합의 감소폭을 넘어야만 한다.

설문에서 (A)사의 '최소 연간 이익률'을 구하라고 하였으므로 (B) ~ (D)사의 순이익 총합에서 전년대비 감소폭이 가장 큰 해, 즉 2019년→2020년을 기준으로 (A)사의 이익률을 구한다.

(A)사의 2019년→2020년 매출액이 400→450으로 50 증가하였고, (A)사의 이익률을 x라 할 때, $50 \times x \geq 400$이어야 한다. 따라서 $x \geq 8$이다. 따라서 답은 ②이다.

29 ②

150W 가로등의 하루 14시간 사용 전력량 : 150×14= 2,100W(개당 하루 소비전력)

전체 가로등[{(1.2km÷60)+1}×2=42개]

: 2,100×42=88,200W

소비전력에 따른 가격 : 가로등 전기 요금표에 따르면 가로등(갑) 기준 W당 35원이므로

88,200×35=3,087,000원

30 ②

① 하중지수 88을 kg으로 환산하면 2,240kg이므로 공차중량보다 가볍다.

③ 림내경이 맞지 않다.

④ 편평비가 60으로 제원을 고려하였을 때 적당하지 않다.

1	④	2	④	3	②	4	④	5	④
6	③	7	④	8	④	9	②	10	①
11	①	12	④	13	①	14	④	15	④
16	②	17	①	18	④	19	①	20	④
21	④	22	④	23	③	24	④	25	②
26	④	27	④	28	④	29	③	30	②

1 ④

런던 현지 시각 8월 10일 오전 10시 이전에 행사장에 도착하여야 한다.

그리고 런던 현지 시각이 서울보다 8시간 느리며, 입국 수속에서 행사장 도착까지 4시간이 소요된다는 것을 잊지말아야 한다.

① 총 소요시간 : 7＋12＋4＝23시간
행사장 도착 시각 : 19：30＋23－8＝익일 10：30

② 총 소요시간 : 5＋13＋4＝22시간
행사장 도착 시각 : 20：30＋22－8＝익일 10：30

③ 총 소요시간 : 3＋12＋4＝19시간
행사장 도착 시각 : 23：30＋19－8＝익일 10：30

④ 총 소요시간 : 11＋4＝15시간
행사장 도착 시각 : 02：30＋15－8＝09；30

2 ④

C거래처 사원(9시~10시) – A거래처 과장(10시~12시) – B거래처 대리(12시~14시) – F은행(14시~15시) – G미술관(15시~16시) – E서점(16~18시) – D거래처 부장(18시~)

① E서점까지 들리면 16시가 되는데, 그 이후에 G미술관을 관람할 수 없다.

② F은행까지 들리면 13시가 되는데, B거래처 대리 약속은 18시에 가능하다.

③ G미술관 관람을 마치고 나면 11시가 되는데 F은

행은 12시에 가야 한다. 1시간 기다려서 F은행 일이 끝나면 13시가 되는데, B거래처 대리 약속은 18시에 가능하다.

3 ②

활동별로 예산 지출 규모를 확인하고 우선적으로 추진해야 하는 활동을 선정하는 '우선순위 결정' 작업이 필요했다고 볼 수 있다. 배정된 예산으로 모든 업무를 수행할 수는 없기 때문에 우선순위를 배정함으로써 예산이 우선적으로 들어갈 활동을 도출해야 한다. 이런 과정을 거친 후에는 우선순위가 높은 활동부터 적절하게 예산을 배정하고 실제 예산을 사용하는 것이 바람직하다.

4 ④

업무효율＝$\dfrac{\text{표준 업무시간}}{\text{총 투입시간}}$ 으로 구하나 문제에서

표준 업무시간은 동일하다는 전제를 주었으므로

A＝$(41＋3)\times2＝88 \rightarrow \dfrac{1}{88}$

B＝$(30＋4)\times3＝102 \rightarrow \dfrac{1}{102}$

C＝$(22＋4)\times4＝104 \rightarrow \dfrac{1}{104}$

D＝$(27＋2)\times3＝87 \rightarrow \dfrac{1}{87}$

5 ④

긴급한 일과 중요한 일이 상충될 경우, 팀장의 지시에 의해 중요한 일을 먼저 처리해야 한다. 따라서 시간관리 매트릭스 상의 Ⅰ→Ⅱ→Ⅲ→Ⅳ의 순으로 업무를 처리하여야 한다. 따라서 보기 ④의 (B) – (F) – (G) – (L)이 가장 합리적인 시간 계획이라고 할 수 있다.

6 ③

인천에서 모스크바까지 8시간이 걸리고, 6시간이 인천이 더 빠르므로

09 : 00시 출발 비행기를 타면 $9+(8-6)=11$시 도착

19 : 00시 출발 비행기를 타면 $19+(8-6)=21$시 도착

02 : 00시 출발 비행기를 타면 $2+(8-6)=4$시 도착

7 ④

㉠ 09:22에 D구역에 있었던 산양 21마리에서 09:32에 C구역으로 1마리, 09:50에 B구역으로 1마리가 이동하였고 09:52에 C구역에서 3마리가 이동해 왔으므로 09:58에 D구역에 있는 산양은 $21 - 1 - 1 + 3 = 22$마리이다.

㉡ 09:10에 A구역에 있었던 산양 17마리에서 09:18에 C구역에서 5마리가 이동해 왔고 09:48에 C구역으로 4마리가 이동하였으므로 10:04에 A구역에 있는 산양은 $17 + 5 - 4 = 18$마리이다.

㉢ 09:30에 B구역에 있었던 산양 8마리에서 09:50에 D구역에서 1마리가 이동해 왔고, 10:05에 C구역에서 2마리가 이동해 왔으므로 10:10에 B구역에 있는 산양은 $8 + 1 + 2 = 11$마리이다.

㉣ 09:45에 C구역에 있었던 11마리에서 09:48에 A구역에서 4마리가 이동해 왔고, 09:52에 D구역으로 3마리, 10:05에 B구역으로 2마리가 이동하였으므로 10:15에 C구역에 있는 산양은 $11 + 4 - 3 - 2 = 10$마리이다.

8 ④

○○목장에서 키우는 산양의 총 마리 수는 $22 + 18 + 11 + 10 = 61$마리이다.

9 ②

	김부장	최과장	오과장	홍대리
외국어 성적	25점	25점	40점	근무경력이 5년 미만이므로 선발 자격이 없다.
근무 경력	20점	20점	14점	
근무 성적	9점	10점	9점	
포상	10점	20점	0점	
계	64점	75점	63점	

10 ①

	김부장	최과장	오과장	홍대리
외국어 성적	20점	20점	32점	근무경력이 5년 미만이므로 선발 자격이 없다.
근무 경력	40점	28점	20점	
근무 성적	9점	10점	9점	
포상	5점	10점	0점	
계	74점	68점	61점	

11 ①

㉠ 1일째와 2일째는 일비가 각각 80달러이고, 3일째는 여비액이 다를 경우 많은 액을 기준으로 삼는다 했으므로 80달러, 4~6일째는 각각 70달러이다. 따라서 총일비는 450달러이다.

㉡ 1일째에서 2일째로 넘어가는 밤에는 항공편에서 숙박했고, 2일째에서 3일째 넘어가는 밤에는 숙박비가 233달러이다. 3일째에서 4일째로 넘어가는 밤과 4일째에서 5일째로 넘어가는 밤에는 각각 숙박비가 164달러이다. 5일째에서 6일째로 넘어가는 밤에는 항공편에서 숙박했다. 따라서 총숙박비는 561달러이다.

12 ④

제외 건수가 매일 5건씩 감소한다고 했으므로 11일째 되는 날 제외 건수가 0이 되고 일별 심사 비용은 총 16.5억 원이 된다.

13 ①

(70억−16.5억)/500건=1,070만 원

14 ③

최대 수익을 올리는 있는 진행공정은 다음과 같다.

F(20일, 70명)		C(10일, 50명)
B(10일, 30명)	A(5일, 20명)	

F(85억)+B(20억)+A(15억)+C(40억)=160억

15 ④

① 1,000원(체감비용)+27,000원=28,000원

② 20,000원(토너)+8,000원(A4용지)=28,000원

③ 5,000원(체감비용)+24,000원=29,000원

④ 10,000원(A4용지)+1,000원(체감비용)+16,000원
(토너)=27,000원

16 ②

① 품목별 예산제도 : 지출대상을 품목별로 분류해
그 지출대상과 한계를 명확히 규정하는 통제지
향적 예산제도

③ 영기준 예산제도 : 모든 예산항목에 대해 전년도
예산을 기준으로 잠정적인 예산을 책정하지 않
고 모든 사업계획과 활동에 대해 법정경비 부분
을 제외하고 영 기준(zero-base)을 적용하여 과
거의 실적이나 효과, 정책의 우선순위를 엄격히
심사해 편성한 예산제도

④ 성과주의 예산제도 : 예산을 기능별, 사업계획별,
활동별로 분류하여 예산의 지출과 성과의 관계
를 명백히 하기 위한 예산제도

17 ①

판매비와 일반관리비에는 광고선전비, 직원들의 급
여, 통신비, 접대비, 조세공과금이 모두 포함되기
때문에 총 합계 금액은

320,000+3,600,000+280,000+1,100,000+
300,000=5,600,000(원)이다.

18 ④

②③은 사무부가 영상부에 대한 조사보다 나중에
시작될 수 없다는 조건과 모순된다. ①은 영업부에
대한 조사가 홍보부 또는 전산부 중 적어도 어느
한 부서에 대한 조사보다는 먼저 시작되어야 한다
는 조건에 모순된다. 따라서 가능한 답은 ④이다.

19 ①

② 1시간 더 일할 때마다 추가로 발생하는 비용은
일정하지 않다.

③ 지수가 자택근무로 하루에 최대로 얻을 수 있는
순편익은 14,000원이다.

④ 1시간 더 일할 때마다 추가로 발생하는 편익은
항상 일정하다.

20 ②

물적 자원 활용의 방해요인으로는 물품의 보관 장
소를 파악하지 못한 경우, 물품이 훼손 및 파손된
경우, 물품을 분실한 경우로 나눌 수 있다. 해당 사
례는 물품의 보관 장소를 파악하지 못한 경우와 물
품이 훼손 및 파손된 경우에 속한다.

21 ④

정해진 기한 내에 인적, 물적, 금전적 자원 한도 내
에서 작업이 완료되는 경우 과제 수행 결과에 대한
평가가 좋게 이루어진다. 따라서 정은, 석준, 환욱
은 좋은 평가를 받게 되고 영재는 예상보다 많은
양의 물적 자원을 사용하였으므로 가장 나쁜 평가
를 받게 된다.

22 ④

④ PPT 작성이 도표 작성보다 더 먼저 끝나므로 PPT
를 작성한 사람이 발표원고를 작성하는 것이 일을 더
빨리 끝낼 수 있다.

23 ③

③ 두바이에서 출발하여 서울에 도착하는 날짜는 2월 25일이 될 것이다.

24 ④

① 정재형은 모든 조건에 만족하나 기획팀은 인원 TO가 없으므로 합격이 어렵다.

② 이적은 영업팀을 지원했으나 운전면허가 없으므로 합격이 어렵다.

③ 김동률은 해외사업팀을 지원했으나 2개 국어만 가능하므로 합격이 어렵다.

25 ②

학점 3.8 이상 / TOEIC 890 이상, 4년제 수도권 대학 졸업은 우대사항이지 필수사항이 아니다.

26 ④

직접비용 : 제품의 생산이나 서비스를 창출하기 위해 직접 소비

예 재료비, 원료와 장비, 시설비, 인건비 등

간접비용 : 제품을 생산하거나 서비스를 창출하기 위해 소비된 비용 중에서 직접비용을 제외한 비용으로 제품 생산에 직접 관련되지 않은 비용

예 보험료, 건물관리비, 광고비, 통신비, 사무비품비, 각종 공과금 등

27 ④

직접비에는 인건비, 재료비, 원료와 장비비, 여행 및 잡비, 시설비 등이 포함되며, 간접비에는 보험료, 건물관리비, 광고비, 통신비, 사무비품비, 각종 공과금 등이 포함된다. 따라서 제시된 예산 집행 및 배정 현황을 직접비와 간접비를 구분하여 다음과 같이 나누어 볼 수 있다.

항목	2분기		3분기	
	직접비	간접비	직접비	간접비
직원급여	200,850,000		195,000,000	
상여금	6,700,000		5,700,000	
보험료		1,850,000		1,850,000
세금과 공과금		1,500,000		1,350,000
수도광열비		750,000		800,000
잡비	1,000,000		1,250,000	
사무용품비		230,000		180,000
여비교통비	7,650,000		5,350,000	
퇴직급여충당금	15,300,000		13,500,000	
통신비		460,000		620,000
광고선전비		530,000		770,000
합계	231,500,000	5,320,000	220,800,000	5,570,000

따라서 2분기보다 3분기에 직접비의 배정 금액은 더 감소하였으며, 간접비의 배정 금액은 더 증가하였음을 알 수 있다.

28 ④

대외거래 결과, 예금취급기관의 대외자산은 수출대금이 100달러, 뱅크 론이 50달러 늘어났으나, 수입대금으로 50달러, 차입금상환으로 20달러를 매도함으로써 총 80달러가 늘어나게 되어 총 대외수지는 80달러 흑자가 된 경우이다.

29 ③

회사에서 첫 번째로 갈 수 있는 곳은 모두 4개 지역이다.

그런데 C지역으로 가게 되면 같은 지역을 한 번만 지나면서 모든 지역을 거치는 방법이 없게 된다. 따라서 나머지 세 지역으로 갈 경우를 따져 보면 되며, 이것은 다음과 같다.

1. 회사−A지역−B지역−C지역−D지역−E지역−회사
2. 회사−A지역−B지역−C지역−E지역−D지역−회사
3. 회사−D지역−E지역−C지역−B지역−A지역−회사
4. 회사−E지역−D지역−C지역−B지역−A지역−회사

따라서 모두 4가지의 경로가 존재한다.

30 ②

위 문제에서 총 4가지의 경로가 있다고 했으나 이동 거리를 살펴보면 첫 번째와 네 번째가 같은 방법이며, 두 번째와 세 번째가 같은 방법이라는 것을 알 수 있다.(상호 역순으로 이루어진 경로이다.) 이 두 가지 경우 중 최단 거리에 대한 연비를 계산하면 다음과 같다.

첫 번째의 경우 총 이동 거리는

$15+12+12+17+13+13 = 82 \text{km}$이다.

두 번째의 경우 총 이동 거리는

$15+12+12+8+13+10 = 70 \text{km}$이다.

따라서 두 번째 방법으로 이동했을 경우의 연비를 알아보면 된다.

앞의 세 가지 도로는 국도이며 뒤의 세 가지 도로는 고속도로이므로

연료비는 각각 $(15+12+12) \div 18 \times 1,540 = 3,336$원과 $(8+13+10) \div 22 \times 1,540 = 2,169$원이 된다.

따라서 총 금액은 $3,336+2,169 = 5,505$원이 된다.